テーマ別だから理解が深まる

日本史

東邦大学付属東邦中高等学校、
昭和女子大学講師
山岸良二 監修
かみゆ歴史編集部 編

朝日新聞出版

今日、書店の棚には多くの歴史書が並んでいる。なかには、何十万部を超える新書本もあり、永らく出版不況といわれている中でも別世界かと思われる現状である。なぜこのような「歴史書」「歴史本」に多くの方々が興味を示すのであろうか。

それを解く鍵は、歴史事実は不動でも、新史料・新発見ひとつで大きな解釈変更の余地が残されている歴史分野の現状にある。例えば、１５８２年（天正《てんしょう》10）に起きた有名な「本能寺の変」。当時の天下人織田《おだ》信長《のぶなが》が近臣の明智《あけち》光秀《みつひで》に裏切られたことは史実である。だが、その裏切りの理由が政治・軍事情勢から鑑みるに諸説あるため、明智光秀は単独犯ではないと考えられ、その黒幕は「徳川《とくがわ》家康《いえやす》説」「豊臣《とよとみ》秀吉《ひでよし》説」「朝廷天皇側近説」など、解釈は百花繚乱の体である。このように「歴史の謎」を推理できることが、人々を惹き付ける要因となっているのではないだろうか。

本書は、日本史を年代とテーマ別にコンパクトにまとめ、わかりやすい解説と図版・写真・チャートを組み合わせた構成をとっている。テーマ分けは従来の類書にはない日本史の見方だ。「政治」「外交」「社会」「宗教」「周縁」「文化」「都市」「合戦」と分類分けをしており、テーマを追うだけで日本史の一側面をたどれるというのが

本書の大きな魅力となる。

コラムでは「KEYPERSON」としてその時代を代表する人物を掘り下げ、「KEYWORD」として重要な歴史用語や出来事の説明、「いまの教科書」として新たな事実・解釈により教科書の記述がどう変わったのかを説明、そして新指導要領でも日本史と世界史との関連が強調されているように、「世界とのつながり」として日本と世界の関係にも触れている。しかも、取り扱う年代が現在の平成までも網羅した画期的な「日本史」本となっている。

若い読者は、マンガなどからいろいろな分野に入門していくケースが多いため、「マンガ」「小説」「映像作品」のガイドを掲載している。マンガ『日《ひ》出処《いずるところ》の天子《てんし》』は、確かな時代考証をもとに飛鳥時代の風俗を見事に示している作品であるし、映画『二百三高地』もまた、日露戦争の一側面を的確に示した作品である。そういったことを本書のガイドから再発見してもらいたい。

読者の皆さんは一度本書をご覧いただいたなら、すぐに歴史のダイナミックな面白さ、展開の速さが実感できることだろう。

二〇一八年六月吉日

山岸《やまぎし》良《りょう》二《じ》

テーマ別で追う！

日本の歴史

本書では、
政治・外交・社会・宗教・
周縁・文化・都市・合戦
の8つのテーマに分けて日本の歴史を紹介。
ここでは4テーマに絞って時代をたどる。

周縁

独自の文化を築いてきたアイヌと琉球
しかし近世に、日本は両者に圧力をかけて吸収する

縄文・弥生

「クニ」が中国の漢に朝貢を始める

57年、倭の奴国王が後漢に朝貢し、光武帝より印綬を受ける → P26

古墳・飛鳥・奈良・平安

利権を守るため朝鮮半島へ出兵

4～5世紀、倭が朝鮮半島に出兵を繰り返す → P34

唐の最先端技術・制度を学ぶ

7～9世紀、中国の技術や文化を学ぶために遣唐使を派遣する → P54

ヤマト政権が蝦夷の勢力圏まで伸張

畿内を中心に発展したヤマト政権は北へ勢力を伸ばし、蝦夷と争う → P52

奥州藤原氏が源頼朝に滅ぼされる

東北で栄華を誇った奥州藤原氏が滅亡する → P72

鎌倉・室町

尚巴志が琉球を統一する

14世紀半ば、尚巴志が琉球を統一し、琉球王国を建国 → P106

和人が勢力を伸ばしアイヌと争う

15世紀、北海道南部に移り住んだ和人とアイヌが衝突する → P100

琉球王国が最盛期を迎える

15～16世紀、琉球は中継貿易によって最盛期を迎える → P106

倭寇の活動が活発化

13～16世紀に、朝鮮半島や中国大陸沿岸部で民族を超えた倭寇が活動 → P100

戦国・安土桃山

アイヌのシャクシャインが蜂起

1669年、松前藩に対しアイヌの首長シャクシャインが蜂起するも、最後は暗殺される → P148

外交

古来より中国大陸、朝鮮半島との関係性を重視 戦国時代に欧州と接触し、明治以降は対米戦略が鍵

キリスト教が伝来する

1549年、フランシスコ＝ザビエルが鹿児島に来着。キリスト教を広める

→ P118

元軍が日本に襲来する

1274、1281年にはモンゴル帝国が2度、日本に侵攻。撃退するも鎌倉幕府滅亡の遠因となる

→ P90

黒船が来航して開国を迫る

ペリー来航が契機となり、日本は開国。国内で攘夷が盛んになる

→ P174、180

日明貿易で大きな利益をあげる

1401年に足利義満が明へ使者を派遣して国交を開き、1404年からは日明貿易が始まる

→ P98

朱印船貿易をやめ貿易を制限する

1612年、江戸幕府は禁教令を発布し、外国船の来航を制限。やがて国外との貿易を制限

→ P146

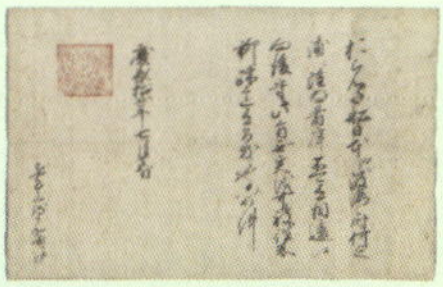

国際社会から孤立

満州国設立が国際的な非難を浴び、国際連盟を離脱。日中戦争、太平洋戦争となる

→ P222

日米同盟を強化

国連に復帰した日本は、アメリカと軍事的な連携を強化する

→ P246

自衛隊の海外活動

国際情勢の変化に対応するため、自衛隊を海外派遣する

→ P254

江戸

幕末・明治

大正・昭和初期

昭和（戦後）・平成

島津氏が琉球を支配下に置く

1609年、島津家久が琉球に侵攻し、服属させる

→ P150

ロシアに備え北方調査を開始

1785年、最上徳内らが蝦夷地探索に出発。1809年には、間宮林蔵が樺太を探検

→ P168

明治政府は蝦夷地、琉球を吸収する

明治政府は蝦夷地を北海道に、琉球を沖縄県とする

→ P190

テーマ別で追う！
日本の歴史

社会

縄文時代から土地とともに歩んできた日本人 それは貨幣経済が確立してからも変わっていない

天平文化
国際色豊かな文化

シルクロードを伝わってきた、国際色豊かな文化を取り込む → p56

飛鳥・白鳳文化
中国からの影響

仏教寺院を中心とした飛鳥文化、遣唐使がもたらした白鳳文化が花開く → P44

国風文化
かな文字の誕生

かな文字が誕生。かなを使った作品が多く作られる → P66

縄文・弥生

古墳・飛鳥・奈良・平安

鎌倉・室町

戦国・安土桃山

縄文人の定住化が始まる

定住化は縄文人から始まり、稲作の伝来後は国家の誕生を促した → P20、22，24

土地や人を国家の所有物にする

646年、改心の詔を発して土地と民を国の所有物にする → P38

経済が安定して庶民が台頭

室町時代には経済活動が活発化し、貨幣経済が発達する → P102

鎌倉幕府が全国の土地を支配

13世紀、幕府が地頭の任命権を握り、土地は武士のものになっていく → P84

システム化された村社会

江戸時代に入ると、身分制度が確立。五人組制度が作られ、田畑永代売買の禁令が発布された → P144

西洋文明を積極的に取り入れる

明治時代には西洋文明が一気に流入。都市部は洋風化するも、農村などはあまり変化しなかった → P188

国家総動員で戦争に参加する

太平洋戦争は総力戦となり、徴兵などで労働力が不足。農村では生産量が激減し国内は食糧難になる → P228、230

民主主義的な運動が盛んに

大正時代には、民主主義的な思想のもと、社会運動が活発化する → P212、216

文化

文化の担い手は時代とともに上流階級から庶民へ 現在は、さらに若い世代が文化を生み出す社会に

鎌倉文化
リアリズムを重視

武士政権の誕生で、写実的な文化が芽生える
→ P88

北山・東山文化
日本文化の源流

武家と公家の融合した北山文化。侘び寂びを追求した東山文化が生まれる
→ P104

桃山文化
絢爛豪華な文化

統一政権の樹立や西洋との交流などにより、華麗で壮大な文化が生まれる
→ P128

元禄文化
上方町人が発信

幕藩体制が固まると上方の町人を主体とした文化が誕生
→ P154

化政文化
江戸文化のピーク

「通・いき」などを好む江戸の町人を主体とした文化が発展
→ P160

文明開化
西洋文化が流入

明治初期、日本人の生活・文化が一気に西洋化する
→ P188、208

高度経済成長
ライフスタイルを変える

所得の増加により人々は豊かな生活を送る
→ P250

情報化社会
インターネットが普及

インターネットや携帯電話の普及が社会を変えた
→ P256

江戸

幕末・明治

大正・昭和初期

昭和（戦後）・平成

高度経済成長期に突入

1955年頃から急速に経済が発展し、大量生産・消費時代を迎える
→ P242、250

バブル崩壊と平成不況

平成に入るとバブル景気が崩壊し、長期の不況へ突入する
→ P256

テーマ別だから理解が深まる日本史　もくじ

第1章　日本列島における文明の起こり

列島の誕生　人類の到達　旧石器　縄文　弥生

第2章　育まれる日本という国と文化

古墳　飛鳥　奈良　平安

第3章　武家政権が誕生し武士の時代が到来

平安末期　鎌倉　南北朝　室町

政…政治　外…外交　社…社会　宗…宗教　周…周縁　文…文化　都…都市　合…合戦

政…政治　外…外交　社…社会　宗…宗教　周…周縁　文…文化　都…都市　合…合戦

さぁみんな
これから、ボクと一緒に
日本の歴史を
めぐる旅に出発だ!!

準備はいいかい？
Let's はにー!!

本書は2018年5月末時点での情報を掲載しております

本書の見方

メディアガイド 「映画」「ドラマ」「小説」「漫画」作品を紹介

重要な箇所はマーカーで示している

時代区分 解説している時代

テーマ別
「政治」「外交」「社会」「宗教」「周縁」「文化」「都市」「合戦」の8項目

ページリンク
テーマ別に前後のページを紹介

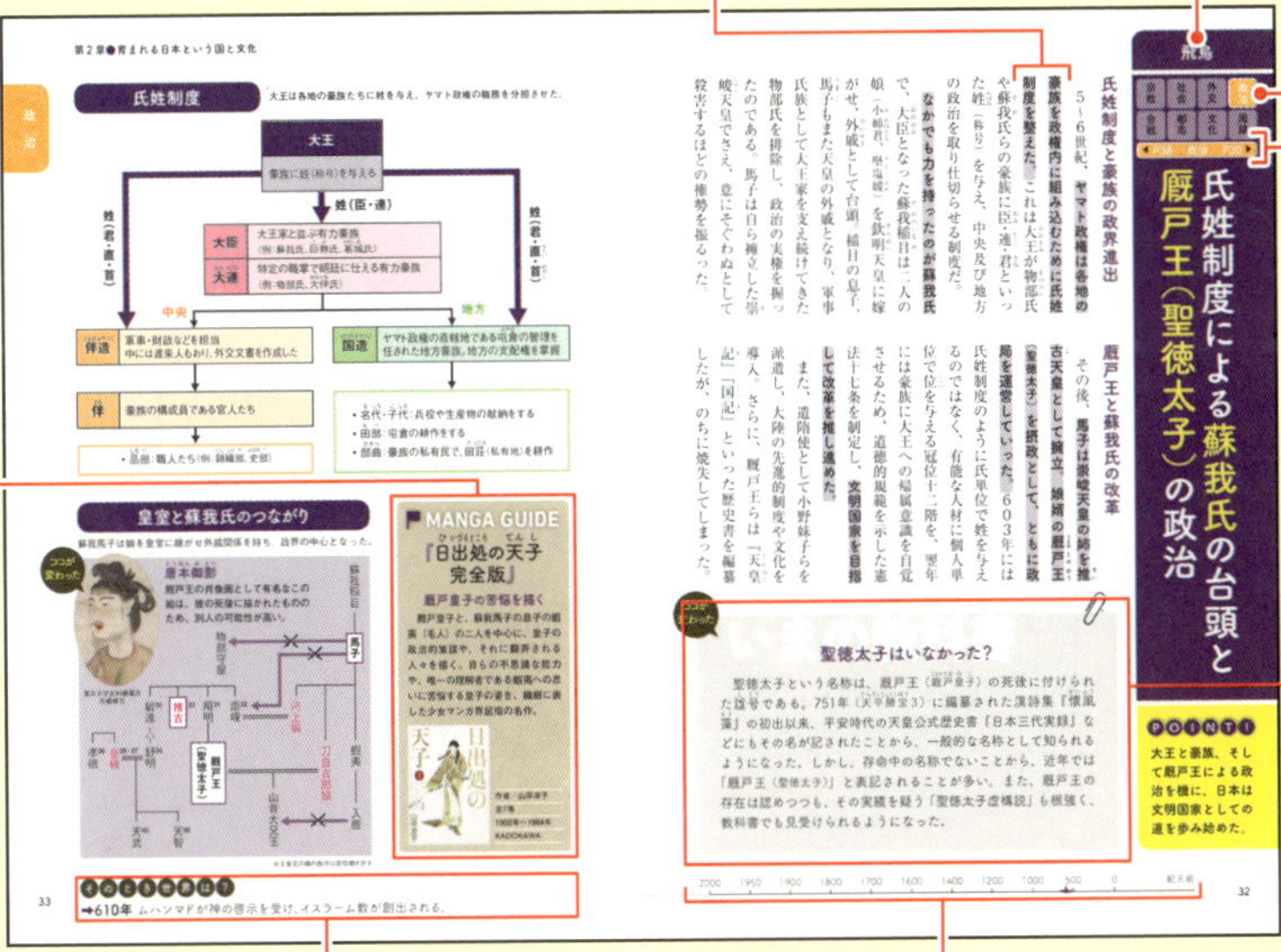

コラム
KEYPERSON 項目に関する人物の紹介
KEYWORD 項目に関する歴史用語の解説
いまの教科書 古い教科書と新しい教科書の比較
世界とのつながり 同時代の日本と世界との関わり

ココが変わった 定説が覆ったことや最新研究などを解説

枠外解説
そのとき世界は？…同時代の世界での出来事
用語解説…項目内で補足しきれなかった歴史用語の解説

クロニクル
ページ内で解説した時代をクロニクル上で示している

国宝 世界遺産 国宝指定された文物や、世界遺産登録された場所を示す

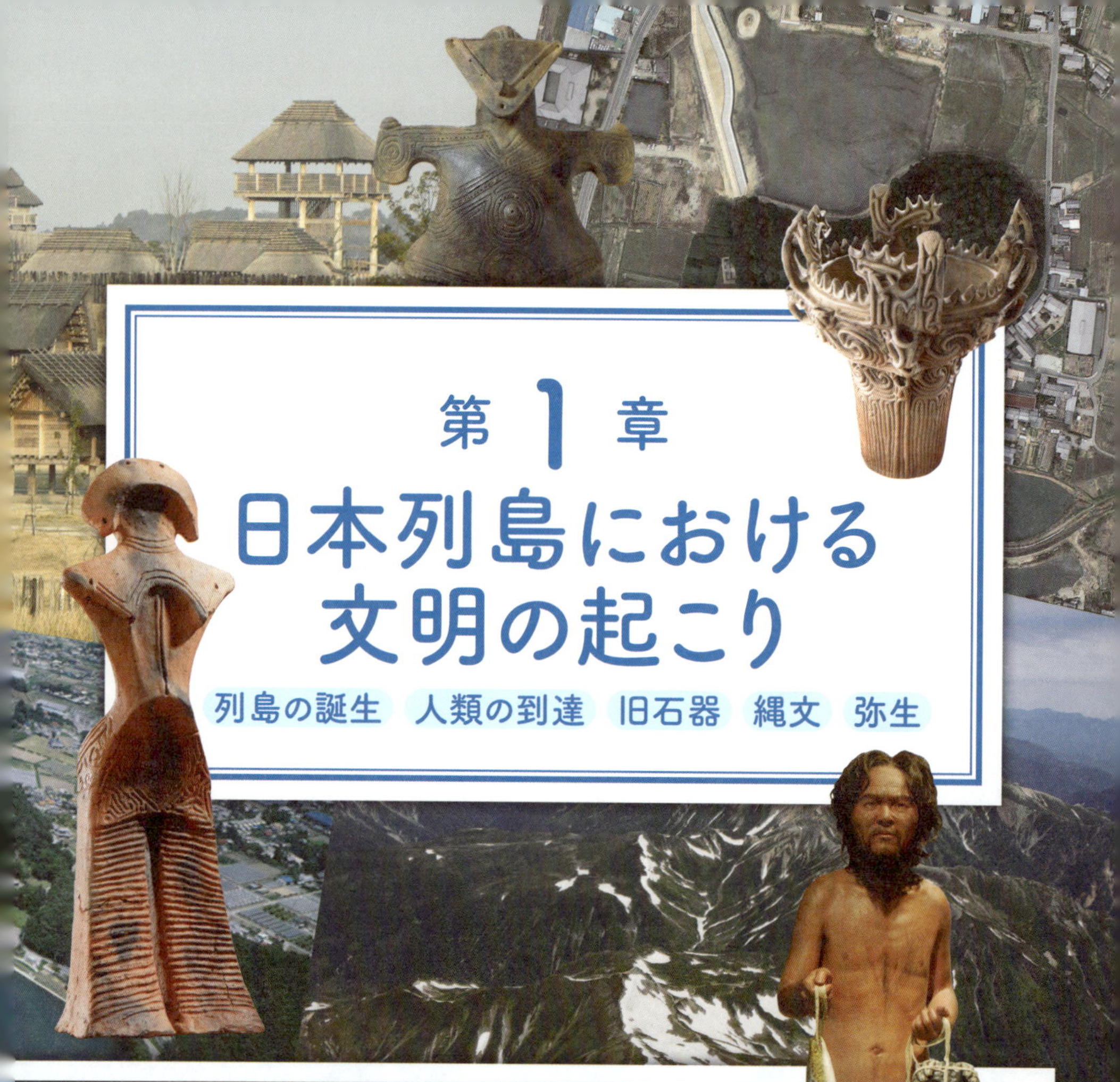

第1章
日本列島における文明の起こり

列島の誕生　人類の到達　旧石器　縄文　弥生

時代	年代	出来事
列島の誕生	46億年前	地球が誕生する⬇P14
	40～38億年前	海洋ができ、原始生命が誕生する⬇P14
	5億年前	植物が陸上に進出する
	2億5200万年前	恐竜が誕生する
	6550万年前	恐竜が絶滅する
	3000万年前	ユーラシア大陸から日本が引き離される⬇P14
人類の到達	550万年前	猿人の出現
	420万年前	アウストラロピテクスの出現
	300万年前	プレート活動の変化により日本列島の隆起が進む⬇P14
	77万年前	最後の地球磁場逆転現象が起きる⬇P14
	20万年前	現生人類（新人）の出現⬇P16
	7～6万年前	現生人類がアフリカから移動開始⬇P16
	4万年前	人類が日本列島に到達⬇P16
旧石器	3万6500年前	山下町第一洞穴人の登場
	3～2万年前	氷期により日本列島が大陸と地続きになる⬇P14
	2万年前	港川人の登場⬇P17
	1万8000年前	浜北人の登場

列島の誕生	約3000万年前、ユーラシア大陸の東端に裂け目ができる。数百万年かけて裂け目は広がり続け日本列島のもとになる。その後もプレート活動や地殻変動を繰り返し、約1万年前に現在の日本列島が完成した。
人類の到達	20万年前頃、アフリカに出現した現生人類（新人）は、7～6万年前頃からユーラシア大陸に進出し始める。その後、世界中に拡散した人類は、4万年前頃にナウマンゾウやオオツノジカなどの大型動物を追って日本列島へ到達した。
旧石器	戦前の学説では日本に旧石器時代は存在しないと考えられていたが、岩宿遺跡から石器が発見されたことにより旧石器時代の存在が証明される。当時の人々は石を打ち欠いた打製石器を使い、狩猟・採集生活を行っていた。
縄文	気候が温暖になり採集が盛んになると、煮炊き用の縄文土器が登場。人々は簡単な竪穴住居を建て、集落を形成するようになる。なかでも青森県の三内丸山では、1000年以上にわたって大規模な集落が営まれていた。
弥生	中国大陸から稲作が伝来すると定住化が進み、集落から「クニ」へと発展。約30の「クニ」をまとめ上げた邪馬台国の女王である卑弥呼は、中国の王朝に朝貢を行い「親魏倭王」の称号を得る。

時代	年代	出来事
縄文	1万6500年前	縄文土器の登場 ⬇P20
	1万2000年前	温暖化により海面が上昇し始める
	1万年前	日本列島が完成する ⬇P14
	5500年前頃	三内丸山で大規模集落が営まれる ⬇P20
弥生	2400年前	九州北部に稲作が伝来する ⬇P24
	紀元前5世紀頃	稲作が東日本まで広がる
	紀元前2世紀	『漢書』地理志に初めて倭国が登場する
	1～2世紀頃	吉野ヶ里で大規模な集落が形成される ⬇P26
	57年	奴国の王が漢に朝貢し金印を授かる
	107年	倭国王帥升《すいしょう》らが後漢に朝貢を行う
	2世紀後半頃	倭国でクニ同士の争いが始まる
	239年	卑弥呼が魏に朝貢し金印紫綬を授かる ⬇P26
	248年頃	卑弥呼死去。宋女の壱与が共立され女王となる
	3世紀半ば	倭の女王（壱与）が晋に使いを送る
	4世紀頃	中国の史書から倭国の記述が消える
	413年	倭から東晋に使いが送られる

日本列島は現在の形になるまでユーラシア大陸の一部だった

日本を形成した地殻変動

今から約46億年前、太陽の周りの塵やガスが集まって地球が形成された。約40億年前には海洋ができ、そこで原始的な生命が生まれた。

日本列島の歴史は地球史のスケールの大きさを考えればごく短い。約3000万年前、ユーラシア大陸の東端で地殻変動が起き、**巨大な地震とともに裂け目ができ始めたのが日本列島の始まり**である。大地の裂け目は数百万年をかけて広がり、間に海水が入り込んで大陸から分かれていった。

こうして形成された日本列島のもとは、北に移動して来たフィリピン海プレートと衝突する。

海面の上昇で現在の地形に

プレートとの衝突により、火山の噴火や大地の隆起《りゅうき》など、大規模な地殻変動が繰り返された。そして**約300万年前、現在の山がちな日本列島の原型が完成する。**

この頃の地球は寒冷期と温暖期を繰り返していたことがわかっている。寒冷な時代は「氷期」と呼ばれ、氷河が発達して海水面が下がり、日本列島は大陸と陸続きになった。日本史の教科書の初めの「かつて日本は大陸と陸続きだった」という記述は、このことを指している。

最後の氷期が終わった**約1万年前、海水面が上がり、現在の形に近い日本列島が形成された**のである。

KEYWORD

地球史に刻まれる「チバニアン」

2017年11月、77万年前～12万6000年前（中期更新世《こうしんせい》）の地質時代の名称が、千葉県市原市の地層から「チバニアン」に内定した。地質時代は、各時代区分の代表的な層序（地層が形成された順序）が保存されている地名にもとづいて命名されることが多い。地球の磁場のS極とN極は、史上何度か逆転したことがあるが、チバニアンはその最後の逆転が起きた時代だ。市原市のこの地層中からは堆積したときに地磁気が逆転したことを示す鉱物などが見つかり、これが内定の決め手となったようだ。

POINT!

地殻変動により大陸から分離した日本列島は、プレートの活動によって現在の姿となった。

1万年前	3000万年前	6550万年前	2億5200万年前	4億4400万年前	5億4000万年前	20億年前	40億年前	46億年前
日本列島誕生	日本列島のもと移動開始	恐竜絶滅	恐竜誕生	オルドビス期の大量絶滅	カンブリア大爆発	超大陸誕生	生命誕生	地球誕生

日本列島の成り立ち

約3000万年前、ユーラシア大陸の東端に亀裂が生じた。引き裂かれた陸地は、火山活動や陸地の衝突を繰り返しながら日本列島を形成していく。

—— 当時海中に沈んでいた陸地を示す

約2500万年前

約3000万年前にプレート活動により生じた亀裂に海水が流入。日本列島のもとは大陸から引き離されていった。

約2000万年前

伊豆半島沖合にあった火山島が日本列島のもとと衝突。陸地が押し上げられ、伊豆半島と関東平野が形成された。

約1500万年前

フィリピン海プレートが日本列島のもとと衝突。西日本でマグマが一気に噴出するカルデラ噴火が多発し、山地が形成される。

チバニアン

チバニアンの名称の由来となった千葉県にある地層。約77万年前の地球磁場逆転を示す。

日本列島を形成するプレート

常にマグマの対流が起きているマントルの上に乗るプレートは年間数cmの速度で動く。このプレート活動は日本の山がちな地形を造り上げ、地震や火山噴火が頻発する原因になっている。

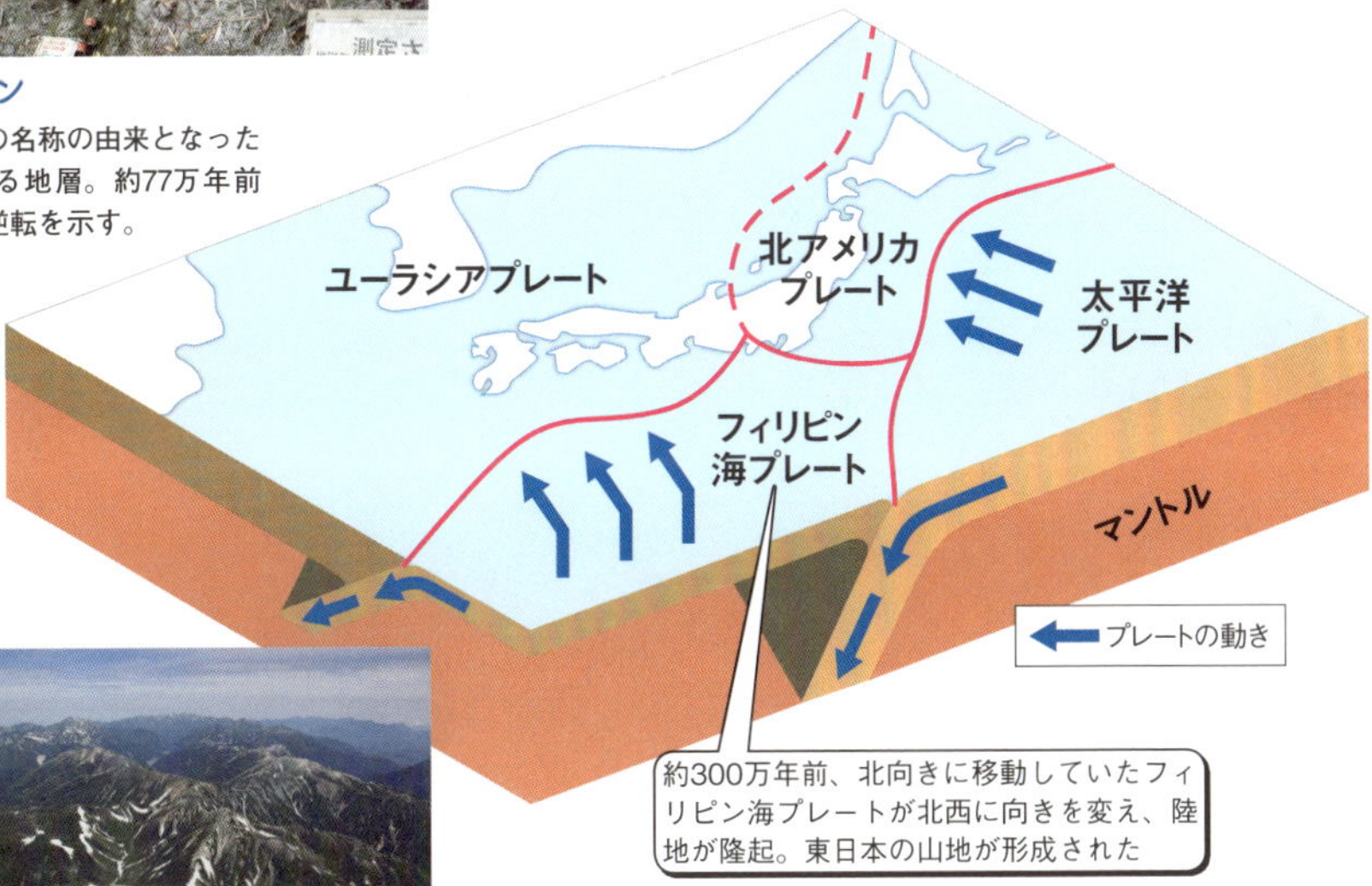
ユーラシアプレート
北アメリカプレート
太平洋プレート
フィリピン海プレート
マントル
プレートの動き
約300万年前、北向きに移動していたフィリピン海プレートが北西に向きを変え、陸地が隆起。東日本の山地が形成された

日本アルプス

日本アルプスは中部地方を縦断する山脈。フィリピン海プレートが動きを変えた際に誕生した。

用語解説「更新世」

➡約258万年前から約1万7000年前までの期間を指す。人類史の旧石器時代にあたる。

人類の到達

アフリカで誕生した人類はどのように日本に到達したのか

POINT!

550万年前、アフリカで猿人が誕生。人類は約4万年前に獲物を追いかけ、日本に到達する。

時代とともに変化する学説

新しい化石の発見により、教科書に記載される**「人類の始まりの年代」は年々古くなっている。**

人類の進化についても、従来は「猿人↓原人↓旧人↓新人」と単純に捉えられてきたが、現在はもっと複雑に枝分かれと絶滅を繰り返してきたと考えられている。

約20万年前に登場した現生人類（新人）についても論争があった。「新人は地域ごとに進化した」という多地域進化説と、**「人類はアフリカで生まれて世界に広がった」とするアフリカ単一起源説だ。**最近ではDNAなどの研究により単一起源説が有力視されている。

獲物を追って渡来した日本人

日本列島には、約4万年前に人類が到達したことが、出土した石器から推測されている。

当時は寒冷な氷期のため海水面が低く、日本は大陸と地続きだった。ナウマンゾウやオオツノジカなどの動物が日本列島に渡り、それを追って人類がやって来たと考えられる。

しかし、人類の日本列島到達の仕方は、一様ではなかったようだ。**4万年前、東南アジアを起源とする南方系アジア人（縄文人）が移住し、**その後**大陸北部を起源とする北方系アジア人（弥生人）が渡来した**らしい。現在の日本人の大半は、彼らの混血と考えられている。

ココが変わった

いまの教科書

明石原人は実は原人ではない？

1931年（昭和6）、兵庫県明石市の海岸で、ヒトの腰骨の一部が発見された。標本は空襲によって焼失するが、残っていた写真と石膏《せっこう》模《も》型《けい》をもとに、原人（約50万年前の人類）として発表された。しかし、近年になると研究が進み、明石原人は新石器時代の人類、つまり「新人」であるという説が有力となり、さらに完新世のものとする意見もある。同様に、葛生人《くずうじん》・牛川人《うしかわじん》・三ヶ日人《みっかびじん》などの化石人類も、縄文時代以降の人骨、もしくは別の動物の骨の可能性が浮上し、教科書での記載を避けるようになった。

4万年前	4万5000年前	7万年前	7万4000年前	20万年前	35万年前	250万年前	370万年前	550万年前
人類が日本に到達	人類がアジアに到達	現生人類の世界拡散	人類の大量絶滅	現生人類の出現	ネアンデルタール人の出現	石器が発明される	アウストラロピテクスの出現	猿人の出現

人類進化の道のり

人類はアフリカで誕生した猿人から原人、旧人、新人へ進化していった。しかし、原人や旧人の多くは現生人類につながることなく絶滅する。

日本人の始まり

人類は海面が下がっていた約4万年前に日本へ到達。港川（みなとがわ）人や白保（しらほ）人、浜北（はまきた）人などはこの頃の人類。

港川人

港川人は約2万年前、沖縄に存在していたとされる人類。縄文人の祖先ではないかと考えられていたが、DNA分析によってこの説は否定されている

八重瀬町立具志頭歴史民俗資料館

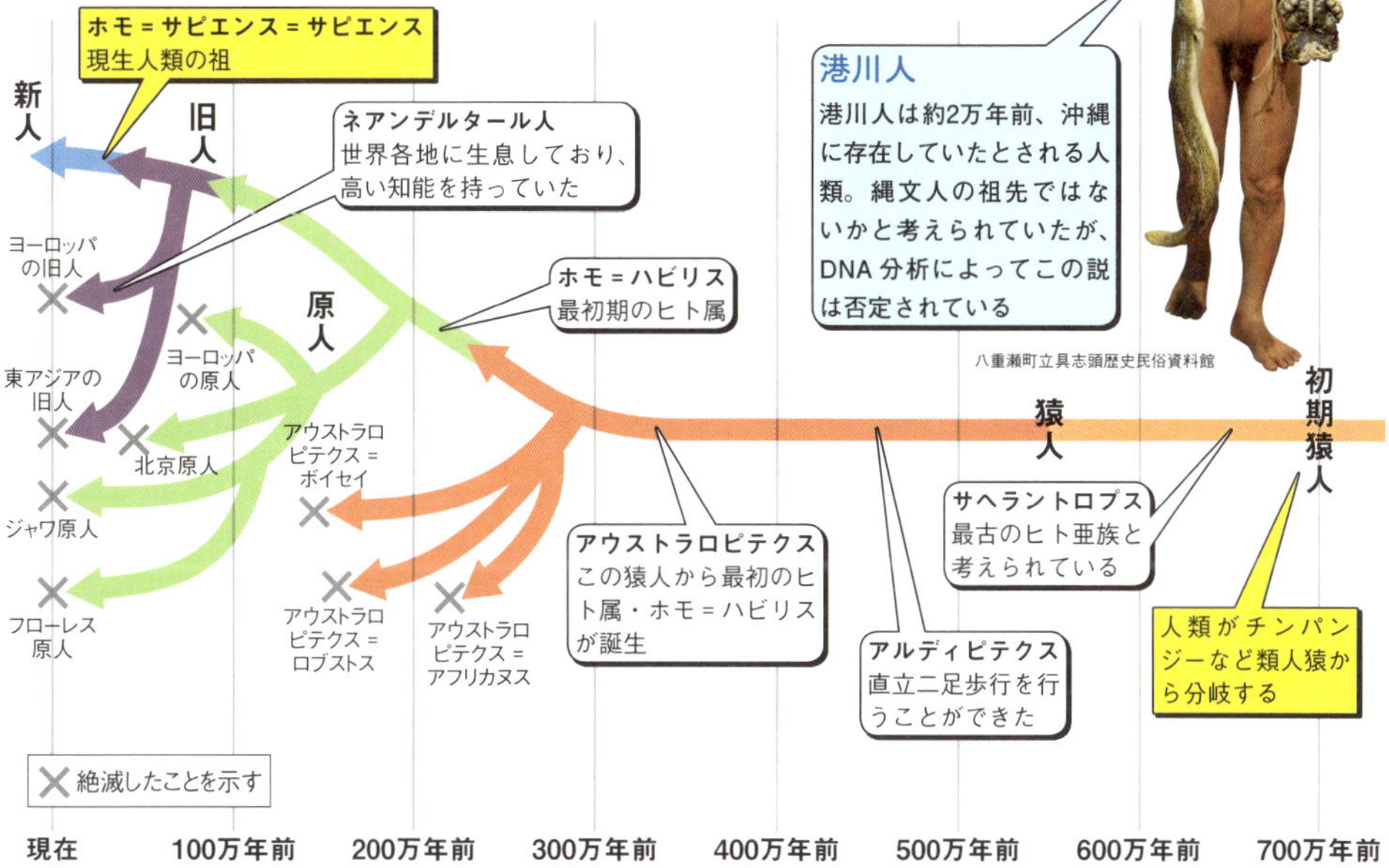

人類の移動ルート

約20万年前にアフリカで誕生した現生人類は、約7〜6万年前に移動を開始した。人類は進化と絶滅を繰り返しながら世界中に広がっていく。

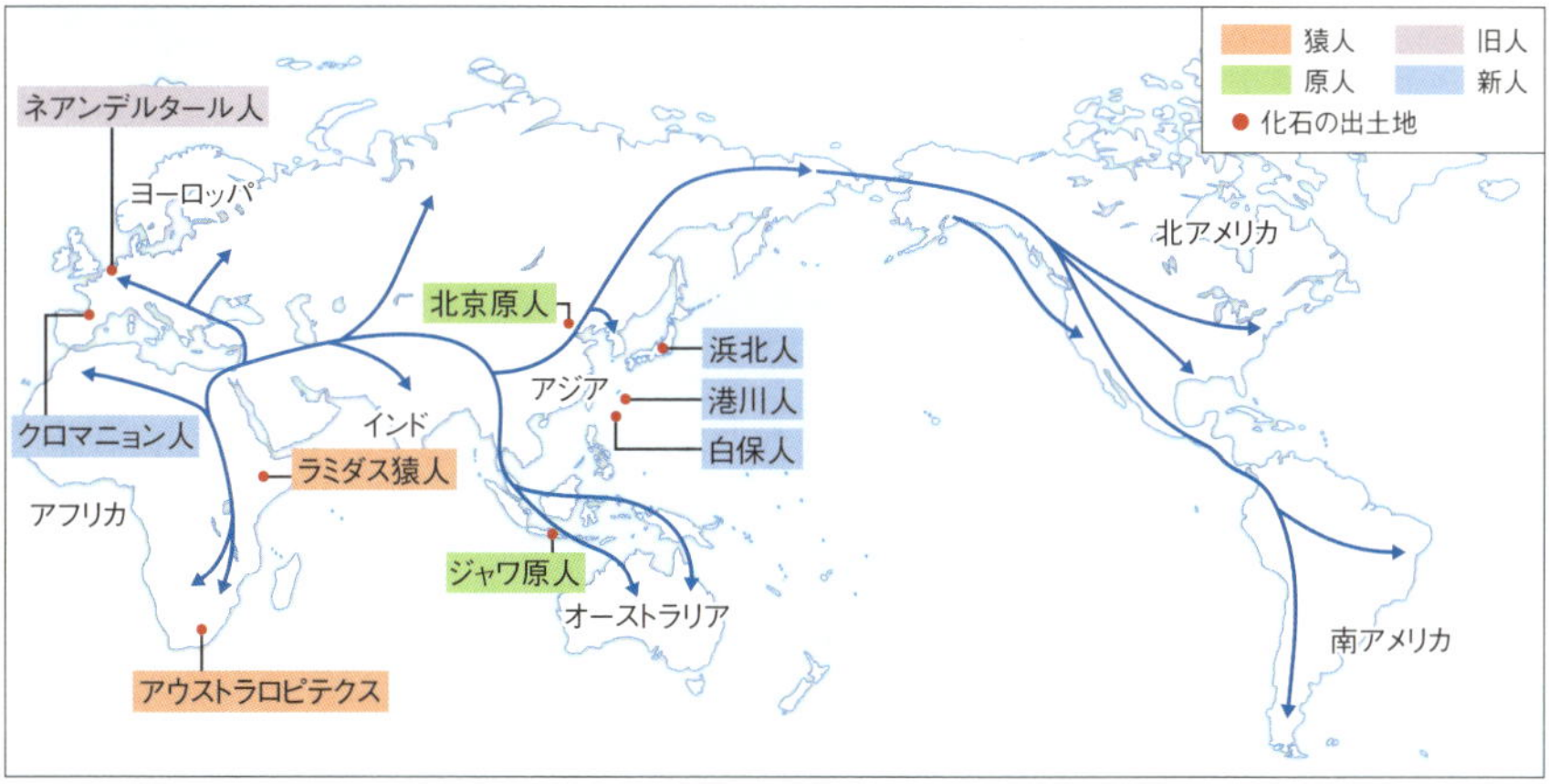

そのとき世界は？

➡**約2万年前** 氷期の影響で海面が下がり、ユーラシア大陸と北アメリカ大陸が地続きとなる。

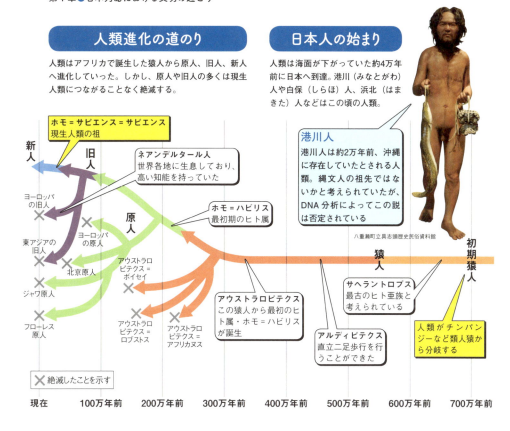

岩宿遺跡で発見された石器が日本に旧石器時代があると証明した

POINT!
岩宿遺跡で旧石器が発見されたことで、縄文以前の日本での人類活動が証明された。

岩宿遺跡発見の意義とは

日本列島には、いつから人が住んでいたのか。戦前の定説では、約1万年前に完新世《かんしんせい》が始まるまで、人類は日本列島にいなかったとされた。しかし**1946年（昭和21）、アマチュア考古学者の相沢忠洋《あいざわただひろ》が岩宿《いわじゅく》遺跡（群馬県）で石器を発見。**更新世《こうしんせい》末期の火山活動でできた関東ローム層から出土したものであり、**日本にも1万年以前の旧石器文化があったことが証明された**のだ。

日本列島の人類の起源をいつとするかの議論は、現在も定まっていない。今のところ、もっとも確実な日本最古の人類の痕跡は、約4万年前の石器であると見られている。

打製石器が変化した背景

旧石器時代の人類は、土器を使用せず、石を打ち欠いて製作した石器（打製石器《だせいせっき》）を使っていた。洞穴や岩陰で暮らし、獲物を追って頻繁に移動していたようだ。長野県の野尻湖《のじりこ》遺跡からは、ナウマンゾウやオオツノジカの化石のほか、骨角器《こっかくき》（動物の骨や角を割って作った道具）も見つかり、当時の生活を伝えている。

2万年前を境に気候は徐々に温暖化していき、ナウマンゾウのような大型動物は姿を消していった。**獲物の小型化は、石器にも変化をもたらした。**同じ旧石器時代でも、時代が下ると小ぶりになり、機能性が増すという変化が読み取れる。

KEYWORD

捏造だった「神の手」

1990年代、宮城県上高森《かみたかもり》遺跡での調査により、日本には70万年以上前に旧石器文化があることが証明された。ところが2000年（平成12）、出土した石器が調査副団長による捏造だったことが新聞にスクープされる。その副団長は、各地の遺跡に応援に来るたびに石器が発見されることから「神の手」と呼ばれていた。日本考古学協会の検証により、この副団長が関係したすべての遺跡が捏造だったと断定される。事件の反省から、以後の考古学界では、科学的で厳密な手法を取り入れる努力がなされている。

旧石器時代の遺跡と文化圏

岩宿遺跡の発見以降、全国各地で旧石器時代の遺跡が発見されている。これらの遺跡から発掘された打製石器は、地域によって材料や種類に違いが見られる。

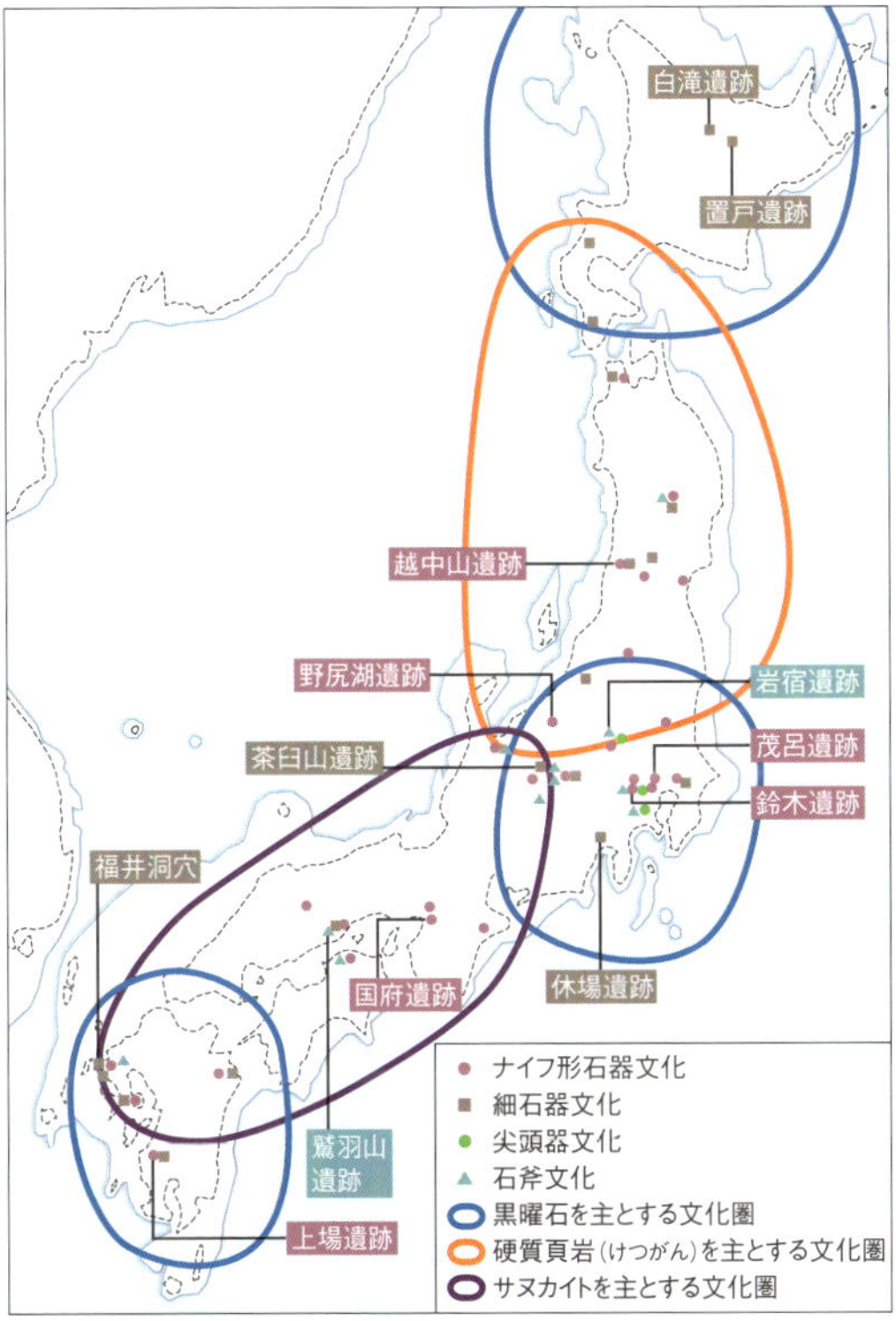

岩宿博物館

岩宿遺跡

日本で初めて旧石器時代の遺物が確認された遺跡。この遺跡の発見により、日本に旧石器時代が存在したことが証明された。

野尻湖ナウマンゾウ博物館

ナウマンゾウの化石

野尻湖遺跡ではナウマンゾウの化石や石器が見つかっており、狩猟の獲物を解体する場であったと考えられている。

旧石器の使用方法

旧石器時代は石を打ち欠いて作る打製石器を使用していた。打製石器は用途によって適した形に加工された。

石斧《せきふ》

木の加工や掘削に使われた斧。直接手で持つか、短い柄を付けて使用する。

諏訪市教育委員会

諏訪市教育委員会

ナイフ形石器

動物の皮や肉をはぎ取る際に用いられた。棒を付けて槍としても使用された。

岩宿博物館

諏訪市教育委員会

尖頭器《せんとうき》

長い棒の先端に付けられ、石槍として狩猟に使用された。

諏訪市教育委員会

岩宿博物館

そのとき世界は？

➡**約1万7000年前** ヨーロッパに広がったクロマニョン人が、ラスコーなどの洞窟に壁画を描く。

縄文時代の通説を覆した青森県の三内丸山遺跡は一大交易圏の中心だった

POINT!

縄文時代の遺跡からは様々な交易品が発掘され、大規模な集落や交易があったことが判明。

更新される縄文時代の始まり

約1万年前、石を磨いて作る磨製《ませい》石器《せっき》を使用する新石器時代が始まった。**この頃から土器の使用も始まり、縄目が付いた縄文《じょうもん》土器が使われたことから、日本における新石器時代は「縄文時代」と呼ばれる。**

縄文時代の始まりは、約1万3000～1万2000年前といわれてきた。しかし、青森県の大平山元《おおだいやまもと》Ⅰ遺跡から出土した土器は、約1万6500年前のものという測定結果が出ており、常識は変わりつつある。

通説が変わり続けてきた縄文時代研究で、最大のインパクトを残したのが、1992年（平成4）からの三《さん》内丸山《ないまるやま》遺跡（青森県）の発掘だろう。

集落に定住していた縄文人

三内丸山遺跡は縄文時代の前期から中期にかけて、推定1500年間も続いた巨大集落である。それまでは、縄文人の生活は不安定な狩猟・採集に頼っており、移動を繰り返していたと考えられてきた。しかし、遺跡からは大型の住居跡や巨大な物《もの》見櫓《みやぐら》などの遺構が発見され、**縄文人も定住していたことが示された。**

三内丸山遺跡の出土品には、近隣では採れない鉱物が存在する。例えば、装身具の原料になるヒスイは、新潟県糸魚川《いといがわ》産であることが、科学的分析から判明した。ほかにも黒曜石やコハクなどが、**縄文人の交易圏を推定する手がかりとなる。**

KEYPERSON

縄文文化を再発見した「岡本太郎」

1952年（昭和27）、現代日本を代表する芸術家岡本太郎は、東京国立博物館で偶然に縄文土器を目にした。その独特の美意識に強い衝撃を受けた岡本は、翌年に美術雑誌『みづゑ』誌上で、「四次元との対話　縄文土器論」という評論を発表する。岡本の活動をきっかけとして、建築やデザイン界を中心に縄文ブームが訪れ、それまで日本美術史の始まりは弥生土器や埴輪《はにわ》だったが、岡本以後は縄文土器も「美術」と見なされるようになった。彼は、まさに縄文土器を「再発見」したといえよう。

三内丸山遺跡

縄文時代、人々は集落を作り定住を始める。なかでも縄文時代最大の遺跡・三内丸山遺跡では数百人規模の集落が約1500年間も営まれていた。

集会や共同作業に使用していたとされている

青森県教育庁文化財保護課

縄文時代の交易

縄文時代は集落同士の交易も盛んだった。装身具に使われたヒスイや、狩猟道具に使用する黒曜石などが交易を通して各地に広がっていった。

ヒスイ製大珠

ヒスイは生産地で製品として加工されたあと、各地の集落へと出荷された。

青森県教育庁文化財保護課

すべて青森県教育庁文化財保護課

黒曜石の石槍

黒曜石は国内だけでなく大陸にも輸出されていた。

アスファルトが付着した石鏃《せきぞく》

天然アスファルトは東北地方の日本海側が主な産地。

そのとき世界は？

➡**紀元前6000年頃** 中国の黄河・長江流域で畑作や水稲耕作を伴う文化が形成される。

従来考えられていたよりずっと先進的だった縄文時代の生活

貝塚からわかる縄文の生活

縄文《じょうもん》時代の人々の生活を探るヒントになるのが、各地にある貝塚《かいづか》だ。有名な大森《おおもり》貝塚は、１８７７年（明治10）にアメリカ人モースが発見し、日本初の本格的な考古学調査が行われた。**貝塚とは古代の集積場で、貝殻や動物・魚の骨、道具や人骨などが出土する。**これらの調査により、「狩猟・採集・漁労」を中心とする縄文人の生活のイメージが固まった。

貝塚の近くから発見される集落跡では、**数人～10人が暮らせる竪穴住居が見られる。**縄文前期には数個から10数個の住居からなる集落が、縄文中期～後期には数10～１００程度にまで発達した。

定住生活がもたらしたもの

人類の発展段階では、一般に農耕を始めることで定住生活が可能になるとされる。近年の研究で、**縄文人はクリやトチ、豆類などを栽培して食料を獲得していたことが解明され、**「農耕と定住は弥生《やよい》時代に始まった」という定説は修正を迫られた。

食料供給を安定させた縄文人たちは、生存に直接関係ない精神活動も活発化させたようだ。土器に施された高度な装飾、呪術の道具である土《ど》偶《ぐう》などがその証左だ。一方、縄文晩期の人骨には、殺傷の痕があるものも見つかっている。**人口増や気候変動による食糧不足を背景に、集落同士の争いが起きた可能性もある。**

ココが変わった

いまの教科書

縄文人は意外と長命だった！

旧来の学説では、狩猟・採集に頼る縄文時代の食生活は栄養が偏っており、縄文人の平均寿命は30歳前後だとされてきた。しかし、三内丸山《さんないまるやま》遺跡（青森県）の発掘では、ブリ・マダイ・サバなど、外洋で採れる海産物の骨が大量に出土。また、ブドウやキイチゴといった果実から酒を作っていた可能性も高いという。2010年（平成22）、縄文時代の86体の人骨を分析した結果、32.5％が65歳以上のものであると発表され、縄文人は栄養状態が良く長寿だったことが明らかになったのだ。

POINT!

縄文土器は人々の食生活とともに進化し、後期には弥生土器と遜色ない土器も作られた。

縄文土器の変遷

約1万3000年前、土器の使用が始まった。土器の多くに縄目模様が付けられていたことから、この頃の土器は縄文土器と呼ばれる。

前期

縄文時代前期は尖底（せんてい）・丸底の深鉢土器が主流であった。時代が下ると平底の土器も見られるようになる。

板状土偶

土偶は破壊された状態で発掘されることが多く、祭祀に用いられたと考えられている。

青森県教育庁文化財保護課

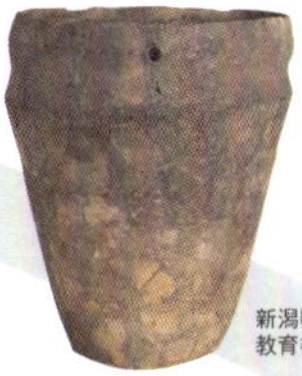

新潟県長岡市教育委員会

深鉢形尖底土器

上部の黒ずみは煮炊きに使用された痕跡か。

深鉢形土器

底部の形や装飾から中期土器へ移行しつつあることがうかがえる。

松戸市立博物館

中期

中期の縄文土器は胴部に立体的な文様を施すなど装飾性が増す。土偶も板状から立体へと進化した。

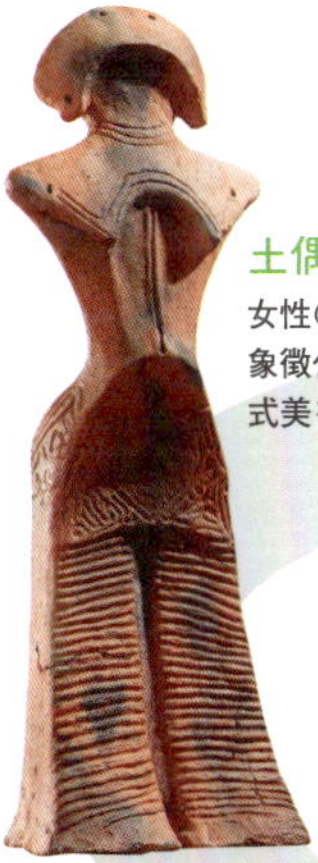

山形県立博物館

国宝

土偶

女性の姿を極限まで象徴化しつつ高い様式美を誇る。

国宝

火炎土器

燃え盛る炎を表現したような模様を持つ。

十日町博物館

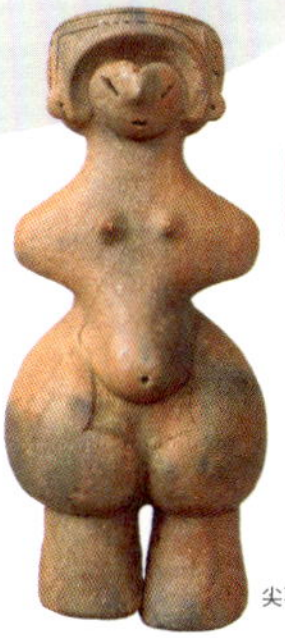

尖石縄文考古館

国宝

土偶

腹部の出っ張りで妊婦を表現した土偶。

後期

後期の縄文土器は形状が洗練され、用途に合わせて器形が多様に変化する。

秋田県立博物館

人面付環状注口《ちゅうこう》土器

液体を注ぐための注ぎ口が付けられている。

国宝

土偶

顔面に逆三角形の仮面がかぶせられている。

尖石縄文考古館

遮光《しゃこう》器《き》土偶

土偶の集大成といえる。遮光器とは、雪の反射光を防ぐ眼鏡のこと。

文化庁／岩手県立博物館提供

そのとき世界は？

➡**紀元前2500年頃** エジプト第4王朝が繁栄。ギザの三大ピラミッドが建設される。

稲作伝来時期の繰り上げで変わる弥生時代の始まり

稲作開始が100年〝早まる〟

弥生《やよい》時代の大きな特徴は**「弥生土器の使用」「稲作の開始」「金属器の使用」「身分差の発生」**などである。紀元前4世紀頃に弥生土器の制作が始まり、同時期に大陸から九州に稲作が伝わったことにより、日本は徐々に縄文《じょうもん》時代から弥生時代へ移行していったと考えられてきた。

しかし1970〜80年代、板付《いたづけ》遺跡（福岡県）や菜畑《なばたけ》遺跡（佐賀県）で縄文時代晩期の水田跡が発見され、**稲作開始は従来よりも100年ほど早いと判明した。**「弥生時代の始まりは稲作開始と同時」とされることもあり、「弥生時代の始まりは紀元前5世紀」という説も有力になった。

共同体の規模が大きくなる

九州から全国に広がった稲作は、それまでに形成されていた人々の生活を一変させた。水田耕作には多くの人手を要することから、共同体は巨大化。また、生産物の貯蔵が可能になったことで富の蓄積が起き、貧富の差や身分差が発生する。こうして、**強力な首長に率いられた原始的な国家（クニ）が誕生したのである。**

なお、縄文人と弥生人は、人種的にも系統が異なると考えられている。縄文人は、東南アジアを起源とする「古モンゴロイド」だといわれているが、弥生人は大陸の北部が起源で寒冷地に強い「新モンゴロイド」であるという。

ココが変わった

いまの教科書

500年さかのぼる!? 弥生時代の始まり

上の本文で、「日本の稲作は紀元前5世紀に始まっていた」という見方を紹介した。しかし、日本に稲作を伝えたとされる朝鮮半島では、紀元前10世紀頃には稲作が伝来していたと考えられ、タイムラグが生じる。国立歴史民俗博物館は、各地で出土した遺物を「放射性《ほうしゃせい》炭素《たんそ》年代《ねんだい》測定法《そくていほう》」という科学的手法で分析。2003年（平成15）、「弥生時代の始まりは紀元前10世紀」とする結果を発表した。この説が正しければ前述のタイムラグはなくなるが、この研究結果を認めない研究者も多数存在し定説化するかは不透明だ。

POINT!

弥生時代と稲作の開始時期は、最新の研究によって紀元前10世紀まで遡る可能性がある。

2000 1950 1900 1800 1700 1600 1400 1200 1000 500 0 紀元前

稲作の伝来

長江流域を発祥とする稲作は縄文時代晩期に日本へと伝わった。伝来ルートには様々な説があるが、朝鮮半島を経由するルートや長江下流から海を渡って来たとする説が有力となっている。

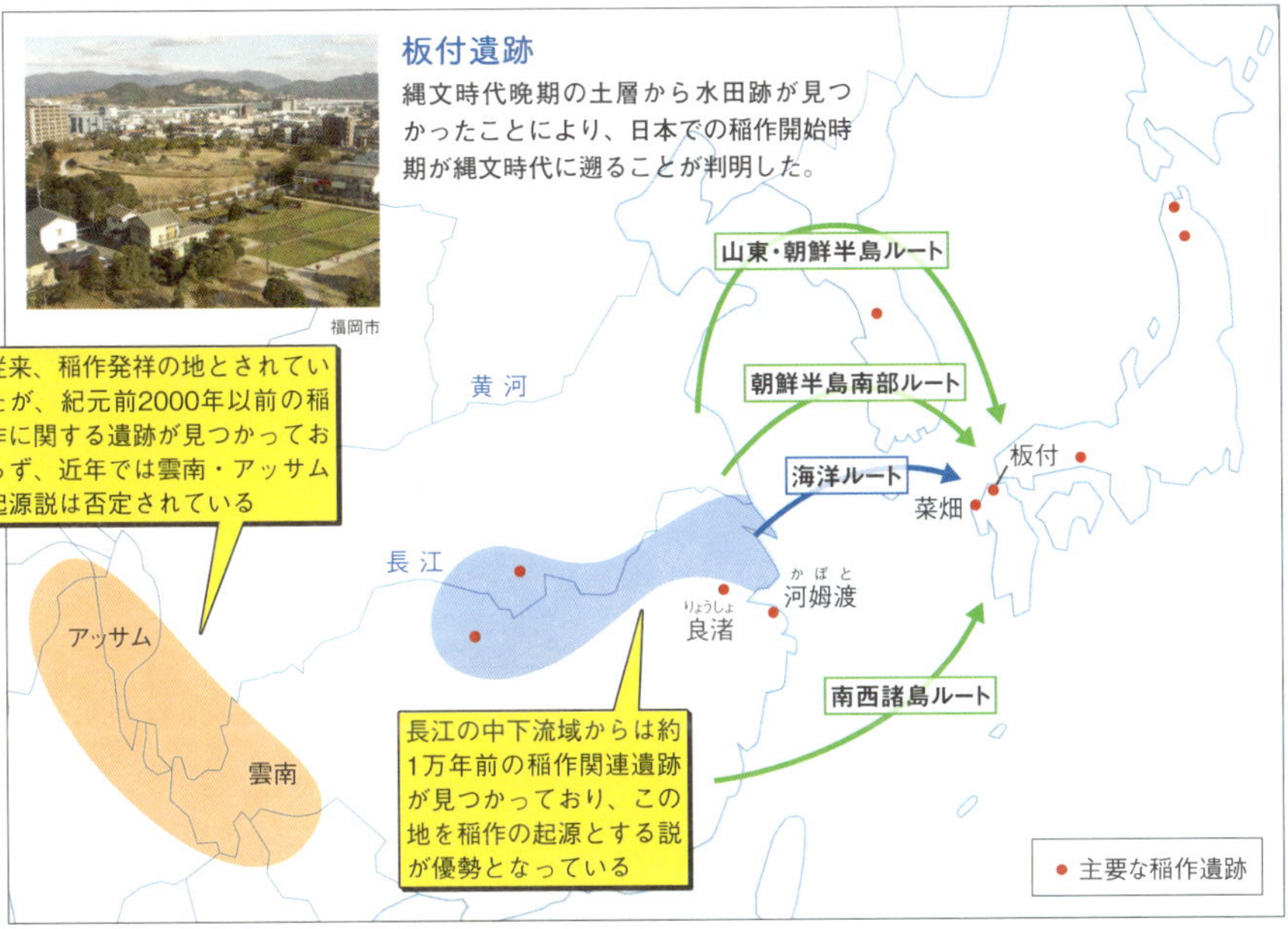

板付遺跡
縄文時代晩期の土層から水田跡が見つかったことにより、日本での稲作開始時期が縄文時代に遡ることが判明した。
従来、稲作発祥の地とされていたが、紀元前2000年以前の稲作に関する遺跡が見つかっておらず、近年では雲南・アッサム起源説は否定されている
福岡市

長江の中下流域からは約1万年前の稲作関連遺跡が見つかっており、この地を稲作の起源とする説が優勢となっている
主要な稲作遺跡

日本人の形成

縄文時代に日本列島に住んでいたのは古モンゴロイドの縄文人だった。弥生時代になると大陸から新モンゴロイドの渡来系弥生人や渡来系古墳人が到来し、縄文人と混血を繰り返したことによって現在の日本人が形成された。

松下孝幸提供

縄文人

古モンゴロイドの血をひく縄文人は現代人と比べて彫りが深く、唇が厚い、目が大きいなどの特徴がある。

松下孝幸提供

弥生人

大陸から渡来した新モンゴロイドとの混血を繰り返した結果、弥生人の顔立ちは縄文人と比べて面長で平たいものへと変化した。

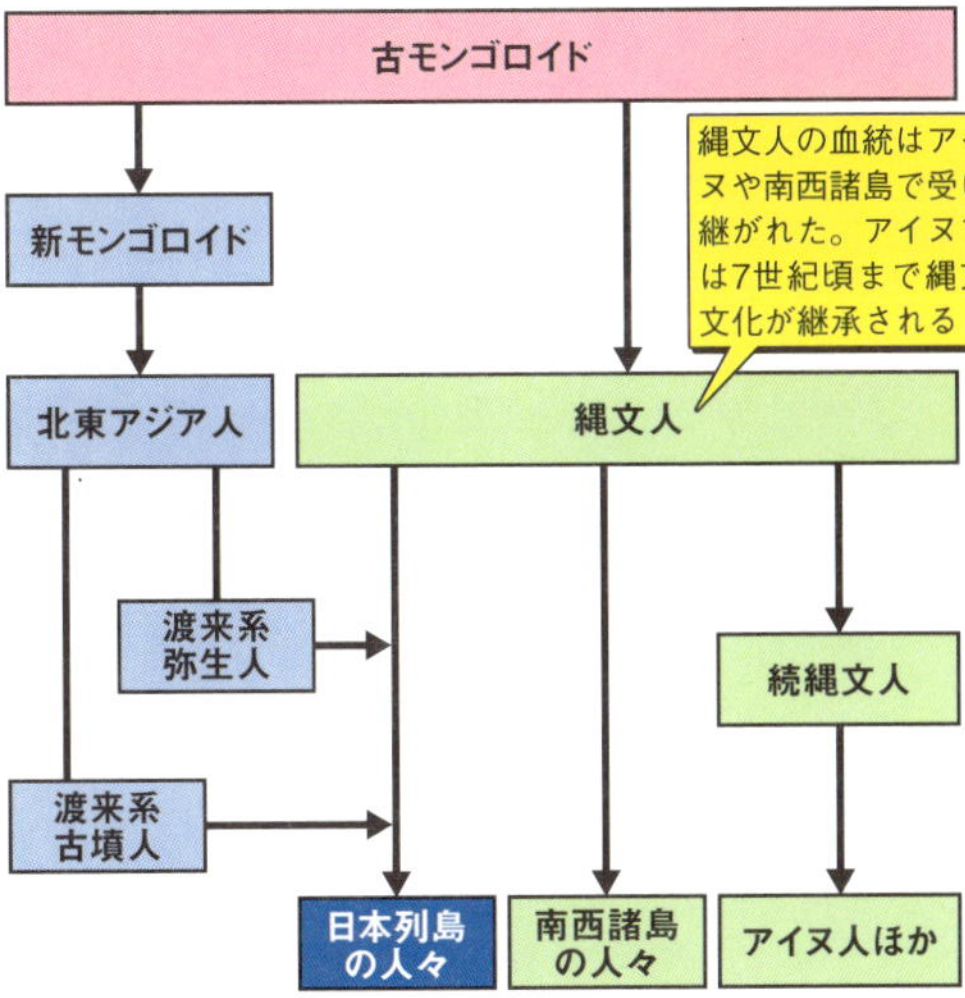

縄文人の血統はアイヌや南西諸島で受け継がれた。アイヌでは7世紀頃まで縄文文化が継承される

日本列島の人々

用語解説「弥生時代」
➡東京府本郷区向ヶ丘弥生での土器発見に由来。明治後期頃に時代名となる。

弥生

神の言葉を聞く巫女が支配した邪馬台国はどこにあったのか

なぜ巫女が王になったのか

弥生時代に始まった農耕生活は、人々の宗教観にも影響を及ぼした。**生活が天候に左右されるため、自然神への信仰が強まり、豊作を祈る祭礼が重要視された。**そのため、神の意思を聞くシャーマン（巫女《みこ》など）の地位が高まったのである。

弥生《やよい》時代に日本に分立し始めた小国家の王の中には、中国の王朝に貢ぎ物を贈る者もいた。**三国時代の魏《ぎ》について伝える『魏志《ぎし》（魏書）』には、2～3世紀の日本の様子を伝える記述がある（『魏志』倭人伝《わじんでん》）。**そこに記された邪馬台国《やまたいこく》の女王卑弥呼《ひみこ》は、まじないをして神の言葉を告げる、シャーマン的な支配者であった。

九州説・畿内説の根拠とは

『魏志』倭人伝に書かれた、帯方郡《たいほうぐん》（朝鮮半島中西部）から邪馬台国への行程には様々な解釈があり、邪馬台国の場所をめぐる議論は今なお続く。現在、有力なのは畿内《きない》説と九州説だ。

九州説の大きな拠り所は、佐賀県の吉野ヶ里《よしのがり》遺跡。遺跡自体は、3世紀の邪馬台国より古い1～2世紀のものだが、九州に弥生時代の巨大集落があったことの裏付けといえる。

一方の畿内説は、**奈良県の纒向《まきむく》遺跡が有力な根拠とされている。**広大な遺跡の全容はいまだ明らかでないが、卑弥呼と同じ3世紀前半の巨大建築の遺構がある。遺跡内の箸墓《はしはか》古墳を、卑弥呼の墓だとする説もある。

世界とのつながり

『三国志』の中の邪馬台国

『魏志』倭人伝は、三国時代の歴史書『三国志』（後世に『三国志演義』という通俗小説のもとになった）の一部である。邪馬台国の卑弥呼も、『三国志』の登場人物といえるのだ。3世紀、中国東北部の遼東《りょうとう》には、魏・呉《ご》・蜀《しょく》に次ぐ「第四勢力」といえる公孫氏《こうそんし》がおり、朝鮮や倭国と交流を持っていた。魏が公孫氏を滅ぼした翌年の239年、卑弥呼は魏の明帝に朝貢して倭王の称号を授かる。魏が倭国と結んだ背景には、周辺異民族を取り込んで呉や蜀に優位を示したいという思惑も透けて見える。

POINT!

弥生時代に現れたクニの首長たちが行った朝貢は、記録上初めての海外との交流だった。

史書に記された倭国

弥生時代には文字がなかったため文字史料が存在しないが、当時の日本の様子は中国の史書『漢書』、『魏志』などから知ることができる。

金印

江戸時代に福岡県志賀島（しかのしま）から出土した金印。「漢委奴国王（かんのわのなこくおう）」と彫られており、『後漢書』に記された、奴国の首長へ贈られた金印とされている。

福岡市博物館所蔵
画像提供：福岡市博物館 / DNPartcom

女王卑弥呼（3世紀半ば）
戦乱を治めるため邪馬台国の卑弥呼が女王に立つ。卑弥呼は魏に使者を送り「親魏倭王（しんぎわおう）」の称号と金印を授けられた。卑弥呼の死後女王となった壱与（いよ）は晋に朝貢を行っている

漢への朝貢（1～2世紀）
集落から発展した「クニ」は漢へ朝貢（ちょうこう）を始めた。『後漢書』には奴国の首長が光武帝から倭奴国王に冊封され、金印を送られたと記されている

空白の150年（3世紀後半～413）
壱与以降、中国の史書から倭国に関する記述がなくなる。この頃、日本はヤマト政権が台頭を始め、古墳が築造されるようになっていた

倭国大乱（2世紀後半）
『後漢書』東夷伝によると、2世紀後半に倭国でクニ同士の大規模な戦乱が起きたという

クニの登場（紀元前2世紀）
稲作や金属器文化が入って来た日本では集落が巨大化し「クニ」が乱立するようになる。この頃、『漢書』地理志に倭国が初めて登場

邪馬台国の場所

『魏志』倭人伝に記された行程通りに進むと海上に出てしまうため、距離を誤りとして邪馬台国の位置を求めるのが九州説、方位を誤りとするのが畿内説である。

吉野ヶ里遺跡

弥生時代の大規模な環濠集落遺跡。建物などが復元され、当時の人々の生活を知ることができる。

箸墓古墳

纒向遺跡内に存在する3世紀半ば頃の古墳。『魏志』倭人伝に記された卑弥呼の墓と大きさがほぼ一致することから、卑弥呼の墓とする説がある。

桜井市教育委員会

用語解説「クニ」

➡統一王朝が成立する前段階として形成された地域的な小集団のこと。

第2章
育まれる日本という国と文化

古墳　飛鳥　奈良　平安

時代	年代	出来事
古墳	4世紀	ヤマト政権の統一が進む⬇P30
	5世紀	倭の五王が中国に交易を求める⬇P34
	527	磐井の乱が起こる⬇P30
	538	仏教伝来⬇P36
飛鳥	593	厩戸王が推古天皇の摂政となる⬇P32
	607	小野妹子が遣隋使として遣わされる⬇P34
	607?	斑鳩に法隆寺ができる⬇P44
	645	中大兄皇子と中臣鎌足が蘇我入鹿を暗殺する（乙巳の変）⬇P38
	646	孝徳天皇が改新の詔を出す⬇P38
	663	白村江の戦いで唐・新羅連合軍に敗れる⬇P40
	672	大友皇子と大海人皇子が皇位をめぐって争う（壬申の乱）⬇P40
	694	藤原京へ遷都する⬇P40
	701	日本初の律令である大宝律令が発布される⬇P50
	708	和同開珎の鋳造が始まる⬇P46
良	710	平城京へ遷都する⬇P46
	712	『古事記』が編纂される⬇P58

政治　厩戸王の政治改革や大化の改新によってヤマト政権とその頂点である天皇（大王）を中心とした国家体制が整えられる。しかし、藤原氏は天皇と外戚関係になることで政権を掌握し、平安末期には藤原道長が栄華を極めた。

外交　中国に朝貢を行っていた日本だが、遣隋使を機に対等な関係となる。白村江の戦いで唐・新羅連合軍に敗れると国交は一時中断。奈良時代に入ると再び遣唐使の派遣が始まり、大陸の進んだ政治システムや文化を持ち帰った。

社会　改新の詔ではすべての土地と民は国のものであるとする公地公民制が採られ、民には田を貸し与える代わりに納税の義務が課された。地方民が都へ納税に行くため道路の整備が進み、地方の区分ができ貨幣の発行も行われた。

宗教　6世紀に仏教が伝来すると、厩戸王は仏教推進政策を進めた。奈良時代には仏教で国を平和にするという鎮護国家の考えも生まれ、大仏の造立が行われた。平安時代には密教や浄土教など様々な教えが伝来し、篤く信仰された。

周縁　北関東以北には蝦夷と呼ばれる民族が住んでおり、全国統一を目指すヤマト政権に激しく抵抗した。ヤマト政権は飛鳥時代に日本海側、平安時代に太平洋側の制圧に成功するが、財政難に見舞われて東北経営は滞った。

文化　仏教が伝来し、仏像や寺院といった仏教文化が花開く。また、奈良時代にはシルクロードを経由して様々な地域の文物が伝わった。遣唐使が中止になると日本独自の文化が生まれ、「かな文字」はその代表例である。

都市　白村江の戦いでの敗北を受け、ヤマト政権は九州の防備施設である大宰府の増強を進めた。古代は何度も都が遷るが、794年に遷された平安京は中国の風水にもとづき、山城国（現在の京都府）が選ばれた。

奈	720	『日本書紀』が編纂される ⬇P58
奈	743	聖武天皇が大仏造立の詔を出す ⬇P46
奈	743	墾田永年私財法が出され、口分田の私有が認められる ⬇P68
奈	756	聖武天皇の遺品が正倉院に収められる ⬇P56
奈	765	道鏡が太政大臣禅師になる ⬇P48
平安	784	長岡京へ遷都する ⬇P62
平安	794	平安京へ遷都する ⬇P63
平安	802	坂上田村麻呂が蝦夷の族長アテルイを破る ⬇P52
平安	805	最澄が天台宗を開く ⬇P64
平安	806	空海が真言宗を開く ⬇P64
平安	894	菅原道真の建議で遣唐使が中止 ⬇P54
平安	939	平将門・藤原純友が乱を起こす（承平天慶の乱） ⬇P70
平安	1010頃	紫式部が『源氏物語』を執筆 ⬇P66
平安	1017	藤原道長が太政大臣になり、藤原氏が栄華を極める ⬇P60
平安	1083	後三年合戦が始まる（～87） ⬇P72
平安	1086	白河上皇が院政を始める ⬇P70

宗教　社会　外交　政治　合戦　都市　文化　周縁

◀P32　政治

古墳が語りかけるヤマト政権の歴史とは

ヤマト政権と古墳の出現

4世紀頃の日本の状況を中国の史書から探ることは難しい。なぜなら、卑弥呼《ひみこ》の跡を継いだ壱与《いよ》が洛陽《らくよう》に使者を派遣したことを最後に、倭国に関する記述が途絶えるからだ。

しかし鍵穴形の墳丘を持つ前方後円墳の分布状況から、大和《やまと》地方（奈良県）に一大勢力が存在したことは推測できる。この勢力をヤマト政権、その中心人物を大王《おおきみ》と呼ぶ。

また、前方後円墳は大王の墓だと考えられる。5世紀前半には、大仙陵古墳など大阪平野に超巨大な前方後円墳が築かれた。**このことから、ヤマト政権の支配領域の広がりや勢力の増長を推察することができる。**

国土統一を遂げたヤマト政権

前方後円墳の分布が北は岩手県から南は鹿児島県まで広がったことや、副葬品に書かれた文字から、**ヤマト政権の支配領域がほぼ全国にいたったのは5世紀後半から6世紀頃と考えられている。**この頃、倭の五王が中国南朝の宋《そう》に朝貢し、倭王として認めてもらおうとしたことや、鉄資源を求めて朝鮮半島へ侵攻し、百済《くだら》や新羅《しらぎ》と戦っていたことが宋の歴史書に記されている。

527年、**ヤマト政権の命令で筑《つく》紫《し》（福岡県）を支配していた豪族の磐井《いわい》が新羅と結び大規模な反乱を起こしたが鎮圧（磐井の乱）。**ヤマト政権は豪族への支配をより強めた。

ココが変わった

いまの教科書

任那日本府は存在したのか

古代日本と朝鮮半島南端に存在した連合国家任那《みまな》の関係性を語る上で大きな問題となっているのが「任那日本府」の存在である。この名が初めて登場したのは『日本書紀』で、「新羅が日本府に救援を求めた」「任那日本府において任那復興の協議がなされた」など、倭国が任那を統治していたかのような記述がある。しかし、今ではその見方はほぼ否定され、教科書にも「任那日本府の実態は現地に居住していた倭人の集団か、倭国から派遣されていた使者のこと」と書き直されている。

POINT!

ヤマト政権による日本統一は、前方後円墳の分布から、5世紀頃には成立したと推測できる。

2000　1950　1900　1800　1700　1600　1400　1200　1000　500　0　紀元前

政治

前方後円墳の登場

前方後円墳は出土品から大王の墳墓であることがわかっており、ヤマト政権の拡大に合わせて全国各地で築かれるようになった。

堺市

ココが変わった

大仙陵古墳

世界最大級の墳墓として有名な古墳。「伝仁徳天皇陵」という名称が有名だが、被葬者が明確ではないため、最近の教科書では地名からとった「大仙陵古墳」と呼ぶのが主流である。

古墳の副葬品

古墳は埴輪で飾り付けられ、数多くの副葬品が納められていた。武装する埴輪や鉄剣など戦の要素が多い。

獲加多支鹵大王
……獲加多支鹵大王寺在斯鬼宮時吾左治天下……。
（訳例）ワカタケル大王（雄略天皇？）の朝廷がシキの宮にあるとき、私は大王が天下を治めるのを補佐した。

稲荷山《いなりやま》古墳出土 金錯銘鉄剣《きんさくめいてっけん》

国宝

天皇に仕えたヲワケの臣が先祖のことや自分の職業について記録。雄略天皇を指す「ワカタケル大王」や471年を意味する「辛亥年」などが刻まれ、重要な文字資料である。

文化庁／埼玉県立さきたま史跡の博物館

姫塚《ひめづか》古墳出土 馬子埴輪

馬を引く馬子をモチーフにした埴輪。

芝山はにわ博物館

奈良県立橿原考古学研究所附属博物館

石見遺跡出土飾り馬

あぶみや鞍が備わっており、顔には金具が付けられている。このことから騎兵が存在したことがわかる。

用語解説「豪族」

➡地方で勢力を持った一族。リーダーを中心に「氏」という集団を形成した。

宗教 社会 外交 政治
合戦 都市 文化 周縁

◀P38 政治 P30▶

氏姓制度による蘇我氏の台頭と厩戸王（聖徳太子）の政治

氏姓制度と豪族の政界進出

5～6世紀、**ヤマト政権は各地の豪族を政権内に組み込むために氏姓制度を整えた。**これは大王《おおきみ》が物部《もののべ》氏や蘇《そ》我《が》氏らの豪族に臣《おみ》・連《むらじ》・君《きみ》といった姓《かばね》（称号）を与え、中央及び地方の政治を取り仕切らせる制度だ。

なかでも力を持ったのが蘇我氏で、大臣《おおおみ》となった蘇我稲目《そがのいなめ》は二人の娘（小姉君《おあねのきみ》、堅塩媛《きたしひめ》）を欽明《きんめい》天皇に嫁がせ、外戚《がいせき》として台頭。稲目の息子、馬子《うまこ》もまた天皇の外戚となり、軍事氏族として大王家を支え続けてきた物部氏を排除し、政治の実権を握ったのである。馬子は自ら擁立した崇《す》峻《しゅん》天皇でさえ、意にそぐわぬとして殺害するほどの権勢を振るった。

厩戸王と蘇我氏の改革

その後、**馬子は崇峻天皇の姉を推《す》古《こ》天皇として擁立。娘婿の厩戸王《うまやとのおう》（聖徳太子）を摂政として、ともに政局を運営していった。**603年には氏姓制度のように氏単位で姓を与えるのではなく、有能な人材に個人単位で位《くらい》を与える冠位十二階を、翌年には豪族に大王への帰属意識を自覚させるため、道徳的規範を示した憲法十七条を制定し、**文明国家を目指して改革を推し進めた。**

また、遣隋使として小野妹子らを派遣し、大陸の先進的制度や文化を導入。さらに、厩戸王らは『天皇《てんのう》記《き》』『国記《こっき》』といった歴史書を編纂したが、のちに焼失してしまった。

POINT!

大王と豪族、そして厩戸王による政治を機に、日本は文明国家としての道を歩み始めた。

ココが変わった

いまの教科書

聖徳太子はいなかった？

聖徳太子という名称は、厩戸王（厩戸皇子《うまやとのみこ》）の死後に付けられた諡号《しごう》である。751年（天平勝宝《てんぴょうしょうほう》3）に編纂された漢詩集『懐風《かいふう》藻《そう》』の初出以来、平安時代の天皇公式歴史書『日本三代実録』などにもその名が記されたことから、一般的な名称として知られるようになった。しかし、存命中の名称でないことから、近年では「厩戸王（聖徳太子）」と表記されることが多い。また、厩戸王の存在は認めつつも、その実績を疑う「聖徳太子虚構説」も根強く、教科書でも見受けられるようになった。

2000 1950 1900 1800 1700 1600 1400 1200 1000 500 0 紀元前

政治

氏姓制度

大王は各地の豪族たちに姓を与え、ヤマト政権の職務を分担させた。

大王
豪族に姓(称号)を与える

- 姓(臣・連) →
  - **大臣**：大王家と並ぶ有力豪族(例:蘇我氏、巨勢《こせ》氏、葛城《かずらき》氏)
  - **大連《おおむらじ》**：特定の職掌で朝廷に仕える有力豪族(例:物部氏、大伴《おおとも》氏)
- 姓(君・直・首) →(中央)
- 姓(君・直《あたい》・首《おびと》) →(地方)

中央

伴造《とものみやつこ》：軍事・財政などを担当
中には渡来人もおり、外交文書を作成した
↓
伴《とも》：豪族の構成員である官人たち
↓
・品部《しなべ》:職人たち(例:錦織部《にしごりべ》、史部《ふひとべ》)

地方

国造《くにのみやつこ》：ヤマト政権の直轄地である屯倉《みやけ》の管理を任された地方豪族。地方の支配権を掌握
↓
・名代《なしろ》・子代《こしろ》:兵役や生産物の献納をする
・田部《たべ》:屯倉の耕作をする
・部曲《かきべ》:豪族の私有民で、田荘《たどころ》(私有地)を耕作

皇室と蘇我氏のつながり

蘇我馬子は娘を皇室に嫁がせ外戚関係を持ち、政界の中心となった。

ココが変わった

東京大学史料編纂所所蔵模写

唐本御影《とうほんみえい》
厩戸王の肖像画として有名なこの絵は、彼の死後に描かれたもののため、別人の可能性が高い。

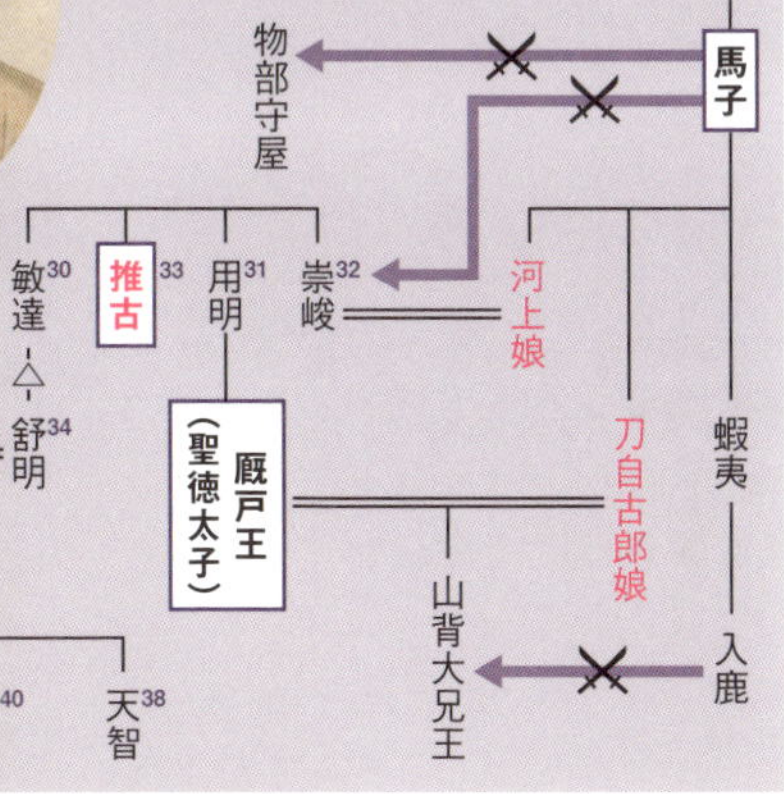

※天皇名の横の数字は即位順を示す

MANGA GUIDE

『日出処《ひいづるところ》の天子《てんし》 完全版』

厩戸皇子の苦悩を描く

厩戸皇子と、蘇我馬子の息子の蝦夷(毛人)の二人を中心に、皇子の政治的策謀や、それに翻弄される人々を描く。自らの不思議な能力や、唯一の理解者である蝦夷への思いに苦悩する皇子の姿を、繊細に表した少女マンガ界屈指の名作。

作者/山岸凉子
全7巻
1980年～1984年
KADOKAWA

そのときの世界は?

➡**610年** ムハンマドが神の啓示を受け、イスラーム教が創出される。

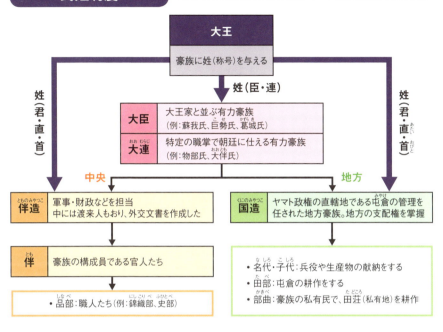

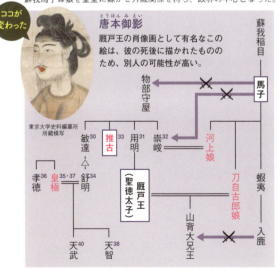

宗教 社会 外交 政治
合戦 都市 文化 周縁

◀P40 外交

日本・中国・朝鮮半島 三つ巴の東アジア情勢

倭国は朝鮮半島に進出していた

4世紀半ば、**朝鮮半島では百済《くだら》・新羅《しらぎ》・高句麗《こうくり》の三国分立の時代を迎える。**それに加えて、半島最南端には伽耶《かや》（加羅《から》、任那《みまな》）と呼ばれた連合国家があり、伽耶と積極的に交流していたヤマト政権（倭国）は半島情勢に大きな影響を及ぼしていた。

高句麗19代好太王《こうたいおう》（広開土王《こうかいどおう》）の業績を称えるために立てられた「高句麗好太王碑文」には、倭国が頻繁に百済・新羅を侵攻していたことや、高句麗が新羅からの要請に応えて出兵し、倭軍を退却させたことなどが記されている。このことからも、**倭国が朝鮮半島に進出していたことは間違いなさそうである。**

飛鳥時代に対等外交が始まる

5世紀、中国の南朝（宋《そう》）に対して、倭の五王（讃《さん》・珍《ちん》・済《せい》・興《こう》・武《ぶ》）が朝貢《ちょうこう》を続ける。**宋の冊封《さくほう》体制（保護下）に組み込まれることで朝鮮半島で得た権益を守るのが狙いだった。**宋としても、対立する高句麗を牽制するためには、倭国をないがしろにできないという事情があった。

ところが、推古《すいこ》朝になって大王《おおきみ》（天皇）中心の国家体制が確立すると、中国の冊封体制からの離脱を目論み、大王を「天子（＝君主）」と冠した国書を隋《ずい》の煬帝《ようだい》に送る。煬帝は天子は自分だけだと怒るが、対高句麗外交を円滑に進めるために倭国を許し、**対等外交を受け入れた。**

KEYWORD

「天皇」という称号の誕生

「天皇」とは、古代中国における最高神である天皇大帝を指す言葉で、神を意味する三皇（天皇・地皇・人皇）の一つであった。秦の始皇帝が名乗った「皇帝」は、この三皇に加えて五帝（5人の聖人）をも超える存在を表す称号である。一説によると、唐の3代皇帝高宗《こうそう》が一時期、天皇の称号を用いたことがあり、その情報が遣唐使を通じて日本にもたらされ使われるようになったという。外交文書に初めて天皇と記されるようになったのは、7世紀後半の天武《てんむ》・持統《じとう》朝の頃と見られている。

POINT!

中国・朝鮮との関係性は日本国内の情勢や政治の姿勢によって大きく変化した。

2000 1950 1900 1800 1700 1600 1400 1200 1000 500 0 紀元前

外交

東アジア交流史

日本は中国に朝貢することで自国の権威を承認させるほか、朝鮮半島の支配権も得ていた。その関係は遣隋使の派遣まで続く。

年代	王朝	中国	朝鮮半島	日本（倭）
紀元前2c 紀元前1c	漢	朝鮮半島に直轄地を持つ →直轄→	楽浪郡 ←朝貢←	『漢書』地理志 漢の直轄地に朝貢
	後漢			『後漢書』東夷伝
57		光武帝 ←朝貢←		奴国
		「漢委奴国王」の印綬を与える →承認→		臣下として認めてもらう
		安帝 ←献上←		倭国王帥升《すいしょう》、奴隷を献上
107		→承認→		自国の権威付けに
200年代	三国	魏《ぎ》・呉《ご》・蜀《しょく》三国に分裂		『魏志』倭人伝
239		魏王明帝《めいてい》 ←献上←		邪馬台国の卑弥呼が遣使
		「親魏倭王」の称号を与える →承認→		倭王として認めてもらい、 狗《く》奴《な》国《こく》に対抗
300年代	五胡十六国	中国内に小国が分立、 日本への影響力が弱まる	北部に高句麗、 南部に百済・新羅が成立 三国に分立する（4c半ば）	
			高句麗 / 新羅・百済	
			高句麗 ←朝貢← 新羅・百済	
			高句麗 →直属→ 新羅・百済	「高句麗好太王碑文」
			←撃破←	倭、朝鮮半島に進出
391			好太王 ←対立→	ヤマト政権
				『宋書』倭国伝
400年代	南北朝	南朝（宋）←朝貢←		倭の五王が朝貢を繰り返す
		五王に称号を与える →冊封→		朝鮮半島南部の支配権を承認
527			←半島から手を引く← 領土拡大	磐井の乱
589	隋	隋が中国を統一		
			渡来人 →文化→	様々な大陸の文化が伝来
598		高句麗遠征 →攻撃→		
607		隋の煬帝、無礼だと怒る ←対等な外交姿勢← しかし、高句麗遠征を円滑に進めるべく、日本とは対立せず		小野妹子を派遣 「日出処の天子書を、 日没処の天子に致す」の国書
		答礼使を派遣 →制度や文化の教授→		対等外交の始まり

そのとき世界は？

➡**395年** ゲルマン民族の大移動で混乱したローマ帝国が東西に分裂。

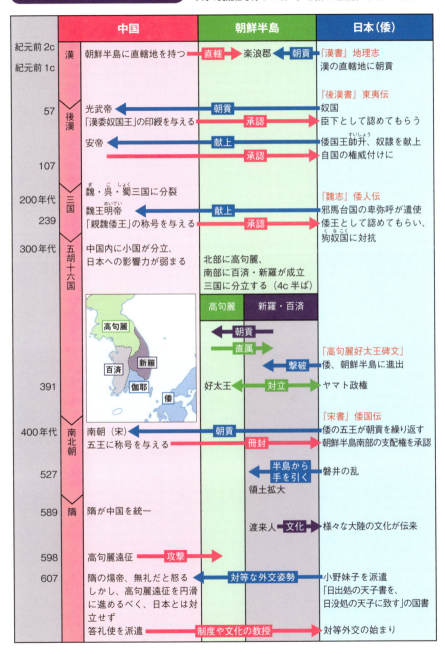

◀ P44 宗教

日本にもたらされた最先端の思想「仏教」

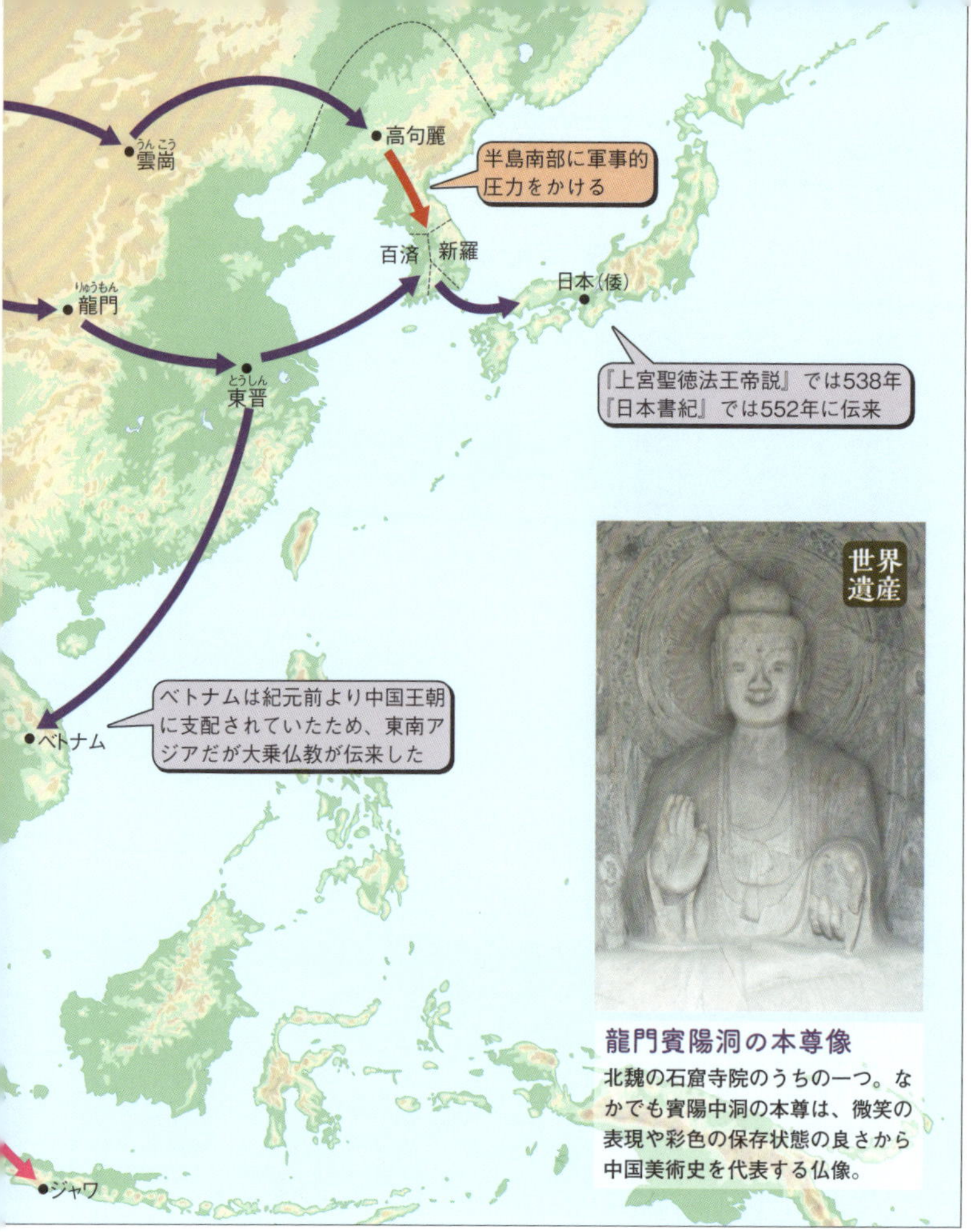
雲崗《うんこう》
高句麗
半島南部に軍事的圧力をかける
百済
新羅
龍門《りゅうもん》
日本(倭)
東晋《とうしん》
『上宮聖徳法王帝説』では538年
『日本書紀』では552年に伝来
ベトナムは紀元前より中国王朝に支配されていたため、東南アジアだが大乗仏教が伝来した
ベトナム
ジャワ
世界遺産

龍門賓陽洞の本尊像
北魏の石窟寺院のうちの一つ。なかでも賓陽中洞の本尊は、微笑の表現や彩色の保存状態の良さから中国美術史を代表する仏像。

仏教の起こりと伝来

紀元前450年頃、**釈迦（ガウタマ＝シッダールタ）がインドのブッダガヤで得た悟りを教え広めたのが、仏教の始まりである。**その後、東南アジアへは上座部《じょうざぶ》仏教として、東アジアへは大乗《だいじょう》仏教として伝わった。

日本に伝来したのは、『日本書紀』によれば552年のことであったとされるが、一般的には**聖徳太子の伝記『上宮聖徳法王帝説《じょうぐうしょうとくほうおうていせつ》』などに記された「戊午《ぼご》年」（538年）のほうを真説と見なす。**百済《くだら》の聖明王《せいめいおう》が、金銅仏像や経論などを欽明《きんめい》天皇に献上し、仏を礼拝すれば「無量無辺《むりょうむへん》の福《ふく》徳果報《とくかほう》（果てしない量の利益《りやく》）を生じる」と教授した。

POINT!
百済より伝来した仏教は、政治と密接し、以降日本史上に様々な影響を与えた。

2000 1950 1900 1800 1700 1600 1400 1200 1000 500 0 紀元前

仏教伝来の道のり

インドで発生した仏教は西域・中国を経由する大乗仏教と、東南アジアへ伝わった上座部仏教に分かれてアジア全域に伝播する。

ガンダーラのブッダ像

仏像は釈迦の死後にガンダーラで初めて作られた。アレクサンドロス大王の遠征によるヘレニズム文化の影響を受け、古代ギリシア風の顔立ちが特徴。

仏教徒の東漢氏と蘇我氏

なぜ日本に仏教がもたらされたのかは当時の朝鮮半島情勢を見ればわかる。半島南西部を支配していた百済は、拡大を続ける高句麗《こうくり》から軍事的圧力をかけられ苦境に陥っていた。そこで、**倭国に援助を求める見返りとして、最先端文化の一つと見なされていた仏教を伝えたのだ。百済からの渡来氏族である東漢氏《やまとのあやうじ》と深く結びついていた蘇我《そが》氏は、彼らが仏教を崇拝していたこともあって容認する。**一方、保守派の物部《もののべ》氏は廃仏派にまわって対立、やがて戦火を交えることになる。結果、蘇我氏が勝利し、政治にも仏教を取り入れた。奈良時代には国家仏教へと進展し、それ以降仏教は明治政府の廃仏《はいぶつ》毀釈《きしゃく》まで、多くの為政者から信仰され続けた。

用語解説「上座部仏教」

➡出家して、解脱を目指し修行することを重視。かつては小乗仏教と呼ばれた。

◀ P40　政治　P32 ▶
◀ P50　社会

中央集権国家への道はクーデターから始まった

POINT!

蘇我入鹿暗殺事件は、中央集権国家の始まりである「大化の改新」のきっかけとなった。

蘇我氏が滅亡する

厩戸《うまやと》王《おう》が亡くなると、蘇我《そが》氏の専横が目に余るようになっていった。**馬子《うまこ》の跡を継いだ蝦夷《えみし》は権勢を振るい、息子の入鹿《いるか》を独断で大臣《おおおみ》の位に就かせた。**さらに、自身の館を「上の宮門《みかど》」、入鹿の館を「谷《はざま》の宮門」と呼ばせ、大王《おおきみ》家をないがしろにし、挙げ句の果てには蘇我氏に対抗しうる存在だとして、厩戸王の子である山背大兄王《やましろのおおえのおう》を死に追いやった。

これに危機感を抱いたのが中大兄《なかのおおえの》皇子《おうじ》で、中臣鎌足《なかとみのかまたり》と謀って入鹿暗殺を試みた。朝鮮三国からの使者を迎える式典の最中に、大極殿《だいごくでん》において、自らの手で入鹿を斬殺したのである（乙巳《いっし》の変）。

大化の改新が始まる

実権を握った中大兄皇子は、政変の翌日に早くも孝徳《こうとく》天皇を即位させ、大化《たいか》の改新といわれる政治改革を推し進めていった。翌６４６年（大化２）には「改新の詔《みことのり》」を発して、土地と民を国の所有物と定める公地《こうち》公民《こうみん》制への転換や、班田収授法《はんでんしゅうじゅほう》による土地制度の改革、租《そ》庸調《ようちょう》の税制改革などに取り組み、天皇を主体とする中央集権国家の確立を目指した（ただし『日本書紀』に記された「改新の詔」は後世の潤色との説も根強い）。

また、天皇のサポートを行う右大《うだい》臣《じん》・左大臣《さだいじん》といった役職を作り、律《りっ》令官制《りょうかんせい》（８世紀に成立する行政組織）の原型ができた。

KEYWORD

日本独自の「元号」の始まり

元号とは、中国をはじめとする漢字文化圏において広まった紀年法で、前漢の武帝が初めて使用したとされる。天子が時間をも支配するとの意を込めて定められたものであった。中国では天子が定めた元号を用いることを冊封《さくほう》国の条件としていたため、周辺の冊封国の多くが独自の元号を用いることはなかった。しかし、7世紀に入って律令国家としての体制が整い始めた倭国は、中国への冊封の必要性が薄れたとして、645年に「大化」という日本独自の元号を名付けたのである。

乙巳の変

中大兄皇子・中臣鎌足による蘇我入鹿暗殺事件を「乙巳の変」と呼び、これを機に始まった政治改革のことをまとめて「大化の改新」と呼称する。

談山神社／森村欣司撮影／奈良国立博物館提供

多《とう》武《の》峯《みね》縁《えん》起《ぎ》絵《え》巻《まき》

中大兄皇子と中臣鎌足が蘇我入鹿に斬りかかり、首が飛んだ瞬間を描く。この絵巻物を所有する談山（たんざん）神社は、皇子と鎌足が入鹿討伐の談合を行った多武峰にある。

蘇我入鹿首塚

蘇我氏の氏寺である飛鳥寺の裏には入鹿の首塚が立っている。

MOVIE GUIDE

『大化改新』

己が正義を貫いた男

日本史上最大のクーデター「乙巳の変」の首謀者中臣鎌足の葛藤と決意を描いた作品。かつて鎌足と蘇我入鹿は同じ学堂に通う親友であり、ともに正義ある国造りを誓う。しかし、政治の実権を握った入鹿は独裁者の道を歩み始める。正義を見失った友を止めるために鎌足は入鹿暗殺を決意する。

脚本／池端俊策
出演／岡田准一、渡部篤郎
2005年
NHK

『大化改新』発行・販売元：NHK エンタープライズ／問合せ：NHK エンタープライズ ファミリー倶楽部／電話：0120-255-288

大化の改新の政治方針「改新の詔」

中大兄皇子は叔父の孝徳天皇を擁立し、改新を進める。その政治方針をまとめたものを「改新の詔」と呼ぶ。これにより天皇（大王）家が中心となって政治を行う中央集権国家への道が開かれる。

第一条	**公地公民制**	民も土地も国のものであり個人や豪族のものではない
第二条	**地方行政制度**	中央から地方の間に道路を作る。地方行政を司る役所を設ける
第三条	**班田収授法**	戸籍を作り民を管理。民に農地（口分田〔くぶんでん〕）を貸し与える
第四条	**税制**	口分田でできた稲をはじめとする納税義務

用語解説「律令官制」
➡政治は天皇と太政官（太政大臣・左大臣・右大臣ら）の合議で進める仕組みとなった。

宗教 社会 外交 政治
合戦 都市 文化 周縁
◀P46 政治 P38▶
◀P42 外交 P34▶

白村江での敗戦が契機となって生まれた新生「日本」

POINT!

白村江の戦いに敗れたあとの国土防衛の危機感が、新生「日本」誕生の原動力となった。

百済再興叶わず防衛に徹す

中大兄皇子《なかのおおえのおうじ》が大化の改新を進めていた7世紀半ば、**朝鮮半島では百済《くだら》が唐《とう》・新羅《しらぎ》の連合軍に侵攻されるという緊迫した事態を迎えていた。**百済の遺臣たちは、再興を願って倭国へ支援を要請する。半島での足場を失いたくなかった倭国としても、百済再興は願ってもないことであった。

663年、倭国の軍勢は大軍を率いて朝鮮半島の白村江《はくそんこう》へと進撃したものの、唐の水軍には敵わず大敗北。これにより、**倭国は唐と新羅からの侵攻に備えなければならなくなった。**大宰府《だざいふ》周辺に城を築き、各地に古代朝鮮式山城《やまじろ》を築いて防備を固めたのである。

壬申の乱が勃発する

中大兄皇子は、天智《てんじ》天皇として即位するも、わずか3年で崩御する。その後継者をめぐり弟の大海人皇子《おおあまのおうじ》と、皇太子で中央有力豪族の後ろ盾がある大友皇子《おおとものおうじ》（弘文《こうぶん》天皇）が対立。672年には、大海人皇子が挙兵した壬申《じんしん》の乱が勃発、地方豪族を味方に付けた大海人皇子が勝利し、天武《てんむ》天皇として即位した。

乱の影響で有力豪族は没落する。日本初の律令《りつりょう》である大宝《たいほう》律令の制定や、藤原京《ふじわらきょう》への遷都、「日本」という国号の誕生など、**中央集権国家が盤石なものとなったのは、天武天皇とその妻持統《じとう》天皇の治世においてであった。**

KEYWORD

「倭国」から「日本」へ変わったのはいつ頃か

「日本」という国号は、通説では日本が中国大陸から見て東＝太陽が昇る方向にあったため、「日《ひ》の本《もと》」と名付けられたとされている。701年（大宝元）に施行された大宝律令に「日本の天皇」という記述があることから、国号として正式に利用されたのは天武朝以降という説が有力である。また2004年、中国で井真成《いのまなり》（734年に客死した遣唐使）の墓誌が発見され、そこに「國号日本」の文字があったことから、この墓誌は漢が名付けた「倭（委）国」に代わって日本という国号の利用を認めた最古の文字史料となった。

2000 1950 1900 1800 1700 1600 1400 1200 1000 500 0 紀元前

古代の宮都の変遷と藤原京

天皇の即位式の場所を「宮」、宮を中心に造られた都市を「京」と呼ぶ。日本初の「碁盤の目」状の京である藤原京は、2004年の発掘調査で平城京・平安京を抜いて日本最大級の宮都であったことが判明した。

藤原京再現 CG
天香具山（あまのかぐやま）・畝傍山（うねびやま）・耳成山（みみなしやま）の大和三山が敷地内に収まるほど巨大な都であった。

奈良産業大学・橿原市

MANGA GUIDE

『天智と天武 –新説・日本書紀–』

兄弟の確執と改新の真相

「大海人皇子は蘇我入鹿の息子である」という斬新な設定で、乙巳の変から壬申の乱までの歴史を描く。乙巳の変で実父を殺された大海人皇子は、中大兄皇子への復讐を誓う。対する中大兄皇子は狡猾な手口で権威を高めていく。やがて二人の兄弟喧嘩は国家を揺るがすものへと発展する。

原作／園村昌弘
作画／中村真理子
全11巻
2013年～2016年
小学館

壬申の乱

改新の中心であった天智天皇が崩御すると、実弟の大海人皇子と息子の大友皇子の間で皇位をめぐって壬申の乱が起きた。結果は大海人皇子が勝利、天武天皇となる。

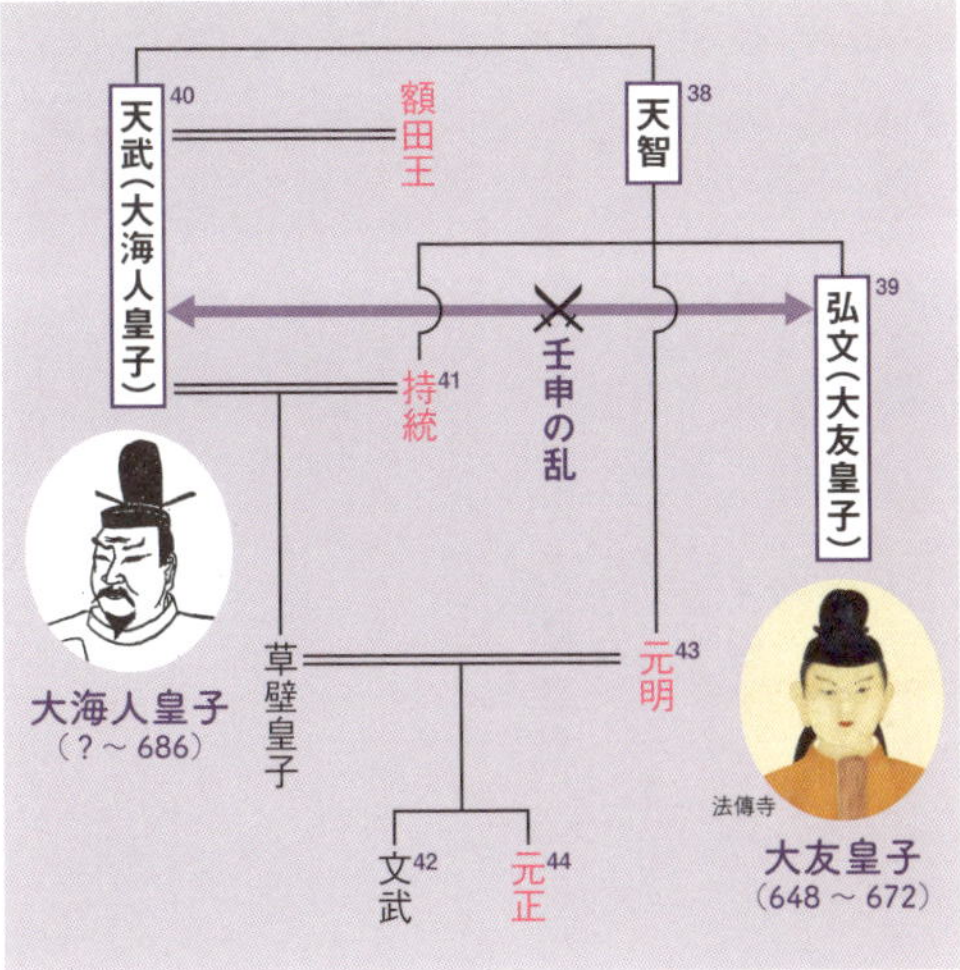

※天皇の横の数字は即位順を示す

用語解説「律令」
➡律は刑法、令は行政法（組織や官人の勤務規定、税法）を指す。

水城が突破されたときのことを考え設けられた城。二重の鉄壁防御
大野城
大宰府政庁

宗教　社会　外交　政治
合戦　都市　文化　周縁

◀ P54　外交　P40 ▶
◀ P62　都市

日本の玄関口であり防衛拠点であった大宰府

那津から移転した防衛拠点

大宰府《だざいふ》の名が初めて『日本書紀』に登場するのは、推古天皇17年（609）の項目で、筑紫《ちくし》大宰府として記されている。しかし、このとき大宰府が置かれていたのは現在の大宰府跡ではなく、その北の博多湾に面した那津《なのつ》と呼ばれたところであった。宣化《せんか》天皇元年（536）の項目では「那津官家《なのつのみやけ》」と書かれており、**磐井《いわい》の乱で懲りたヤマト政権が、朝鮮半島との外交及び軍事を司る役所として設けたのが始まりであった。**

663年に白村江《はくそんこう》の戦いで大敗すると、**唐《とう》や新羅《しらぎ》からの侵攻が懸念されるようになり、より防備がしやすい現在の位置へと移されたのである。**

POINT!

大陸からの侵攻に備えて築かれた大宰府は、対外政策の基地としての役割も担った。

2000　1950　1900　1800　1700　1600　1400　1200　1000　★500　0　紀元前

古代の防衛拠点大宰府

古代の大宰府は大陸からの侵攻を防ぐ防衛拠点であり、白村江の戦い以降防備が増強された。

玄界灘
博多湾
大宰府の前身として政治・軍事の中心であった
那津官家
天智天皇が造った。水堀を造ることで博多湾から上陸した敵を足止めする
水城
有明海からの侵攻に備え、大宰府の南側に造られた城
基肄城

イラスト／香川元太郎

二重三重の堅固な防備

大宰府の移築に伴って、周辺に軍事施設も増築している。敵軍が博多湾から南下して来るのを想定して、御笠川《みかさがわ》上流に水城《みずき》と呼ばれる水堀《みずぼり》を設けたほか、北東にそびえる大野山に城を築くなど二重の防備を固め、有明海からの侵攻に対しては、基山《きざん》山頂に基肄城《きいのき》を築き、万全の態勢を敷いている。また、壱岐《いき》や筑紫国などには防人《さきもり》を置き、烽火《とぶひ》（敵の襲来を告げる狼煙を上げる設備）を作って備えた。さらに外国からの使節との交渉を有利に進めるため、那津に外交使節をもてなすための筑紫《つくし》館《のむろつみ》（のちに鴻臚館《こうろかん》と改名）を築いた。

鎌倉幕府ができると律令《りつりょう》下の施設であった大宰府の必要性はなくなり、近年の調査では12世紀前半には荒廃していたと考えられている。

そのときの世界は？

➡**668年** 高句麗が唐・新羅連合軍により攻撃され、宝蔵王が降伏する。

◀P46 宗教 P36▶
◀P56 文化

仏教を通して興隆した きらびやかな飛鳥文化の幕開け

仏教文化の幕開け

仏教伝来から半世紀が過ぎた594年、推古《すいこ》天皇が仏教の功徳によって国政を改革しようと「三宝興隆《さんぼうこうりゅう》の詔《みことのり》」を発した。**これを受けて斑鳩《いかるが》に法隆寺が建立されたのをはじめ、蘇《そ》我《が》氏の飛鳥寺《あすかでら》や秦《はた》氏の広隆寺《こうりゅうじ》など、各豪族たちにより氏寺《うじでら》が建立された。**それに付随し仏像制作も進んだ。止利《とり》仏師が作った金銅製の法隆寺釈迦三尊像《しゃかさんぞんぞう》や、飛鳥寺の釈迦如来坐像（飛鳥大仏）などが著名である。

ほかにも、玉虫厨子《たまむしのずし》や四騎獅子狩《しきししかり》文錦《もんきん》、天寿国繡帳《てんじゅこくしゅうちょう》といった多くの工芸品も作られ、**仏教寺院を中心とした国際色豊かな飛鳥文化が花開いた**のである。

POINT!

仏教が伝来し、仏像の輝きや寺院の壮大さは、人々を圧倒。仏教文化の始まりである。

仏教文化が始まった飛鳥文化

厩戸王らの仏教推進政治によって根付いた仏教文化は、その後の日本文化の基盤にもなった。

飛鳥寺

飛鳥大仏

止利仏師作と伝わるが、そのほとんどは鎌倉時代の補修。残存箇所は日本最古の仏像といえる。

☑Point!
モナリザ・スフィンクスと並ぶ世界三大微笑の一つ

菩薩半跏像《ぼさつはんかぞう》 国宝

片足をひざの上に乗せて思いをめぐらす仏像。口元が上がった静かな微笑（アルカイックスマイル）が特徴。

中宮寺

2000 1950 1900 1800 1700 1600 1400 1200 1000 500 0 紀元前

大陸の影響を受けた白鳳文化

白鳳文化から大陸の流行を見ることが可能である。

薬師寺東塔

「凍れる音楽」と評された美しい塔。最上部の飾りには薬師寺創建の由緒が刻まれている。

矢野建彦／奈良市観光協会

国宝

釈迦如来倚像《いぞう》

丸顔や半月状の眉、両足を下ろす姿は7世紀に流行した様式。2017年国宝に指定される。

深大寺

ココが変わった

消えた「白鳳文化」

飛鳥時代後半の文化を指す「白鳳文化」。しかし白鳳は650～654年を指す年号「白雉《はくち》」の美称であり、平城京遷都までをカバーするには不適切とし、国立博物館では飛鳥文化の延長線として扱っている。

遣唐使がもたらした白鳳文化

大化《たいか》の改新（645年）から平城京遷都（710年）までの飛鳥時代後半にかけて、天皇主導で発展した文化を白鳳《はくほう》文化と呼ぶ。その特徴は、**遣《けん》唐使《とうし》がもたらした大陸の文化の影響が見られること**である。例えば、インドのアジャンター石窟壁画に酷似している法隆寺金堂壁画や、中国風の盛装敬礼をする女性が描かれている高松塚《たかまつづか》古墳壁画などがあげられる。

仏像では旧山田寺《やまだでら》仏頭、薬師《やくし》寺薬師三尊像などが有名である。正面から見たときの印象に重きを置いた飛鳥時代前半の仏像に比べて、360度どこから見ても整っているプロポーションや細かい装飾表現から、鋳造技術の発展を垣間見ることができる。建築では天武《てんむ》・持統《じとう》天皇が発願した薬師寺が代表的である。

そのとき世界は？

➡**645年**『西遊記』の三蔵法師のモデルになった玄奘がインドより帰唐。

宗教
文化

◀ P48 政治 P40 ▶
◀ P48 宗教 P44 ▶

聖武天皇の苦悩と大仏造立にかけた思い

聖武天皇を襲う社会不安

持統《じとう》天皇崩御後、**710年（和銅《わどう》3）都が平城京（奈良県奈良市周辺）に遷され、**中臣鎌足《なかとみのかまたり》の息子の藤原不比等《ふじわらのふひと》を中心に、さらに中央集権化が進んだ。**724年（神亀《じんき》元）に即位した聖《しょう》武《む》天皇は25年間の在位中、飢餓や疫病など、社会不安に悩まされ続けた。**その上、皇族と藤原氏の間で政権争いが続き、不比等の息子の藤原四兄弟の陰謀によって左大臣長屋王《ながやおう》が自害させられる（長屋王の変）。四兄弟はすぐに病死し、代わって皇族出身の橘諸兄《たちばなのもろえ》が政権を握ると、再び藤原氏中心の政治を行おうと、不比等の孫の藤原広嗣《ひろつぐ》が反乱を起こすなど、権力争いが絶えなかった。

仏法に国家鎮護を願う

聖武天皇は心機一転を試み、恭仁《くに》京《きょう》（京都府木津川市）や紫香楽宮《しがらきのみや》（滋賀県甲賀市）などへ遷都するが、造営工事などの負担が人々を苦しめた。

この苦境に天皇が救いを求めたのが、仏教であった。**仏の加護によって国家安泰を図り、人々の動揺をも鎮めよう（＝鎮護《ちんご》国家）と考えたのである。743年（天平《てんぴょう》15）、盧遮那大《るしゃなだい》仏造立《ぶつぞうりゅう》の詔を発して造像を開始。752年（天平勝宝《しょうほう》4）には開眼供養《かいげんくよう》を執り行った。**

聖武天皇が亡くなると、不比等の娘である光明《こうみょう》皇后の後ろ盾を得た藤原仲麻呂《なかまろ》が政権を獲得、恵美押勝《えみのおしかつ》と名乗り権勢を振るった。

ココが変わった

いまの教科書

和同開珎は最古の銅銭ではなかった

1999年（平成11）、奈良県飛鳥池《あすかいけ》遺跡から33枚もの富本銭《ふほんせん》が出土して話題になった。687年を示す「丁亥《ていがい》年」と書かれた木簡《もっかん》がともに出土したため、『日本書紀《にほんしょき》』天武天皇12年（683）の項目に記された「銅銭」のことに違いないと判断されたからである。それまで日本最古とされていた和銅開珎《わどうかいちん》は、武蔵《むさし》国秩父郡から大量の銅が出土したことを記念して、708年（和銅元）に唐《とう》の開元通宝《かいげんつうほう》をもとに鋳造されたものだった。この発見によって富本銭が、和銅開珎よりも早く鋳造されていたことが判明したのである。

POINT!

疫病や政変などによって社会不安が増大。聖武天皇は仏の加護による国家安泰を願った。

2000 1950 1900 1800 1700 1600 1400 1200 1000 ★ 500 0 紀元前

国家鎮護のために造られた東大寺の大仏

聖武天皇は荒んだ世を仏教の力で平定しようと、大仏造立を命じた。大仏造立事業は約10年を要した。

大仏ができるまで

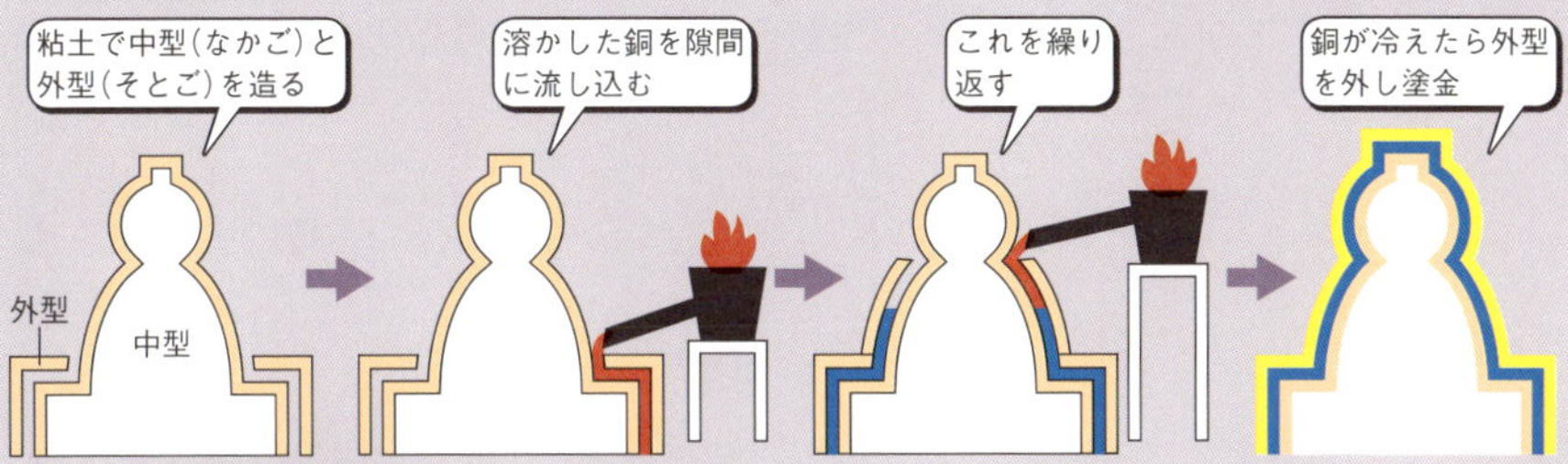
粘土で中型(なかご)と外型(そとご)を造る
外型
中型
溶かした銅を隙間に流し込む
これを繰り返す
銅が冷えたら外型を外し塗金

世界遺産
東大寺大仏殿

東大寺の盧舎那仏
像高約15m。盧舎那仏はこの世のすべてを照らす光を持つとされる。

日本最古の貨幣・富本銭

日本最古の貨幣は天武朝で造られた富本銭と、続いて造られた和同開珎。両者はともに唐の通貨にならって造られたものだ。

富
本

富本銭
日本最古の硬貨。かつては江戸時代の玩具だと考えられたことも。
奈良文化財研究所

和
同
開
珎

和同開珎
武蔵国より銅が献上されたのを機に鋳造。これより発行された12種類の硬貨を皇朝十二銭（こうちょうじゅうにせん）と呼ぶ。
日本銀行貨幣博物館

そのとき世界は？
➡745年 クレオパトラ・ヘレネに並ぶ世界三大美女の一人、楊太真が玄宗皇帝の貴妃になる。

◀P60 政治 P46▶
◀P58 宗教 P46▶

南都六宗の僧道鏡が誘発した天皇制崩壊の危機

道鏡が皇位簒奪を目論む

大仏造立から10数年後、聖武《しょうむ》天皇の娘である**孝謙《こうけん》（称徳《しょうとく》）天皇に寵愛された僧道鏡《どうきょう》は、天皇の威光を盾に実権を握る。**それに対して太政大臣《だいじょうだいじん》恵美押勝《えみのおしかつ》は軍事力をもって権力奪取を図るも失敗に終わった。

道鏡はその後、太政大臣禅師《ぜんじ》を経て法王にまで上り詰め、769年（神護景雲《じんごけいうん》3）宇佐八幡宮《うさはちまんぐう》が「道鏡を皇位につかせれば天下泰平」と神託を下したとして、皇位をも奪おうとしたのである。天皇制を揺るがした**宇佐八幡宮神託事件の結末は、和気《わけの》清麻呂《きよまろ》が別の神託を奏上したことで道鏡の天皇即位は阻止**され、道鏡は下野薬師寺《しもつけやくしじ》に流刑となった。

政治と結びついた南都六宗

道鏡は、もとは法相宗《ほっそうしゅう》の一学僧であった。法相宗は653年（白雉《はくち》4）に唐《とう》へと渡った道昭《どうしょう》が、帰国後法興寺《ほうこうじ》（飛鳥寺）において広めた宗派で、のちに藤原不比等《ふじわらのふひと》によって興福寺《こうふくじ》が創建され隆盛を極めた。平城京（南都）には、この法相宗のほかに、華《け》厳経《ごんきょう》を最高の経典とする華厳宗、渡来僧鑑真《がんじん》が広めた律宗《りっしゅう》、そして三論《さんろん》宗・具舎《くしゃ》宗・成実《じょうじつ》宗があり、**6つの宗派を合わせて南都六宗と呼ぶ。**

いずれも経典の研究をはじめとする学研の場といった色彩が強かったが、**仏教による国家鎮護政策で国の庇護のもとにあったため、政治との関わりも根強くなった。**

POINT!

仏教と天皇の深いつながりは、豪族だけでなく僧侶の政治介入も引き起こした。

KEYPERSON

古代のフィクサー!?「藤原不比等」

蘇我氏を滅亡に追いやった中臣鎌足《なかとみのかまたり》の次男が藤原不比等である。父の死後、同族の中臣金《かね》が壬申《じんしん》の乱において大友皇子側についたため処罰されると、これが災いして、不比等も下級役人として冷遇された。しかし、類いまれなる法律と文筆の才が認められて昇進を重ね、ついには大宝律令《たいほうりつりょう》の編纂を任されるまでになる。その後、娘の宮子《みやこ》を文武《もんむ》天皇の夫人とし、生まれた子の首皇子《おびとのおうじ》が聖武天皇となる頃には、朝廷を裏で取り仕切るような実力者に上り詰め、藤原氏を隆盛へと導いたのである。

政治

道鏡の政治介入

孝謙天皇の後ろ盾を得た道鏡は、宇佐八幡宮神託事件を起こし、皇位につこうとした。

恵美押勝の乱(764年)

道鏡を気に入らない淳仁天皇と恵美押勝が反乱を起こす

孝謙天皇 道鏡	VS	淳仁天皇 恵美押勝 (藤原仲麻呂)

結果 孝謙天皇の勝利　道鏡は太政大臣禅師に

宇佐八幡宮神託事件(769年)

道鏡を天皇にすれば天下泰平

と神託を下したとする道鏡

結果 和気清麻呂が別の神託を持ち帰り道鏡は配流

和気清麻呂

道鏡の天皇即位を止めた和気清麻呂は天皇家を守った英雄とされ、旧十円札の肖像となった。皇居前に銅像が立っている。

宗教

平城京内に立ち並ぶ仏教寺院

聖武天皇の国家鎮護政策や、南都六宗の発展によって平城京内には多くの寺院が建てられた。

用語解説「神託」

➡神のお告げ。宇佐八幡神は大仏造立に協力せよと神託したため篤い信仰を受けた。

宗教	社会	外交	政治
合戦	都市	文化	周縁

◀P68　社会　P38▶

律令によって整えられた土地制度が崩壊した理由とは

律令による統治制度が完成

７０１年（大宝《たいほう》元）、「大宝律令《りつりょう》」が制定された。中央組織として二官《にかん》八省《はっしょう》の官僚機構が整えられ、地方組織を畿内《きない》と七道《しちどう》に区分して、国《こく》・郡《ぐん》・里《り》という行政区画を設置。中央から派遣された国司《こくし》が、郡司《ぐんじ》に命じて戸籍を作らせるなど、行政システム（律令官制《りつりょうかんせい》）が完成した。また、朝廷に出仕する官吏《かんり》に位を与え、位階に応じて免税特権などが与えられた。

公民《こうみん》（＝庶民）には口分田《くぶんでん》を貸し与え、租《そ》・調《ちょう》・庸《よう》と呼ばれる税のほか、雑徭《ぞうよう》や兵役《へいえき》などの役が課された。これにより、**天皇家を中心とする律令国家体制が整い、朝廷は安定した税収を得られるようになると思われた。**

私財法により荘園が増加する

ところが、**租税や労役の膨大な負担に堪えかね、農地を放棄する農民が続出した。**窮地に立たされた朝廷は、７２３年（養老《ようろう》7）、灌漑《かんがい》施設を新設して墾田を行えば、三世代にわたって土地の所有を認める「三世一身法《さんぜいっしんのほう》」を発布。さらに７４３年（天平《てんぴょう》15）には、墾田した土地の永年にわたる所有を認める「墾田永年私財法《こんでんえいねんしざいほう》」を発してこの苦境を乗り切ろうとした。

しかし、灌漑施設の設置には多大な費用と労力を必要としたため、実際には農民たちの手には負えず、**裕福な貴族や大寺院らの私有地＝初期荘園《しょうえん》を増やすばかりであった。**

世界とのつながり

隋・唐の律令制度からの影響

大宝律令制定にあたって参考としたのが、隋《ずい》の文帝《ぶんてい》が発布した「開皇《かいこう》律令」（581年）であった。のちに唐《とう》の高祖《こうそ》が発布した「武徳《ぶとく》律令」（624年）も、おおむねこれを踏襲したものであり、遣唐使によって持ち帰られた。律は国家体制を維持するのに必要な規定で、令は行政にまつわる規定であった。ただし、唐の官庁は三省《さんしょう》六部《りくぶ》制で、科挙《かきょ》という官吏登用試験があるなど異なる部分も多く、隋・唐の制度を参考にしながらも、自国の体制に見合うよう調整したのである。

POINT!

大宝律令が制定されるも、重税に堪えかねた農民が離散。公地公民制度の崩壊を招いた。

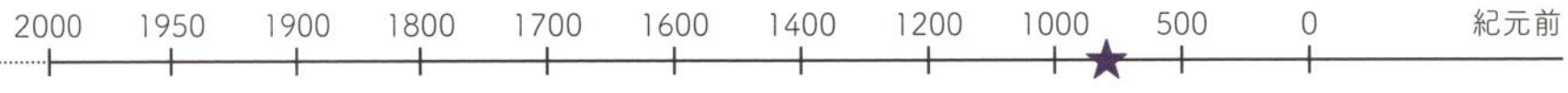

奈良時代の行政区分と国府

律令体制に入って日本は畿内と七道に大きく分けられる。道を構成する行政区分である「国」には国府が置かれ、中央から国司が派遣された。これにより日本をくまなく統治できる体制が完成した。

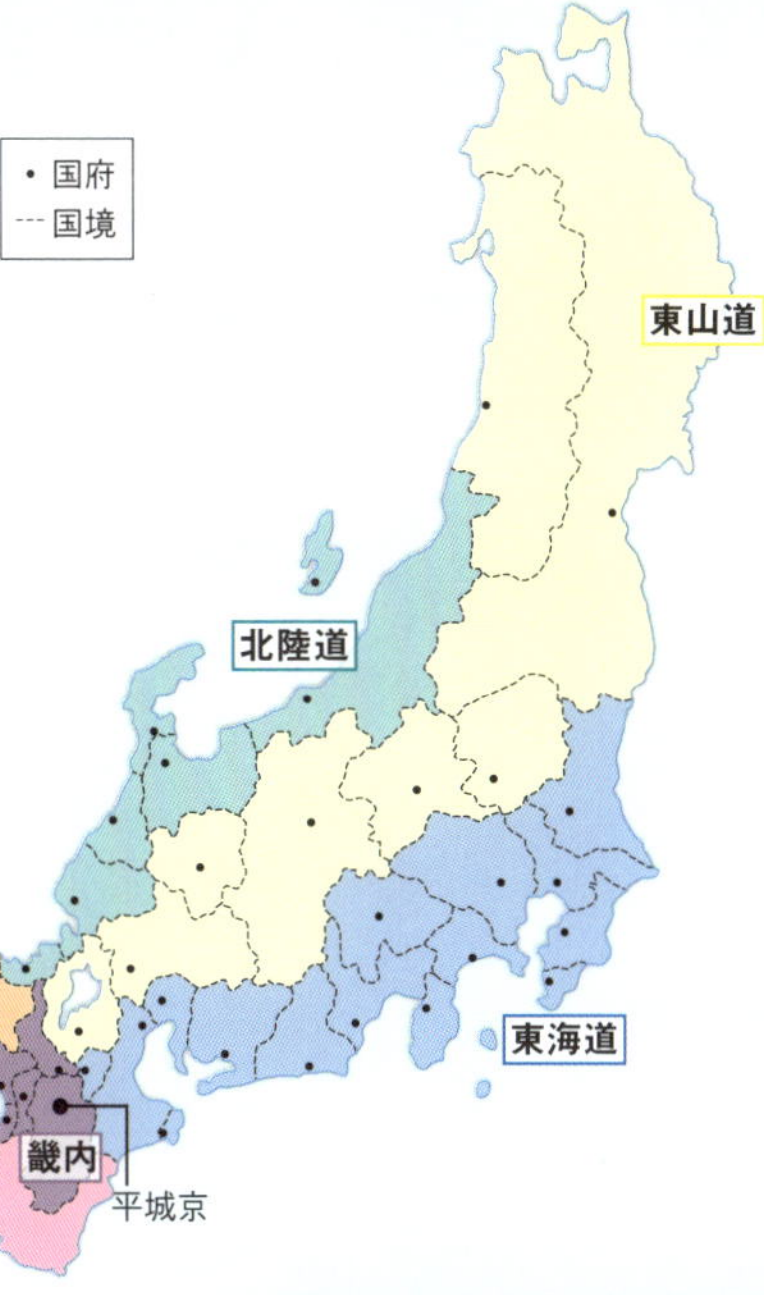

出雲国分寺跡
聖武天皇は全国に国分寺建立の詔を出す。国分寺は国府の近くに建てられた。

武蔵国府跡
東京都府中市にある武蔵国府跡。現在は建物の掘立柱が再現されている。

奈良時代の税制と土地制度

農民を救うために朝廷が発布した土地制度法は、有力な貴族が力を増す初期荘園誕生のきっかけとなった。

農民に課せられた税・役	
租	収穫の約3%の稲
調	絹や糸など、郷土の産物のうち1種
庸	麻布約8m
雑徭	地方での土木工事など
兵役	軍団に所属し訓練を受ける。なかでも北九州の防備を「防人（さきもり）」、都の警備を「衛士（えじ）」と呼ぶ

結果 堪えかねた農民が逃亡!

さらに 飢饉で納税がうまくいかない
人口増加で口分田が足りない

→ 安定した税収や口分田の確保を急いだ朝廷は……

三世一身法（723年）
個人で開墾した田畑は三世代その個人が所有できる
（例）Aさんが耕した畑は孫の代までA家のもの

墾田永年私財法（743年）
個人で開墾した田畑は永遠にその個人が所有できる
（例）Aさんが耕した畑はずっとA家のもの

↓ しかし農民に開墾する余裕はなく……

結果 貴族や寺は農民を雇って田畑を開墾
＝**初期荘園**

用語解説「朝廷」
➡天皇が政治の中心である組織。または天皇中心の政治を行う場所のこと。

宗教　社会　外交　政治
合戦　都市　文化　周縁

◀P72　周縁

ヤマト政権を悩ませた東北の民「蝦夷」の存在

ヤマト政権の東北侵攻の始まり

蝦夷《えみし》とは、ヤマト政権に服属しない北関東以北に住んでいた人々のことである。蝦夷の地に初めて兵が送り込まれたのは、『日本書紀』によれば110年のことであった。真偽のほどはともかく、日本武尊《やまとたけるのみこと》が東征へと向かう様子が描かれている。また、『宋書《そうじょ》』倭国伝には、倭王武《ぶ》（雄略《ゆうりゃく》天皇か）が蝦夷を征し終えたと表明したとの記述がある。

飛鳥時代に入ると斉明《さいめい》天皇が阿倍《あべの》比羅夫《ひらふ》を派遣し、ヤマト政権の東北支配の拠点となる城柵《じょうさく》や城を築城。**日本海側の蝦夷を征討し、ヤマト政権の新たな行政区分である出羽《でわ》国を設置した。**

坂上田村麻呂の大進撃

その後、太平洋側の蝦夷への侵攻が繰り返された。789年（延暦《えんりゃく》8）、征東将軍紀古佐美《きのこさみ》率いる官軍が、蝦夷の族長アテルイによって潰走させられると、801年、**征夷大将軍坂《さかの》上田村麻呂《うえのたむらまろ》は4万もの大軍を率いて出兵。**それでもアテルイは一歩も退かなかったため、田村麻呂は蝦夷に対して同化政策を推し進め柔軟に対応。**アテルイは盤具公母礼《いわぐのきみもれ》とともにようやく降伏したのである。**しかし、田村麻呂の助命嘆願も虚しく、2人は河内《かわち》において処刑されている。

難航したヤマト政権の東北征討であったが、平安京遷都に伴い中止となった。

KEYWORD

南九州を支配していたのは「隼人」

隼人《はやと》とは、南九州にかつて居住していた人々のことで、『日本書紀』では、682年の項目にその名が登場する。大隅《おおすみ》の隼人と阿《あ》多《た》の隼人が朝廷で相撲をとったという記述から、この頃にはすでにヤマト政権内に組み込まれていたことがわかる。720年（養老《ようろう》4）に反乱を起こすも、征隼人持節大将軍《せいはやとじせつたいしょうぐん》の大伴旅人《おおとものたびと》に鎮圧され、その後反旗を翻すことはなかったという。ちなみに大隅や阿多といえば、日本武尊が征伐したとされる熊襲《くまそ》の本拠地でもあり、隼人が熊襲の末裔だという説も存在する。

POINT!

ヤマト政権の東北統一は古来より始まり、坂上田村麻呂によってようやく果たされた。

2000　1950　1900　1800　1700　1600　1400　1200　1000　500　0　紀元前

BOOK GUIDE

『火怨《かえん》 北の燿星《ようせい》アテルイ』

古代東北の希望の星

舞台は奈良時代末期の東北。辺境の地に住まう蝦夷の民は、独自の文化を築き、平和に暮らしていた。ところが、全国平定を狙うヤマト政権が大軍を引き連れ、迫り来る。若き指導者アテルイは蝦夷の民の熱い思いと希望を担い迎撃する。古代東北の英雄の生涯を空前のスケールで描いた作品。

著者／高橋克彦
上・下巻
2002年
講談社

ヤマト政権の東北進出

ヤマト政権の東北進出は、最初は日本海側、続いて太平洋側であった。平安京の造営が始まると国家財政に多大な負担がかかったため、東北進出は中止となった。

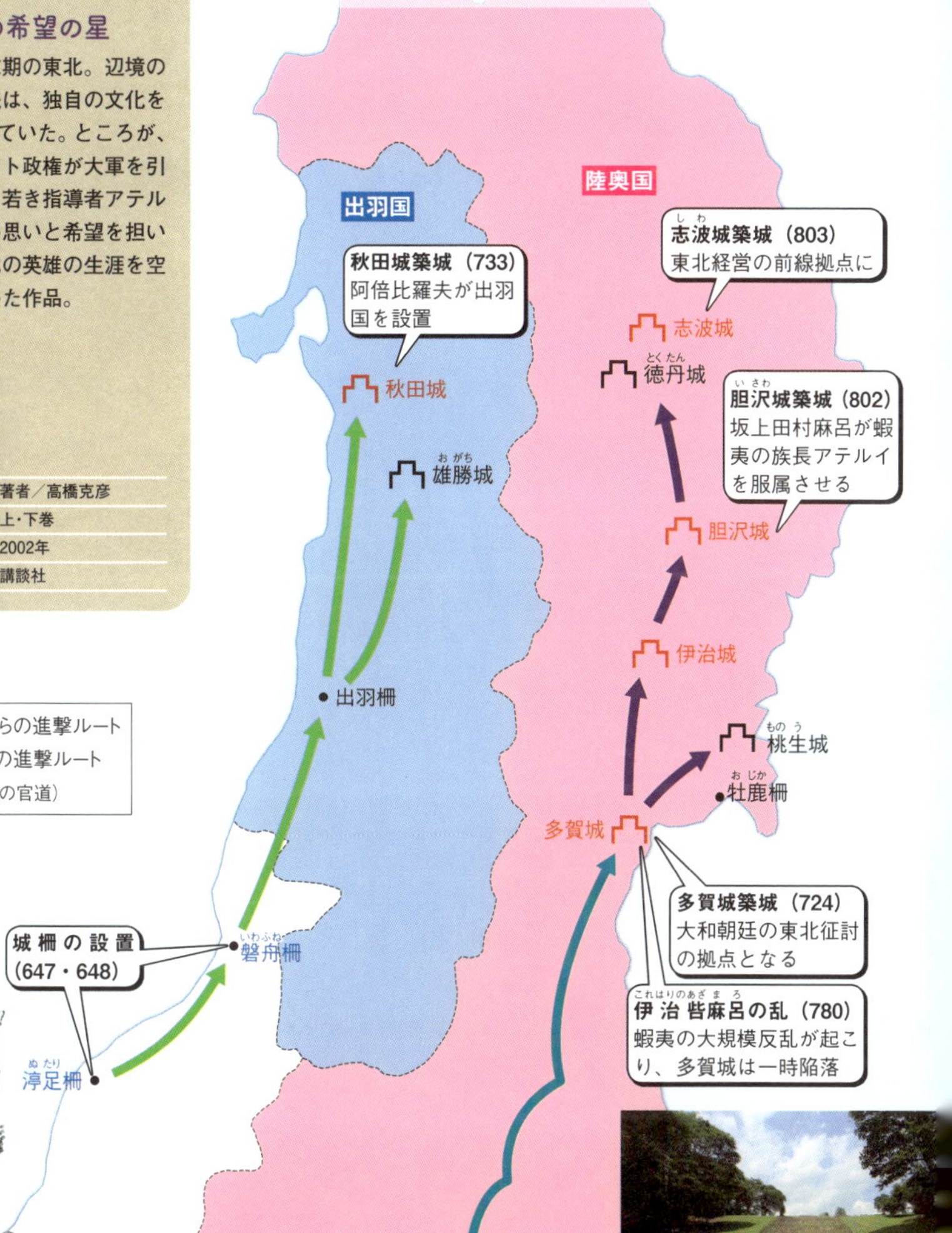

- 坂上田村麻呂らの進撃ルート
- 阿倍比羅夫らの進撃ルート
- 駅路（奈良時代の官道）

坂上田村麻呂

のちに政治の中心を担う「征夷大将軍」は、もともと蝦夷討伐を任じられた役職名であった。

多賀城跡

飛鳥時代より東北征討の拠点となった多賀城。現在は建物跡の礎石などが復元されている。

そのとき世界は？

➡**800年** カール大帝がローマで戴冠し、ローマ皇帝となる。

宗教 社会 外交 政治
合戦 都市 文化 周縁

◀P90 外交 P42▶

苦難の航海の果てに遣唐使がもたらしたもの

唐の文化や制度を導入

　618年、隋《ずい》が滅び、唐《とう》が建国されると、**唐の律令《りつりょう》制度を学ぶ必要性に加え、最先端技術や唐文化に対する憧れが高まり、**第一次遣唐使が派遣された。遣唐使は白村江《はくそんこう》の戦いによって途絶えたこともあったが、894年（寛平《かんぴょう》6）に菅原道真《すがわらのみちざね》の提案で停止となるまでの間、十数回派遣された。

　遣唐使の中には、橘諸兄《たちばなのもろえ》を補佐した吉備真備《きびのまきび》や、帰国を果たせず玄《げん》宗《そう》皇帝に仕えた阿倍仲麻呂《あべのなかまろ》、唐風の書の名手として活躍した橘《たちばなの》逸勢《はやなり》、僧の最澄《さいちょう》や空海《くうかい》ら、**日本の政治や文化の発展に大きく貢献し、歴史に名を残した人物も多かった。**

遭難も相次ぐ危険な航路

　唐の僧鑑真《がんじん》が度重なる海難事故の末、754年（天平勝宝《てんぴょうしょうほう》6）の遣唐使の帰国船に乗って渡来したことはよく知られている。当初は比較的安全な朝鮮半島西岸沿いの北路を通ることができたが、白村江の戦い以降、**新羅《しらぎ》との関係悪化につれ、東シナ海を直接横断する南路を通らざるを得なくなった。**そのため、遭難する船も多く、**遣唐使の航海は常に危険と隣り合わせだった。**

　それほどのリスクを負いながらも重要な役割を担った遣唐使だが、唐が弱体化すると、もはや得るものなしと停止、唐の滅亡によって事実上廃止となった。

世界とのつながり

シルクロードの終着地だった平城京

　平城京に都が遷された8世紀初頭といえば、唐では6代玄宗《げんそう》皇帝が繁栄を謳歌していた頃である。ソグド商人やイスラーム商人の活躍によって、交易路シルクロードを通じた東西交易も盛んであった。東からは絹織物や陶磁器、鉄製品などが、西からは金や宝石、香辛料、絨毯などが運ばれた。長安へと持ち込まれた文物の一部は、遣唐使船に積み込まれ平城京へもたらされている。それらが東大寺正倉院に納められたことから、平城京こそシルクロードの東の終着地だともいわれている。

POINT!

遣唐使は唐の進んだ律令制度に加え、大陸の文化を持ち帰り、日本文化の発展に貢献した。

2000 1950 1900 1800 1700 1600 1400 1200 1000 500 0 紀元前

8～9世紀東アジア情勢と遣唐使の航路

日本と渤海はともに新羅と対立していたため、何十回も通交するほど良好な関係を築いていた。また、日本と新羅の関係は悪化していたものの、私貿易は盛んに行われていた。

遣唐使船（復元）

長門の造船歴史館

遣唐使がもたらしたもの

遣唐使は進んだ政治制度のほか、様々な文物を持ち帰った。

糸や織物
錦紫綾紅臈纈絁間縫裳残欠
（にしきむらさきあやべにろうけちあしぎぬまいのもざんけつ）

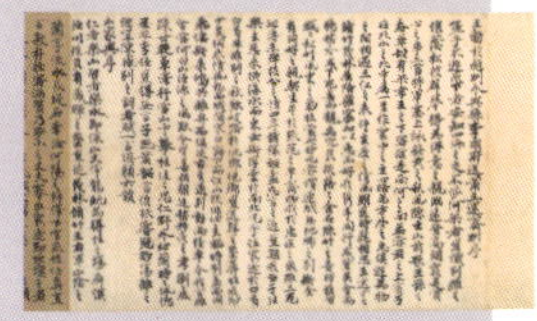

経典・文学
詩序（しのじょ）

香料・薬品
桂心（けいしん）

囲碁などのゲーム
木画紫檀碁局
（もくがしたんのききょく）

すべて正倉院宝物

BOOK GUIDE

『天平の甍《いらか》』

鑑真来日の立役者

天平時代、危険な航海の果てに唐へたどり着いた若き僧侶たちは、20年の放浪の末、高僧の鑑真を伴っての帰朝を目指す。過酷な運命に翻弄され、極限の状態の中でも使命を全うせんとする僧たちの表情を繊細に描く。

著者／井上靖
全１巻
1964年
新潮社

そのとき世界は？

➡**786年** アッバース朝第5代カリフが即位。隣接した唐を破るなど全盛期を迎える。

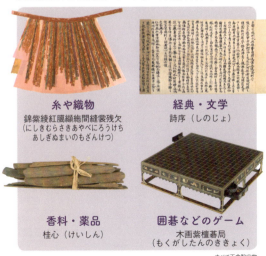

宗教	社会	外交	政治
合戦	都市	文化	周縁

◀P58　文化　P44▶

シルクロードを通って来た東大寺正倉院の宝物

正倉院

東大寺に倉庫として造られた。断面が三角形の材木を積み上げる校倉造（あぜくらづくり）が特徴。

正倉院宝物

正倉院宝物

鳥毛立女屏風

当初は髪や衣に羽毛が貼付されていた。太い眉や肉付きの良い頬は唐の美人の特徴。

螺鈿紫檀五絃琵琶《らでんしたんのごげんびわ》

インドが起源の楽器・五絃琵琶。ペルシア人やラクダの絵が螺鈿やべっ甲で描かれている。

正倉院宝物

聖武天皇遺愛の宝物たち

奈良時代に入ると、**盛唐《せいとう》からの影響を受けた国際色豊かな天平《てんぴょう》文化が開花する。**聖武《しょうむ》天皇は遣唐使船が持ち帰った唐やインド、ペルシアなどシルクロード周辺各地の文物を愛用していた。天皇が崩御すると、光明《こうみょう》皇后がそれらゆかりの品々を東大寺に寄進。唐風の女性を描いた鳥毛立《とりげりつ》女屏風《じょのびょうぶ》や天下一の名香と称えられた蘭奢待《らんじゃたい》と呼ばれる香木など、**650点にも及ぶ遺愛の品々が、東大寺の正倉院《しょうそういん》に収蔵された。**

ちなみに東大寺には、称徳《しょうとく》天皇の願いで作られた世界最古の印刷物百《ひゃく》万塔陀羅尼《まんとうだらに》など、天皇ゆかりの品々が収められている。

POINT!

聖武天皇の治世、遣唐使が持ち帰った盛唐の文化は、天平文化として日本で花開く。

2000　1950　1900　1800　1700　1600　1400　1200　1000　500　0　紀元前

天平文化と正倉院宝物

天平文化には、シルクロードを渡って来た正倉院宝物や、繊細な描写が特徴的な塑像・乾漆像の名品が存在する。

仏像

東大寺

国宝　**不空羂索観音菩薩立像**

像高360cmにも及ぶ巨大な仏像。堂々とした肉体やそれに沿って起伏を見せる衣の表現は乾漆像ならではのもの。

興福寺

☑Point!
眉や唇の形、３つの顔の微妙な違いに注目！

国宝　**八部衆のうち阿修羅《あしゅら》像**

６本の腕の絶妙なバランス感、美少年のような凛とした表情から「美仏」の代表例として人気を誇る。

仏像制作のさらなる発展

奈良時代は、飛鳥時代主流だった金属製の金銅仏《こんどうぶつ》に代わって、**塑像《そぞう》や乾漆像《かんしつぞう》といった加工がしやすい粘土製の仏像制作が盛んになった。**なかでも東大寺法華堂《ほっけどう》の不空羂索観音菩《ふくうけんさくかんのんぼ》薩立像《さつりゅうぞう》や興福寺の八部衆《はちぶしゅう》像などが代表的で、繊細な表情の表現や筋肉の写実的な描写が特色である。**後期には鑑真《がんじん》によって木彫の仏像が伝わり、**日本の彫刻作品は木像が主流となる。

そのとき世界は？

➡**755年** 唐で安禄山と史思明が挙兵。唐の歴史上最大の反乱となる安史の乱が発生。

◀P64 宗教 P48▶
◀P66 文化 P56▶

『古事記』『日本書紀』に書かれた日本創世の歴史

『古事記』『日本書紀』に描かれた日本神話

日本最古の歴史書である『古事記』『日本書紀』は、日本国土の創造から神々の活躍を語る。

①天地開闢

イザナキ・イザナミ夫婦神は、矛で日本の国土を固める。その後、二人は神産みを始めるが、火の神を生んだ際、イザナミは火傷で落命する。

②黄泉国《よもつくに》めぐり

妻を蘇生するため黄泉国を訪れたイザナキは、約束を破ってイザナミの姿を見てしまったため、二人は永遠に別れることに。

③三貴子の誕生

黄泉国から帰ったイザナキは天照大神・月読神（つくよみのかみ）・スサノオの三貴子を産み、それぞれに高天原・夜の国・海の統治を任せた。しかしスサノオは海の統治を放棄する。

④天岩戸《あまのいわと》隠れ

天照大神は、スサノオの悪行に手を焼き、天岩戸に籠もってしまう。神々は知恵を結集し、なんとか天照大神を引っ張り出す。

⑤スサノオの八岐大蛇《やまたのおろち》退治

スサノオは高天原から追放される。地上を旅していると、怪物八岐大蛇退治を頼まれる。勝利を収めたスサノオは、大蛇の生贄であった姫と結婚し、根堅州国に住む。

⑥因幡の白兎

スサノオの子孫の大国主は兄に小間使い扱いされていた。ある日、大国主は怪我を負った白兎を助けると、白兎は「大国主は姫と結婚できる」と予言。予言通り姫をめとった大国主は兄に襲われる。

性格の異なる2つの歴史書

8世紀初頭、天武天皇の命によって編纂が進められてきた**『古事記《こじき》』『日本書紀《にほんしょき》』（合わせて『記紀《きき》』）が完成した。**『古事記』は稗田阿礼《ひえだのあれ》が記憶していた『帝紀』『旧辞』を暗唱し、それを太安万侶《おおのやすまろ》らが筆録した。その内容は天地開闢《かいびゃく》から推古《すいこ》朝までの出来事を、変体漢文（日本語を漢文にならって漢字だけで綴った文）・紀伝体で記載している。『日本書記』は舎人《とねり》親王《しんのう》らが編纂。神代から持統《じとう》天皇の治世までを漢文・編年体で著した。

同世紀後半には**我が国最古とされる和歌集『万葉集《まんようしゅう》』が編纂される**など、重要な文字史料が生まれた時代であった。

POINT!

『古事記』『日本書紀』は、権威付けのために天皇を神話と結びつけた公的な歴史書である。

2000 1950 1900 1800 1700 1600 1400 1200 1000 ★ 500 0 紀元前

⑦大国主の国造り
兄から逃れスサノオのもとを訪れた大国主は、スサノオの試練に挑戦。見事成功し、スサノオに認められた大国主は、兄を倒し、国造りを進める。

⑧大国主の国譲り
立派な国を築いた大国主は、天照大神に国を譲るよう要求される。大国主は自分の宮（のちの出雲大社）を建てさせることを条件に、国を譲る。

⑨天孫降臨
天照大神の孫ニニギは大国主の国を統治すべく、高千穂（宮崎県）に降臨する。

都立中央図書館特別文庫室

⑩神武天皇の即位
ニニギの曾孫カムヤマトイワレビコは東へ侵攻。統治を進め、大和の地で神武天皇として即位する。

⑪日本武尊の活躍
第12代景行（けいこう）天皇の息子日本武尊は、父の命で九州の熊襲（くまそ）を討伐。さらに東征を始め、ヤマト政権の力を関東地方まで知らしめた。

『古事記』『日本書紀』の違い

記紀は制作年や筆者以外にも、書籍としての性格が異なる。

『古事記』		『日本書紀』
712 年（和銅 5）	成立	720 年（養老 4）
全３巻	構成	全 30 巻＋系図１巻
稗田阿礼・太安万侶	編者	舎人親王ら
天皇と神々の血縁を強調。国内での天皇の権威付けを図る	目的	日本という国の正当性を国外に向けて主張。ヤマト政権の支配体制を揺るぎないものとする
敗者や悲劇の人物も登場し、反国家的な物語も多く掲載	特徴	正当な歴史を本文とし、異説を複数掲載。反国家的な物語は極力排除

戦前までは〝史実〟だった日本神話

『記紀』は同時期に書かれた史書と比較すると虚偽が多く、すべてを史実と認めるのは難しい。それでも考古学・科学調査技術の進歩によりヤマト政権の発展度合いがわかったこと、事象を裏付ける証拠品が出土したことから、『記紀』の史実箇所が明らかになりつつある。

しかし、天皇を敬い国家への忠誠心を養うことを目的としていた戦前までの歴史教育では、『記紀』に含まれる神話の要素もすべて史実として扱っていた。特に、**神代から王朝が一度も断絶することなく天皇家が統治し続けてきたこと（万世一系《ばんせいいっけい》）を強調**しており、国定教科書「尋常小《じんじょうしょう》学国史《がくこくし》」には、天皇の先祖とされる天照大神《あまてらすおおみかみ》に始まり、神武《じんむ》天皇、日本《やまと》武尊《たけるのみこと》の活躍が記載されている。

そのときの世界は？

➡**732年** トゥール=ポワティエ間の戦いが勃発し、フランク王国がイスラーム軍を撃退。

◀P70 政治 P48▶

陰謀渦巻く平安貴族社会で藤原道長が栄華を極めた

藤原氏の栄枯盛衰

奈良時代末期、藤原仲麻呂《ふじわらのなかまろ》（恵美《えみの》押勝《おしかつ》）が道鏡《どうきょう》に敗れたため権勢を失った藤原氏は政治へ介入できず、桓武《かんむ》天皇主導で政治が行われた。７９４年（延暦《えんりゃく》13年）には遷都が行われ、政治の舞台は平安京へと移り変わった。

藤原氏の衰退に歯止めをかけたのが、嵯峨《さが》天皇の側近として実力を発揮した北家《ほっけ》の藤原冬嗣《ふゆつぐ》であった。冬嗣は娘を天皇に嫁がせることで皇室の外戚《がいせき》（妻側の一族。天皇の義父）となり左大臣まで昇進。冬嗣の子の良房《よしふさ》は、ほかの貴族を排斥し、初の皇族出身ではない摂政《せっしょう》となった。さらに、良房の子の基経《もとつね》は関白《かんぱく》（成人した天皇を支える役職）にまで上り詰めた。

道長が築いた我が世の春

基経が死ぬと、藤原氏を外戚としない宇多《うだ》天皇は菅原道真《すがわらのみちざね》を重用するが、基経の子の時平《ときひら》の謀略で道真は大宰府《だざいふ》に左遷される。

続く醍醐《だいご》・村上《むらかみ》天皇は天皇中心の政治を行うが、その間も藤原氏は皇室との外戚関係を結び続け、次の冷《れい》泉《ぜい》天皇の治世で実頼《さねより》が他氏排斥を完了、その甥の**道長《みちなが》が「この世をば我が世とぞ思う望月の欠けたることもなしと思へば」と歌うほど、藤原氏は全盛期を迎えた。**道長の子の頼通《よりみち》も約50年間摂政・関白を務め、栄華を極めた。このように**藤原氏が皇室の外戚として政権を握り続けたことを摂関政治と呼ぶ。**

KEYPERSON

「清少納言」と「紫式部」のライバル関係

平安時代を代表する女流作家といえば、随筆『枕草子《まくらのそうし》』を著した清少納言《せいしょうなごん》と小説『源氏物語《げんじものがたり》』を著した紫式部《むらさきしきぶ》。清少納言は一《いち》条《じょう》天皇の皇后定子《ていし》（藤原道隆《みちたか》の娘）に仕えた女房《にょうぼう》で、紫式部は一条天皇のもう一人の皇后彰子《しょうし》（藤原道長の娘）に仕えた女房であった。仕えた時期が異なるため、二人が顔を合わせることはなかったが、得意げに漢文の才をひけらかす清少納言に対して紫式部は良い感情を抱いていなかったようで、『紫式部日記』にその軽薄さをなじる文章が記されている。

POINT!

勢力が衰えていた藤原氏は他氏排斥などで再興。政治の中心になり摂関政治を始める。

2000 1950 1900 1800 1700 1600 1400 1200 1000 500 0 紀元前

政治

藤原氏の栄華への道のり

冬嗣の昇進から頼通までの約150年間、藤原氏は他氏排斥や皇室との外戚関係を持つことで、政治の実権を握った。

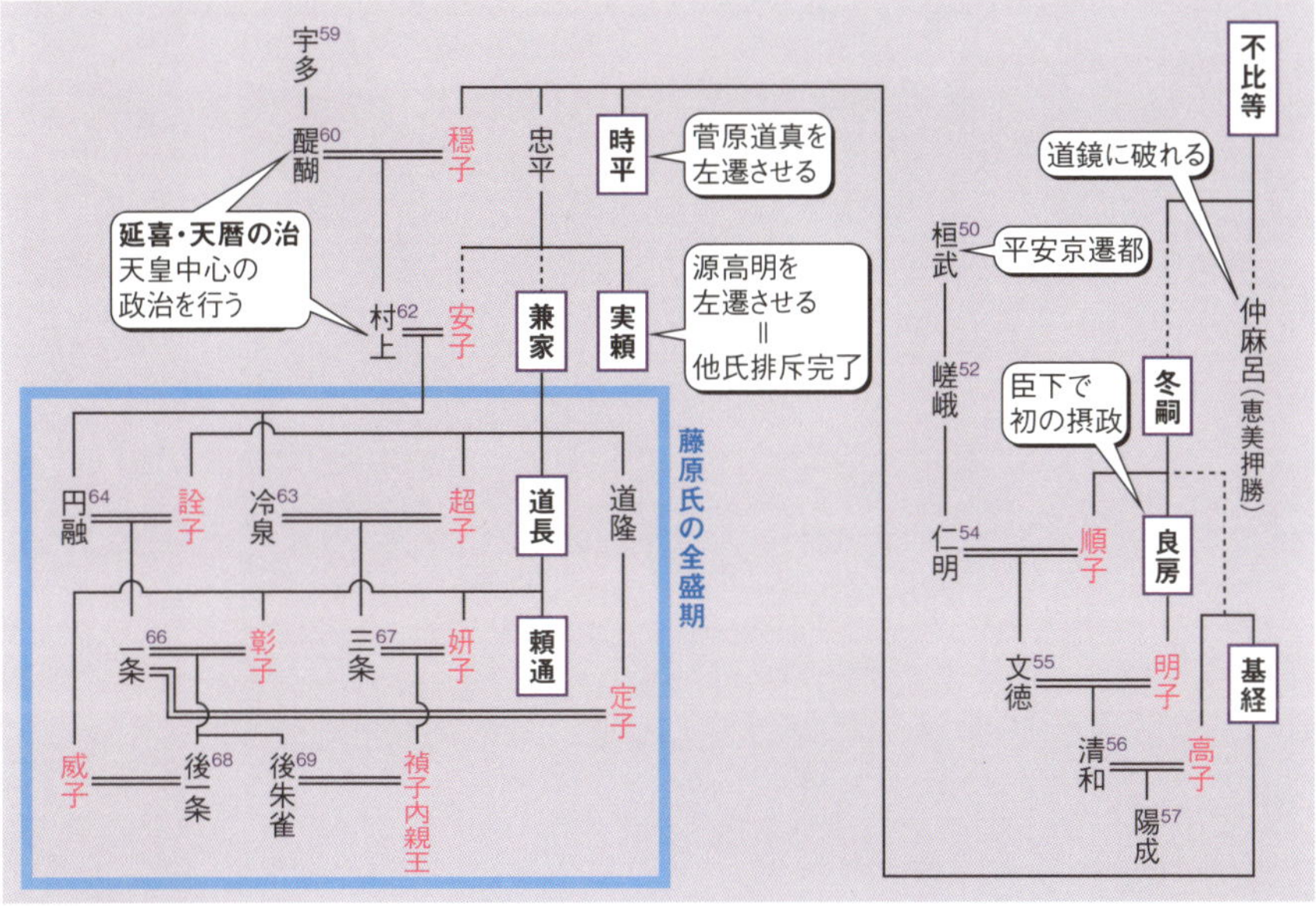

※天皇の横の数字は即位順を示す

平等院鳳凰堂

藤原頼通が別荘を寺に改めたもの。浄土教の中心である阿弥陀如来を本尊とし、極楽浄土を表現した建物。

そのとき世界は？

➡**962年** オットー1世が神聖ローマ帝国を成立させ、ローマ皇帝に即位。

平安

宗教　社会　外交　政治
合戦　都市　文化　周縁

◀P82　都市　P42▶

風水の力によって守られた四神相応の地平安京

❷ 東寺の五重塔

真言宗の代表的な建築にして、京都のシンボル。木造建築では日本一の高さを誇る。

POINT!

凶事を祟りのせいと恐れた桓武天皇が、四神に囲まれた葛野に安住の地を求めた。

未完の都となった長岡京

784年（延暦《えんりゃく》3）、桓《かん》武《む》天皇は寺院の多い平城京から、**水陸交通の便が良い山背国《やましろのくに》乙訓郡《おとくにぐん》（現在の京都府向日《むこう》市周辺）の長岡京に遷都した。**

しかしその翌年、長岡宮の造営を取り仕切っていた藤原種継《たねつぐ》が暗殺される。皇太子の早良《さわら》親王の関与が疑われると、天皇は親王を配流、親王は無実を訴えたが、無念のまま命を絶った。すると、天皇の夫人や生母、皇后らが相次いで死去。さらに疫病や洪水にみまわれるなど凶事が続いた。これを親王の祟りとして怯えた天皇は、**長岡京を忌み嫌い、794年、平安京へ遷都することにしたのである。**

2000　1950　1900　1800　1700　1600　1400　1200　1000　★　500　0　紀元前

平安京と風水

国家の安定を願った桓武天皇は、風水にもとづいて新都の場所を選んだ。東西4.5km、南北5.2kmの敷地を碁盤の目状に区画した条坊制の都である。

❶ 羅城門復元　明日の京都　文化遺産プラットフォーム

平安京南端の正門であった羅城門は、芥川龍之介の小説『羅生門』の舞台となった。

イラスト／黒澤達矢（監修＝山田邦和）

四神相応の地に造られた新都

平和が続くよう平安京と名付けられた新都は、山城（山背から改名）国葛《かど》野《の》郡《ぐん》（現在の京都市）に造られた。平城京と同じく、唐《とう》の長安をモデルにした碁盤の目状の都市で、中央には朱雀大路を配している。

この地が選ばれた理由は、琵琶湖が近く北陸や東国と水運が通じることや、有力豪族の秦《はた》氏の根拠地があるので支援を期待できたなど諸説ある。特に有力な説のひとつが、古代中国の吉凶を占う風水思想で都にふさわしいとされる、四《し》神《しん》相応の地だからというものだ。四方を司る四神はそれぞれ東・青龍《せいりゅう》＝水、西・白虎《びゃっこ》＝道、南・朱雀《すざく》＝湖、北・玄武《げんぶ》＝山に宿るとされる。**東に鴨川《かもがわ》、西に山《さん》陰《いん》道、南に巨椋池《おぐらのいけ》、北に船岡山《ふなおかやま》がある葛野の地形と合致するのである。**

そのとき世界は？

➡**802年** アンコール=ワット遺跡群で著名なクメール王朝が東南アジアに誕生。

宗教 社会 外交 政治
合戦 都市 文化 周縁
◀P86 宗教 P58▶

平安貴族たちから篤い信仰を集めた密教・浄土教・陰陽道

天台宗の最澄と密教の空海

平安時代初期、ともに唐《とう》で学んだ最澄《さいちょう》と空海《くうかい》が仏教界に大きな変革をもたらした。最澄は帰国後、**比叡山《ひえいざん》延暦寺《えんりゃくじ》を拠点に天台宗《てんだいしゅう》の開祖に。**様々な宗派の教えを学ぶことを良しとする八宗兼学《はっしゅうけんがく》と、仏の前では人類皆平等という法華一乗《ほっけいちじょう》を説いた。

一方、空海は、口伝の秘術密教《みっきょう》をわずか半年で習得し帰国。**高野山《こうやさん》金剛峯寺《こんごうぶじ》を拠点に加持祈禱《かじきとう》（儀式）で幸福を得る「現世利益《げんせりやく》」を説き、真言宗《しんごんしゅう》の開祖となる。**二人の活躍で、経典研究を極めて悟りを目指す南都六宗から、**儀式で災いを退け、祈りで利益《りやく》（現世での幸福）を求める現在の仏教の基盤が生まれた。**

平安京で流行した思想

平安時代後半に末法《まっぽう》思想が説かれると、**阿弥陀如来《あみだにょらい》を信仰し、念仏を唱えれば誰でも来世で極楽往生できるという浄土教《じょうどきょう》が流行。**源信《げんしん》は『往《おう》生要集《じょうようしゅう》』で極楽浄土や地獄についてまとめ、空也《くうや》は庶民の救済を願い都の市でこれを説いた。また、仏師定《じょう》朝《ちょう》は木のパーツを組み合わせて仏像を作る分業制の寄木造《よせぎづくり》を編み出し、全国で阿弥陀仏像や阿弥陀堂が作られるようになった。

仏教と同じく平安京で重んじられた思想が陰陽道《おんみょうどう》である。風水を源流とし、天文学や暦をもとに吉凶を占った。陰陽師《おんみょうじ》の占いは貴族から絶対的な信頼を得ていた。

KEYPERSON

「安倍晴明」と陰陽師という仕事

平安遷都の際、桓武《かんむ》天皇が早良《さわら》親王の祟りを恐れたことから、怨霊を鎮め奉る御霊《みたま》信仰が広まり、その儀式を行う陰陽師は重要な役職となった。平安宮に所属する陰陽師は呪術や天文観測、暦の編纂、占術など様々な業務をこなした。特に占術に関しては、貴族が占いの結果に従って一日のスケジュールを変えるほど信頼されていた。陰陽師の中でも有名なのが安倍晴明《あべのせいめい》で、花山《かざん》天皇や一条天皇らの信頼を得て活躍。式神《しきがみ》と呼ばれた鬼神を使って、多くの怪奇現象を起こした話も残っている。

POINT!

空海・最澄が現在の仏教の基礎を作る。平安京では浄土教や陰陽道も流行した。

2000 1950 1900 1800 1700 1600 1400 1200 1000 500 0 紀元前

MOVIE GUIDE

『陰陽師』

大陰陽師が京の危機と対峙

ある日、幼子の敦平親王の身に異変が起こる。陰陽師の安倍晴明は、親王に強い呪いがかけられていることを察知すると、源博雅とともに原因を探る。やがて二人は都の運命を左右する大事件に巻き込まれていく。闇を鎮め鬼を制する最強の陰陽師の活躍を描く。

監督／滝田洋二郎
出演／野村萬斎、伊藤英明
2001年
東宝

「陰陽師（2枚組）」6,000円＋税
発売元：角川書店・TBS／販売元：東宝

天台宗と真言宗の比較

最澄の天台宗と空海の真言宗は、同時期の宗教ながらその思想は大きく異なる。

天台宗		真言宗
最澄	開祖	空海
806年	開宗	806年
比叡山延暦寺	開山	高野山金剛峯寺
法華経	主な経典	大日経など
仏の前での絶対平等 八宗兼学	教義	加持祈禱（儀式）によって、現世で利益を得る
円仁・円珍によって密教化	展開	貴族の支持を受け流行
教義にもとづき、鎌倉新仏教が生まれる	影響	祈禱の儀式が変化

宗教

平安京に広まった「地獄」と「極楽」

念仏による極楽往生を目指す浄土教は、1052年に世界が滅ぶとする「末法思想」と相まって都を中心に全国へ広まる。

阿弥陀浄土曼荼羅《あみだじょうどまんだら》　奈良国立博物館

阿弥陀如来が往生した者を迎えに来る様子を描く来迎図（らいごうず）は、浄土教の流行とともに盛んに描かれるようになった。

春日権現験記絵《かすがごんげんげんきえ》　宮内庁三の丸尚蔵館

春日明神と地獄をめぐるシーンを描く。このような、鬼から責め苦を受ける地獄のイメージが成立したのもこの頃。

用語解説「末法思想」
➡釈迦の死後2000年に仏法が衰え、世界が乱れるという思想。

宗教 社会 外交 政治 合戦 都市 文化 周縁

◀P88 文化 P58▶

かな文字の発明で日本文学の名作が誕生した

万葉仮名から「かな文字」へ

894年（寛平《かんぴょう》6）、唐《とう》が衰退し遣唐使が中止されると、**日本独自の文化発展を目指す動きが加速する。**

その一つが日本人特有の感情を生き生きと伝えられる「かな文字」の発明である。それまでは日本固有の文字がなかったため、日本語を表記する際は日本語の音に漢字を当てはめる「借字《しゃくじ》」という方法をとらざるを得なかった。この表記は万葉仮名《まんようがな》と呼ばれ、『万葉集』などはこれで記された。その後、万葉仮名の一部を使用して字形を簡略化したり、字画を省略した草書体《そうしょたい》をさらに崩して書く方法が編み出され、**かな文字が生まれた。**

かな文字が生み出した名著

かな文字で書かれた初めての公文書が、905年（延喜《えんぎ》5）に編纂された『古今和歌集《こきんわかしゅう》』である。序文は漢文で書かれた「真名序《まなじょ》」と、かな文字で書かれた「仮名序《かなじょ》」の二つの形式で記されているが、歌の多くはかな文字だけで記されている。

また、紀貫之《きのつらゆき》が女性に仮託して書いた『土佐《とさ》日記』や、10世紀頃に記されたと見られる『竹取《たけとり》物語』も、かな文字が駆使された。

藤原氏が権勢を振るった平安時代後半には、『枕草子《まくらのそうし》』の清少納言《せいしょうなごん》と『源氏物語《げんじものがたり》』の紫式部《むらさきしきぶ》をはじめ、**数多くの女流文学者が感受性豊かな文章表現を競い合った。**

KEYWORD

「ひらがな」と「カタカナ」の成立

画数の多い漢字をすばやく書き留めるために工夫されたのが草書体で、その字形をさらに簡素化させて生まれたのが「ひらがな」である。「安」が「あ」に、「加」が「か」へと変化していった。「カタカナ」は、経典に記された漢文を読み下すために、僧侶たちが余白に漢字の読み方を万葉仮名で記したことが始まりと見られている。狭い空間に画数の多い漢字を記すのが困難なため、「機」が「キ」、「久」が「ク」というように、漢字の一部だけを使用して簡素化させたのだった。

POINT!

遣唐使の廃止によって、日本固有の「かな文字」が誕生。数々の名著が生まれた。

2000 1950 1900 1800 1700 1600 1400 1200 1000 500 0 紀元前

ひらがなとカタカナの変遷

今では当然のように使っているかな文字は、画数の多い漢字をすばやく書くために生み出された。

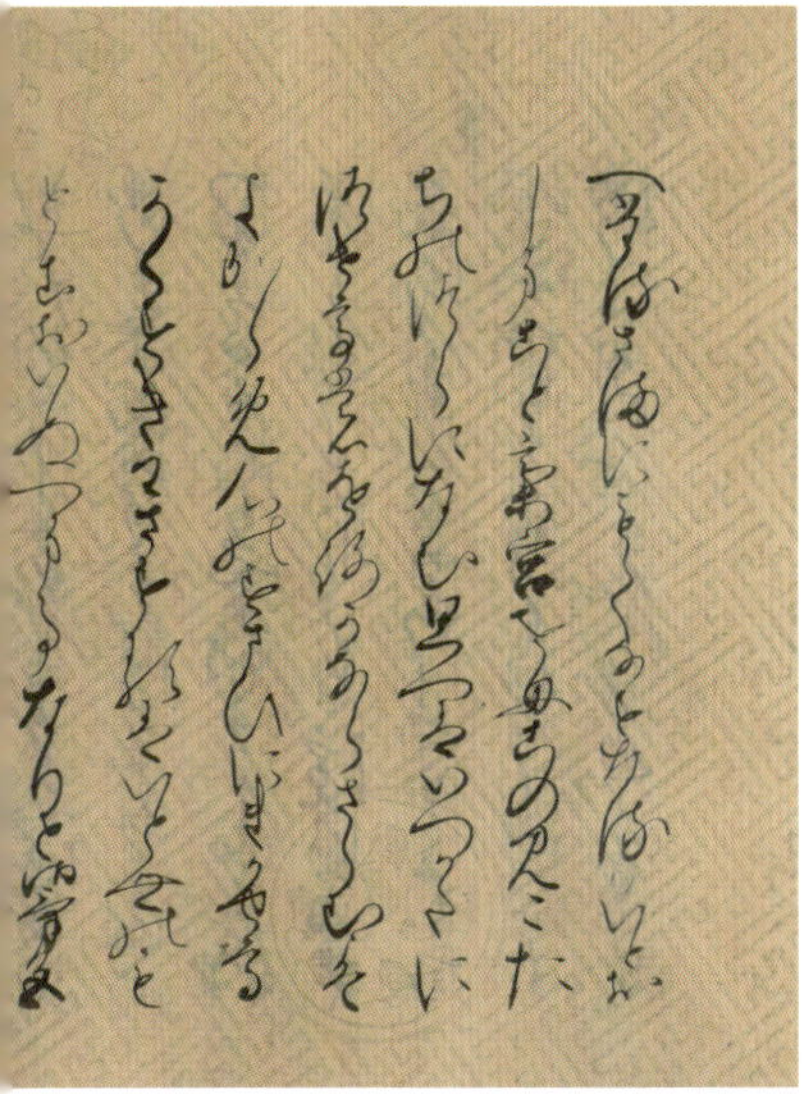

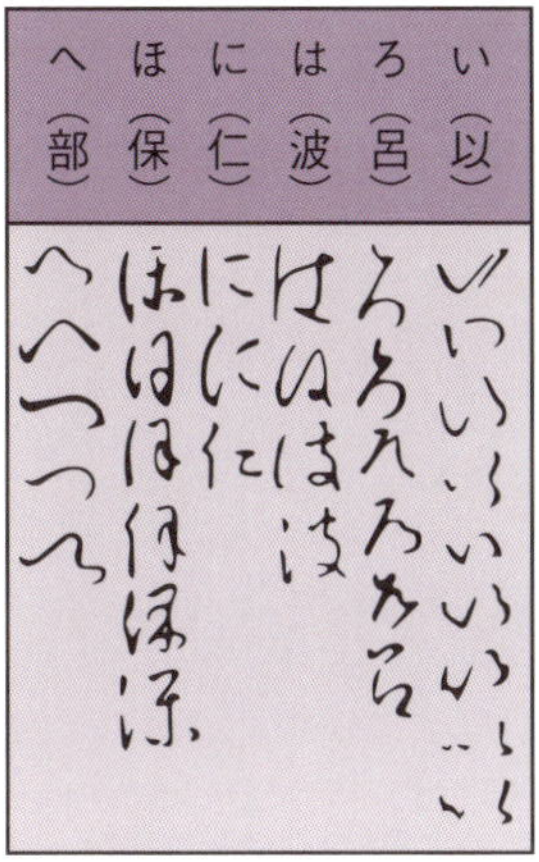

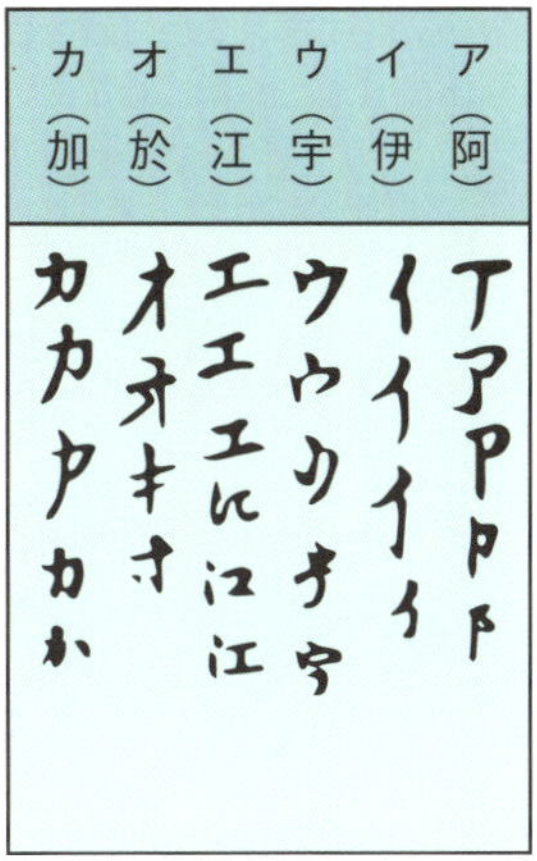

『日本文学大辞典』（新潮社）より

源氏物語（写本）

『源氏物語』のうち葵巻を書き写したもの。「と」「に」など、ひらがなが多用されていることがわかる。

かな文字の文学作品の誕生

書きやすいかな文字の発明によって、様々な文学作品が誕生した。

	作品名	編著者	内容
和歌	古今和歌集	紀貫之ら	醍醐天皇の命で編纂。かなで書かれた初の公文書
物語	竹取物語	不明	かぐや姫の物語。かな文字による日本初の物語文学
物語	伊勢物語	不明	在原業平をモデルとする歌物語
物語	源氏物語	紫式部	光源氏の恋愛や悲劇を描いた物語文学の傑作
日記・随筆	土佐日記	紀貫之	紀貫之が女性のふりをして書いた日記
日記・随筆	枕草子	清少納言	宮廷生活を描いた随筆（エッセイ）
日記・随筆	更級《さらしな》日記	菅原孝標女《すがわらのたかすえのむすめ》	田舎から上京した娘の自伝的回想録
日記・随筆	御堂関白記《みどうかんぱくき》	藤原道長	道長が書いていた日記で、朝廷の儀式などを記録

MANGA GUIDE

『あさきゆめみし』

古典の名作をコミカライズ

今なお世界中から愛されている『源氏物語』を漫画化した作品。才能・容姿に恵まれた光源氏の恋模様と悲劇を少女漫画の美しいタッチで描く。古典の試験で頻出する『源氏物語』の流れをビジュアルで理解できるため、受験対策本としてオススメされることも。

作者／大和和紀
全10巻
1979年〜1993年
講談社

そのとき世界は？

➡**918年** 朝鮮半島に高麗（こうらい）が建国され、三国を統一し、約480年間統治する。

◀P84　社会　P50▶

土地制度と地方政治の変遷により出現した寄進地系荘園

律令国家の土地制度の崩壊

７４３年（天平《てんぴょう》15）に墾田永年私財法《こんでんえいねんしざいほう》が発布されて農地の私有化が認められたものの、実際には資金力のある**貴族や寺社が中心となって開墾を進め、私有地（初期荘園《しょうえん》）を増やした。**当初は多くが輸租田《ゆそでん》（税がかかる田）であったが、次第に様々な理由をつけて不輸《ふゆ》（免税）の権を得る者が増える。これにより朝廷の税収はもちろん、農民が耕すための口分田《くぶんでん》の土地も減少していった。

そこで醍醐《だいご》天皇は荘園整理令を出して土地確保に努めるが効果は出ず、９０２年（延喜《えんぎ》2）**最後の口分田が配布され、律令《りつりょう》国家の土地制度は崩壊する。**

有力貴族に荘園が集中する

危機感を抱いた朝廷は、田地を「名《みょう》」と呼ばれる徴税単位に編成し直し、管理は田堵《たと》（有力農民）らに請け負わせ、地方役人の国司《こくし》（頂点を受領《ずりょう》と呼ぶ）が徴税できるような制度を変えた（負名《ふみょう》制度）。しかしその徴税は過酷を極め、堪えかねた田堵たちは、自衛手段として管理権は所持したまま、土地の名義を有力貴族や寺社に寄進することで不輸の権を得て納税を逃れるようになった。こうして**有力貴族や寺社に寄進される荘園（寄進地系荘園）が増加。**なかでも勢力を誇った**藤原氏に荘園が集中したことで、藤原氏は財政面においても有利になった**のである。

POINT!

土地の私有地化が進んだ結果、有力貴族だけでなく、農民が力を持ち始め、武士の発端に。

世界とのつながり

日本に来襲した刀伊の入寇

1019年（寛仁《かんにん》3）満州に勢力を張っていた女真族《じょしんぞく》が北九州沿岸を襲ったことがあった。中央アジアの契丹《きったん》の進出によって宋《そう》との交易路を断たれた女真族は、刀伊《とい》と呼ばれる海賊と化し、船50艘を仕立てて突如襲いかかってきたのである。高麗《こうらい》を経て、対馬《つしま》、壱岐《いき》、筑前《ちくぜん》などを次々と荒し回り、殺戮・略奪の限りを尽くしていった。大宰府《だざいふ》に当時左遷されていた藤原隆家《ふじわらのたかいえ》や地元豪族らが撃退したが、死者365人、捕虜1289人という甚大な被害を被ったのである。

土地制度の変遷と寄進地系荘園

土地制度が変わり受領が力を付ける中、私有地を守るため寄進地系荘園と武装する農民が登場する。

❶墾田永年私財法（743年）

土地の私有化が認められると、貴族は農民を利用して初期荘園を手に入れる

〈律令制の土地制度〉

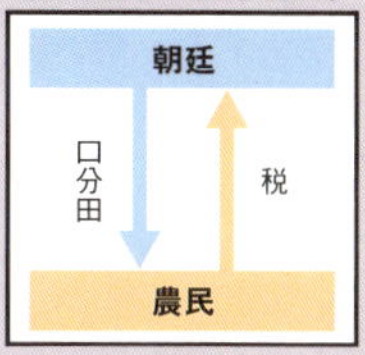

↓ **本来は荘園にも税がかかるが「性別を偽る」など偽籍をして免税**
=律令制の土地制度が乱れる

❷荘園整理令（902年）

・全国の荘園の実態を把握して税収確保を企図
・違法な荘園を制限する

↓ **任意の法令だったため成果出ず**
=902年　最後の口分田を配布

〈負名制度〉

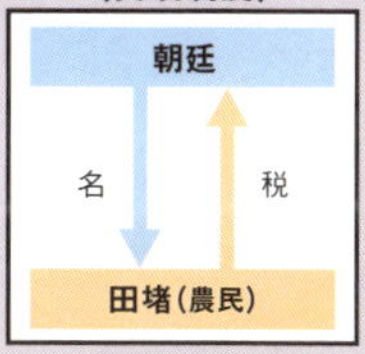

❸負名制度の始まり

・税制を「1人あたり」から「1田地あたり」に変更
・**初期荘園を含むすべての土地を回収**し、田地（名）を配布

↓ **・朝廷が地方の情勢を把握できなくなる**
・税収が少なくて地方まで手が回らない

〈国司の徴収〉

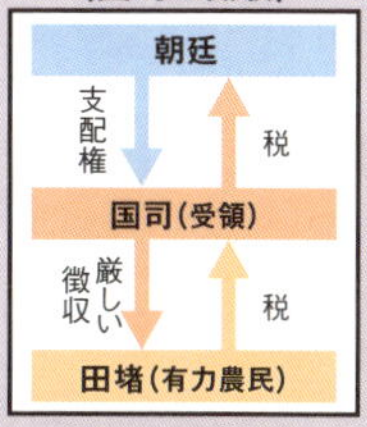

❹国司（受領）の徴収

・朝廷に代わって**国司が税を徴収**し、地方政治を一任
・国司のトップを**受領**と呼び、中央で出世を見込めない**中級貴族が担った**
・中には税収を中抜きする国司も現れる
・また、任国に行かず目代（代理人）に徴税を任せる国司も現れる

↓ **田堵（有力農民）たちは国司の徴収に反発**

〈寄進地系荘園〉

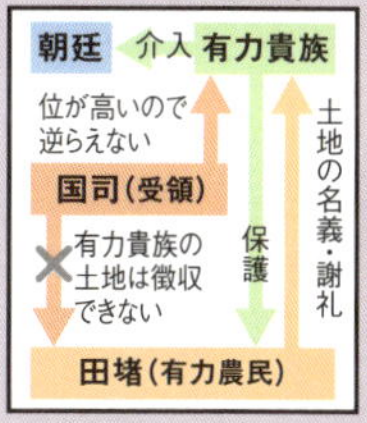

❺寄進地系荘園の誕生（11世紀）

・**中央の有力貴族**に土地の名義を寄進
・有力貴族は中級貴族ばかりの国司の徴収から農民の土地を保護
・土地の支配は農民が行う=このような土地を**寄進地系荘園**と呼ぶ

↓

結果 もっとも有力だった藤原氏は多くの寄進地系荘園を持ち財源を確保
有力貴族の保護を受けた農民の力も強まる
→国司から荘園を守るため武装を始める=のちに**武士団**となる

そのときは世界は？

→**962年** オットー一世がローマ帝国の帝冠を授けられ、神聖ローマ帝国が成立。

宗教　社会　外交　政治
合戦　都市　文化　周縁

◀P76　政治　P60▶

貴族に代わって武士が台頭したきっかけとは

POINT!
古代と中世を分ける大きな違いは、武装した田堵が登場し、武士団を形成したことにある。

一番最初の武士たち

国司《こくし》は一定の租税を国庫に納付すれば、それ以上の収入は私的に利用できる特権を有していた。そのため、中央での栄達が見込まれなかった中級貴族の中には、国司に任命されることを願う者が多かった。彼らの中には任国に赴かず代理人を置いて租税を徴収するだけの者も多く、その収奪は過酷であった。

田堵《たと》たちは自衛のために武装し、次第に武士団《ぶしだん》を形成するようになる。国司との紛争が多発するにつれ、武士団の統合が繰り返され、より強大な棟梁《とうりょう》のもとへと結集。なかでも祖が天皇家の**桓武平氏《かんむへいし》や清和源氏《せいわげんじ》などが各地で勢力をのばしていった。**

院政期の政治と社会変化

平氏・源氏が進出する一方、中央では藤原氏を外戚《がいせき》に持たない天皇も現れ始める。1086年（応徳《おうとく》3）に**白河《しらかわ》天皇が、皇位を8歳の堀河《ほりかわ》天皇に譲って上皇《じょうこう》（太上《だじょう》天皇）になり、天皇に代わって政務を執る院政《いんせい》を始めた。**院政期は、法や慣習に縛られることのない専制的な政治が行われるようになった。この風潮は社会全体に蔓延し、法によらず、実力で争うことも少なくなかった。特に、大寺院は僧兵を組織し強硬な態度で自らの要求を通す強訴《ごうそ》を繰り返したため、**院の直属武士団であった北面《ほくめん》の武士らの重要度が増加。武士の中央政界進出を招くことになった。**

KEYPERSON

独立国家を目指した「平将門」

桓武平氏の祖とされる平高望《たいらのたかもち》の孫が平将門《まさかど》である。桓武天皇の5世でありながら、藤原政権下においては滝口《たきぐち》の武者という低い地位に立たされ、在京12年で帰郷。下総国《しもうさのくに》猿島《さしま》を拠点として勢力を拡大し、名声が関東一円に鳴り響くまでとなった。939年（天《てん》慶《ぎょう》2）、常陸《ひたち》国府との対立を契機として挙兵。新皇と称して独立国家を築き上げようとするも、平貞盛《さだもり》・藤原秀郷《ふじわらのひでさと》らに攻撃されて敗死、夢は潰えた。東国の人々の代弁者と捉えられていたこともあって、江戸時代には神田明神《かんだみょうじん》として祀られ英雄視されている。

2000　1950　1900　1800　1700　1600　1400　1200　1000　500　0　紀元前

平氏・源氏の進出と武士の内乱

貴族への反乱や、相続争いなど、数多の内乱が発生。平氏と源氏は貴族に代わって内乱を鎮圧し、勢力を付けた。

桓武平氏（桓武天皇の子孫）

- 貞盛《さだもり》：将門を倒し貴族に登用される
- 維衡《これひら》：関東地方を支配する将門や忠常に対し、伊勢を本拠地とする平氏
- 〈伊勢平氏〉
- 正度《まさのり》
- 正衡《まさひら》：（正度・正衡）徐々に勢力を拡大
- 正盛《まさもり》：平氏の名をあげる
- 忠盛《ただもり》：鳥羽上皇の信頼を得る
- 清盛《きよもり》：源氏を2回破り平氏政権を樹立
- 宗盛《むねもり》

怨霊と化した崇徳《すとく》上皇

保元の乱に敗れた崇徳上皇の呪いで中央の権力が落ち、武士政権が始まったとも。

内乱

- 939　平将門の乱
  平将門が新皇を名乗り反乱（貞盛 →）
- 939　藤原純友《ふじわらのすみとも》の乱
  海賊の頭領となった藤原純友が反乱（← 経基）
- 969　安和《あんな》の変
  藤原氏が源高明を左遷させ他氏排斥を完了（← 満仲）
- 1028　平忠常《たいらのただつね》の乱
  房総半島で起きた反乱（← 頼信）
- 1051　前九年合戦
  安倍頼時が国司と抗争（← 頼義・義家）
- 1083　後三年合戦
  清原氏の内紛。勝利した清原清衡は藤原氏に改姓（← 義家）
- 1107　源義親の乱
  乱暴を働いた源義親を平氏が追討
  正盛 Win! VS 義親 Lose
- 1156　保元《ほうげん》の乱
  後白河天皇・崇徳上皇の継承争い
  忠盛・清盛 Win! VS 為義・為朝 Lose（義朝 Win!）
- 1159　平治《へいじ》の乱
  後白河上皇の近臣の対立、それぞれ平氏・源氏が付く
  清盛 Win! VS 義朝・頼朝 Lose

清和源氏（清和天皇の子孫）

- 経基《つねもと》：純友を倒し貴族に登用される
- 満仲《みつなか》：藤原氏に協力
- 頼信《よりのぶ》：忠常の乱を鎮圧し源氏は東国進出
- 頼義《よりよし》
- 義家《よしいえ》：（頼義・義家）源氏の名を轟かせる
- 義親《よしちか》
- 為義《ためよし》
- 為朝《ためとも》：保元の乱に敗れた為朝には妖怪退治伝説も残る
- 義朝《よしとも》：謀殺される
- 頼朝《よりとも》：伊豆へ配流

平将門の首

京都でさらし首になった将門は、首だけで東国まで戻ったと伝わる。

都立中央図書館特別文庫室

義朝の弟の為朝

政治の中心

- 村上天皇
- 藤原道長・頼通
- 白河上皇
- 鳥羽上皇
- 後白河上皇

用語解説「棟梁」

➡武士団のリーダー。平氏・源氏の棟梁はもともと天皇の子孫だった。

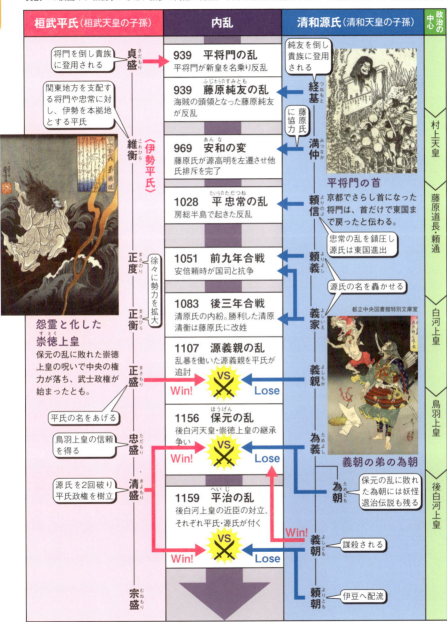

◀P100 周縁 P52▶

砂金をもとに覇権を握った奥州藤原氏の繁栄と崩壊

POINT!

豊富な砂金をもとに覇者となった奥州藤原氏も、源頼朝に攻められて栄華に幕を下ろした。

砂金を元手に奥州に君臨

マルコ＝ポーロの『東方見聞録《とうほうけんぶんろく》』に「掘れども尽きず」と記された黄金の国ジパング。その金文化を支えたのが、玉山金山《たまやまきんざん》（岩手県陸前高田市）をはじめとする奥州各地の金鉱山であった。**12世紀初頭から百年以上にわたって、清衡《きよひら》、基衡《もとひら》、秀衡《ひでひら》の奥州藤原氏3代が平泉に勢威を張れたのも、同地で砂金が豊富に産出されたからである。**清衡は、後三年《ごさんねん》合戦を制して奥州の覇権を握ったものの、それまでの戦いで父や妻子を失ったことで、敵味方の区別なく戦死者の霊を弔うために中尊寺《ちゅうそんじ》を建てたという。ここを拠点として、平和な仏教国を築き上げようとしたのである。

泰衡敗死で奥州藤原氏滅亡

清衡に続いて基衡が毛越寺《もうつうじ》を、秀衡が無量光院《むりょうこういん》を築くなど、寺院建築に財を投じた。**朝廷や摂関家に貢物を欠かさなかったこともあり、当初は奥州藤原氏による奥州支配が容認されていた。**しかし、源義経《みなもとのよしつね》をかくまったことで状況が一変。1189年（文治《ぶんじ》5）、源頼朝《よりとも》からの引き渡し要求を拒み続けたことを口実として攻め込まれてしまう。頼朝の要求に屈した4代泰衡《やすひら》が義経を自害に追い込んで、その首を引き渡したものの、時すでに遅し。28万余の軍勢を率いて攻め寄せる頼朝軍に、なす術もなく惨敗。**家臣の造反によって殺され、奥州藤原氏は滅亡した。**

KEYWORD

「名馬の産地」だった奥州

1184（寿永《じゅえい》3）年、源頼朝が木曽義仲《きそよしなか》追討を命じて始まった宇治川の戦い。その先陣争いを演じた梶原景季《かじわらかげすえ》と佐々木高綱《ささきたかつな》が乗馬していたのが、磨墨《するすみ》、生唼《いけずき》（生食、池月）という名の名馬である。諸説あるが、ともに青森県南部の馬淵川《まべちがわ》流域の糠部郡《ぬかのぶぐん》で育てられた南部駒と呼ばれる名馬であったといわれている。糠部郡は、武士たちにとって羨望の的である名馬の産地だった。奥州藤原氏が繁栄できたのは、奥州が砂金に加え、名馬の産地であったことも理由としてあげることができる。

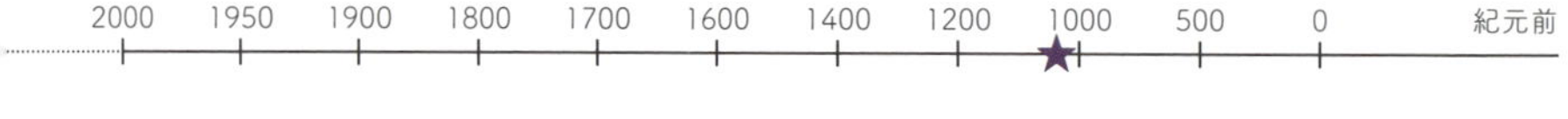

奥州藤原氏の本拠「平泉」

奥州藤原氏の本拠として発展した平泉。柳之御所は『吾妻鏡』に記載された奥州藤原氏の政庁「平泉館」跡と考えられる。

イラスト／香川元太郎

BOOK GUIDE

『炎《ほむら》立つ』

朝廷と蝦夷の対立を描く

NHK大河ドラマ『炎立つ』の原作として書き下ろされた。平安時代の朝廷と蝦夷の対立を軸にすえた作品で、奥州藤原氏の栄華と滅亡までを描く。アテルイを描いた『火怨』(P53)、九戸政実を描いた『天を衝く』があわせて陸奥三部作といわれる。

著者／高橋克彦
全5巻
1995年
講談社

❶中尊寺金色堂《こんじきどう》覆堂《おおいどう》

奥州藤原氏の巨大な富を象徴する金色堂は、金色堂を雨風から守る覆堂内にある。

❷毛越寺庭園

平安時代に書かれた日本最古の造園マニュアル『作庭記』の技法を今に伝える貴重な庭園。

❸義経堂《ぎけいどう》

源義経最期の地と伝わる場所。江戸時代に仙台藩４代藩主伊達綱村(だてつなむら)が義経を偲び義経堂を建てた。

そのとき世界は？

➡**1234年** 中国の北半分を支配していた金が、モンゴル帝国によって滅ぼされる。

第3章

武家政権が誕生し武士の時代が到来

平安末期　鎌倉　南北朝　室町

時代	年代	出来事
平安末期	1156	保元の乱が起こる⬇P76
	1159	平治の乱が起こる⬇P76
	1167	平清盛が太政大臣に就任し、平氏が全盛期を迎える⬇P76
	1175	法然が専修念仏（浄土宗）を説く⬇P86
	1180	治承・寿永の内乱が始まる⬇P78
	1185	壇の浦の戦いで平氏が滅亡する⬇P76
		源頼朝が諸国に守護・地頭を設置する⬇P80
鎌倉	1192	源頼朝が征夷大将軍に就任する⬇P80
	1203	運慶・快慶らが東大寺南大門金剛力士像を造る⬇P88
	1219	源実朝が甥の公暁に暗殺される⬇P80
	1221	後鳥羽上皇が挙兵（承久の乱）⬇P80
	1232	御成敗式目が制定される⬇P80
	1253	日蓮が日蓮宗を開く⬇P86
	1274	元軍が襲来（文永の役）⬇P90、92
	1281	再び元軍が襲来（弘安の役）⬇P90、92
	1285	霜月騒動が終結し、得宗専制政治が始まる
	1297	永仁の徳政令を発布する

政治	平氏や源氏などの武士が勢力を拡大していき、**天皇を中心とした貴族の政治から、武士を中心とした政治へと移り変わっていった。**源頼朝が鎌倉幕府を、続いて足利尊氏が室町幕府を開き、武士の世は揺るぎのないものとなる。
外交	元の侵攻を受けたことによって鎌倉幕府の衰退を招く。基本的に中国との貿易は重要視され、**平清盛は日宋貿易で、足利義満は日明貿易でそれぞれ莫大な利益を上げる。**13〜16世紀にかけて東シナ海では倭寇が猛威を振るった。
社会	**武士の生活は「御恩と奉公」という、土地を通した主従関係で結ばれていた。**農村では自治組織が発達して惣村が誕生し、都市部では貨幣経済活動が活発化するにつれ、商人や職人の規模が拡大していった。
宗教	仏教界では祈禱や学問中心の仏教が主流だったが、**平安時代末に広まった末法思想や武士の台頭などにより、民間への布教が行われるようになる。**よりシンプルでわかりやすい教えが多くの信仰を得た。
周縁	平安末期になると、東北地方は蝦夷との血縁関係を主張する奥州藤原氏が支配するようになり、平泉を中心に一大勢力を築き上げた。**琉球では14世紀半ばに全島統一がなされ、中継貿易の中心として繁栄を極める。**
文化	鎌倉時代には公家（貴族）の文化を受け継ぎつつ、武士や庶民に支持された新しい文化が生み出された。**室町時代になると武士、公家、大陸文化と伝統文化の融合が進み、独自の発展を遂げ、現在の日本文化の源流となった。**
都市	源頼朝が政権を握ると、京から遠く離れた鎌倉に政治の中心を置いた。それにより**鎌倉は武家政権の都として発展を遂げることとなる。**一方、室町幕府を開いた足利尊氏は京に政権を移したため、再び京が政治の中心となる。
合戦	源氏と平氏の権力争いは「治承・寿永の内乱（源平合戦）」と呼ばれている。一連の戦いで、**一騎打ちが主体の戦い方から、集団戦へと移行していく。**鎌倉時代末期には、元軍が２度九州に攻め寄せたが、いずれもかろうじて撃退している。

南北朝　室町

1333	鎌倉幕府が滅亡し、建武の新政が始まる P94
1335	中先代の乱が起こる
1336	建武式目が制定され、室町幕府が成立 P94
1342	五山・十刹の制を再編する
1350	足利尊氏と直義の兄弟争い、観応の擾乱が始まる（〜52）
1378	足利義満が室町に将軍御所を造営する P98
1391	明徳の乱で有力守護の山名氏清が敗死 P98
1392	南北朝合一 P98
1397	義満が北山殿（鹿苑寺）の造営を開始する P104
1400	世阿弥が能の理論書『風姿花伝』を著す P104
1404	義満が日明貿易を始める P98
1419	朝鮮が対馬に侵攻する（応永の外寇）
1428	正長の徳政一揆
1429	尚巴志が琉球王国を建国 P106
1450	細川勝元が龍安寺を創建する P104
1457	アイヌの蜂起、コシャマインの戦い P100

宗教 社会 外交 政治
合戦 都市 文化 周縁

◀P80 政治 P70▶

初の武家政権である平氏政権はなぜ短期間で滅亡したのか

POINT!

平清盛が初の武家政権を樹立するが源頼朝の反乱軍に敗れ、鎌倉幕府が誕生する。

栄華を極めた平清盛

院政《いんせい》期、源平の武士は上皇《じょうこう》に仕えることで力を付けていった。その中で、**平安末期、急速に政治的地位を高めたのが平清盛《たいらのきよもり》である。**1156年（保元《ほうげん》元）、天皇家内部の争いから起こった保元の乱で、清盛は源《みなもとの》義朝《よしとも》とともに後白河《ごしらかわ》天皇の勝利に貢献。続く平治《へいじ》の乱でライバルの義朝を倒す。以後、強大な武力と政治力で異例の出世を遂げ、太政大臣《だいじょうだいじん》まで上り詰めた。平氏一門が高位高官を占める中、清盛と後白河法皇の確執は深まり、1179年（治承《じしょう》3）、清盛は法皇を幽閉。孫の**安徳《あんとく》天皇を即位させて政治の実権を握り、初の武家政権である平氏政権を樹立する。**

地方武士の支持を得た頼朝

1180年、平氏への反発から伊《い》豆《ず》の源頼朝《よりとも》、信濃《しなの》の木曽義仲《きそよしなか》など諸国の武士団が挙兵。やがて平氏一門は京を追われ、1185年（文治《ぶんじ》元）、長門壇《ながとだん》の浦《うら》で滅亡、**源頼朝が鎌倉幕府を樹立する。**

平氏政権には地頭《じとう》の設置や内裏《だいり》警固の義務化など、鎌倉幕府につながる斬新な政策もあった。それでも短期間で滅びたのは、地方武士の支持を得られなかったためだ。平氏の全盛期、諸国の国司《こくし》や荘官《しょうかん》は平氏の一門や家臣で占められた。頼朝は平氏政権に疎外された武士たちを御家人《ごけにん》として組織、所領を保証することで、平氏を超える力を得た。

世界とのつながり

平氏の栄華を支えた日宋貿易

平氏政権の強大な武力を支えていたのは荘園や知行《ちぎょう》国からの収入、そして日宋《にっそう》貿易の利益であった。当時、日本と外国の正式な国交はなかったが、平氏は清盛の父忠盛《ただもり》の時代から日宋貿易に取り組んだ。清盛は政界引退後、神戸の福原《ふくはら》に拠点を移し、大輪《おおわ》田泊《だのとまり》（兵庫港）を修築して宋船を招き直接交易を行った。当時、宋は北方の金《きん》と和平を結び、政治的安定と経済の繁栄を誇っていた。平氏政権は中国商人を介し、中国のみならず遠く中東やアフリカの文物を手に入れ、莫大な利益をあげたと考えられている。

2000 1950 1900 1800 1700 1600 1400 1200 1000 500 0 紀元前

平氏政権の支配体制

天皇と外戚関係を結び、一門で高位高官を独占。荘園や知行国を経済的基盤とする貴族的性格と、西国の武士との主従関係を強めるなどの武家的性格とを持ち合わせる。

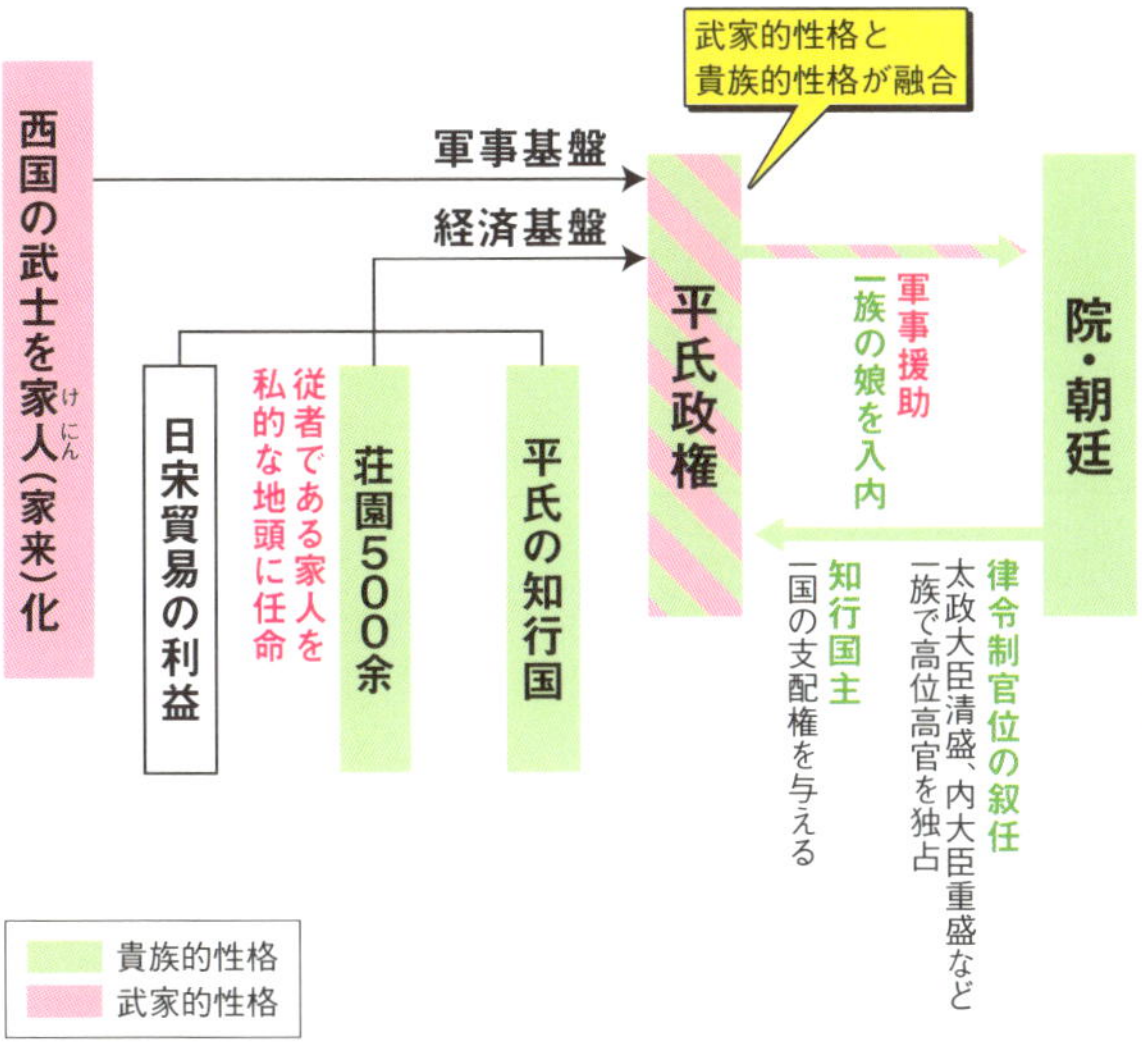

イラスト／ニシザカライト

平清盛（1118 ～ 1181）

武士としては初めて律令制下の最高位である太政大臣まで上り詰めた。日本初の武家政権を誕生させる。

MOVIE GUIDE

『平清盛』

SNSで熱心なファンを獲得

天下の大悪人というイメージの強かった平清盛を、先見性のある人物として描いた作品。番組プロデューサーがリアルタイムで各場面を解説する「ツイッター解説」を実施。2012年の「Year on Twitter」で、話題になったテレビドラマ1位を獲得し、放送後も熱心なファンが多い。

脚本／
藤本有紀
出演／
松山ケンイチ
2012年
NHK

『NHK 大河ドラマ 平清盛 完全版』発行・販売元：NHK エンタープライズ／
問合せ：NHK エンタープライズ ファミリー倶楽部／電話：0120-255-288

平氏の知行国

1180年、清盛の孫である安徳天皇を即位させた平氏は全盛期を迎え、知行国は32カ国に及んだ。

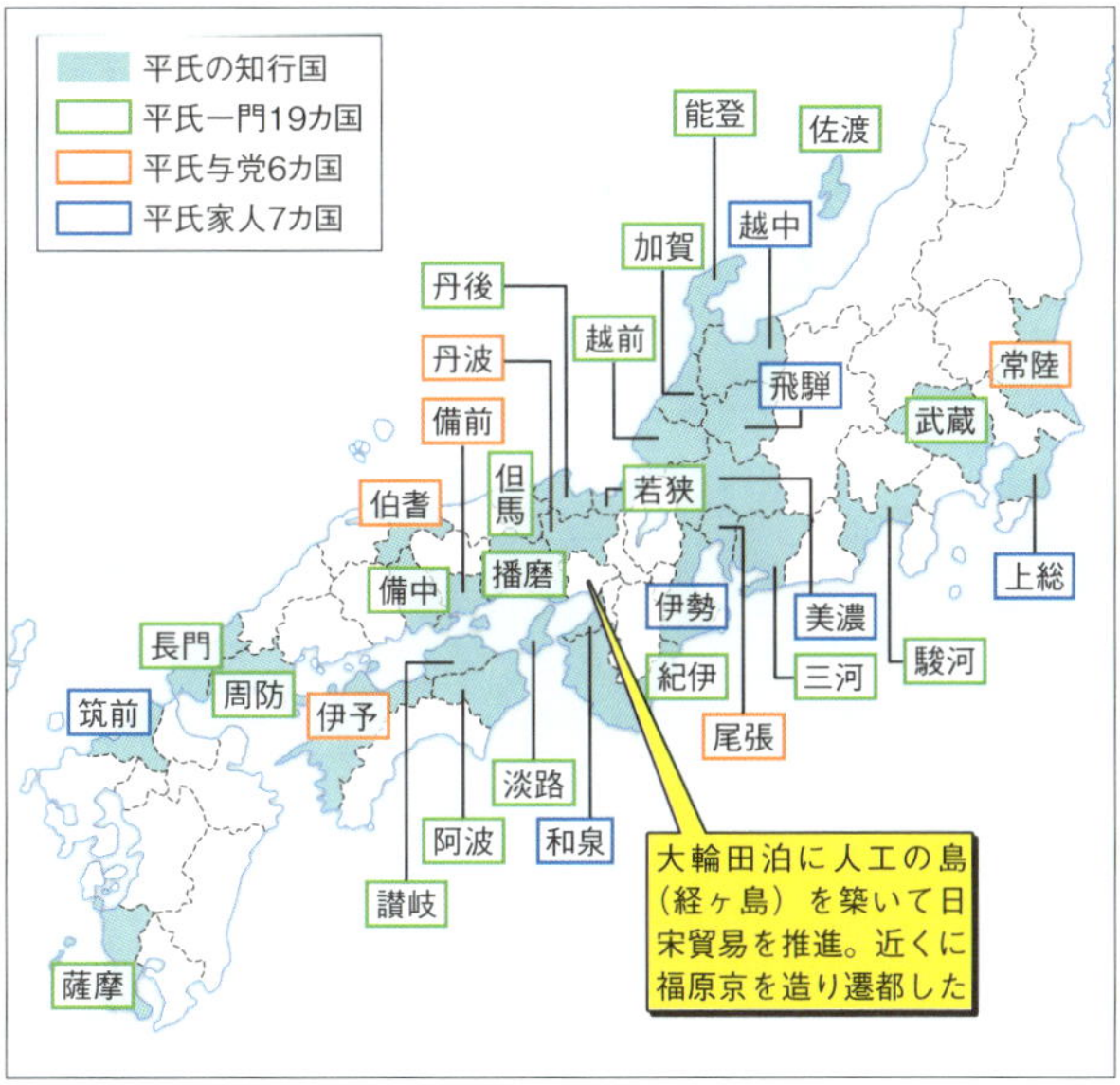

用語解説「知行国制度」

➡上級貴族に一国の支配権を与え、その国からの収益を得させる制度。

◀P92 合戦

源氏軍の劇的勝利の秘訣は源義経の奇襲戦法にあった

治承・寿永の内乱の経緯

地方の武士団や中央の貴族・大寺院に広がった反平氏の勢力が各地で挙兵。途中、大飢饉のため兵力動員ができなかったこともあり、争乱は5年にわたって続いた。

❹倶利伽羅峠《くりからとうげ》の戦い（1183.5）
木曽義仲が平氏に大勝。平氏は西国に都落ちする
平泉
木曽
❸富士川の戦い（1180.10）
富士川で平氏を破った頼朝は、鎌倉に留まり東国の支配権を確立する
鎌倉
❷石橋山の戦い（1180.8）
源頼朝の挙兵後、初の合戦。頼朝は平氏に大敗
国宝
大山祇神社

伝義経奉納の鎧

壇の浦の戦いで着用していたとされることから「八艘飛びの鎧」の別名を持つ鎧。

内乱の拡大が戦術を変えた

源頼朝《みなもとのよりとも》の挙兵から平氏滅亡までの戦いは「源平合戦」と呼ばれる。しかし実際は源氏対平氏という単純な構図ではなく、各地で反乱を起こした武士たちが、たまたま最大勢力となった頼朝のもとに組織されたにすぎない。現在は当時の元号から「治《じ》承《しょう》・寿永《じゅえい》の内乱」と呼ぶことが多い。

この内乱は従来の戦闘様式も変えた。かつて武士の戦いは騎馬武者が名乗り合い一騎打ちを繰り広げるスタイルを理想とした。しかし、**万単位の軍勢が動員されたため、投石を使った集団戦や馬を射って武者を落とすなど、従来の兵法にないゲリラ戦が広く行われるようになる。**

POINT!

戦争の大規模化が戦術の変化を生み、源義経は意表を突く奇襲戦法で平氏を破った。

2000 1950 1900 1800 1700 1600 1400 1200 ★ 1000 500 0 紀元前

鵯越の逆落とし

『源平合戦図屏風』に描かれた「鵯越の逆落とし」の場面。

埼玉県立歴史と民俗の博物館

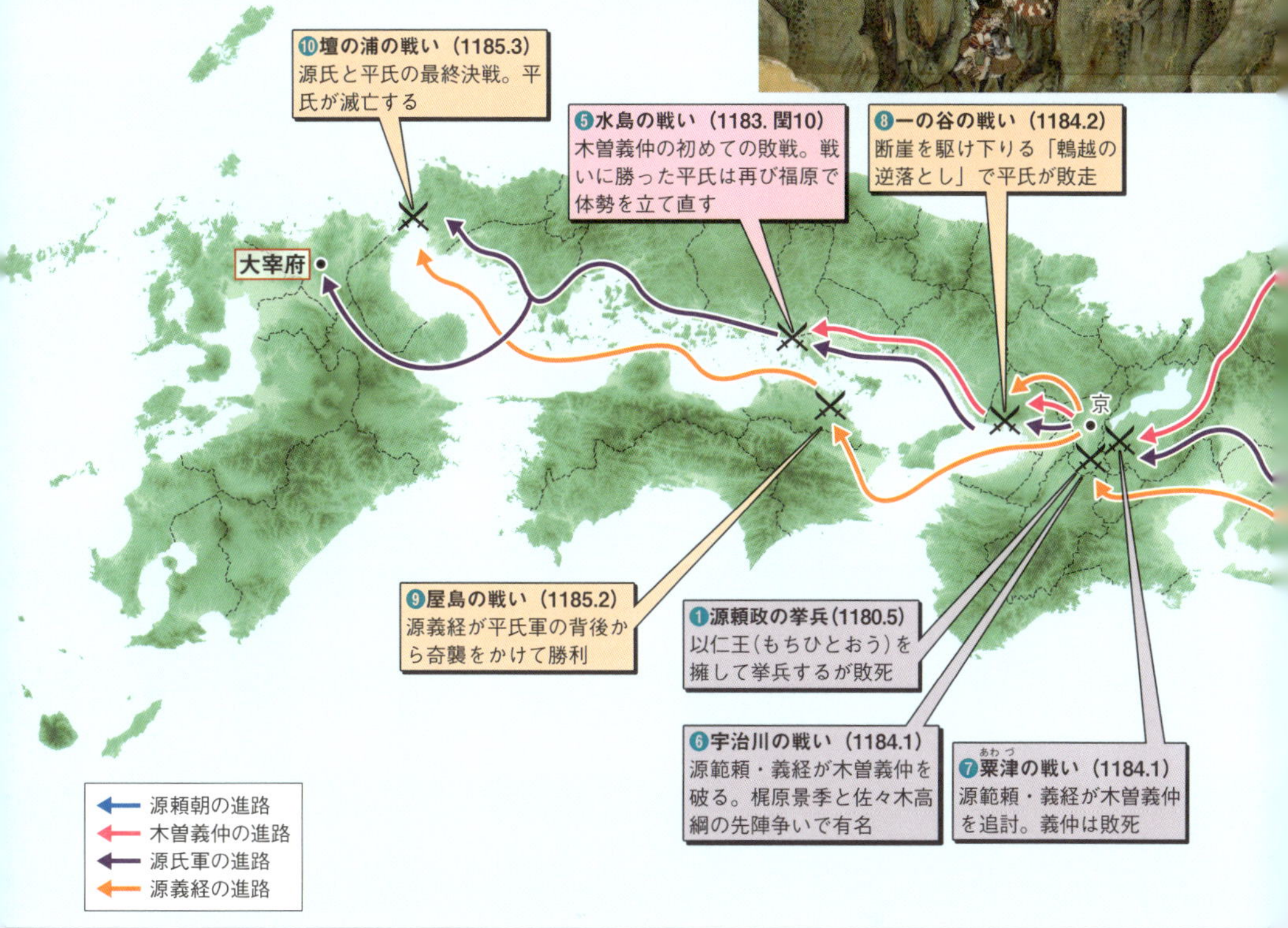

❿壇の浦の戦い（1185.3）
源氏と平氏の最終決戦。平氏が滅亡する
❺水島の戦い（1183. 閏10）
木曽義仲の初めての敗戦。戦いに勝った平氏は再び福原で体勢を立て直す
❽一の谷の戦い（1184.2）
断崖を駆け下りる「鵯越の逆落とし」で平氏が敗走
大宰府
京
❾屋島の戦い（1185.2）
源義経が平氏軍の背後から奇襲をかけて勝利
❶源頼政の挙兵(1180.5)
以仁王(もちひとおう)を擁して挙兵するが敗死
❻宇治川の戦い（1184.1）
源範頼・義経が木曽義仲を破る。梶原景季と佐々木高綱の先陣争いで有名
❼粟津《あわづ》の戦い（1184.1）
源範頼・義経が木曽義仲を追討。義仲は敗死
源頼朝の進路
木曽義仲の進路
源氏軍の進路
源義経の進路

神出鬼没の名将源義経

常識破りの奇襲戦法で平氏滅亡の立役者となったのが、源義経《よしつね》だった。

1184年（寿永3）1月、兄頼朝の命で木曽《きそ》義仲《よしなか》を倒した義経は、平氏追討戦に着手する。一《いち》の谷《たに》の戦いでは、源氏本隊と平氏軍が激戦を繰り広げる中、ひそかに山中を迂回し、敵陣を見下ろす鵯越《ひよどりごえ》の断崖を騎馬で駆け下り、平氏軍を海へ追った。続く屋島《やしま》の戦いでは、嵐が吹き荒れる中、数艘の船で阿波に渡り、屋島に陣を置く平氏の背後を急襲。壇《だん》の浦《うら》の戦いでは、非戦闘員は攻撃しないという海戦の不文律を破り、平氏の軍船を操る水夫を矢で射た。

近年は、鵯越の逆落としを多田《ただ》行《ゆき》綱《つな》の功績とする異説もあるが、軍事指揮官として短期間で平氏を滅亡させた義経の手腕に疑いの余地はない。

そのとき世界は？

➡**1169年** サラディンがエジプトの全権を握り、アイユーブ朝が成立する。

◀P90　政治　P76▶

承久の乱を経て全国政権へ発展を遂げた鎌倉幕府

頼朝の死後、御家人が台頭

平氏滅亡後、源頼朝《みなもとのよりとも》は幕府に背いた弟義経《よしつね》を討伐し、奥州藤原氏を滅ぼして武家の棟梁《とうりょう》としての地位を確立する。この間、頼朝は義経の捜索を理由として、諸国への守護《しゅご》（国内の警察・軍事を担う職）・地頭《じとう》（荘園《しょうえん》の管理者）の設置を朝廷に認めさせるなど幕府機構の整備を進め、**1192年（建久《けんきゅう》3）に征夷大将軍となり、名実ともに鎌倉幕府が成立する。**しかし、2代頼家《よりいえ》の時代になると、幕政は有力御家人《ごけにん》の合議制で運営されるようになり、3代実朝《さねとも》が暗殺されたことで源氏の正統は断絶。**御家人間の抗争も激化し、頼朝の妻政子《まさこ》の実家の北条《ほうじょう》氏が執権《しっけん》として実権を握る。**

幕府の力が朝廷を上回る

もっとも当時は、幕府の影響力が及ぶ地域は東国に限定されていた。しかし1221年（承久《じょうきゅう》3）、後鳥羽《ごとば》上皇が朝廷の復権を図るため京都で挙兵すると、幕府は19万の大軍で西上して京都を制圧。上皇を配流して新たに天皇を即位させ、**京都に六波羅探題《ろくはらたんだい》を置いて朝廷を監視下に置いた。ここに幕府の力は朝廷を凌駕《りょうが》し、影響力は西国に及び全国政権へと飛躍する。**以後、幕府は北条泰時《やすとき》の主導で政治や訴訟の機構を整え、基本法である御成敗式目《ごせいばいしきもく》を制定し執権政治が確立する。同式目は中世を通して武家の法律として生き続け、近世の武家諸法度《ぶけしょはっと》にも影響を与えた。

ココが変わった

異説飛び交う鎌倉幕府の創立年

歴史年号の語呂合わせで有名な「いい国（1192）つくろう鎌倉幕府」。1192年に頼朝が征夷大将軍になったため幕府の創立年とされたが、近年は創立時期に多くの異説がある。幕府の基盤である守護・地頭の設置が認められた1185年（文治《ぶんじ》元）が有力とされ、ほかにも頼朝が関東を制圧した1180年（治承《じしょう》4）、東国支配を朝廷に公認された1183年（寿永《じゅえい》2）、頼朝が近衛大将《このえのだいしょう》になった1190年などがある。時期を限定せず、朝廷との闘争の中で権利を獲得しながら段階的に成立したと説く歴史家もいる。

POINT!

全国政権となった幕府は、幕府機構や法律を整備して北条氏による執権政治を確立する。

承久の乱の経緯と結果

院（上皇の御所）を警固する西面の武士を増強し、軍事力を増した後鳥羽上皇らが、2代執権の北条義時を追討するため挙兵した。

承久の乱後の処置

仲恭《ちゅうきょう》天皇➡廃位。後堀河天皇へ
後鳥羽上皇➡隠岐へ配流
順徳《じゅんとく》上皇➡佐渡へ配流
土御門《つちみかど》上皇➡処分なし
（自ら土佐へ、のち阿波）

京都守護➡六波羅探題
（北条氏の世襲）

上皇方の貴族・武士の所領➡3000余を没収し御家人に地頭を任じる

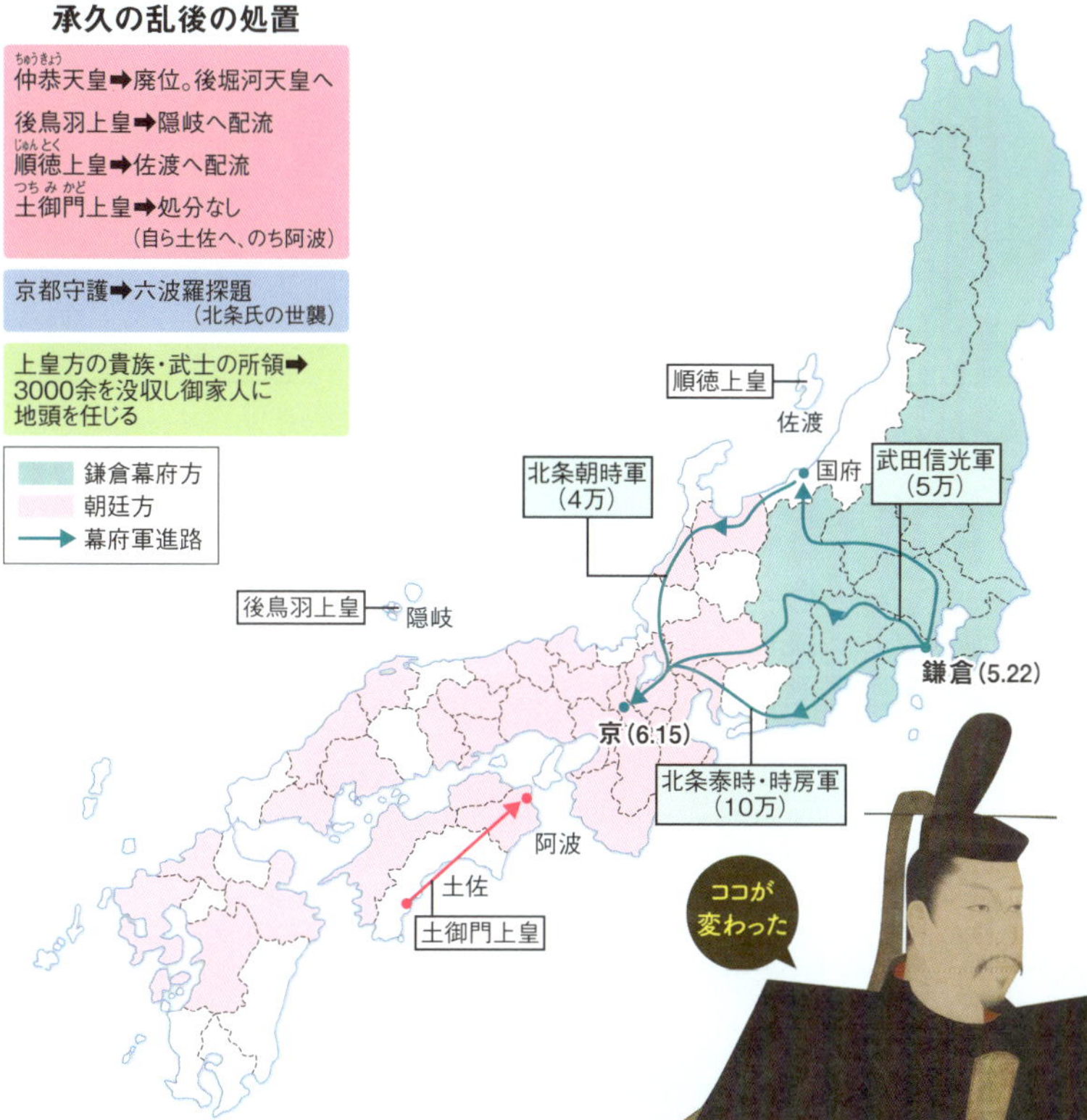

神護寺

源頼朝（1147～1199）
似絵(にせえ)の名手藤原隆信（たかのぶ）の筆と伝えられる源頼朝像。近年、肖像は足利直義（ただよし）ではないかとの説が浮上している。

御成敗式目

式目の適用は武家のみに限られ、朝廷の支配下では公家法、荘園では本所法が効力を持った。

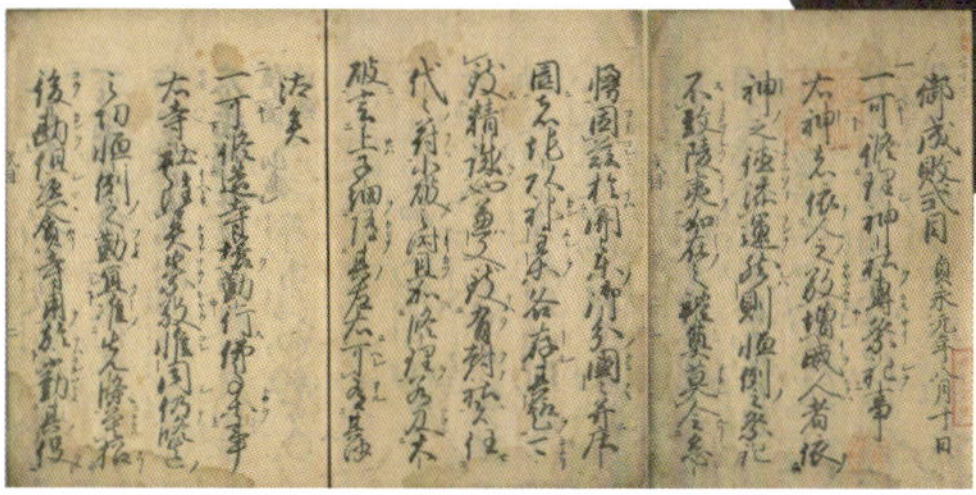

そのとき世界は？

➡**1198年** インノケンティウス3世が即位。ローマ教皇の全盛期を築き上げる。

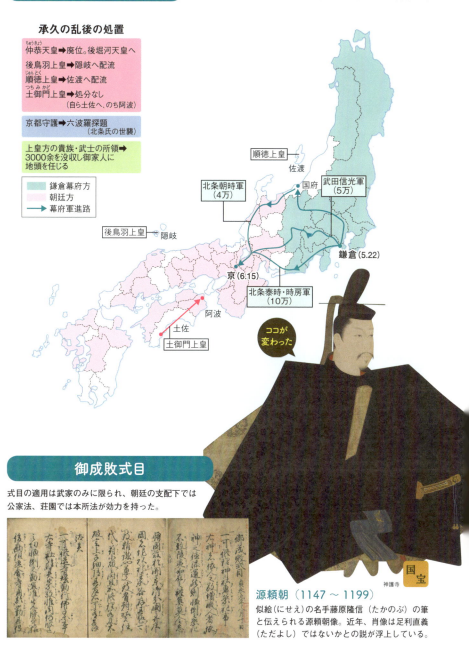

宗教 社会 外交 政治
合戦 都市 文化 周縁

◀P126 都市 P62▶

源頼朝はなぜ鎌倉を武家政権の都に定めたのか

朝比奈切通し

武家政権の本拠「鎌倉」

鎌倉は南側に海があり、ほか3方向を馬蹄形の連山に囲まれた天然の要害だった。

自然の地形を生かした城塞都市

源頼朝《みなもとのよりとも》が御家人《ごけにん》たちを伴い鎌倉に入ったのは、挙兵2カ月後の1180年（治承《じしょう》4）10月のことだった。以後、幕府滅亡までの150年間、鎌倉は武家政権の都として発展する。

頼朝が鎌倉を選んだのは、古くから源氏ゆかりの地だったためだ。11世紀半ば、前九年合戦を制した源頼《より》義《よし》が館を構えたのが始まりで、頼朝の父義朝《よしとも》も鎌倉を拠点に関東各地に勢力を広げた。また地形も最適だった。**周囲を小高い丘が囲み、南に相模湾を望む鎌倉は、攻めるに難く守るに易い天然の要害である。**この立地を生かし、頼朝は鎌倉に大改修を施して城塞《じょうさい》都市に変貌させていく。

POINT!
鎌倉は源氏ゆかりの地であるとともに、周囲を山や海に囲まれた天然の要害だった。

2000 1950 1900 1800 1700 1600 1400 1200 1000 500 0 紀元前

イラスト／香川元太郎

外敵の侵入を防ぐ切通し

幕府が編纂した『吾妻鏡《あずまかがみ》』によると、当時の鎌倉は、猟師や農民しか住まない辺鄙《へんぴ》な土地だったという。しかし近年の発掘調査により、**幹線道路が走る交通の要地で、大型の建物や寺社が立ち並ぶ都市的様相を呈していた**ことがわかっている。

頼朝による鎌倉の都市開発は、鶴《つるが》岡《おか》八幡宮の造営から始まった。現在地（小林郷）に社殿を造営し、ここから南の由比《ゆい》ガ浜までまっすぐに若宮大路を通し、この大路を軸に宅地や道路を造成していった。また、外敵の侵入を防ぐため、周囲の山や丘陵の一部を掘削して切通《きりとお》しという狭い通路を造った。戦時はここに城戸《きど》（木戸）を築き、楯を並べて防御施設とした。今も朝比奈《あさひな》や名越《なごえ》、化粧坂《けわいざか》などに往時の姿をとどめている。

そのとき世界は？

➡**1206年** モンゴル諸部族を統一し、チンギス=ハンがモンゴル帝国を建国。

◀P102 社会 P68▶

地頭制はどのようにして国家の土地制度に位置付けられたのか

POINT!

幕府の基本理念は「御恩と奉公」。御家人は所領の保証を受ける見返りに将軍に奉仕した。

一所懸命の地を守る武士

武士の社会は「御恩と奉公」で成り立っていた。**主君が家臣に所領や地位を保証し、家臣が主君に軍事的に奉仕する関係であり、中世・近世を通して武家政権の基本理念として生き続けた。**具体的には、鎌倉将軍が御家人《ごけにん》を守護《しゅご》・地頭《じとう》に任じることが御恩である。先祖伝来の所領を「一所懸命《いっしょけんめい》の地」と呼ぶほど大切にした武士にとって、所領を保証されることは何よりの御恩であった。これに対して、御家人は幕府の命による合戦への従軍、将軍御所や朝廷の警備などを通して将軍に奉公した。

このように**土地を媒介に主従関係を結ぶ政治制度を封建《ほうけん》制度と呼ぶ。**

地頭制の発展と定着

地頭は1185年（文治《ぶんじ》元）、源義経の捜索を名目に制度化されたが、あくまで平氏や義経など謀反人の所領に限られていた。承久《じょうきゅう》の乱で上皇方から没収した全国3000余の荘《しょう》園《えん》の地頭に御家人を配することで、幕府の地頭制は全国に及ぶ。このとき、**新たに地頭が任命された荘園では、天皇の宣旨《せんじ》で一律に地頭の取り分が定められ、**幕府の地頭制は国家の土地制度として位置付けられた。

地頭は荘園の管理者として、紛争の調停、年貢の徴収と荘園領主への上納などを行った。しばしば取り分をめぐって領主と争い、次第に土地に対する影響力を強めていった。

KEYWORD

比較的高かった中世の「女性の地位」

ほかの時代に比べて、中世前期の女性の地位は高かった。財産相続も公平に行われ、夫の死後、一門の家長として所領の管理を行うこともあった。平清盛の妻時子《ときこ》や「尼将軍」と呼ばれた源頼朝の妻北条政子《ほうじょうまさこ》は、夫亡きあと一門の代表としてふるまい、後継者の決定にも大きな影響力を持った。そのほか、女性ながら男勝りの武勇を誇った木曽義仲《きそよしなか》の愛妾巴御前《ともえごぜん》、頼朝の前で臆することなく恋人義経を慕う舞を舞った白拍子《しらびょうし》（男装で舞った芸能者）の静《しずか》御前《ごぜん》など、性別や身分を超えて活躍する女性は多かった。

荘園の支配構造

鎌倉時代の荘園は、荘園領主と地頭による二重支配の構造だった。地頭は荘園領主と幕府に年貢などをそれぞれに収める一方で、幕府の命を受けて軍役などを務めた。

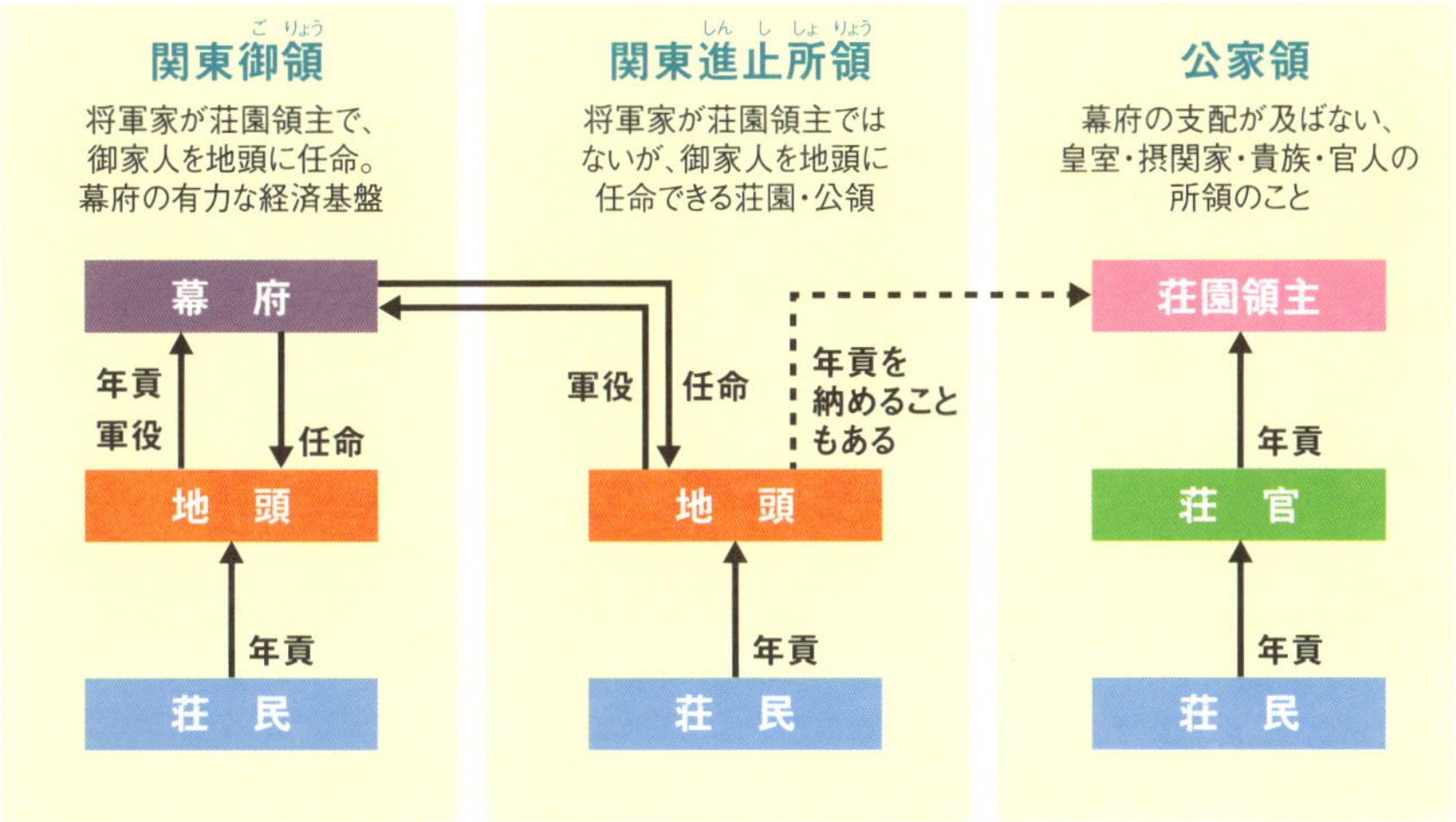
関東御領《ごりょう》
将軍家が荘園領主で、
御家人を地頭に任命。
幕府の有力な経済基盤
関東進止所領《しんし しょりょう》
将軍家が荘園領主では
ないが、御家人を地頭に
任命できる荘園・公領
公家領
幕府の支配が及ばない、
皇室・摂関家・貴族・官人の
所領のこと
幕　府
年貢
軍役
任命
地　頭
年貢
荘　民
軍役
任命
年貢を
納めること
もある
地　頭
年貢
荘　民
荘園領主
年貢
荘　官
年貢
荘　民

MOVIE GUIDE

『北条時宗』

北条時宗34年の生涯

大河ドラマで唯一、鎌倉時代中期を扱った作品。宝治合戦など、権力争いに明け暮れる幕府内部の抗争や、蒙古襲来という国難に立ち向かった8代執権北条時宗の生涯を描く。スケールの大きな作品で、中国やモンゴルでの海外ロケも行われ、当時の最新技術のデジタル合成やCGも取り入れられた。

北条時宗
総集編

脚本／井上由美子

出演／和泉元彌

2001年

NHK

「NHK 大河ドラマ 北条時宗総集編」
発行・販売元：NHK エンタープライズ／
問合せ：NHK エンタープライズ ファミリー倶楽部／
電話：0120-255-288

御恩と奉公

鎌倉幕府と御家人との間には、土地を通して御恩と奉公の関係が成立した。

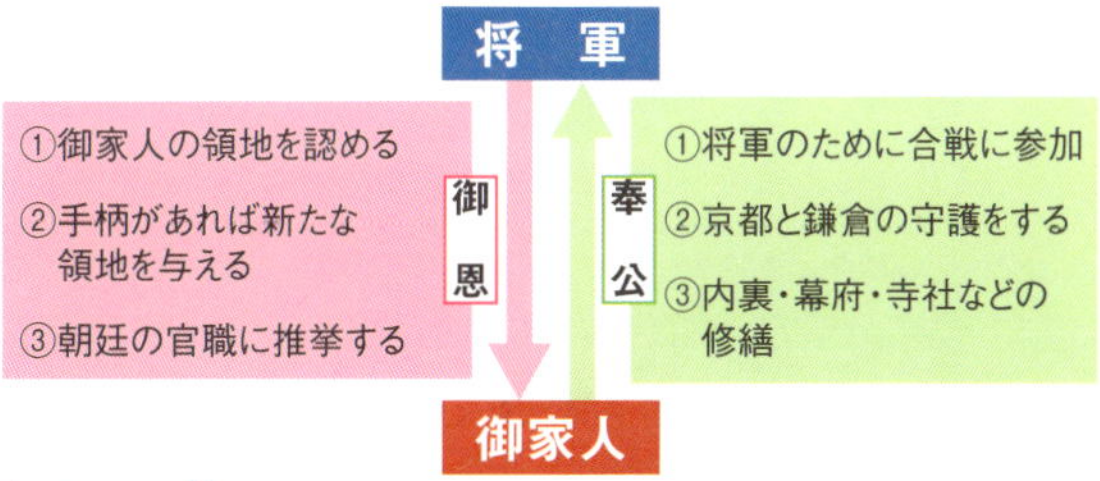
将　軍
①御家人の領地を認める
②手柄があれば新たな
領地を与える
③朝廷の官職に推挙する
御恩
奉公
①将軍のために合戦に参加
②京都と鎌倉の守護をする
③内裏・幕府・寺社などの
修繕
御家人

御家人の館

埼玉県飯能市にあった中山氏の館の復元模型。外敵に備えて堀や板塀、櫓を設け、戦闘に必要な馬を養う馬小屋、武術鍛錬のための矢場もある。

馬小屋
篠竹
櫓
板塀
堀
矢場

国立歴史民俗博物館

そのときの世界は？

➡1215年 イギリスが大憲章（マグナ=カルタ）を制定。国王の権限に制限を加えた。

宗教　社会　外交　政治
合戦　都市　文化　周縁

◀P118　宗教　P64▶

新仏教の台頭と旧仏教の改革で宗教界はどう変わったのか

POINT!

末法思想を背景に新仏教が勃興したが、旧仏教の勢力が強く、激しい迫害を受けた。

念仏の普及と禅宗の台頭

中世初頭は宗教界にも大きな改革がもたらされた。**平安末期、仏教が衰え修行も悟りも失われるとする末《まっ》法《ぽう》思想が広まった。この社会状況を背景に鎌倉新仏教が生まれた。**法然《ほうねん》は「南無阿弥陀仏」を唱えて仏の救いを受ける専修《せんじゅ》念仏を広め浄土宗《じょうどしゅう》を開いた。この教えは瞬く間に広がり、悪人も往生できると説いた親鸞《しんらん》の浄土真宗《じょうどしんしゅう》、踊り念仏で救いを得る一遍《いっぺん》の時宗《じしゅう》などに派生した。一方、中国で学んだ栄西《えいさい》は坐(座)禅による悟りを説いて臨済宗《りんざいしゅう》を開いた。**修行を重視する禅宗《ぜんしゅう》は、質実剛健の武士に支持され、道元《どうげん》の曹洞宗《そうとうしゅう》とともに、中世を通して幕府の庇護を受けた。**

巻き返しを図る旧仏教

新仏教は天台宗《てんだいしゅう》・真言宗《しんごんしゅう》、南都《なんと》仏教など伝統的な仏教の反発を招き激しく弾圧された。特に、法華経《ほけきょう》中心の国造りを説いた日蓮《にちれん》は幕府からも迫害され、何度も流罪となる。

新仏教の興隆を見て、旧仏教の中からも変革者が現れる。法相宗《ほっそうしゅう》の貞《じょう》慶《けい》、華厳宗《けごんしゅう》の明恵《みょうえ》は戒律を重んじて教義の刷新を図り、律宗《りっしゅう》の叡尊《えいぞん》と忍《にん》性《しょう》は幕府の保護のもとで布教に努め、貧民救済や架橋工事に取り組んだ。

鎌倉時代は武士や庶民の台頭により民間への布教が初めて行われた時代だった。新仏教の勃興は、庶民の間に広く仏教が浸透していく契機となったのである。

KEYWORD

禅宗の統制と発展を図る「五山制度」

五山《ござん》制度は鎌倉・室町幕府が宋《そう》の制度にならって導入したものである。幕府が保護を加えている禅宗寺院を１～５位にランク付けし、各寺院の住持を幕府が任命することで統制するのが狙いだった。９代執権北条貞時《ほうじょうさだとき》の時代に導入されたといわれる。室町幕府もこの制度を受け継ぎ、京都と鎌倉のそれぞれに五山を指定し、僧事を司る僧録《そうろく》のもとに寺院を管理した。鎌倉時代の五山の序列は不明だが、室町時代前期の足利義満《あしかがよしみつ》の時代、建長寺《けんちょうじ》・円覚《えんがく》寺《じ》・寿福寺《じゅふくじ》・浄智寺《じょうちじ》・浄妙寺《じょうみょうじ》が鎌倉五山とされた。

2000　1950　1900　1800　1700　1600　1400　1200　1000　500　0　紀元前

旧仏教と鎌倉新仏教

祈禱や学問中心の仏教から、武士や庶民などを対象とした新しい仏教が誕生。旧仏教も社会事業に力を入れた。

	種別	宗派	開祖	教義や活動内容	中心寺院	
新仏教	念仏	浄土宗	法然（1133～1212）	とにかくひたすら念仏（「南無阿弥陀仏」）を唱えれば極楽に行ける	知恩院《ちおんいん》（京都）	
		浄土真宗	親鸞（1173～1262）	一度でも仏を信じ念仏を唱えれば、悪人でさえも極楽に行ける	本願寺《ほんがんじ》（京都）	
		時宗	一遍（1239～1289）	太鼓や鉦（かね）を叩き、体をゆすりながら念仏を唱える「踊り念仏」が特徴	清浄光寺《しょうじょうこうじ》（神奈川）	
	題目	日蓮宗	日蓮（1222～1282）	法華経という経典を信じ題目（「南無妙法蓮華経」）を唱えれば救われる	久遠寺《くおんじ》（山梨）	
	禅宗	臨済宗	栄西（1141～1215）	坐禅を組みながら公案（禅問答）していくことで悟りを目指す	建仁寺《けんにんじ》（京都）	
		曹洞宗	道元（1200～1253）	とにかくひたすら坐禅を組み続けることで悟りに達する	永平寺《えいへいじ》（福井）	
旧仏教	戒律復興	法相宗	貞慶（1155～1213）	法然の浄土宗を批判。旧仏教の改革を提唱した南都仏教復興の立役者	笠置寺《かさぎでら》（京都）	
		華厳宗	明恵（1173～1232）	戒律を重んじ『摧邪輪（ざいじゃりん）』を著して法然を批判	高山寺《こうさんじ》（京都）	
		律宗	俊芿《しゅんじょう》（1166～1227）	戒律復興に努力。様々な宗派を学べる泉涌寺を開山して栄えた	泉涌寺《せんにゅうじ》（京都）	
			叡尊（1201～1290）	「興法利生（こうぼうりしょう）」を唱え、戒律復興と非人の救貧施療を行う	西大寺《さいだいじ》（奈良）	
			忍性（1217～1303）	ハンセン病患者を救済するために「北山十八間戸」を創設する	極楽寺《ごくらくじ》（神奈川）	

そのとき世界は？

➡**1225年** ベトナムで李朝が滅び、外戚である陳氏が陳朝を成立させる。

◀P104 文化 P66▶

武士や庶民の気風を反映したリアリズム重視の文化が発達

鎌倉時代の文化は、平安時代の伝統を受け継ぐと同時に、武家政権の誕生により、素朴で質実な武士や庶民の気風を反映している。

POINT!

武士の台頭を背景に、力強さや写実性、個性をより重視した芸術や建築が生まれた。

禅の普及で建築様式が変化

建築分野では、平氏に焼き討ちされた南都（奈良）寺院の復興、幕府の庇護を受けた禅宗《ぜんしゅう》の隆盛によって、新機軸が打ち出された。東大寺再建を主導した重源《ちょうげん》は、宋《そう》から移入した大仏様《だいぶつよう》と呼ばれる技術を使い、素朴で豪壮な美しさを表現し、用材の規格を統一して経費削減と工期短縮を実現した。禅の普及とともに伝えられた禅宗様は、細かな用材を使って精緻な姿を表現。鎌倉にある国宝円覚寺舎利殿《えんがくじしゃりでん》が代表である。

鎌倉文化

公家の文化を受け継ぎつつ、武家や庶民に支持される新しい文化が生まれた。素朴な武士の気質や南宋や元の文化がもたらされたことが背景にある。

平治物語絵巻

平治の乱を主題とした絵巻物。乱の発端となった三条殿夜討の巻。

国宝

東大寺南大門金剛力士像

運慶・快慶・定覚（じょうかく）・湛慶（たんけい）作の金剛力士像。約3000個の部材からなる寄木造の像。69日間で完成させた。

吽形《うんぎょう》

阿形《あぎょう》

東大寺／美術院提供

2000　1950　1900　1800　1700　1600　1400　1200　1000　500　0　紀元前

☑ Point!
鎌倉時代は絵巻物制作の最盛期！

国宝

赤糸威鎧《あかいとおどしよろい》「菊一文字《きくいちもんじ》」

鎌倉時代の金工技術の最高水準を伝える鎧兜。

櫛引八幡宮

国宝

円覚寺舎利殿

軒のそりや花頭窓（かとうまど）が特徴的な禅宗様の典型で、鎌倉にある国宝建造物。舎利殿は室町時代のもの。

リアリズムへの関心が高まる

彫刻の分野でも、南都の再建事業に伴い、興福寺を拠点にした**奈良仏師の運慶《うんけい》や快慶《かいけい》らが、奈良時代の様式を受け継ぎつつ東大寺南大門金剛《こんごう》力士像《りきしぞう》のような写実的で力強い作風を編み出した。**これはリアリズムに対する関心の表れでもあり、絵画の分野でも似絵《にせえ》と呼ばれる写実的な肖像画が描かれた。藤原隆信《ふじわらのたかのぶ》・信実《のぶざね》父子がその名手として知られている。

文学では武士の台頭、文化の地方への普及を反映して『平家物語』などの軍記物語、説話集などが編まれ、京・鎌倉間の往来の活発化に伴い紀行文も増えた。また、激動の時代を経た経験から歴史への関心が増し、慈円《じえん》の『愚管抄《ぐかんしょう》』や鎌倉幕府が編纂した『吾妻鏡《あずまかがみ》』などの歴史書も多く生まれた。

そのとき世界は？

➡**14世紀** イタリアで古典古代の文化を復興しようとするルネサンスが始まる。

宗教　社会　**外交**　**政治**
合戦　都市　文化　周縁

◀P94　政治　P80▶
◀P98　外交　P54▶

2度の蒙古襲来を機に鎌倉幕府は衰退へ向かう

得宗家の専制化が始まる

執権《しっけん》政治を確立した3代北条泰時《ほうじょうやすとき》ののち、鎌倉幕府は北条氏宗家の得《とく》宗《そう》家に権力が集中していった。**5代北条時頼《ときより》は藤原氏出身の摂家《せっけ》将軍を廃して皇族将軍を迎え、北条氏の私邸で行う寄合《よりあい》により幕政の重要事項を決定するなど専制化を強めていく。**

この頃ユーラシア大陸では、チンギス＝ハンによってモンゴル帝国が成立していた。やがて孫のフビライ＝ハンは朝鮮や中国まで支配下に収め、国号を元《げん》と改めて日本に服属を要求する。**侵略を示唆するフビライの国書を見た8代北条時宗《ときむね》がこれを黙殺したことから、2度の蒙古《もうこ》襲来（元寇《げんこう》）が引き起こされた。**

幕府の支配が西国へ浸透

第1回目の文永《ぶんえい》の役で、幕府軍は元軍の集団戦法や新兵器に苦戦を強いられたが、敵の撤退により危機を脱する。第2回の弘安《こうあん》の役では、沿岸警固の強化もあって幕府軍は勇戦し、暴風雨により元軍は壊滅した。

しかし**蒙古襲来は防衛戦争だったため新領地の獲得はなく、御家人《ごけにん》は満足な恩賞を得られなかった。**その上、次の襲来に備えて沿岸警備が続けられたため御家人の不満は大きかった。**社会不安が高まる中、諸国で荘園を侵略する悪党が横行し、朝廷では皇位継承をめぐって皇統が分裂したが、幕府は事態を収拾できず、北条氏の支配は揺らいでいった。**

世界とのつながり

マルコ＝ポーロが記した黄金の国

モンゴル帝国の成立は東アジアからトルコに及ぶ国際貿易の形成を促し、人の往来も活発になった。ヴェネツィア商人のマルコ＝ポーロは元に赴き、そこで得た見聞をもとに『東方見聞録《とうほうけんぶんろく》』を執筆、日本を「黄金の国ジパング」として紹介した。伝聞を書き留めたにすぎないが、奥州の砂金は唐《とう》の時代から知られ、平安末期には日宋貿易の主要な輸出品となっており、日本がアジア有数の金産出国だったのは事実である。この記録は西欧人のロマンを掻き立て、『東方見聞録』は大航海時代の探検家の必携書となった。

POINT!

幕府は2度の蒙古襲来を防いだが、恩賞の不足などにより御家人の不満は高まった。

2000　1950　1900　1800　1700　1600　1400　★　1200　1000　500　0　紀元前

政治

外交

文永・弘安の役

元は2度にわたる日本遠征を行ったが、いずれも失敗した。

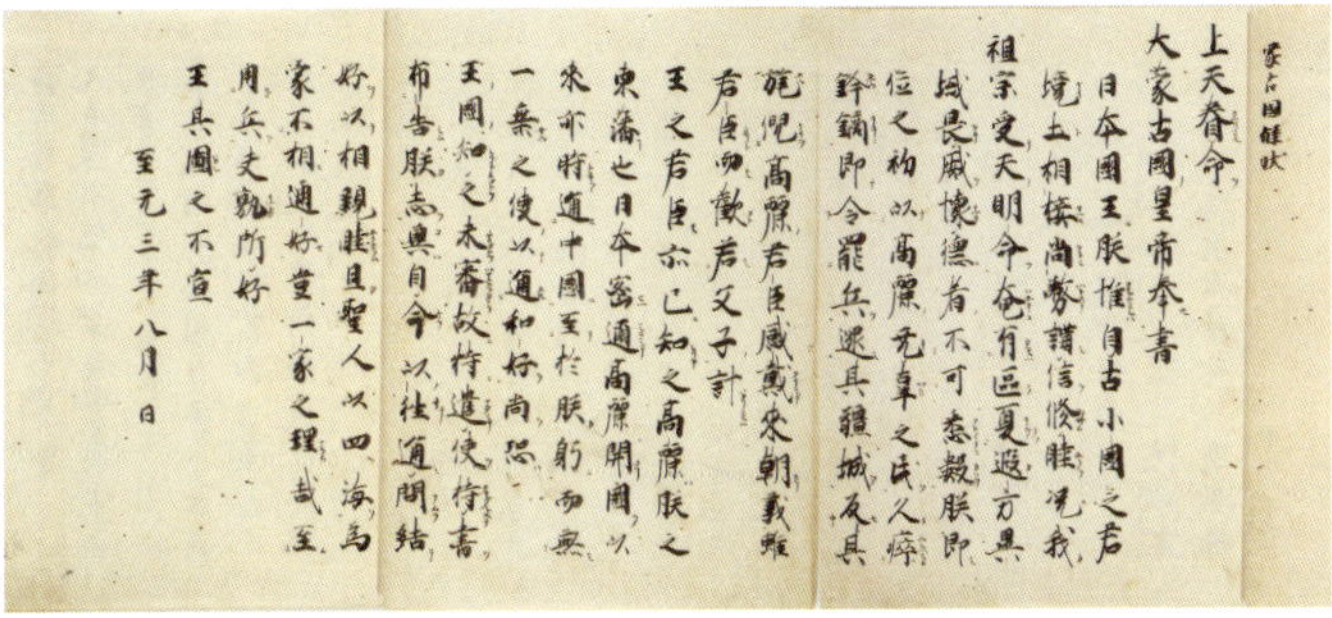
蒙古国牒状
上天眷命
大蒙古國皇帝奉書
日本國王朕惟自古小國之君
境土相接尚務講信修睦況我
祖宗受天明命奄有區夏遐方異
域畏威懐徳者不可悉数朕即
位之初以高麗無辜之民久瘁
鋒鏑即令罷兵還其疆域反其
旄倪高麗君臣感戴来朝義雖
君臣而歓若父子計
王之君臣亦已知之高麗朕之
東藩也日本密邇高麗開國以
来亦時通中國至於朕躬而無
一乗之使以通和好尚恐
王國知之未審故特遣使持書
布告朕志冀自今以往通問結
好以相親睦且聖人以四海為
家不相通好豈一家之理哉至
用兵夫孰所好
王其圖之不宣
至元三年八月 日

東大寺/森村欣司撮影/奈良国立博物館提供

フビライの国書

1266年に、フビライが日本に朝貢を求めた国書の写し。

恩賞を求める竹崎季長《たけざきすえなが》

恩賞支給の是非を判断する御恩奉行安達泰盛(あだちやすもり)に訴える竹崎季長。「蒙古襲来絵詞」より。

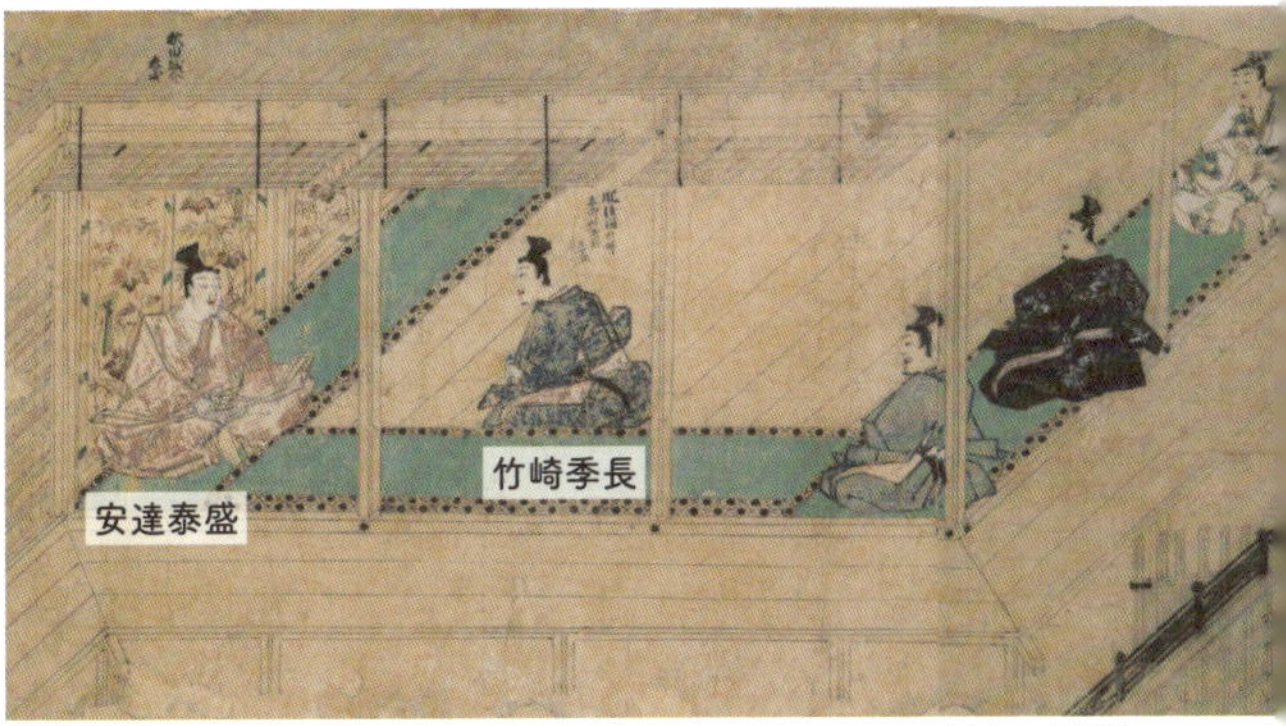

宮内庁三の丸尚蔵館

フビライ=ハン(1215~1294)

チンギス=ハンの孫にあたるモンゴル帝国の5代皇帝。国号を元と改めた。

用語解説「得宗」

➡2代執権北条義時の法名である徳宗(崇)に由来。時政から高時までの9代をいう。

政治 外交 社会 宗教
周縁 文化 都市 合戦

◀P110 合戦 P78▶

なぜフビライは3度目の日本遠征をあきらめたのか

弘安の役での鎮西（九州地方）御家人による蒙古掃討戦を描く。元軍の船に乗り込み、蒙古兵を討ち取る武者は竹崎季長である。

宮内庁三の丸尚蔵館

神風は吹いたのか

元《げん》軍の戦い方は、騎馬戦が主流だった鎌倉御家人《ごけにん》の度肝を抜いた。文永《ぶんえい》の役では、元軍は太鼓を合図に引いたり攻めたりする集団戦法や、火薬を破裂させる「てつはう」で幕府軍を苦しめたが、日暮れとともに帰船し、翌朝、博多湾から姿を消した。

かつて2度の元軍の敗退は、いずれも神風が原因とされ、日本を「神の国」とする根拠にされた。しかし、**文永の役の際に北九州で嵐が吹いた記録はなく、統計的にも新暦11月末の台風は少ないと指摘されている。**偵察や威嚇が目的だった、指揮系統に不統一があったなど諸説あるが、自発的な撤退とする説が有力だ。

POINT!

弘安の役は暴風雨が勝因となったが、文永の役は元軍の撤退によるとする説が有力。

2000 1950 1900 1800 1700 1600 1400 ★ 1200 1000 500 0 紀元前

蒙古襲来絵詞

御家人の竹崎季長が、文永・弘安の役での自らの活躍を描かせた絵巻。当時の風俗を知るにも貴重な資料。

元寇防塁

元寇の際に築かれた生（いき）の松原防塁はその一部が復元されている。

列島を襲った蒙古の脅威

弘安《こうあん》の役の勝因は大型台風の襲来であることがほぼ定説だ。新暦8月末は台風シーズンで、元側の史料にも暴風雨の発生が記されている。元軍は移住のための農具まで持参しており、侵略の意図も明らかだった。御家人たちは沿岸に石築地《いしついじ》（防塁《ぼうるい》）を構築して防備を固め、小舟によるゲリラ戦で敵を翻弄し、元軍が海上に停泊していたところを暴風雨が襲った。

なお、列島を襲った蒙古襲来は2度ではなかった。**同じ頃、元軍は北海道の北の樺太《からふと》（サハリン）に押し寄せ、アイヌ人と交戦。琉球にも押し寄せて多数の島民をさらったという。その後、元は現在のベトナムにあたる大越《だいえつ》・占城《チャンパ》へも派兵したが失敗。一族の反乱もあって国力を衰退させ、3度目の日本遠征は行われなかった。**

そのとき世界は？

➡**1299年** 小アジアにイスラーム教スンナ派の国家であるオスマン帝国が建国される。

宗教　社会　外交　政治
合戦　都市　文化　周縁

◀P98　政治　P90▶

朝廷の南北分裂は天皇制にどのような影響を与えたのか

POINT!

後醍醐天皇の挙兵で鎌倉幕府は滅亡。建武の新政を経て足利尊氏が室町幕府を樹立する。

幕府の滅亡と建武の新政

蒙古襲来ののち、幕府の弱体化を見て討幕に立ち上がったのが後醍醐《ごだいご》天皇だった。この挙兵は失敗し天皇は隠岐《おき》に流されるが、楠木正成《くすのきまさしげ》が挙兵すると諸国の武士が次々と立ち上がり、幕府軍として上洛した足利尊《あしかがたか》氏《うじ》も六波羅探題《ろくはらたんだい》への攻撃に転じた。同じ頃、関東では新田義貞《にったよしさだ》が関東の武士を率いて鎌倉を攻略し1333年（元弘《げんこう》3）5月、幕府は滅亡した。

京都に戻った後醍醐は、建武の新政と呼ばれる政治改革に着手する。摂関《せっかん》や院政《いんせい》を廃止し、官職の世襲制を改めて家格《かかく》を無視した人事を行い、土地の領有は天皇の綸旨《りんじ》でのみ認めるなど天皇親政を推し進めた。

南北朝時代の幕開け

天皇中心の政治とはいえ、現実的には武士を重用するしかなかった。だが、武士の慣習を無視した新政策は武士の不満を高め、彼らの期待は足利尊氏に集まっていく。

1336年（建武《けんむ》3・延元《えんげん》元）、反乱鎮圧のために鎌倉に下っていた尊氏は、後醍醐に反旗を翻す。京都を制圧した尊氏は新天皇を擁立して室町幕府を開き、後醍醐は吉野に逃れ朝廷は南北に分裂した。**以後、約60年にわたる全国的な動乱となり、南北の朝廷が並び立つこの時代を南北朝時代と呼ぶ。皇統の分裂による混乱を教訓に、明治以降の天皇の終身制が定められたという。**

KEYPERSON

悪党「楠木正成」の実態とは

後醍醐天皇の挙兵から湊川《みなとがわ》の戦いで戦死するまで天皇への忠誠を貫いた楠木正成は後世、日本史上屈指の忠臣としてあがめられた。前半生は謎に包まれているが、広範な活動範囲や神出鬼没の軍事活動から、紀伊半島一帯の野武士や山伏などとネットワークを持ち、流通や商業にかかわり勢力を伸ばしたと推測される。必要とあれば荘園《しょうえん》への侵略も辞さない悪党《あくとう》的武士でもあった。後醍醐の挙兵直前、正成らしき武士が和泉若松荘《いずみわかまつのしょう》へ乱入しており、籠城に備えて食糧を確保するのが目的だったともいわれている。

2000　1950　1900　1800　1700　1600　1400　★　1200　1000　500　0　紀元前

政治

鎌倉幕府滅亡から室町幕府の成立

後醍醐天皇が鎌倉幕府を滅ぼして始めた建武の新政は、多くの武士の反感を買い足利尊氏の挙兵を招く。

ココが変わった

栃木県立博物館

足利尊氏（1305～1358）

新たに発見された足利尊氏の肖像。教科書でおなじみだった騎馬武者姿の像は尊氏でない可能性が高くなっている。

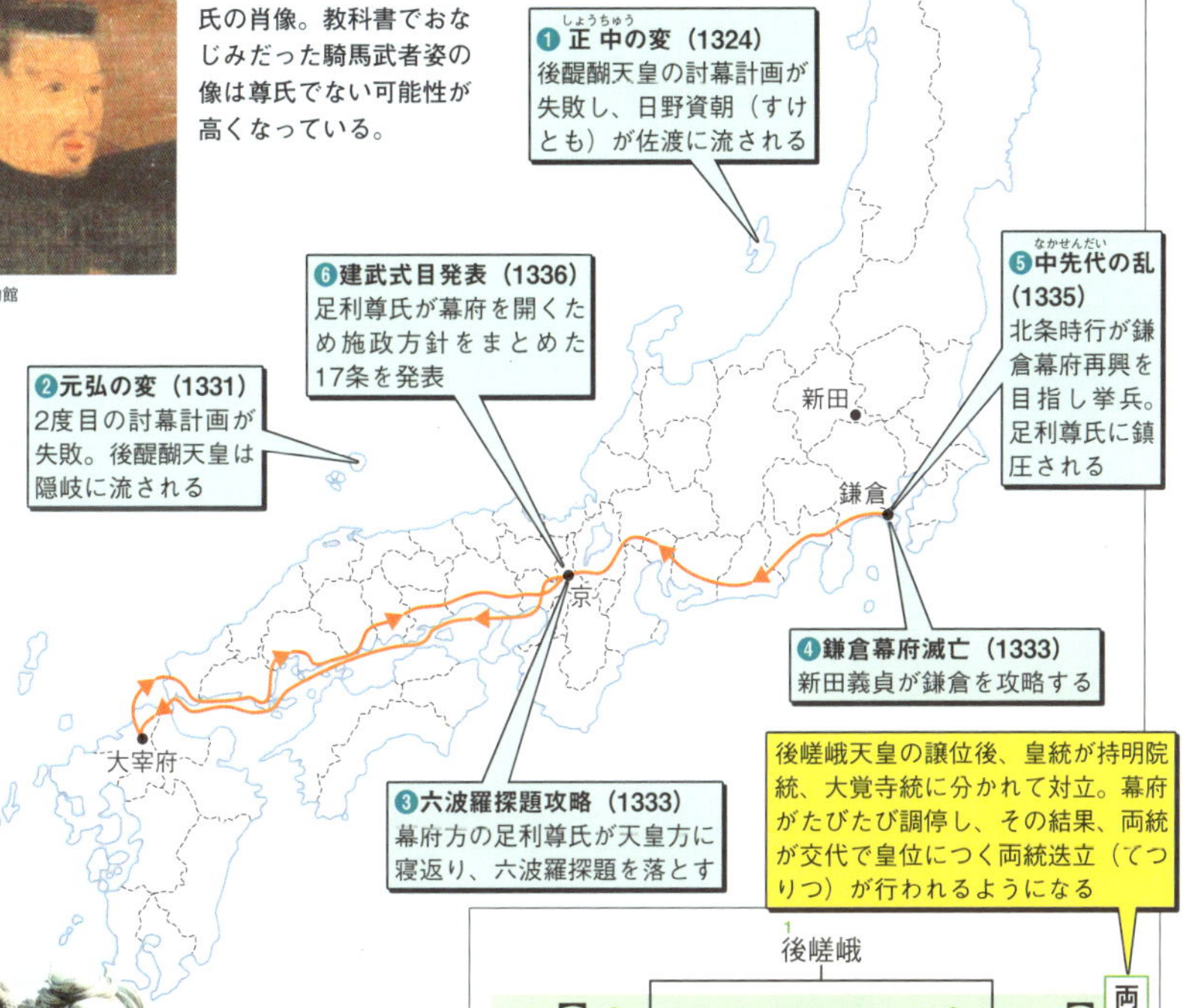

← 足利尊氏の進路（中先代の乱鎮圧後）
❶正中《しょうちゅう》の変（1324）
後醍醐天皇の討幕計画が失敗し、日野資朝（すけとも）が佐渡に流される
❷元弘の変（1331）
2度目の討幕計画が失敗。後醍醐天皇は隠岐に流される
❸六波羅探題攻略（1333）
幕府方の足利尊氏が天皇方に寝返り、六波羅探題を落とす
❹鎌倉幕府滅亡（1333）
新田義貞が鎌倉を攻略する
❺中先代《なかせんだい》の乱（1335）
北条時行が鎌倉幕府再興を目指し挙兵。足利尊氏に鎮圧される
❻建武式目発表（1336）
足利尊氏が幕府を開くため施政方針をまとめた17条を発表
新田
鎌倉
京
大宰府

楠木正成（1294？～1336）

皇居前に立つ楠木正成の銅像。1896年に完成した。

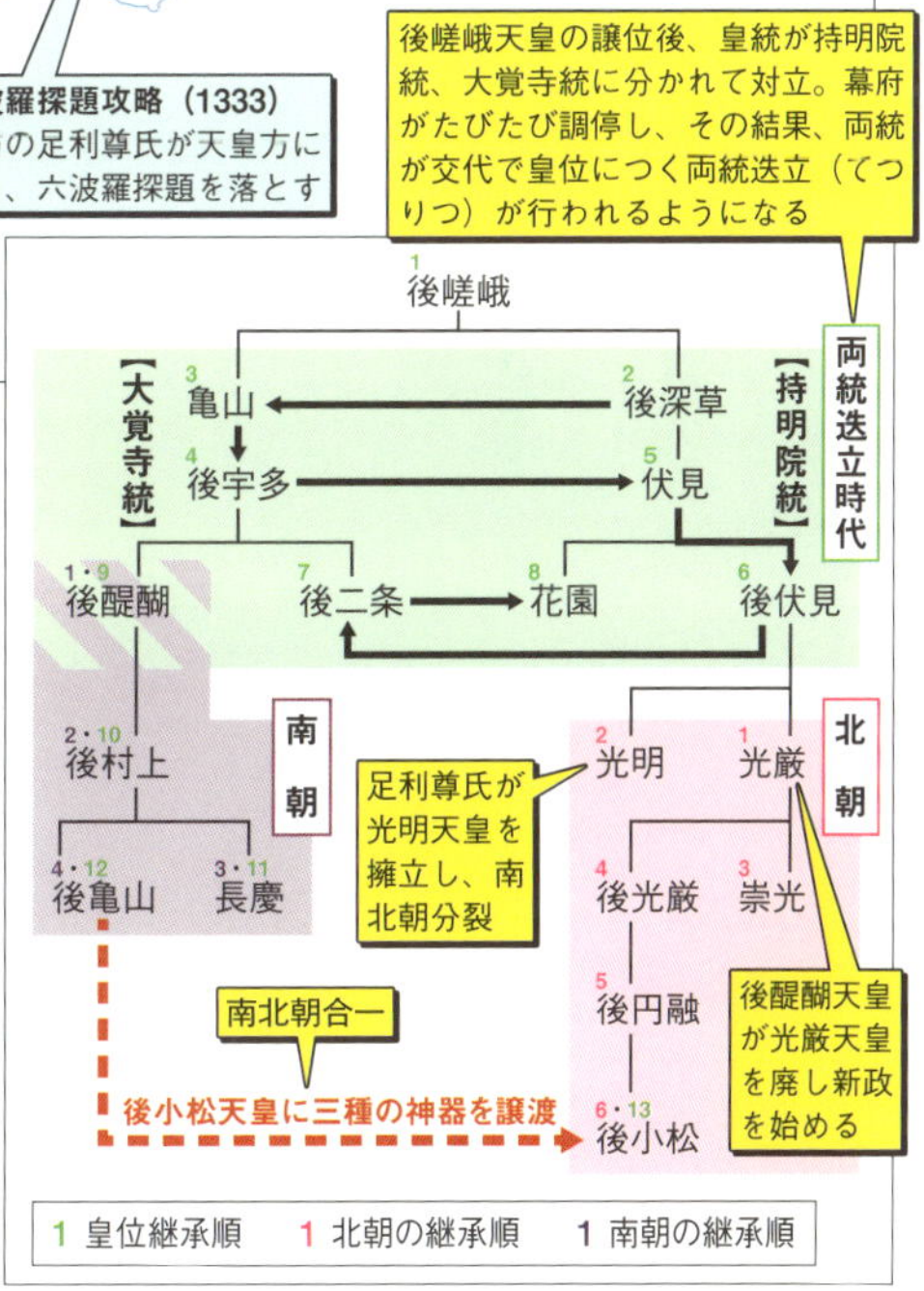

後嵯峨天皇の譲位後、皇統が持明院統、大覚寺統に分かれて対立。幕府がたびたび調停し、その結果、両統が交代で皇位につく両統迭立（てつりつ）が行われるようになる
両統迭立時代
1 後嵯峨
【大覚寺統】
【持明院統】
3 亀山
2 後深草
4 後宇多
5 伏見
1・9 後醍醐
7 後二条
8 花園
6 後伏見
南朝
北朝
2・10 後村上
4・12 後亀山
3・11 長慶
2 光明
1 光厳
足利尊氏が光明天皇を擁立し、南北朝分裂
4 後光厳
3 崇光
5 後円融
6・13 後小松
後醍醐天皇が光厳天皇を廃し新政を始める
南北朝合一
後小松天皇に三種の神器を譲渡
1 皇位継承順　1 北朝の継承順　1 南朝の継承順

用語解説「悪党」

➡武力に訴えて荘園領主や幕府に対抗する武士のこと。奇抜な姿の者も多かった。

足利《あしかが》15代将軍の生涯と主な事跡

約240年続いた室町時代。
武家の棟梁たる征夷大将軍は
足利氏が世襲し15代を重ねた。

（生 生没年 将 在位）
改名をしている人物はもっとも知られている名前で表記

初代 足利尊氏《たかうじ》

人心をつかみ幕府を創設

（生 1305～58 将 1338～58）

政治・外交	★★★★½
文化・教養	★★★½
政策・実績	★★★★½

- 鎌倉幕府再興を目指した中先代《なかせんだい》の乱を鎮圧
- 建武式目《けんむしきもく》を定めて「室町幕府」を誕生させる
- 弟足利直義《ただよし》と高師直《こうのもろなお》の対立から観応《かんのう》の擾乱《じょうらん》を招く

2代 足利義詮《よしあきら》

決断力に富んだリアリスト

（生 1330～67 将 1358～67）

政治・外交	★★★★
文化・教養	★★★½
政策・実績	★★★★

- 近江・美濃・尾張を確保するため半済令《はんぜいれい》を企図
- 南朝勢力を弱体化させて幕府を安定化させる
- 大内弘世《おおうちひろよ》と山名時氏《やまなときうじ》を帰服させ中国地方を統一

3代 足利義満《よしみつ》

室町幕府の最盛期を築く

（生 1358～1408 将 1368～94）

政治・外交	★★★★★
文化・教養	★★★★
政策・実績	★★★★★

- 室町殿（花の御所）に幕府を移し最盛期を築き上げる
- 約60年続いた南北朝を合一させる
- 明から「日本国王」の称号を受け、日明貿易を開始

4代 足利義持《よしもち》

義満の政策を取捨選択

（生 1386～1428 将 1394～1423）

政治・外交	★★★½
文化・教養	★★★
政策・実績	★★★

- 明の使節の入京を拒否し、明との国交を断つ
- 上杉禅秀《ぜんしゅう》の乱では鎌倉公《く》方《ぼう》を支援して乱を鎮圧
- 国難に対処するため禁酒令を断続的に発令

5代 足利義量《よしかず》

父から禁酒令を出される

（生 1407～25 将 1423～25）

政治・外交	★
文化・教養	★
政策・実績	½

- 大酒飲みを父義持に戒められ起請文を提出
- 17歳で将軍を譲られるも実権は義持に
- 19歳で没し、死後4年間将軍が空位となる

6代 足利義教《よしのり》

くじ引きで選ばれた将軍

（生 1394～1441 将 1429～41）

政治・外交	★★½
文化・教養	★★★
政策・実績	★★★½

- 明との国交回復を図り日明貿易を復活させる
- 永享《えいきょう》の乱で鎌倉公方足利持氏《もちうじ》討伐の軍を発する
- 嘉吉《かきつ》の変で赤松満祐《みつすけ》に殺害される

7代 足利義勝《よしかつ》

幼くして没した短命将軍

（生 1434～1443 将 1442～43）

政治・外交	★
文化・教養	★
政策・実績	½

- 父義教の急死により幼くして将軍になる
- 義教の弔問として訪れた朝鮮通信使と対面
- 在任8カ月で急死。10歳で描いた達磨図が残る

積極的な政治介入が裏目に

8代 足利義政《よしまさ》

（生 1436〜1490 将 1449〜73）

政治・外交★★
文化・教養★★★★★
政策・実績★★★

- 享徳《きょうとく》の乱に有効な打開策を示せず30年続く大乱に
- 優柔不断な対応が政治的混乱を招き応仁《おうにん》の乱となる
- 銀閣を建てるなど東山文化を花開かせる

将軍親政を目指し奔走する

9代 足利義尚《よしひさ》

（生 1465〜89 将 1473〜89）

政治・外交★★½
文化・教養★★
政策・実績★★½

- 15歳で判始《はんはじ》め（政務始めの儀式）を行い自立をアピール
- 実権を譲らない父義政に対し出家すると脅す
- 六角《ろっかく》氏征伐のため近江出兵中に病死

史上初、2度将軍となる

10代 足利義稙《よしたね》

（生 1466〜1523 将 1490〜93、1508〜21）

政治・外交★★★
文化・教養★★
政策・実績★★

- 六角氏征伐を決行し成果を上げる
- 明応《めいおう》の政変により将軍職を追われ諸国を放浪
- 細川高国《たかくに》らの援助により再び将軍に返り咲く

※義稙を10代&12代とする数え方もある

生涯にわたり義稙と争う

11代 足利義澄《よしずみ》

（生 1481〜1511 将 1494〜1508）

政治・外交★★★
文化・教養★★★
政策・実績★★

- 明応の政変により将軍に就任する
- 義稙の復帰を阻止するため、外交戦を繰り広げる
- 将軍を追われたあとも復帰を目指して戦う

政情不安が続いた長期政権

12代 足利義晴《よしはる》

（生 1511〜1550 将 1521〜46）

政治・外交★★★
文化・教養★★★
政策・実績★★★

- 弟の堺公方足利義維《よしつな》と将軍の正統性を争い勝利
- 将軍直属の奉公衆を重視し長期の政権を築く
- 人生の半分を京以外で過ごし、最期は近江で自害

三好氏との関係がすべて

13代 足利義輝《よしてる》

（生 1536〜65 将 1546〜65）

政治・外交★★★
文化・教養★★★
政策・実績★★★½

- 三好長慶《ながよし》と和睦して入京、将軍権威の復活を目指す
- 大名同士の紛争に対し積極的に和平調停を行う
- 三好義継《よしつぐ》に御所を包囲され奮戦空しく自害する

在位半年、一度も京に入れず

14代 足利義栄《よしひで》

（生 1538〜1568 将 1568）

政治・外交★★
文化・教養★★
政策・実績★

- 篠原長房《しのはらながふさ》の軍事力を背景に畿内を制する
- 足利義昭と将軍位を争い、先んじて将軍になる
- 腫物が悪化して在位7カ月で病死する

反信長を掲げた最後の将軍

15代 足利義昭《よしあき》

（生 1537〜1597 将 1568〜73）

政治・外交★★★★
文化・教養★★★
政策・実績★★★

- 織田信長に擁立されて入洛を果たす
- 諸大名に信長討伐を指示し包囲網を構築
- 晩年には天下を取った豊臣秀吉の御伽衆《おとぎしゅう》となる

幕府は1573年に滅亡

宗教　社会　外交　政治
合戦　都市　文化　周縁

◀ P110 政治 P94 ▶
◀ P118 外交 P90 ▶

室町幕府の全盛期を築いた足利義満の功績とは

室町幕府の全国支配

南北朝の動乱は、幕府の内紛などもあって混迷が続いたが、3代将軍足利義満《あしかがよしみつ》の頃に収束に向かった。**幕府機構もほぼ整えられ、室町幕府は全盛期を迎える。幕府の支配は、将軍が足利一門や有力武将を諸国の守《しゅ》護《ご》に任命し、一国の支配を任せることで間接的に全国を統治する守護領国制がとられた。**朝廷が持っていた京の支配権や諸国への課税権も幕府が吸収した。将軍の補佐役である管領《かんれい》は足利一門の斯《し》波《ば》・細川・畠山氏が交替で務め、その下に京の軍事・警察を司る侍所《さむらいどころ》などの機関が置かれた。室町幕府の名称は義満が京都室町に将軍御所を営んだことに由来する。

義満、日本国王になる

義満は奉公衆《ほうこうしゅう》と呼ばれる将軍直轄軍を組織して軍事基盤を固め、土《と》岐《き》氏や山《やま》名《な》氏などの有力守護を攻め滅ぼし将軍権力の強化を図った。1392年（明徳《めいとく》3）には南朝と講和して**南北朝合一を果たし内乱に終止符を打つ。**歴代将軍初の太政大臣《だいじょうだいじん》になり、公家も支配下に置いた義満は、出家後も京都の北山殿に政庁を構え実権を握った。1402年（応永《おうえい》9）には**明《みん》の冊封《さくほう》を受けて日本国王となり日明貿易に着手する。**形式的に日本は明の属国となったが、義満は貿易の利益を重視。以後、日明の交流は活発化し、輸入された文物は室町文化に大きな影響を与えた。

ココが変わった

いまの教科書

義満に皇位簒奪の意図はあったのか？

古くから足利義満が皇位を奪おうとしていたとする「王権簒奪《さんだつ》説」が唱えられてきた。太政大臣となった義満が朝廷から上皇に匹敵する礼遇を受けたこと、四男義嗣《よしつぐ》の元服式を親王並みに行ったことなどが根拠とされる。義満が天皇を超える権力を得たのは事実だが、皇位を簒奪する野望まであったことを明示する史料はない。上皇の礼遇も義満の命ではなく公家たちの忖度《そんたく》で行われたものだった。状況証拠からの皇位簒奪説は発想に飛躍があるとして、近年は検定教科書でも積極的に取り上げることはなくなった。

POINT!

義満は守護大名の統制、南北朝合一、日明貿易などを進め室町幕府の全盛期を築いた。

2000　1950　1900　1800　1700　1600　1400★　1200　1000　500　0　紀元前

米沢市上杉博物館

国宝 **花の御所**

「洛中洛外図屏風」(上杉本)に描かれた将軍御所。庭園に多くの名花を植えたことから花の御所とも呼ばれる。

足利義満
(1358～1408)

室町幕府3代将軍。抜群の政治手腕で幕府の最盛期を築き上げた。

イラスト／ニシザカライト

室町幕府の機構と初期の形勢

義満の頃に将軍に権力が集中し、幕府の政治機構もほぼ整備された。

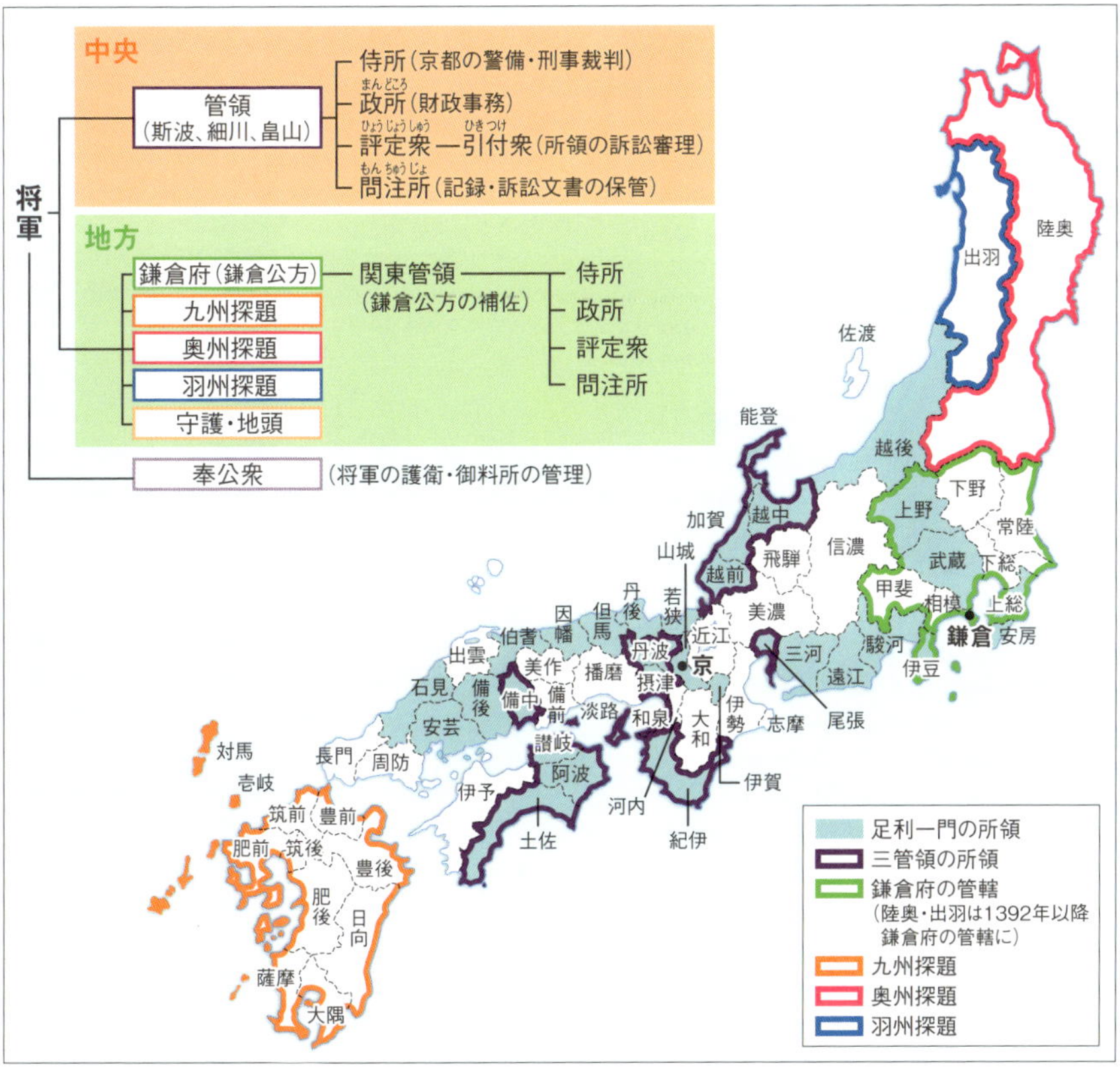

そのとき世界は?

➡**1348年** ヨーロッパでペストが大流行。ヨーロッパ全人口の3分の1が死亡したという。

宗教　社会　外交　政治
合戦　都市　文化　周縁

◀P106　周縁　P72▶

倭寇は民族や言語を超えたマージナルな海民だった

前期倭寇の中心は朝鮮人

明《みん》の皇帝が足利義満《あしかがよしみつ》を日本国王に封じたのは、当時猛威を振るっていた倭寇《わこう》の取り締まりをさせるためでもあった。**倭寇は13〜16世紀、朝鮮半島や中国沿岸を略奪してまわった海賊である。**かつては、15世紀までの前期倭寇は日本人、それ以後の後期倭寇は中国人の密貿易者らが中心といわれた。しかし、**近年は前期倭寇の主力は朝鮮人だと考えられている。**前期倭寇は多いときで500艘の大船団、数千の構成員を率いた。これだけの大軍を日本で整え、海を渡るのは現実的に困難である。朝鮮の史書では、朝鮮人も日本に住めば倭人と呼ばれたことがわかっている。

境界に住む海の民

この背景には当時、日本と朝鮮、中国の境界領域に、民族的な出自と言語・服装が一致しない人々が多数存在した事実がある。**彼らはマージナル・マン（境界人）と呼ばれ、国家の命令も聞かず居所も定かでなかった。**研究を踏まえ、現在は国や民族を超えた人々の交流から倭寇が生まれたとする理解が主流である。

日本人と異民族の衝突は倭寇だけではなかった。蝦夷ヶ島《えぞがしま》（北海道）では15世紀半ば、道南に移り住んだ日本人（和人《わじん》）と大首長《だいしゅちょう》コシャマイン率いるアイヌが激突した。**日本人の活動範囲の拡大で、国境を越えた民族の紛争が活発化していた。**

KEYPERSON

コシャマインを倒した「武田信広」

コシャマインの戦いを鎮圧したのは武田信広《たけだのぶひろ》という和人だった。若狭守護《わかさしゅご》武田氏の出身とされるが、昆布交易に従事する海商だったともいわれる。当時、道南は津軽を拠点とする安東《あんどう》氏が支配し、道南十二館《どうなんじゅうにたて》と呼ばれる和人たちの居館が築かれていた。反乱勃発時、花沢館の蠣崎《かきざき》氏の客将となっていた信広は、七重浜《ななえはま》でアイヌ軍を迎え撃ち、強弓でコシャマイン父子を射止めて和人に勝利をもたらした。乱後、和人政権の盟主的存在となった信広は蠣崎氏の婿となって家督を継ぎ、子孫は代々松前《まつまえ》藩主を歴任した。

POINT!

倭寇の多くはマージナル・マンだった。北海道においてもアイヌと和人の衝突があった。

2000　1950　1900　1800　1700　1600　1400　1200　1000　500　0　紀元前

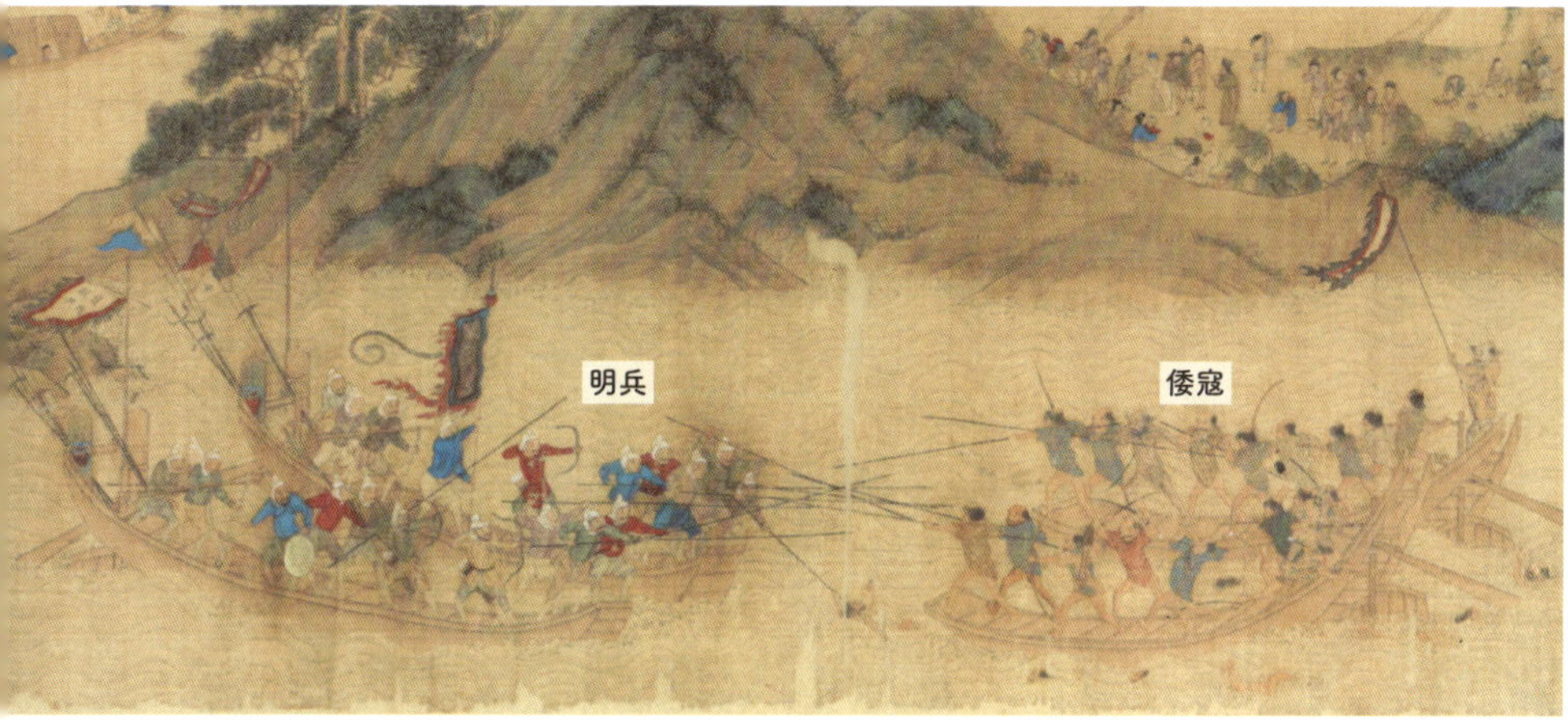

倭寇図巻

東京大学史料編纂所

明軍と戦う後期倭寇を描いたもの。倭寇を描いた唯一の絵画史料である。

日明貿易と倭寇

明の衰退の一因となるほど倭寇の侵略は激しかった。南北朝期に活動した前期倭寇と16世紀に猛威を振るった後期倭寇に分けられる。

永楽帝（1360 ～ 1424）

明の第3代皇帝。ベトナムやモンゴルに遠征して明を大帝国にした。足利義満に倭寇の取り締まりをねぎらう手紙を送っている。

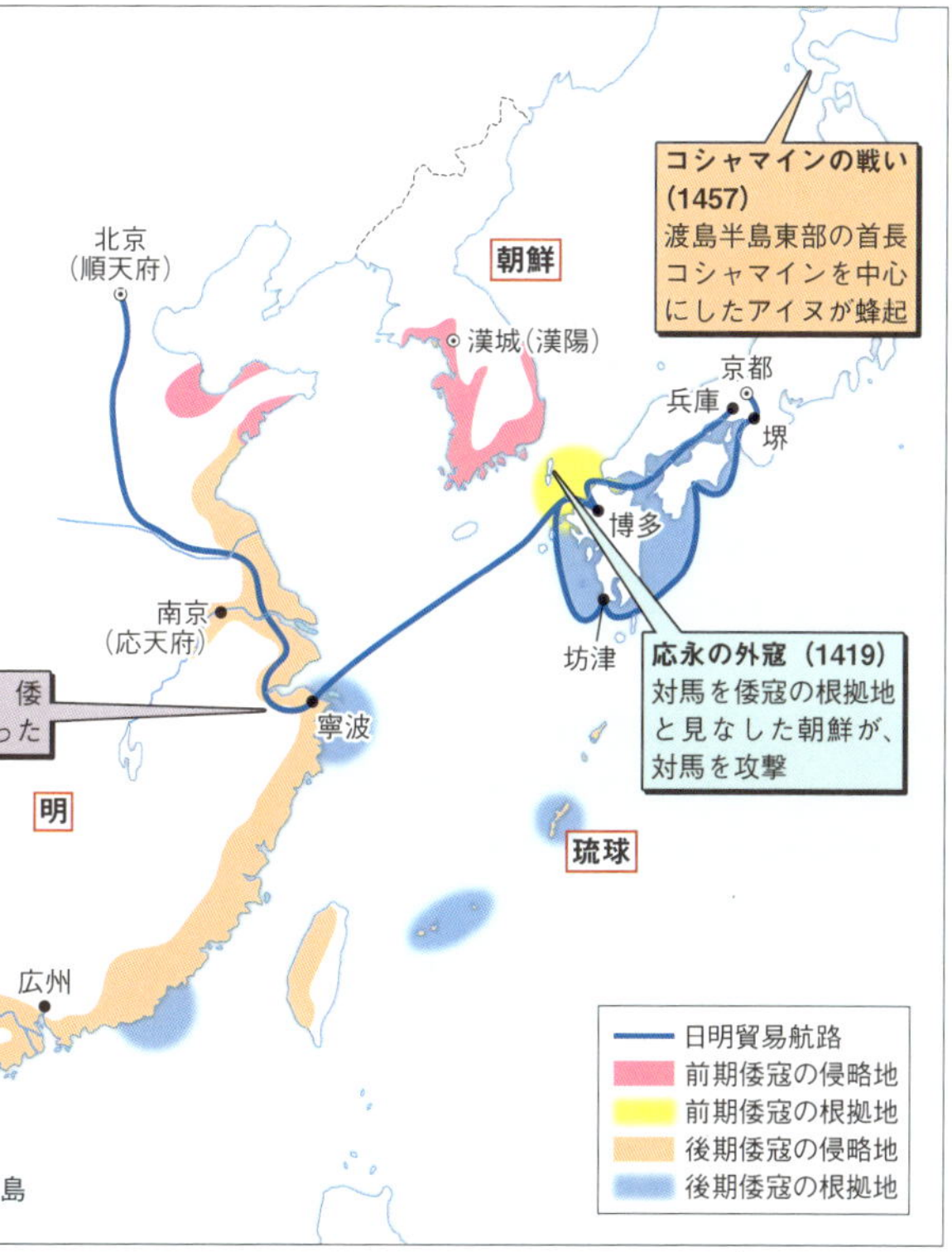

周縁

そのとき世界は？

➡**1405年** インド・アラビア・アフリカ東岸に及んだ鄭和（ていわ）の南海大遠征が始まる。

宗教　社会　外交　政治
合戦　都市　文化　周縁

◀P116　社会　P84▶

庶民の台頭によって姿を変えた農村と都市

全国各地で特産品が誕生

室町時代は民衆が歴史の表舞台に現れた時代だった。背景には農業や工業、都市民の生活水準の向上がある。農業分野では同じ水田で稲と麦を作る二毛作が普及、水稲の品種改良や農機具の発達も進んだ。南北朝期から農民が自律的に村を運営する惣村《そうそん》が広がり、村人が年貢納入を行う地下請《じげうけ》、用水や入会地《いりあいち》の共有、村《むら》掟《おきて》にもとづく自治が行われた。

手工業の世界では、かつて荘園領主に属していた鋳物師《いものし》や鍛冶《かじ》、研師《とぎし》などの職人が独立して商品生産を行うようになり、**全国各地で独自の手工業が発展し、加賀絹《かがぎぬ》、常陸紬《ひたちつむぎ》、備《び》前刀《ぜんとう》などの特産品が生まれた。**

都市では商業と金融が発達

農業と手工業の発展は商業を活性化させた。都市では店棚《みせだな》と呼ばれる常設店舗が増え、地方の定期市も月3度の三斎市《さんさいいち》から六斎市《ろくさいいち》に変わった。市場同士のつながりも生まれ、連雀《れんじゃく》商人や振売《ふりうり》と呼ばれる行商人が増え、小売店の増加により商品を卸す問屋も発達した。鎌倉時代に生まれた商人・職人の同業者組合である座《ざ》も増え、規模も拡大。金融面では遠隔地取引の拡大に伴い、米や銭の代わりに割符《わりふ》を送る為替《かわせ》の利用が盛んになった。**高利貸しを兼業する酒屋・土倉《どそう》も莫大な営業税と引き換えに幕府の保護を受けて成長し、戦国末に台頭する豪商の先駆けとなった。**

KEYWORD

天皇さえ軽んじた「婆娑羅大名」

南北朝時代に流行した婆娑羅《ばさら》は贅沢で派手な身なりをし、伝統や権威を軽んじる態度を指す言葉である。衣服や髪型は身分や職業を表す標識であり、これを自在に変える行為は権力への反抗を意味した。室町幕府の建武式目《けんむしきもく》でも「綾羅錦繍《りょうらきんしゅう》・金銀珠玉《きんぎんしゅぎょく》」（豪華な織物や装身具）で身を飾ることが禁じられている。この習俗を体現した武将は婆娑羅大名と呼ばれ「天皇など木か金で作ればよい」と言った高師直《こうのもろなお》、院《いん》（上皇）を「イヌ」と呼び矢を射た土岐《とき》頼遠《よりとお》、天皇ゆかりの寺を焼いた佐々木道誉《ささきどうよ》などが代表とされる。

POINT!

農村では技術革新が進んで惣村が形成され、手工業や商業の発展で都市が発達した。

産業と貨幣経済の発達

農業の発達で地方の産業が盛んになり、各地の特色を生かした特産品が生産されるようになる。経済活動が活発になることで農村にも貨幣が浸透し、貨幣経済が発展する。

鍛冶

左手に金箸（かなばし）、右手に鎚（つち）を持った鍛冶が打刀を作っている。『職人尽歌合』（模本）より。

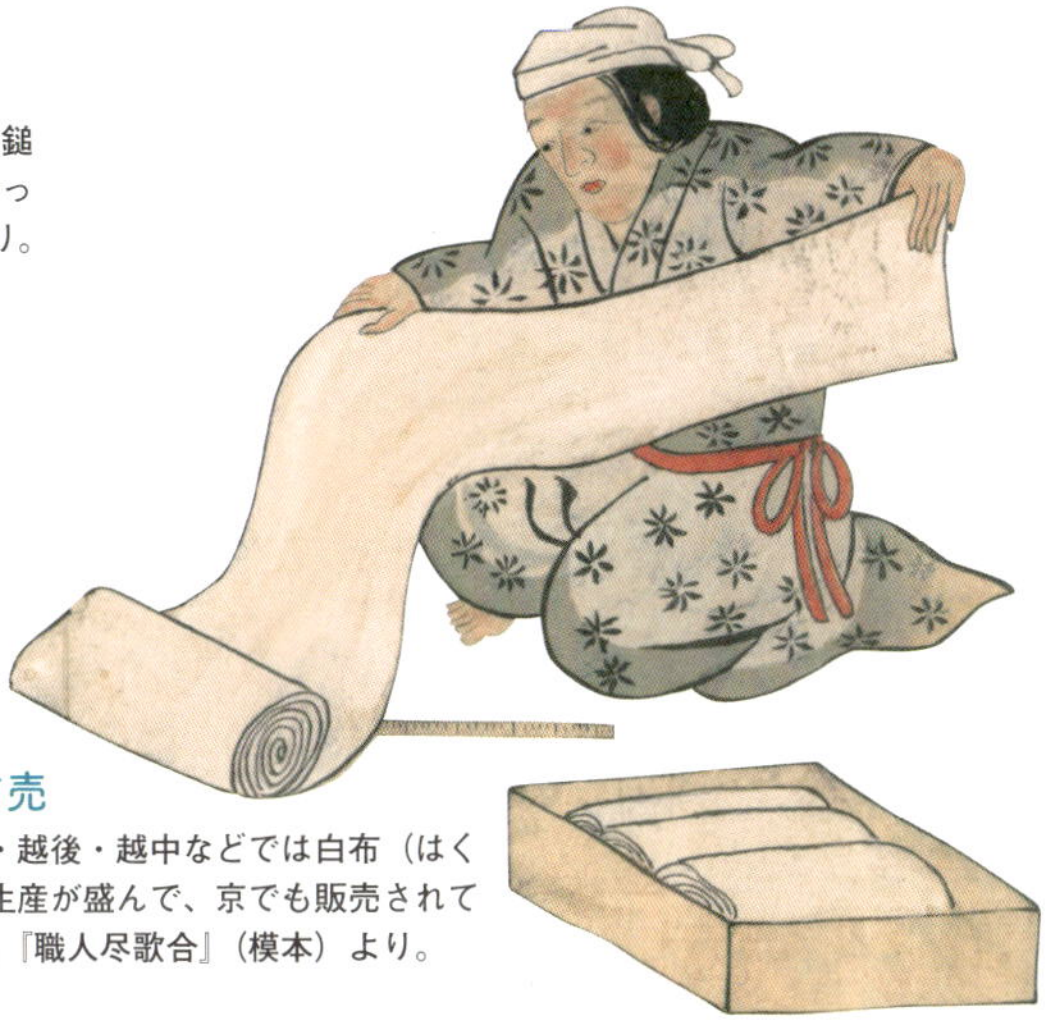

白布売

信濃・越後・越中などでは白布（はくふ）生産が盛んで、京でも販売されていた。『職人尽歌合』（模本）より。

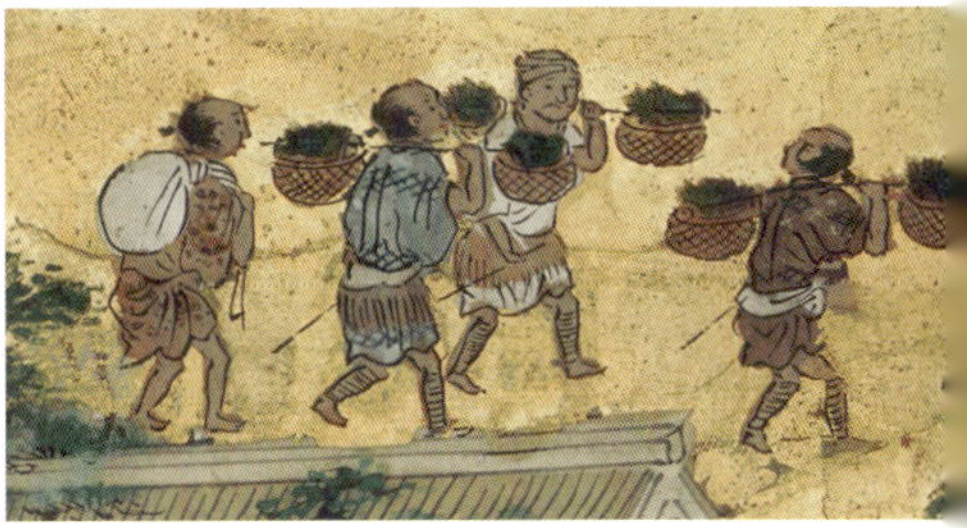

振売

国宝

天秤棒を担いで京の町を売り歩く。「洛中洛外図屏風」（上杉本）より。

米沢市上杉博物館

BOOK GUIDE

『室町無頼』

室町秩序の破壊をする

応仁の乱で足軽大将として活躍した骨皮道賢と、徳政一揆の指導者蓮田兵衛を主人公に据えた異色の作品。二人の行動は幕府の権威を揺るがせ、戦国時代到来のきっかけとなる。

著者／垣根涼介
全１巻
2016年
新潮社

私《し》鋳《ちゅう》銭《せん》（びた銭）

商業が発展した室町時代は銭の需要が増加。私鋳銭と呼ばれる私的に造った粗悪な銭も流入し、銭によって価値に格差が生まれた。

永楽《えいらく》通宝（明銭）

室町時代は貨幣を造ることがなく、宋銭や明銭など中国から銭を輸入して使っていた。

すべて日本銀行貨幣博物館

用語解説「六斎市」

➡月に６回開かれた定期市。仏教の六斎日にちなんでそう呼ばれる。

宗教 社会 外交 政治
合戦 都市 文化 周縁

◀ P128 文化 P88 ▶

公家と武家、大陸文化が融合し独自の境地に達した室町文化

金閣

鹿苑寺の舎利殿（しゃりでん）。金閣を中心とした建築や庭園は極楽浄土を表現したという。義満は後小松天皇を招きお披露目を行っている。1950年に放火で焼失したが、1955年に再建された。

龍安寺の石庭

水を使わず砂や石によって自然を再現した枯山水の代表的庭園。

幕府全盛期の北山文化

室町文化は、**禅宗の影響を受けて発展した武家文化と、幕府が京都に置かれたことで進んだ公家文化との融合が特徴である。足利義満《あしかがよしみつ》時代の文化は、義満の別邸北山殿にちなんで北山文化と呼ばれ、公武統一政権にふさわしい特徴を持つ。**その象徴が北山殿の仏殿として築かれた金閣（鹿苑寺《ろくおんじ》）で、一層は公家風の寝殿造《しんでんづくり》、二層は和様（仏堂）、三層は唐様《からよう》（禅宗《ぜんしゅう》様《よう》）という折衷様式が用いられた。また、日明貿易の進展を背景に大陸文化の影響を受けた水墨画や文学も発達した。観阿弥《かんあみ》・世阿弥《ぜあみ》が庶民の芸能だった猿楽《さるがく》の芸術性を高め、能を大成したのもこの時代である。

POINT!

今日、伝統文化と呼ばれるものの源流をたどれば、室町時代の東山文化にあたる。

2000 1950 1900 1800 1700 1600 1400 1200 1000 500 0 紀元前

室町時代の文化

足利義満の時代に北山文化が花開き、義政の時代に東山文化として成熟した。

国立歴史民俗博物館

観世座《かんぜざ》の能舞台

野外の舞台。画面右の橋掛（はしがか）りを2人の役者が進んでいる。舞台が屋内になったのは明治時代だが、ほぼ同じ造りである。「洛中洛外図屏風」（歴博甲本）より。

能面「小面」（右）、「般若」（左）

能は翁、鬼、神、男、女など様々な面を使用する。小面は若い女性を、般若は怒りを表す。

Point! 毛筋が乱れていないのは若い女性の証

九州国立博物館／藤森武撮影

文阿弥花伝書《もんあみかでんしょ》残巻

同朋衆（どうぼうしゅう）の文阿弥が残した花伝書。違い棚の飾りと三具足（香炉、燭台、花瓶）が描かれている。

近現代日本の原点、東山文化

北山文化は武家文化としての独自性は希薄で、公家文化への憧れや婆《ば》娑羅《さら》の風俗を反映した贅沢志向もあった。より洗練された武家文化が生まれたのが8代義政《よしまさ》の時代である。**義政が引退後、東山に山荘を建てたことから東山文化と呼ばれる。**

この時代は大陸文化への執着が薄れ、**禅の精神にもとづく簡素さ、侘《わ》びや幽玄《ゆうげん》などの奥深さが追求された。**龍《りょう》安寺《あんじ》の石庭に代表される枯山水《かれさんすい》の庭園が生まれ、雪舟《せっしゅう》らによって日本的な水墨画が大成された。慈照寺《じしょうじ》東求堂《とうぐどう》に見られる天井張り畳敷きの書院《しょいん》造《づくり》は、近代の和風住宅の出発点となった。茶道や花道など今日伝統文化と呼ばれる芸術もこの時代が基礎であり、**東山文化は近現代の日本人の生活や美意識の原点ともいわれる。**

そのときは世界は？

➡**1429年** ジャンヌ=ダルクがオルレアン包囲戦でイングランドに勝利する。

宗教 社会 外交 政治
合戦 都市 文化 周縁

◀P148 周縁 P100▶

中継貿易で栄えた琉球王国と明との密接な関係とは

尚巴志による三山統一

沖縄では10～13世紀、各地の領主がグスクという城塞を築いて割拠した。14世紀半ば、北山《ほくざん》・中山《ちゅうざん》・南山《なんざん》の三山が台頭して勢力を競い合い、中山王が明《みん》に朝貢《ちょうこう》したのを皮切りに、三山の王がそれぞれ明との朝貢《ちょうこう》貿易を行い発展した。15世紀初頭、南山の佐敷《さしき》から新興勢力の尚巴志《しょうはし》が頭角を現して、**中山・北山を滅ぼし、1429年に南山を併合。首里《しゅり》を拠点として初の統一王朝である琉球王国を建国する。**琉球は海外貿易によって繁栄し、15世紀末～16世紀初頭の尚真《しょうしん》王の時代には、奄美諸島から八重山群島までを支配下に収めて全盛期を迎えた。

西欧勢のアジア進出で衰退

琉球王国の繁栄を支えたのは明との朝貢貿易で、明への朝貢回数はアジア最多の171回に及んだ（2位は安南《あんなん》の89回）。日本とは15世紀初頭、室町幕府に親善使節を送って以降貿易が活発化、一時は畿内や関東まで琉球船が来航したが、江戸時代に薩《さつ》摩《ま》藩の支配下に置かれる。

琉球王国は東南アジア各地から香料などを輸入して明や日本にもたらし、明の生糸や絹織物などを日本に、日本の刀剣や硫黄などを明に転売して巨利を得た。しかし、16世紀になると倭寇《わこう》による密貿易の活発化、ポルトガルのアジア進出によって琉球の中継貿易は衰退していく。

世界とのつながり

なぜ明は琉球との朝貢貿易を保護したのか

琉球の繁栄は明の優遇策に負うところが大きかった。明は朝貢国に莫大な下賜品を与えることで生じる経済的負担を減らすため、貿易回数や寄港地を制限する海禁《かいきん》政策をとった。しかし、琉球には無制限に朝貢を認め複数港の使用を認めた上、貿易に堪能な中国人スタッフを那覇港に近い唐営という居留地に住まわせて外交文書の作成や通訳などにあたらせた。明が琉球を優遇したのは、海禁政策によって仕事を失った海商に活躍の場を与え、彼らが私貿易を行ったり海賊化するのを防ぐためだったともいう。

POINT!

15世紀半ばに成立した琉球王国は、明の優遇策を受けて貿易立国として繁栄した。

2000 1950 1900 1800 1700 1600 1400 1200 1000 500 0 紀元前

琉球王国の交易ルート

那覇は明・朝鮮・日本と東南アジアの中継貿易の中心となり、琉球王国は繁栄を極めた。

沖縄県立博物館・美術館

進貢船模型

長さ40m、幅10mほどの船で、100人前後が乗り込める。２～４隻で船団を組んだ。1372年の明との朝貢関係成立を機に、明から無償提供を受けたが、16世紀半ば以降は自前で製造するようになった。

三山時代の琉球

３つの勢力が鼎立（ていりつ）する三山時代は、1314年から南山王国が琉球を統一する1429年まで続いた。

そのときの世界は？

➡**1453年** オスマン帝国の攻撃によってビザンツ帝国が滅亡する。

第4章

群雄割拠の戦国時代と天下統一の流れ

室町　戦国　安土桃山

時代	年代	出来事
室町	1441	嘉吉の変で将軍義教が殺される ⬇P110
	1454	享徳の乱が起こり、関東は戦国の世に突入
	1467	11年に及ぶ大乱、応仁の乱が始まる ⬇P110
戦国（室町）	1485	山城の国一揆
	1488	加賀の一向一揆
	1493	細川政元が将軍を廃する（明応の政変）
		北条早雲が伊豆を支配 ⬇P112
	1500	室町幕府が撰銭令を定める
	1510	三浦の乱で日朝関係断絶
	1523	大内・細川氏が寧波で争う（寧波の乱）
	1526	石見銀山が発見される ⬇P130
	1533	石見銀山で灰吹法による精錬に成功 ⬇P130
	1543	種子島に鉄砲が伝わる ⬇P118
	1547	武田信玄が『甲州法度之次第』を定める ⬇P112
	1549	ザビエルがキリスト教を伝える ⬇P118
	1553	川中島の戦い（64年まで5回）

政治

応仁の乱に始まった各地の争乱は、自らの力で領国を支配する戦国大名を誕生させる。大名の中には家臣団統制や領国支配のため、独自の法令（分国法）を制定する者も現れるようになる。

外交

ポルトガル人が種子島に漂着したことを契機として南蛮貿易が盛んになった。また、新しい精錬法がもたらされ、石見銀山をはじめとする多くの銀山で生産が増大。日本の銀は世界に輸出され、世界の銀の３分の１の産出量を占めた。

社会

室町幕府による秩序が崩壊し、各地で自治的な共同体が誕生。応仁の乱で荒廃した京都では町衆が、堺や博多などでは自由都市が生まれた。また、山城や加賀では国人が領主権を確保するため国一揆を結んだ。

宗教

南蛮貿易はキリスト教と一体化して行われていたので、南蛮貿易による利益を得たい戦国大名の庇護のもと、キリスト教の信者が増加する。一方、一向宗が近畿・東海・北陸地方に一大勢力を築き上げ、各地で大名と争った。

文化

織田信長、豊臣秀吉に代表される新興勢力の台頭、貿易などで莫大な富を得た豪商の誕生が、時代の空気感と相まって絢爛豪華な文化を生み出す。また、ヨーロッパの文化がもたらされたことにより多彩な文化が生まれた。

都市

天下を取った豊臣秀吉により京都は改造される。平安京以来の町並みが失われ、聚楽第と御所を中心とした軍事的な町に変貌を遂げた。この町並みが現在の京都の原型となり、また、近世以降の城下町の原型となる。

	1560	桶狭間の戦いで織田信長が今川義元を破る P120
	1567	信長が美濃加納で楽市を始める P120
	1568	信長が足利義昭を奉じて上洛 P120
	1571	信長による比叡山延暦寺焼き討ち
	1573	室町幕府滅亡
安土桃山	1574	信長が上杉謙信に狩野永徳の「洛中洛外図屛風」を贈る P128
	1575	長篠合戦 P120
	1582	本能寺の変で信長死去 P120
		太閤検地が始まる P120
	1584	小牧・長久手の戦い P122
	1587	バテレン追放令 P130
	1588	豊臣秀吉、刀狩令・海賊取締令発布 P122
	1590	秀吉の小田原攻め、全国統一 P122
	1591	秀吉が人掃令を発布 P124
	1592	文禄の役（朝鮮出兵） P124
	1597	慶長の役（朝鮮再出兵） P124
	1603	出雲の阿国がかぶき踊りを始める P128

宗教 社会 外交 政治
合戦 都市 文化 周縁

◀ P112 政治 P98 ▶
◀ P124 合戦 P92 ▶

応仁の乱で幕府権力は失墜し 下剋上の戦国時代が幕を開ける

POINT!

将軍暗殺の後、守護が台頭し応仁の乱が勃発。大乱は地方に波及し戦国の世が到来する。

将軍義教が暗殺される

室町幕府の最盛期を築いた足利義《あしかがよし》満《みつ》のあと、4代義持《よしもち》は有力守護《しゅご》の合議制を取り入れるなど、義満時代の路線修正を図り幕政は安定した。しかし、6代義教《よしのり》は、将軍権力の強化を図るため公家・武家を弾圧。鎌倉府とも対立を深め、永享《えいきょう》の乱で鎌倉公方《くぼう》足利持氏《もちうじ》を滅ぼした。だが、**義教の独裁政治は反発を招き、1441年（嘉吉《かきつ》元）、義教は有力守護赤松《あかまつ》氏に暗殺される（嘉吉の変）。以後、将軍の力は弱まり、守護家の内紛が激化。**三管領《かんれい》のうち斯波《しば》・畠山《はたけやま》氏が家督争いで力を失う中、残る細川勝《ほそかわかつ》元《もと》と赤松氏討伐で功をあげた山名持《やまなもち》豊《とよ》（宗全《そうぜん》）が二大勢力を形成していく。

京都の戦乱が地方へ波及

1467年（応仁《おうにん》元）、京都での畠山氏同士の私闘を機に、細川派の東軍、山名派の西軍が激突し応仁の乱が幕を開ける。11年に及ぶ戦いにより幕府の威信は失われ、戦乱は地方に波及し、**戦国大名が独自に領国を支配する戦国時代が到来する。**

応仁の乱は京都を荒廃させたが、地方に疎開した貴族・僧侶により文化が地方へ波及する契機にもなった。また、争乱から地域を守るため、各地で地侍《じざむらい》や農民、本願寺《ほんがんじ》門徒が一揆を結んで守護の支配を退け自治を実現した。**応仁の乱は地方の自立と、実力で上位の権力を倒す下剋上の時代を到来させたのである。**

KEYWORD

「享徳の乱」で始まる関東の戦国時代

関東は応仁の乱を待たず15世紀半ばから争乱状態に入っていた。発火点は幕府の出先機関である鎌倉府である。1438（永享10）に永享の乱で断絶した鎌倉府は、11年後、足利持氏の子成氏《しげうじ》によって再興を果たす。しかし、間もなく成氏は関東管領上杉憲《かんとうかんれいうえすぎのり》忠《ただ》と対立し殺害したため、1454年（享徳《きょうとく》3）、各地で上杉派と成氏派が争い享徳の乱が始まる。以後、関東では下総《しもうさ》に拠点を移し古河《こが》公方を称した成氏、鎌倉の上杉氏、幕府が派遣した堀越《ほりごえ》公方足利政知《まさとも》の勢力が入り乱れ、全国に先駆けて戦国時代を迎える。

政治

応仁の乱の推移

嘉吉の変により低下した将軍権力を回復させようとした８代将軍義政だったが、場当たり的な対応がかえって混乱を招き「応仁の乱」が勃発。室町幕府が滅ぶきっかけとなった。

1. 6代将軍義教による専制政治（反発・恐怖）
2. 嘉吉の変（義教が殺される）
3. 管領畠山氏の家督争い／将軍の後継問題／管領斯波氏の家督争い（8代将軍義政が介入）
4. 応仁の乱　有力守護が東西に分かれて争う　戦乱が全国に広がる　11年に及ぶ戦乱で京が荒廃（将軍の権力が失墜）
5. 守護が都から自らの領国に下る
6. 戦国大名の登場（戦国時代に突入）

乱の相関図

管領斯波・畠山氏の内紛に端を発した応仁の乱は、細川勝元の東軍、山名宗全の西軍に分かれて争った。

	西軍	関係	東軍
将軍の後継問題	足利義尚《よしひさ》	甥（義政の子） VS 叔父（義政の弟（養子））	足利義視《よしみ》
管領家の後継問題　畠山氏	畠山義就《よしひろ》	従兄弟 VS 従兄弟	畠山政長《まさなが》
管領家の後継問題　斯波氏	斯波義廉《よしかど》	親戚 VS 親戚	斯波義敏《よしとし》
守護大名の対立	山名持豊《もちとよ》（宗全《そうぜん》）	舅 VS 娘婿	細川勝元《かつもと》

乱により焼失したとされる地域

応仁の乱で京の町は荒廃する。下京から焼土層がほとんど出ないことから、燃えたのは上京と周辺の武家・公家・寺社で、庶民の住む下京はほとんど燃えていない、との説もある。

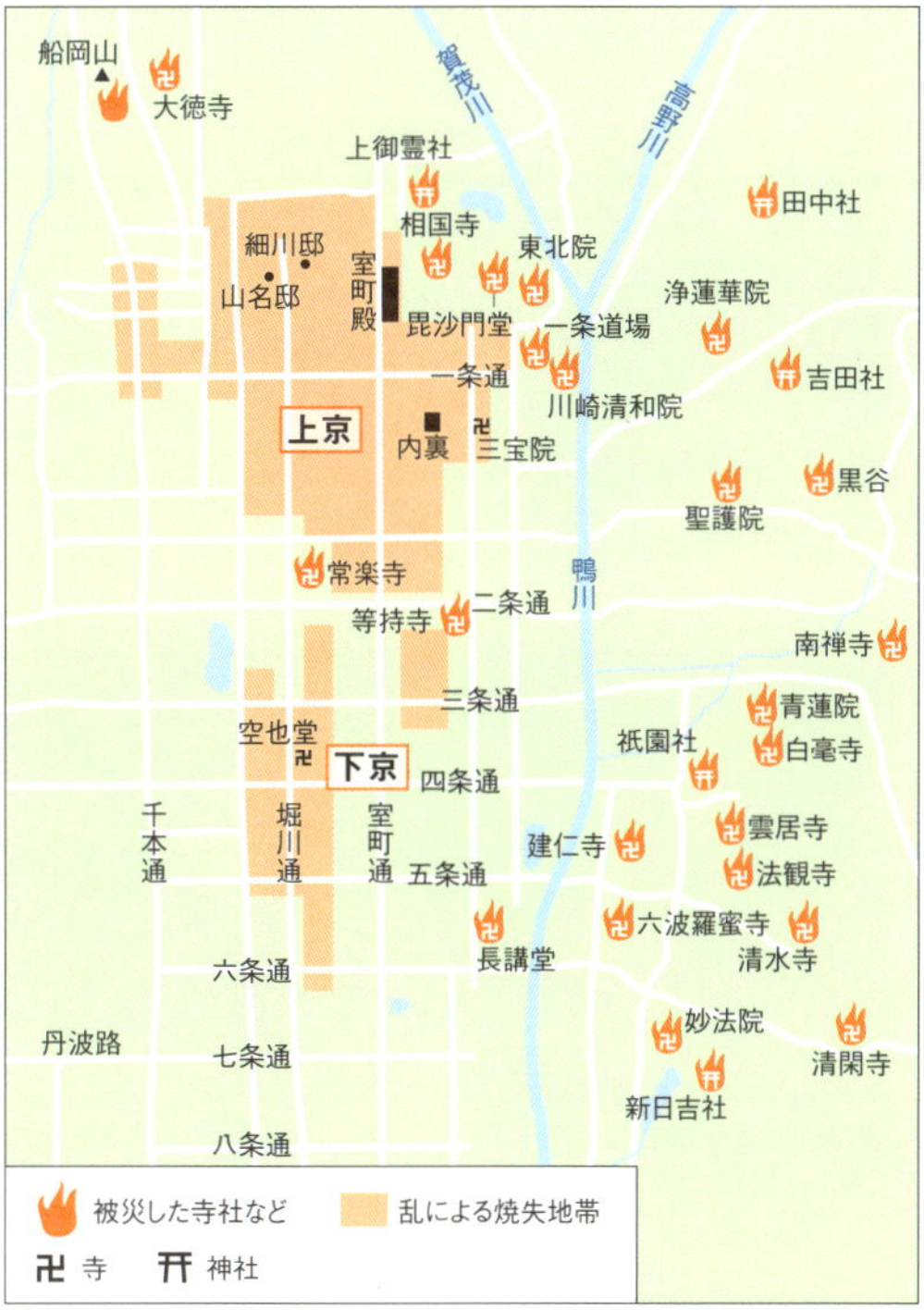

合戦

用語解説「公方」
➡室町時代では足利将軍のことを指す。それにならい鎌倉府の長官も公方を称した。

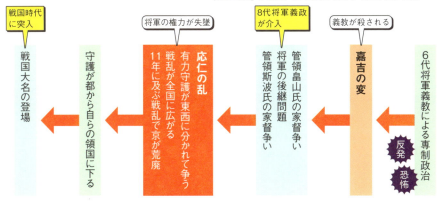

◀ P120 政治 P110 ▶

実力で土地と人民を支配し独立国家を形成した戦国大名

幕府権力から自立した国家

戦国時代は幕府の統制が弱まり、各地に戦国大名が割拠し独自の支配を展開した。大名の出自は様々で、武田氏や島津氏のように幕府の守護《しゅご》を前身とする者、朝倉氏や長尾《ながお》氏など在地で実権を握っていた守護代《しゅごだい》から成り上がった者、松平（徳川）氏や毛利氏など古くから土地に根を下ろす国人《こくじん》領主だった者などがいる。

従来の守護大名はあくまで幕府の地方官であった。分国《ぶんこく》（領国）は必ずしも自身の所領ではなく、国内には命令に服さない領主もいた。それに対し、**戦国大名は実力で土地と人民を一元的に支配し、幕府権力が及ばない独立国家を形成した。**

公権力として君臨

分国支配のため戦国大名は富国強兵を目指し、**検地《けんち》で領地を把握し、治水や灌漑《かんがい》で生産性を高めた。関所の廃止、自由営業や課税免除を定めた楽市《らくいち》など経済活性化も重視した。**

また、家臣の組織化も進んだ。家臣の領地を、年貢高を銭に換算した貫高《かんだか》で把握し軍役の基準とした。**小領主を寄子《よりこ》として、寄親《よりおや》である有力武将の下に編成する寄親・寄子制もとられた。**領国支配の安定のため独自の**分国法（戦国家法《かほう》）を定め、家臣の同盟や私闘の禁止などを規定した大名も多い。**こうした諸政策によって、戦国大名は幕府に代わる公権力として領主や地侍《じざむらい》の上に君臨した。

KEYPERSON

「北条早雲」は下剋上大名だったのか

1493年（明応《めいおう》2）、北条早雲《ほうじょうそううん》が伊豆《いず》に乱入し堀越公方足利茶々丸《ほりごえくぼうあしかがちゃちゃまる》を破って戦国大名として自立した。かつて早雲の前身は伊勢《いせ》の素浪人などといわれ、下剋上大名の典型とされた。しかし、近年の研究により実際は幕府政所執事《まんどころしつじ》伊勢氏の一族で、将軍足利義尚《よしひさ》の申次衆《もうしつぎしゅう》を務めた高級官僚だったことが明らかにされている。また、早雲の伊豆討ち入りは単なる野心ではなく、将軍足利義澄《よしずみ》の母を殺した茶々丸を倒すため、幕府の命で行われた弔い合戦であり、伊豆支配も幕府から公認されていた可能性が指摘されている。

POINT!

戦国大名は幕府権力を排除して実力で独立国家を築き、富国強兵により国力を高めた。

全国の主な戦国大名

領国を実力で治める者を戦国大名という。その出自は守護から転身した者、小領主（国人）から成り上がったものなど様々。

出自	戦国大名	国	備考
守護大名	今川氏	駿河	足利一門で駿河・遠江の守護。義元の父氏親が東国で最初の分国法『今川仮名目録』を定めた。
	大内氏	周防	山口を本拠に最大6カ国の守護を務め、対明貿易で莫大な利益をあげた。領国の法令『大内氏掟書』が残る。
	島津氏	薩摩	薩摩の守護。室町時代に庶家が分裂し争ったが、貴久のときに薩摩・大隅・日向の統一を図る。
	武田氏	甲斐	甲斐の守護。信玄のとき、甲斐・信濃・駿河などに一大勢力を築く。分国法『甲州法度之次第』を定めた。
	六角氏	近江	近江の守護。義賢・義治親子は足利義昭を擁して織田信長と戦う。大名の権力を制限する『六角氏式目』を制定。
	大友氏	豊後	豊後の守護。キリシタン大名として有名な宗麟は、最盛期には豊後を中心とした6カ国と日向・伊予の半国を支配。
守護代・一族	朝倉氏	越前	7代孝景が応仁の乱に乗じて越前一国を支配。一乗谷を本拠に繁栄する。分国法『朝倉孝景条々』を定める。
	長尾（上杉）氏	越後	上杉謙信はもともと越後守護代長尾氏の生まれ。北条氏に追われた上杉氏より名跡を継ぎ、戦国大名化した。
	織田氏	尾張	織田信長は尾張守護代織田氏の庶流の生まれ。尾張統一後勢力を拡大、天下統一目前に本能寺の変で自刃。
国人	伊達氏	陸奥	室町後期、守護が置かれていなかった陸奥の守護に、政宗の曾祖父稙宗が任じられる。稙宗は『塵芥集（じんかいしゅう）』を定めた。
	毛利氏	安芸	安芸の国人。元就のときにそれまで従属していた大内氏から独立。中国地方10カ国を有する大大名となった。
	長宗我部氏	土佐	土佐の国人。元親のときに最盛期を迎え、四国統一目前まで勢力を拡大。元親は晩年『長宗我部氏掟書』を定める。
	松平（徳川）氏	三河	三河の国人。桶狭間の戦いを機に今川氏から独立。家康は徳川に改姓し、江戸幕府を興した。
その他	北条氏	相模	『早雲寺殿廿一箇条』を残した早雲を祖とする。早雲は伊勢氏の一族。氏政のときに関東全域を支配するまでにいたる。
	斎藤氏	美濃	道三の出自には諸説ある。守護代斎藤氏の名跡を継ぎ、守護土岐氏を追って美濃を掌握。

MANGA GUIDE

『雪花《ゆきばな》の虎』

上杉謙信は女性!?

「上杉謙信は女性だった」説を取り上げて謙信の生涯を描く意欲作。歴史が苦手な人向けにざっくりと解説を行う「アキコのティータイム」コーナーがあり、読者の理解を助ける試みがなされている。

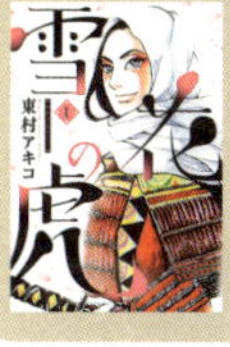

作者／東村アキコ
1～5巻（続刊中）
2015年～
小学館

戦国大名の領国支配

国人層である上級家臣（寄親）に地侍である下級家臣（寄子）を支配させた。また、検地や治水事業を行うなどして領国を経営した。

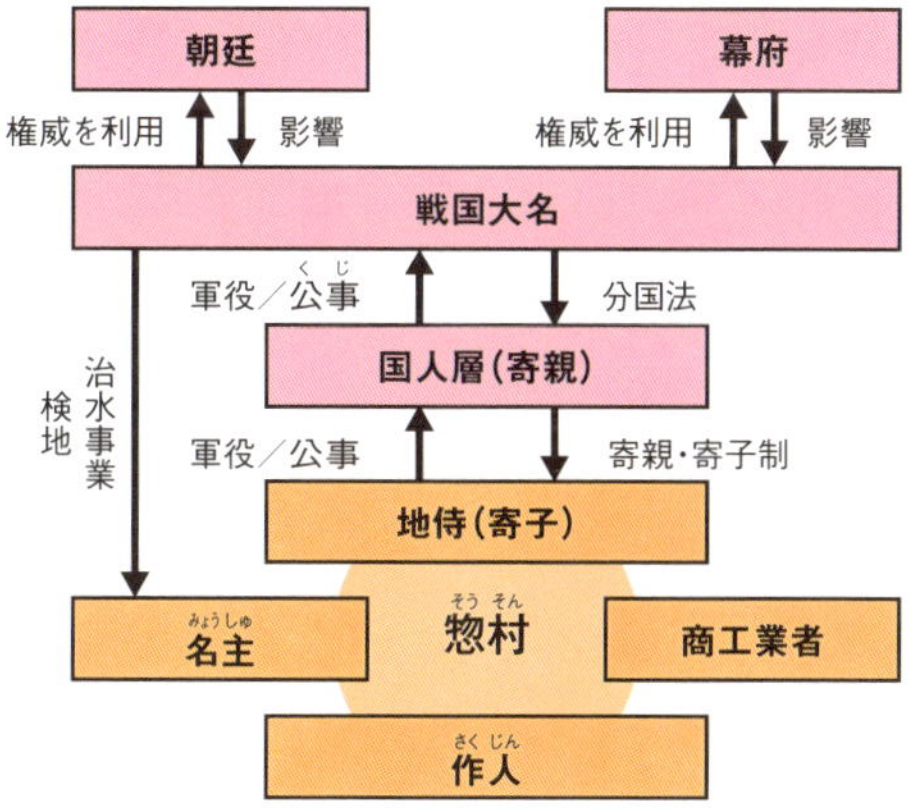

そのとき世界は？

➡**1533年** 最盛期は80の民族、人口1600万人を抱えたインカ帝国が滅亡。

16世紀後半の情勢と戦国10大合戦

戦国時代は文字通り戦いが日常化した時代。守護大名など旧体制から脱却した者、小領主や低階層から成り上がった者など、様々な者が利益を争いしのぎを削った。

● 勝利　✖ 敗北

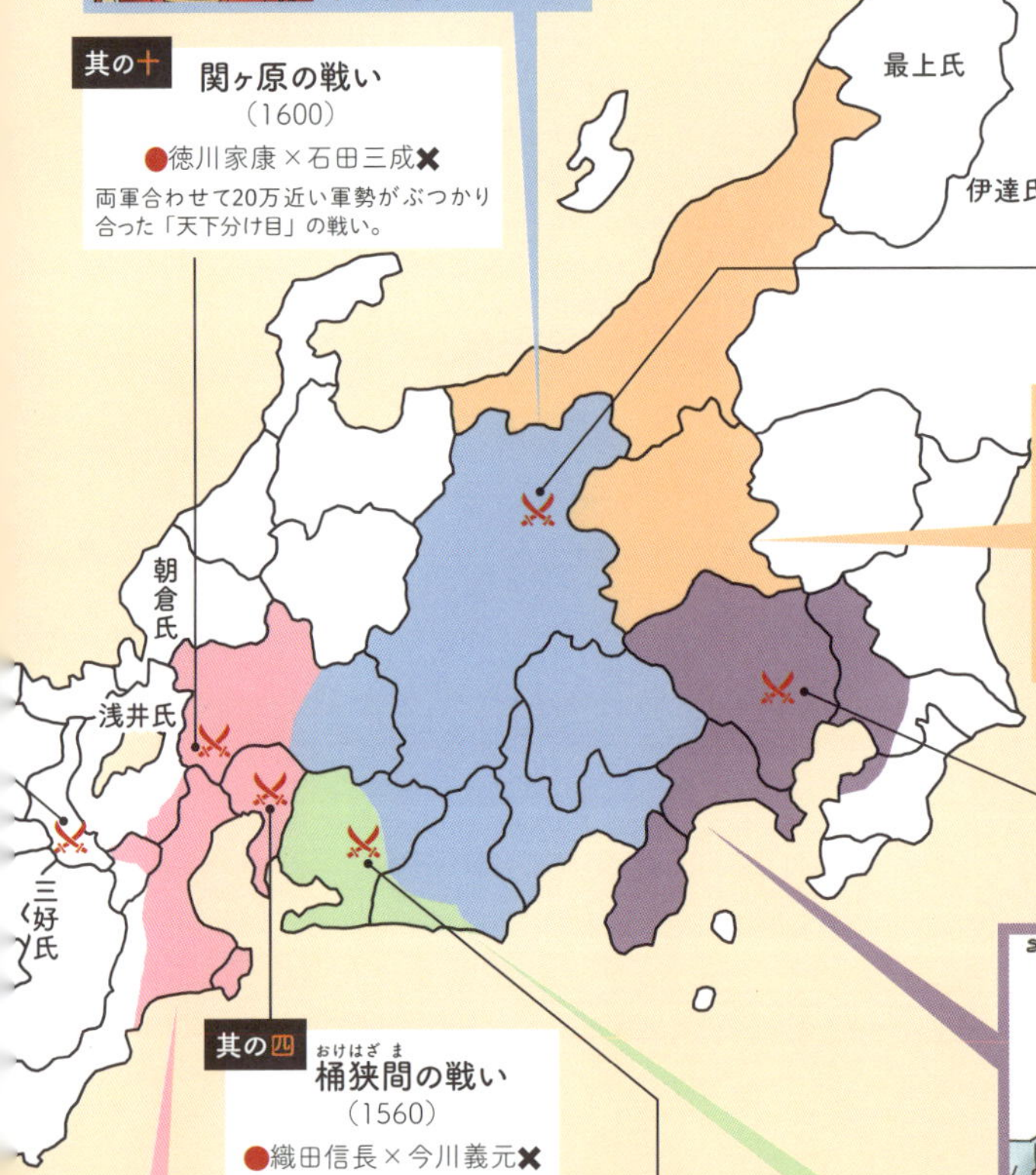

川の中で謙信（右）の太刀を軍配で受ける信玄（左）。

戦国最強の騎馬隊

武田信玄《たけだしんげん》

（1521～1573）

甲斐を本国とし、最大8カ国に支配を及ぼした。西上作戦の途中で没す。

其の十　関ヶ原の戦い

（1600）

●徳川家康×石田三成✖

両軍合わせて20万近い軍勢がぶつかり合った「天下分け目」の戦い。

其の二　川中島の戦い

（1553～64）

●武田信玄×上杉謙信✖

北信濃の支配権をめぐり5度戦う。上杉氏は侵攻を断念するも、武田氏の重臣が多く戦死。

毘沙門天の化身

上杉謙信《うえすぎけんしん》

（1530～1578）

分裂した越後を統一。上杉憲政から関東管領職と上杉姓を譲られる。

其の一　河越夜戦《かわごえよいくさ》（1546）

●北条氏康×両上杉・足利✖

河越城に籠もる北条軍を囲む8万の上杉・足利軍を8000の兵を率いた氏康が破った。

戦国一の民政家

北条氏康《ほうじょううじやす》

（1515～1571）

小田原北条氏の3代目。武田・今川氏と三国同盟を結び、関東を支配した。

其の四　桶狭間《おけはざま》の戦い

（1560）

●織田信長×今川義元✖

今川軍2万5000の本陣を、寡兵の織田軍が急襲し、大将の今川義元を討ち取る。

不撓不屈の精神

徳川家康《とくがわいえやす》

（1542～1616）

幼少期は今川氏の人質として暮らす。長じて天下を統一、江戸幕府を開く。

時代の変革者

織田信長《おだのぶなが》

（1534～1582）

室町幕府を滅ぼし天下を手中にする。明智光秀の謀反により本能寺で没す。

其の五　長篠《ながしの》合戦

（1575）

●織田・徳川×武田勝頼✖

織田信長による鉄砲の大量投入と、三段撃ちによる新戦術があったとされるが諸説あり。

米沢市上杉博物館

川中島合戦図屏風（左隻）

川中島の戦い最大の激戦となった第4次の戦いをモチーフにしている。敗走する武田軍を上杉軍が追撃しており、三扇中央の御幣川（おんべがわ）の中では信玄と謙信の一騎討ちが描かれている。

稀代の謀略家

毛利《もうり》元就《もとなり》

（1497～1571）

安芸の小領主から中国地方10カ国と豊前・伊予の一部まで領有する大大名に。

其の七

山崎の戦い

（1582）

●豊臣秀吉×明智光秀✖

本能寺の変で織田信長を討った明智光秀を、豊臣秀吉が中国大返しにより破った戦い。

其の八

中富川《なかとみがわ》の戦い

（1582）

●長宗我部元親×十河存保《そごうまさやす》✖

この戦いで三好氏を破った長宗我部元親は、四国制覇目前まで勢力を拡大する。

其の三

厳島《いつくしま》の戦い

（1555）

●毛利元就×陶晴賢《すえはるかた》✖

5倍の兵力の陶軍を、毛利軍が奇襲で討ち破った戦い。毛利氏飛躍の契機となった。

キリシタン王国の建設

大友宗麟《おおともそうりん》

（1530～1587）

キリシタン大名。南蛮貿易を推進し、キリシタンを保護。天正遣欧少年使節を派遣。

其の九

沖田畷《おきたなわて》の戦い

（1584）

●有馬・島津×龍造寺隆信✖

湿地帯に龍造寺軍を引き込み、大将の隆信を討ち取る。以降、島津氏が北九州に台頭。

其の六

耳川《みみかわ》の戦い

（1578）

●島津義久×大友宗麟✖

九州最大の勢力を誇った大友軍を島津軍が徹底的に討ち破った戦い。

土佐の出来人

長宗我部元親《ちょうそかべもとちか》

（1538～1599）

土佐の国衆から四国統一直前まで勢力を拡大。秀吉に敗北し土佐一国に戻される。

 イラスト / ニシザカライト

宗教　社会　外交　政治
合戦　都市　文化　周縁

◀ P144　社会　P102 ▶

戦国時代は村落や都市で民衆の自治意識が発達

村人の自治意識が発達

南北朝時代から、農村では農民が自立的に村政を担う惣村《そうそん》が発達する。地侍《じざむらい》の中から沙汰人《さたにん》や乙名《おとな》と呼ばれるリーダーを選び、強い連帯意識のもとで自治を行った。**多くの村々で村掟《むらおきて》が定められ、会合に参加しなかった者への罰金、盗人の逮捕・処刑など厳しい罰則を科して村の秩序を維持した。**このように惣村が主体的に警察・裁判権を行使することを自検断《じけんだん》と呼ぶ。**戦国時代には逃亡した農民が捨てた田畑を連帯責任で耕作する惣作《そうさく》の習慣も生まれ、近世の農村に受け継がれた。**16世紀以降に活発化する土一揆《つちいっき》や一向《いっこう》一揆はこうした農民の連帯が基盤となっていた。

各地に自由都市が生まれる

戦国時代は都市民の経済力や政治意識も向上し、町人自ら町政を担う自治都市が各地で誕生。京都や伊勢《いせ》桑名《くわな》、摂津《せっつ》堺《さかい》・平野《ひらの》、筑前博多《ちくぜんはかた》などが代表で、堺では豪商による会合衆《かいごうしゅう》が合議制で町政を担い、ヴェネチアのようだと宣教師に評された。

善光寺の長野、延暦寺の近江坂本など**有力寺社のある場所では門前町《もんぜんまち》が発展。**伊勢外宮《げぐう》の山田では参詣人の祈禱などを行う御師《おし》の上層部が山田三方《さんぽう》と呼ばれ裁判権などを持っていた。**本願寺門徒は石山本願寺や加賀金沢などで寺内町《じないちょう》を形成**し、町人には課税免除や徳政（借金の帳消し）適用外などの特権が与えられた。

KEYWORD

「足軽」は単なる農民兵ではなかった？

足軽《あしがる》という語は平安時代からあり、身分の低い補助的な歩兵を意味した。応仁の乱では東西両陣営とも足軽と呼ばれる悪党《あくとう》まがいの雑兵《ぞうひょう》がゲリラ戦を展開し、社会の注目を集めた。戦国時代になると集団戦の発達、合戦の大規模化に伴い、長槍や鉄砲を持った足軽隊が合戦の主流となっていく。戦国期の足軽というと、農村から徴発された貧しい百姓のイメージがある。しかし実際は、特定の主君を持たない非正規の傭兵《ようへい》集団で、名字を名乗る者も多く、侍と呼べる身分の者も少なくなかったと考えられている。

POINT!

農民や都市民が経済力・政治力を高め、自ら村政や町政を担う自治組織が発達した。

惣で行われた自治

荘園体制が崩壊し、領主の支配が緩んでくると、村の自衛、灌漑用水や入会地の管理、年貢の徴収などを自治的に行うようになる。

惣（惣村）

惣百姓（地侍・名主・作人）によるの自治的・自立的な村のこと

指導者
おとな（長・乙名）、沙汰人

乙名は年長の者から選出され、1人ではなく複数人で構成された。沙汰人は世襲でその地位を受け継いだ

寄合《よりあい》
村人による会議を行い、もめ事、村掟、一揆、農事などについて協議する。惣村が集まることも

宮座《みやざ》
神社の祭祀に関係する特権的集団。惣の団結の中心的な役割を担う。近畿地方に多い

入会地《いりあいち》
個人の所有ではなく村人が共同で使う山野地のこと

地下請《じげうけ》
村の責任で一括して年貢を納入する。村請、百姓請ともいう

自検断
地下検断ともいい、警察権、裁判権を村人自ら行使すること

村掟
村で自主的に定めた規則。惣掟、地下掟ともいう

↓

惣荘《そうしょう》・惣郷《そうごう》ごとに団結＝一揆

愁訴《しゅうそ》
年貢減免などを書状で領主に嘆願

強訴《ごうそ》
要求を掲げて集団で押しかける

土一揆
領主や高利貸などに武力で抵抗

逃散《ちょうさん》
村が団結して耕作を放棄して逃亡

荘園（荘園領主の支配地）
惣荘
惣村
惣村
惣村

郷（公領）（国司の支配地）
惣郷
惣村
惣村
惣村

惣村の連合体

東近江市今堀町／滋賀大学経済学部附属史料館提供

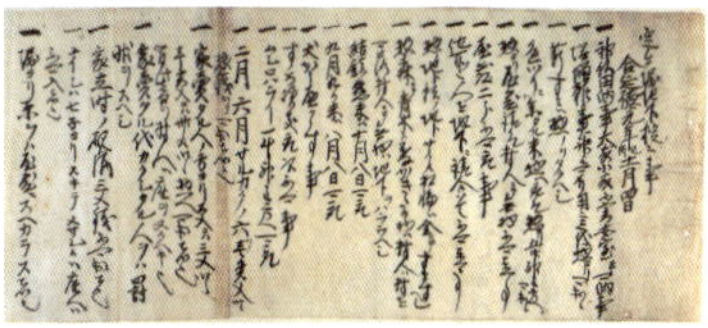

今堀地下掟書案

近江の今堀（いまぼり）郷の村掟。掟の中には、住居の許可、惣の所有する財産の管理、惣の行事や費用、惣の運営経費、違反者の処分などが規定されている。

都市の発展

戦国大名による経済振興もあり、市や町が飛躍的に増加。経済活動が活発となり、各地で都市が発達していった。

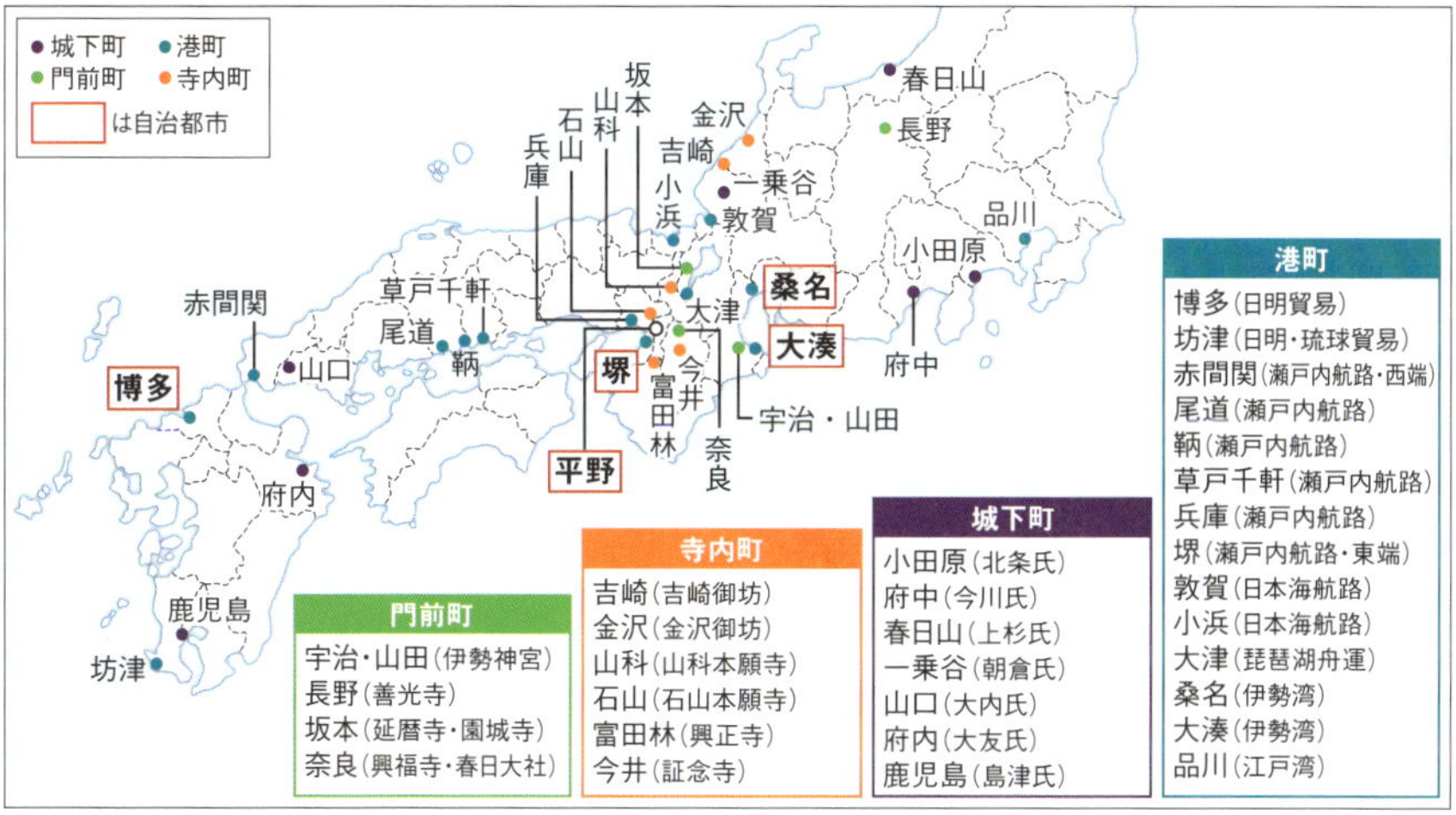

門前町
宇治・山田（伊勢神宮）
長野（善光寺）
坂本（延暦寺・園城寺）
奈良（興福寺・春日大社）

寺内町
吉崎（吉崎御坊）
金沢（金沢御坊）
山科（山科本願寺）
石山（石山本願寺）
富田林（興正寺）
今井（証念寺）

城下町
小田原（北条氏）
府中（今川氏）
春日山（上杉氏）
一乗谷（朝倉氏）
山口（大内氏）
府内（大友氏）
鹿児島（島津氏）

港町
博多（日明貿易）
坊津（日明・琉球貿易）
赤間関（瀬戸内航路・西端）
尾道（瀬戸内航路）
鞆（瀬戸内航路）
草戸千軒（瀬戸内航路）
兵庫（瀬戸内航路）
堺（瀬戸内航路・東端）
敦賀（日本海航路）
小浜（日本海航路）
大津（琵琶湖舟運）
桑名（伊勢湾）
大湊（伊勢湾）
品川（江戸湾）

用語解説「一揆」
➡武士や農民が特定の目的のため地域的集団を成すこと。集団で蜂起することもいう。

社会

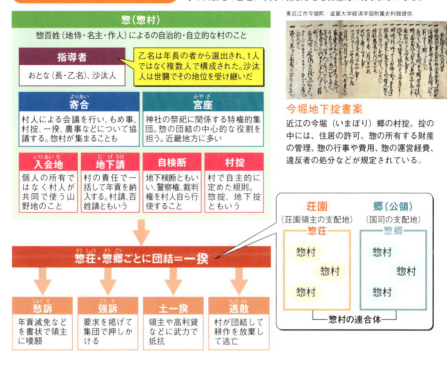

宗教　社会　外交　政治
合戦　都市　文化　周縁

◀P124　外交　P98▶
◀P144　宗教　P86▶

鉄砲とキリスト教の伝来が戦国社会に与えた影響とは

POINT!

16世紀、日本に伝来した鉄砲とキリスト教は戦国大名に受け入れられ急速に広まった。

戦国の合戦を変えた鉄砲

戦国大名が覇を競っていた頃、ヨーロッパではイスラーム帝国のオスマン＝トルコが勃興していた。スペイン・ポルトガルなどの西欧諸国はキリスト教の布教と海外貿易の拡大を図るため世界航路の開拓に乗り出し、大航海時代が幕を開ける。

西欧人が初めて日本に来たのは1543年（天文《てんぶん》12）である。中国船に乗ったポルトガル人が**種子島に漂着し鉄砲の製法を伝えた。鉄砲は瞬く間に日本中に広まり、鉄砲による集団戦の普及や築城技術の高度化など、戦国大名の戦術に変革をもたらした。以後、相次いで貿易船が来航し南蛮《なんばん》貿易も活発化していった。**

布教と貿易の一体化

キリスト教は1549年、イエズス会宣教師のフランシスコ＝ザビエルによってもたらされ、戦国大名の庇護のもと、急速に信者を増やした。ポルトガル船はキリスト教の布教を許した大名領だけに入港したため、大名たちは貿易の利益と硝石《しょうせき》・大砲などの軍事物資を求めてキリスト教を受け入れたのである。また、宣教師自身も貿易に関わり、利益の一部は彼らの活動資金になったといわれる。宣教師は病院や孤児院の建設などの慈善事業を行い、民衆の心をつかんでいった。**南蛮貿易と一体化することで、キリスト教は急速に教勢を拡大したのである。**

世界とのつながり

南蛮貿易の背後にイスラームの影

14世紀、西欧ではアラビア商人を介してアジアの胡椒《こしょう》を仕入れ、西欧諸国に転売する地中海貿易が活発だった。しかし15世紀、オスマン＝トルコが地中海の制海権を握りアジアからの輸入品に重税をかけたため、西欧諸国は香料を安く入手するためアジアと直接貿易を行う必要に迫られた。スペインはアメリカ大陸から太平洋を経てフィリピンのマニラにいたり、ポルトガルはアフリカ大陸から東へ向かいインドのゴアを拠点にした。イスラーム帝国の繁栄が日本と西欧を結び、戦国大名のあり方をも変えたのである。

2000　1950　1900　1800　1700　1600　1400　1200　1000　500　0　紀元前

鉄砲とキリスト教伝来

鉄砲伝来は1543年（42年説あり）に種子島に伝来したとする説と、それ以前に倭寇によってもたらされたという説など、諸説ある。

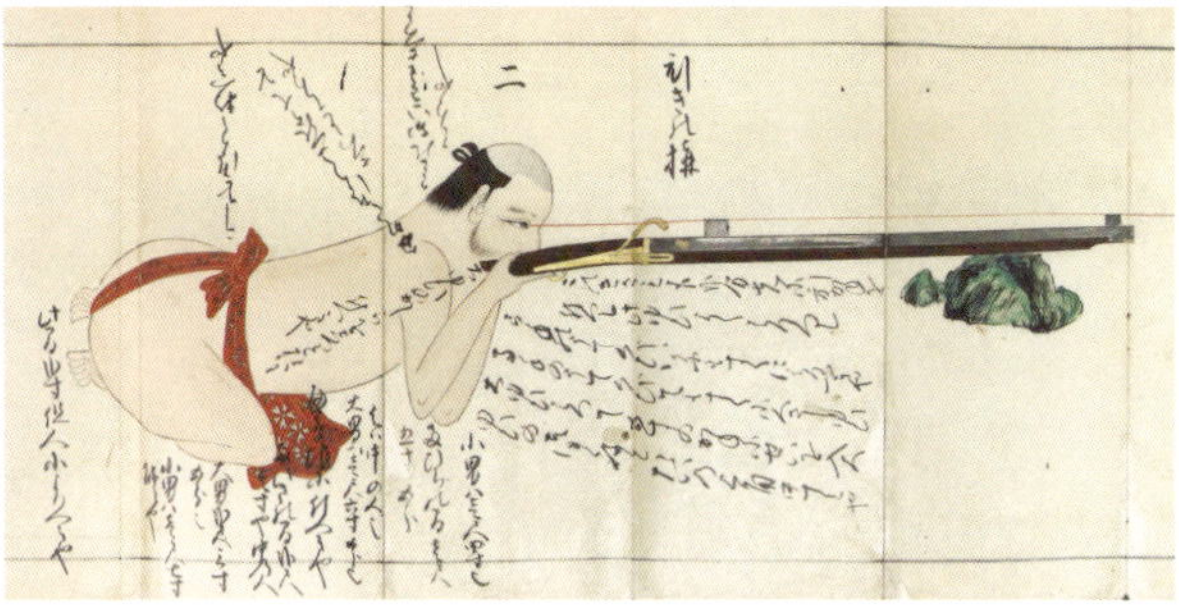

岐阜市歴史博物館

稲富流鉄砲秘伝書

稲富一夢（いなどめいちむ）を祖とする稲富流砲術の秘伝書。鉄砲は爆発的に日本各地に広まり、戦国時代の戦争に多大な影響を与えた。

Photo : Kobe City Museum / DNPartcom

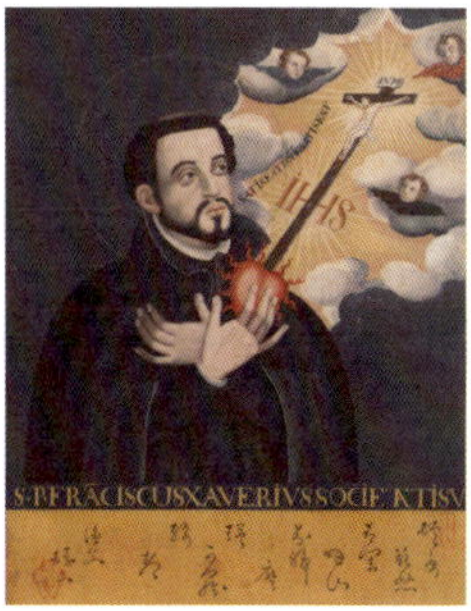

フランシスコ＝ザビエル（1506 頃～ 1552）

イエズス会の宣教師。1549年に鹿児島に上陸し、日本に初めてキリスト教を伝えた。

日葡辞書

当時の日本語をポルトガル語で説明したもの。イエズス会宣教師たちが日本人信者の協力を得て作成。庶民の言葉を理解するため方言や卑語も収録されている。

キリシタン人口の推移

大名の庇護を受けて広まったキリスト教は、禁教令が出されても教徒の数が減ることはなかった。

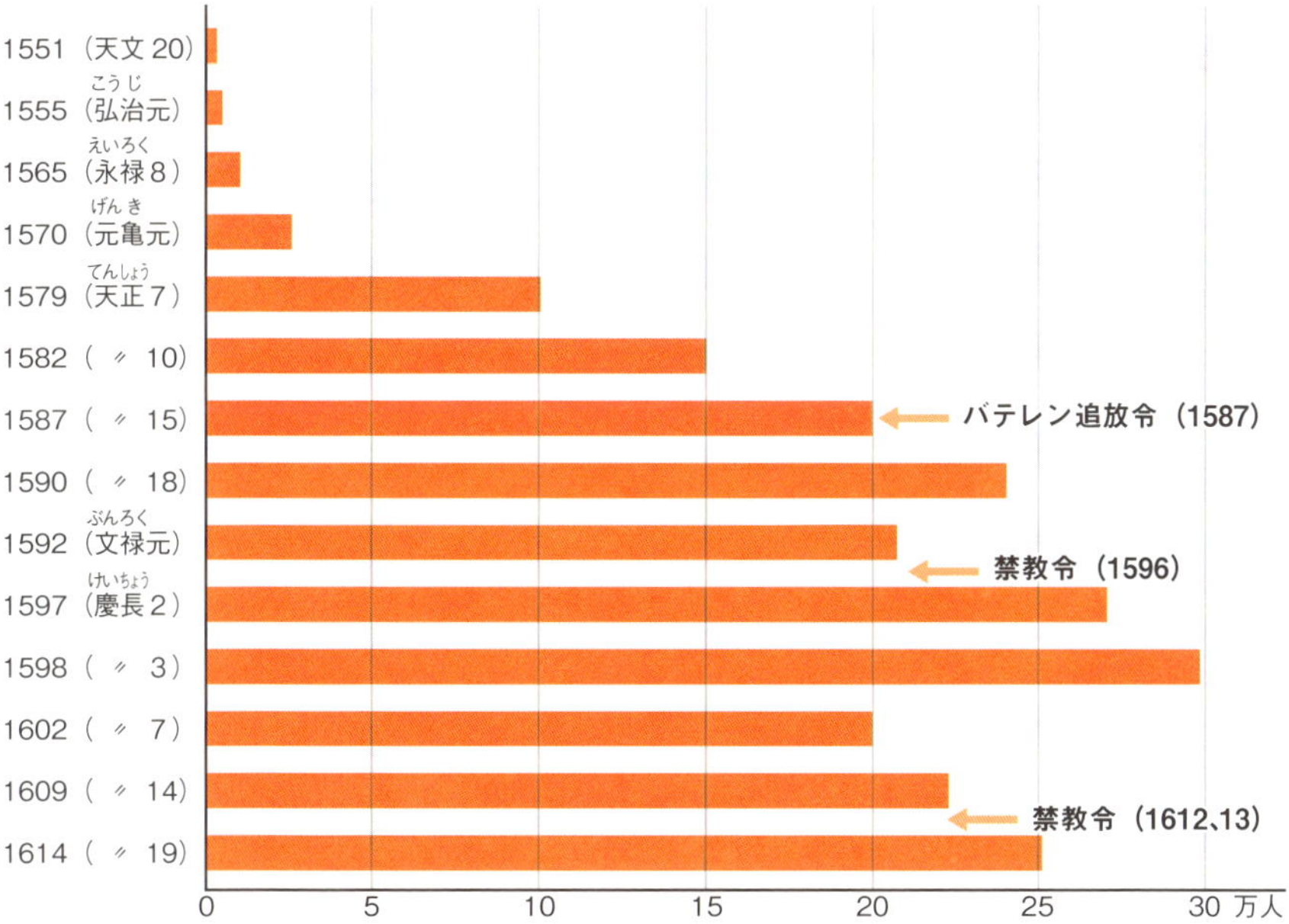

『日本史総合図録』（山川出版社）掲載図版をもとに作成

用語解説「宣教師」

→南蛮寺（教会堂）、コレジオ（大学）、セミナリオ（教育施設）を建設し布教した。

◀P122 政治 P112▶

中世的な制度・権威を破壊し近世への扉を開いた織田信長

天下布武をスローガンに

約1世紀続いた戦国乱世は、織田《おだ》信長《のぶなが》の登場によって終結に向かう。尾張守護代《おわりしゅごだい》の重臣の家に生まれた信長は、一族や重臣の反乱を抑えて尾《お》張《わり》を統一すると、桶狭間《おけはざま》の戦いで今《いま》川義元《がわよしもと》を破り、三河《みかわ》の徳川家康《とくがわいえやす》と同盟を結んで西進の条件を整える。美《み》濃《の》攻略後、**「天下布武《てんかふぶ》」の方針を固め、1568年（永禄《えいろく》11）に上洛、足利義昭《あしかがよしあき》を将軍に立て畿内を平定。**間もなく、義昭と敵対し有力大名の包囲網に苦しむが、浅井《あざい》・朝倉氏や大坂の石山本願寺《いしやまほんがんじ》、武田氏を降して関東から北陸、中国に及ぶ勢力圏を築く。だが、京都本能寺に宿泊中、明智光秀《あけちみつひで》の謀反にあい自害した。

統一政権の一歩を踏み出す

信長の改革は多岐にわたる。経済面では関所の撤廃や楽市令《らくいちれい》、貨幣制度の改革など新たな経済システムを構築。軍事面では家臣を城下町に集住させて兵農分離を進め、高い石垣と壮麗な天守を持つ安土城《あづちじょう》は近世城郭の先駆けとなった。また、家臣に大名並みの支配権を与え、自身をその上位権力として位置付けたのも統一政権への第一歩として評価されている。**検地《けんち》や武器の没収など豊臣政権の手本となった施策も多く、**一向《いっこう》一揆《いっき》や延暦寺《えんりゃくじ》など旧来の宗教勢力を弾圧し武家の優位を決定付けた。**中世的な制度や権威を否定し近世への扉を開いたのが信長だった。**

ココが変わった

鉄砲三段撃ちは後世の創作だった!?

信長の戦術の中でも有名な、長篠《ながしの》合戦における鉄砲の「三段撃ち」。装塡に時間がかかる火縄銃の弱点を克服するため、3000挺の鉄砲を3段に分けて交替で連続発射する新戦術で武田騎馬軍団を破ったというもの。教科書でも「鉄砲隊を用いた新戦術」と積極的に評価していた。しかし近年、このとき使われた鉄砲は1000挺余で、当日の天気が暴風雨と推測されていることや戦場の地形から横一線に鉄砲隊を配置することはできないことが指摘されており、教科書でも「新戦術」という表現は使われなくなった。

POINT!

織田信長は統一政権の創出、革新的な軍事・経済改革で近世への橋渡し役となった。

2000 1950 1900 1800 1700 1600 1400 1200 1000 500 0 紀元前

信長の天下統一事業

都市や商工業を重視する政策を打ち出した信長は、近畿・東海・北陸などを支配下に収めて天下統一目前まで迫った。

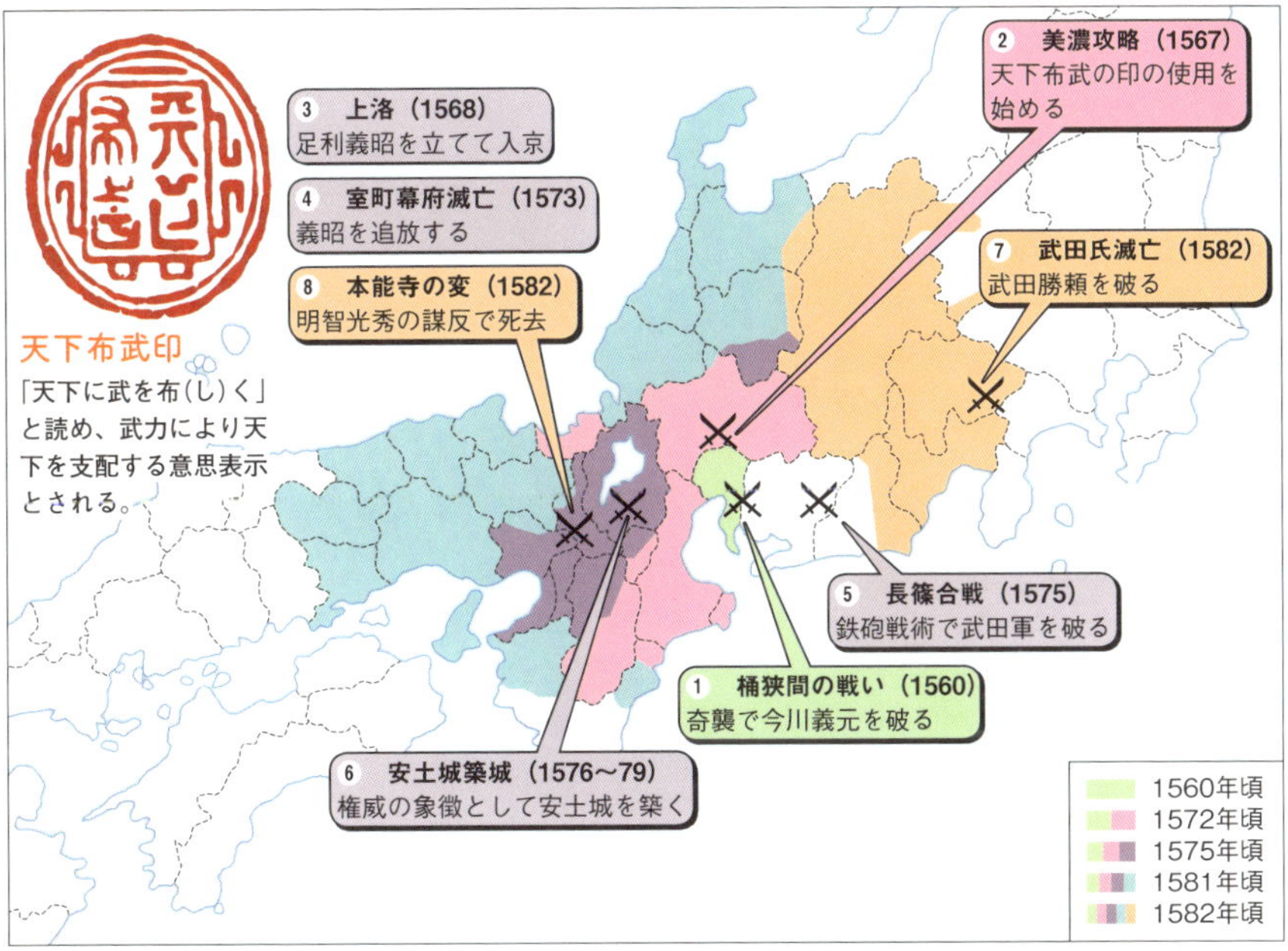

天下布武印
「天下に武を布(し)く」と読め、武力により天下を支配する意思表示とされる。

BOOK GUIDE

『国盗り物語』

戦国の下剋上を描く

油売りから美濃の国主へと上り詰める斎藤道三編と、天才的な知略で天下統一に邁進する織田信長編からなる司馬遼太郎の代表作。織田信長編では明智光秀の視点から語られる場面も多く、光秀が裏の主人公ともいえる。

著者／司馬遼太郎
全4巻
1971年
新潮社

信長の諸政策

伝統的な権威や秩序を克服し、新たな支配体制を築こうとした。

経済	領国内の土地面積、収穫高などを申告させる**指出(さしだし)検地**や**関所の撤廃**を広く実施
	南蛮貿易を推進
	楽市令(1567年に美濃加納、1577年に安土城下町)を発し、商工業者の**自由な営業**を認める
	堺を武力で**直轄領**として、その経済力を取り込む
軍事	家臣団を城下に住まわせ、**機動的な軍隊**を作る
	本拠を征服地に合わせて次々と**移動**
宗教	**キリスト教を保護**し、**一向一揆を屈服**させる

そのとき世界は？

➡1558年 イギリスでエリザベス1世が即位。テューダー朝最後の君主となる。

宗教 社会 外交 **政治**
合戦 都市 文化 周縁

◀P124 政治 P120▶

朝廷の伝統的権威を利用して天下統一を実現した関白秀吉

後継者争いを制し天下人へ

織田信長《おだのぶなが》の覇業を継いで、天下統一を成し遂げたのが、信長の重臣豊《とよ》臣秀吉《とみひでよし》だった。本能寺《ほんのうじ》の変《へん》勃発時、中国地方で毛利氏と対陣していた秀吉は、信長の死を知ると急遽引き返し、山崎の戦いで明智光秀《あけちみつひで》を破り、賤ケ岳《しずがたけ》の戦いで重臣筆頭の柴田勝家《しばたかついえ》を倒して信長後継者の地位を固めた。しかし、続く小牧《こまき》・長久手《ながくて》の戦いで徳川家康《とくがわいえやす》の抵抗にあうと武力制圧の路線を変更。**関白《かんぱく》に就任し朝廷の権威を利用して全国の大名に停戦を命じた。**九州の島津《しまづ》氏や関東の北《ほう》条《じょう》氏がこれに背くと大軍を派遣して制圧し、1590年（天正《てんしょう》18）、奥羽の諸大名も降して天下を統一する。

近世に続く身分制を創出

秀吉は全国一律の基準による太閤《たいこう》検地《けんち》を行い、領主の中間搾取を排除して中世の荘園《しょうえん》制を解体した。これによって、米の生産量は石高《こくだか》で表されるようになり、石高によって公儀《こうぎ》が大名に知行地《ちぎょうち》を与える近世の大名知行制が確立した。また、**刀狩令《かたながりれい》で農民の武器を没収し兵農分離を進め、法令で身分を固定化し江戸幕府につながる身分制の基礎が作られた。**

財政基盤は蔵入地《くらいりち》と呼ばれる広大な直轄領や京都、堺、博多、長崎など主要都市からの税収、鉱山収入などである。中央集権化は不徹底だったが、晩年に五大老の合議制や五奉行による政務分掌が進められた。

KEYPERSON

秀吉が「利休」を切腹させた理由とは

秀吉は豪商を統制下において政治利用した。茶人の千利休《せんのりきゅう》もその一人で、秀吉の側近として大きな発言力を持ったが、1591年に突如切腹を命じられる。かつてはその理由として、利休が大徳寺に自分の木像を安置したためとか、茶器の売買に不正があったためなどの説があった。しかし、木像の安置は1年も前のことで、茶器の高値売買も不正とはいいがたいという反論が提起された。近年は利休がキリシタンだった、石田三成《いしだみつなり》ら奉行衆の陰謀、黄金趣味の秀吉との美意識の違いなどの説がある。

POINT!

軍事と朝廷権力を巧みに利用。秀吉が築き上げた諸制度は江戸時代にもつながっていく。

政治

MANGA GUIDE

『センゴク』

戦国時代のリアルとは

豊臣秀吉に仕えて一兵卒から大名になるも、大失敗を犯して追放、のちに武功を立てて大名に返り咲いた仙石秀久を主人公とした作品。綿密な時代考証を行い、信長や秀吉などの誰でも知っている人物から、マイナーな人物までを生き生きと描く。

作者／宮下英樹

センゴク全15巻
センゴク天正記全15巻
センゴク一統記全15巻
センゴク権兵衛1～10巻（続刊中）

2004年～

講談社

豊臣秀吉の天下統一

信長の後継者の地位を実力でつかみ、朝廷権力を利用しながら新たな統一国家を築き上げた。

豊臣秀吉（1537 ～ 1598）

下層の出自から天下人になった日本史上最大の出世人。

「豊臣」は天皇から与えられた氏。なので、正確には「とよとみの」と、「の」を付けて読む

高台寺

秀吉の出世双六

「日吉丸誕生」を振り出しとし、秀吉が天下を取って上がりとなる江戸時代の双六。江戸から明治にかけて豊臣秀吉は「出世頭」として代表的な人物だった。双六では『太閤記』の流れを追うことができる。

東京都立中央図書館特別文庫室

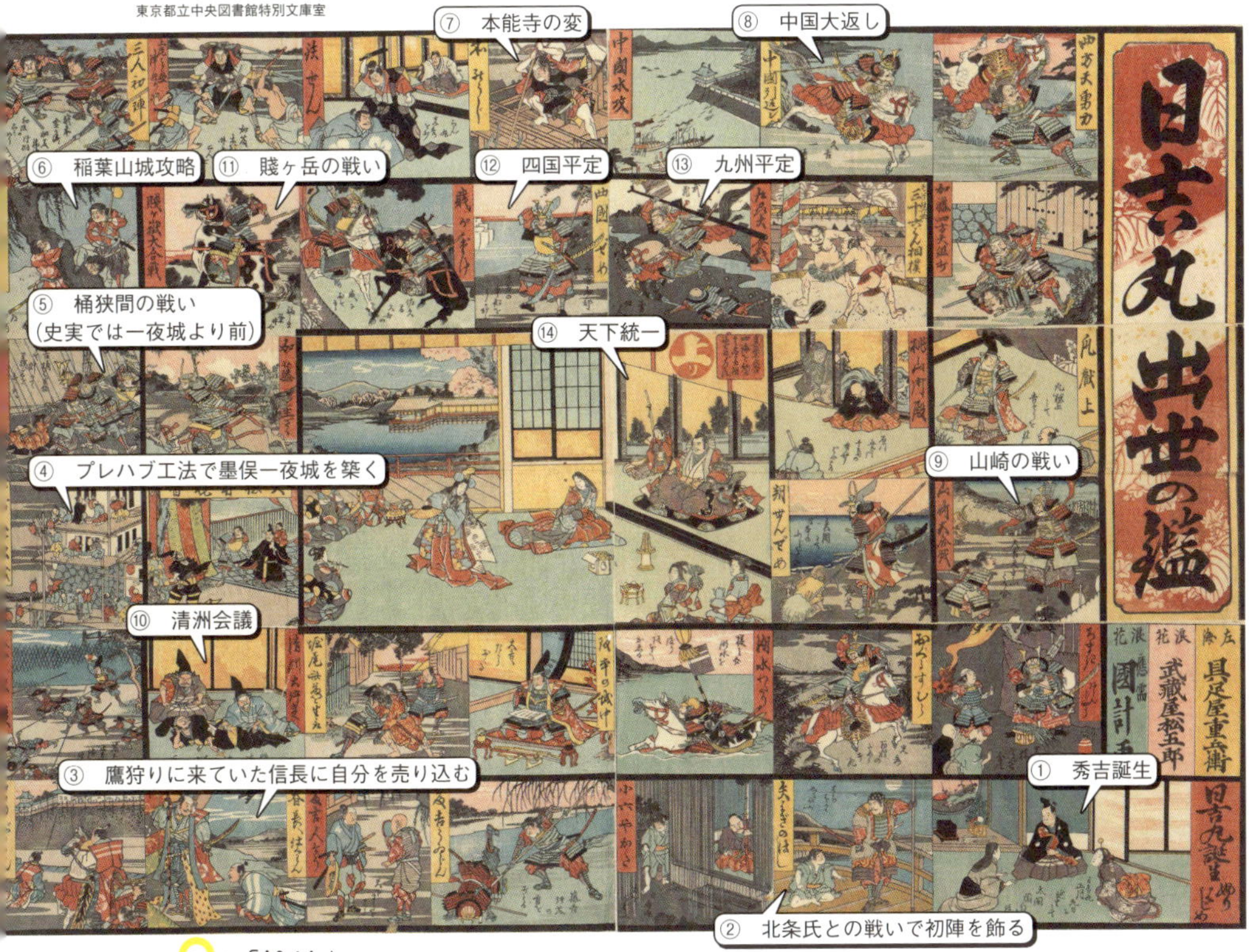

用語解説「検地」

➡支配地の面積（耕作地）・収入額を、家臣や農民に自己申告させること。

宗教 社会 外交 政治
合戦 都市 文化 周縁

◀P134 政治 P122▶
◀P130 外交 P118▶
◀P136 合戦 P110▶

秀吉の朝鮮出兵の目的は東アジアの支配にあった

秀吉の死により終戦

天下統一を果たした豊臣秀吉《とよとみひでよし》が次の目標に定めたのが明《みん》の征服だった。朝鮮が服属を拒むと、秀吉は肥《ひ》前《ぜん》に名《な》護《ご》屋《や》城《じょう》を築いて本陣に定め、1592年（文禄《ぶんろく》元）、15万余の軍勢を朝鮮へ出兵させる。日本軍は瞬く間に漢城《かんじょう》（ソウル）を攻略し、平壌《へいじょう》・会寧《かいねい》まで進んだが、**敵将李舜臣《りしゅんしん》の水軍や朝鮮の義勇軍の抵抗にあい翌年講和した（文禄の役）。**しかし、明の使者が日本を属国とする旨を伝えてきたため、秀吉は再び14万余の大軍を朝鮮に送る。日本軍は各地に城郭を築き拠点作りに努めたが、明の援軍もあって苦戦を強いられ、**秀吉の死を契機に撤兵した（慶長《けいちょう》の役）。**

朝鮮出兵、秀吉の真意は

朝鮮出兵の理由には様々な理由が考えられている。ひとつは、全国統一によって新たな領土が獲得できなくなり、大名の領土欲を満たすための出兵とする。あるいは、明が衰退している状況を踏まえ、東アジアの通交貿易を掌握《しょうあく》し、新たな国際秩序を構築することが狙いだったともいう。実際、秀吉はフィリピンや台湾、琉球《りゅうきゅう》にも服属を求めており、スペインの世界征服事業に対抗し、東方から世界制覇に乗り出したとする説もある。しかし、**殺戮《さつりく》の限りを尽くした遠征は失敗し、豊臣政権の弱体化を早めたばかりか、日朝の国交に禍根を残すこととなった。**

ココが変わった
いまの教科書

秀吉の人掃令は身分統制令ではない

豊臣政権は1591年（天正《てんしょう》19）と翌年に２度「人掃令《ひとばらいれい》」を発令したとされる。武家奉公人が商人や百姓になること、百姓が商人・職人になることを禁じた法令で、近世の身分制確立の画期と評価されてきた。近年この法令は、朝鮮出兵の態勢を固めるための時限立法とする説が提起され、教科書にも紹介されるようになった。しかし、奉公人の浪人化や百姓の耕作放棄への対策は政権の積年の課題で、統一政権として解決すべき喫緊の社会問題であり、あえて朝鮮侵略に限定した法令と解する必要はないとの見方もある。

POINT!

秀吉は明の征服を目標として朝鮮に２度出兵したが失敗。日朝の歴史に禍根を残した。

2000 1950 1900 1800 1700 1600 ★ 1400 1200 1000 500 0 紀元前

文禄・慶長の役

豊臣秀吉による朝鮮出兵は、明崩壊の要因となるとともに、豊臣政権崩壊の要因ともなった。

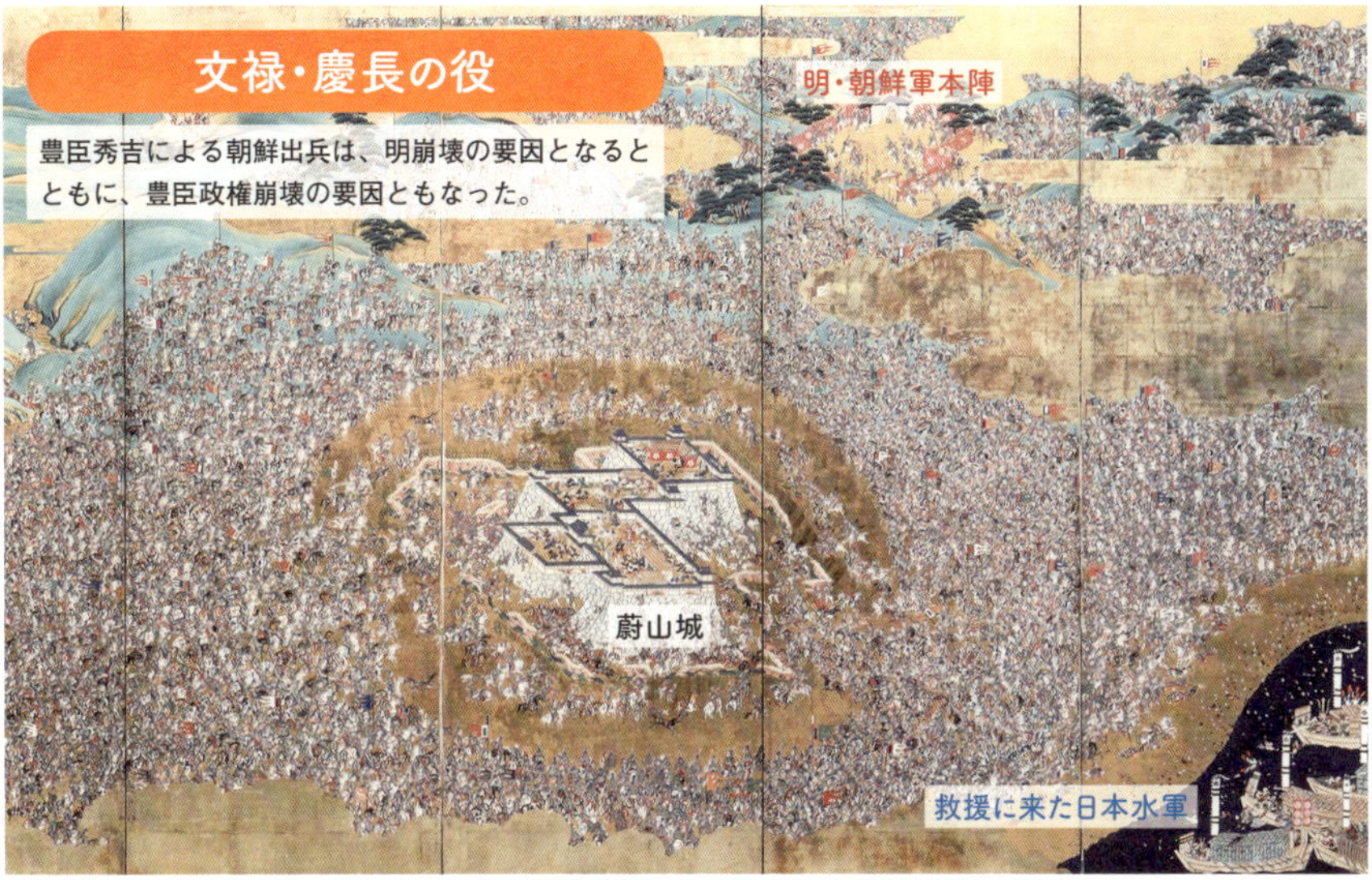

朝鮮軍陣図屏風（第一図）

公益財団法人鍋島報效会

1597～98年の蔚山（うるさん）城攻防戦を描いた屏風。加藤清正らの籠もる蔚山城を明・朝鮮の大軍が取り囲む。

文禄の役・慶長の役での進路

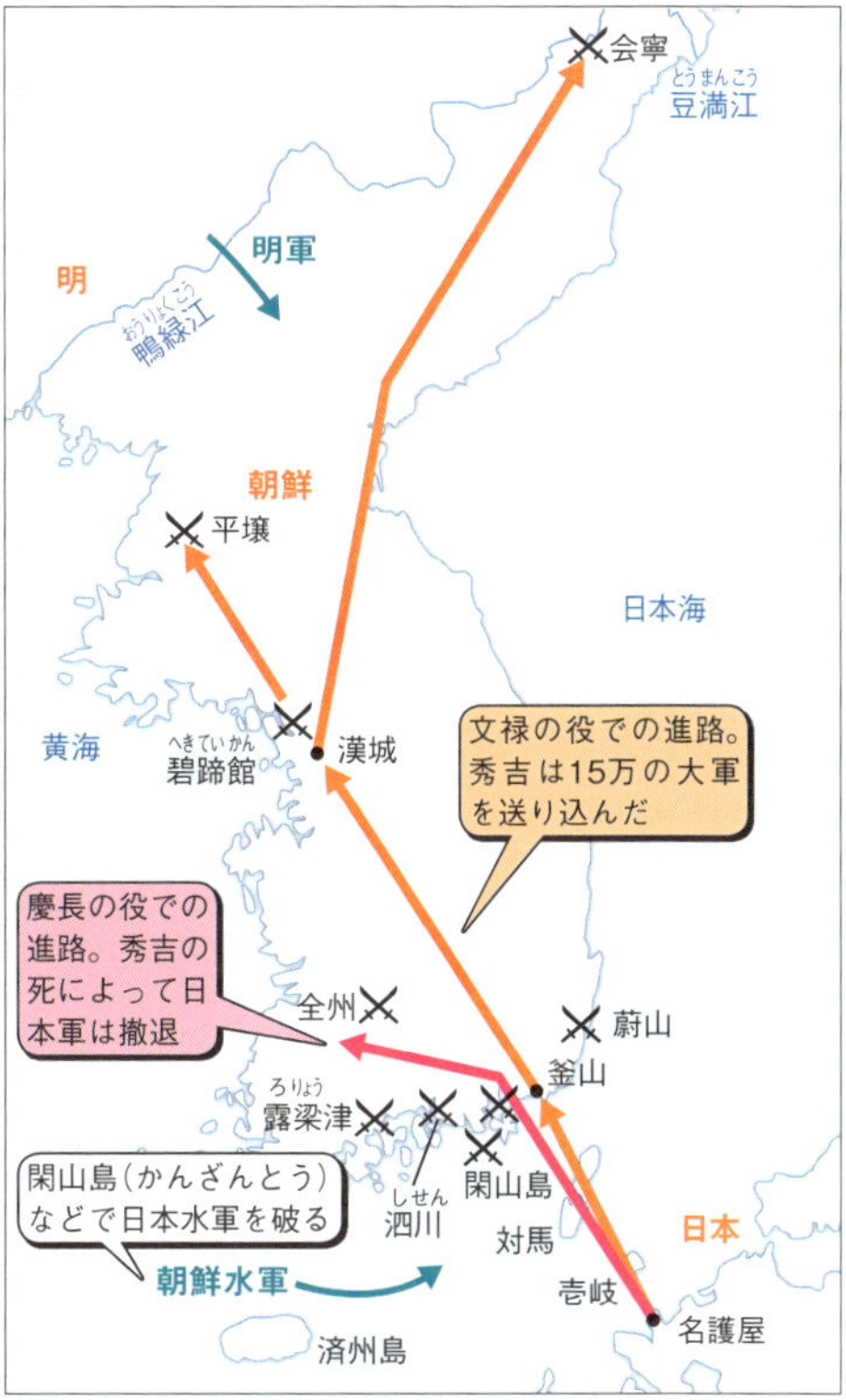

方広寺の鼻塚

戦功の証として持ち帰った明・朝鮮兵の耳や鼻を葬った塚。京都市東山区にある。

佐賀県立名護屋城博物館

安宅船《あたけぶね》と亀甲船《きっこうせん》の模型

左が日本軍船の安宅船、右が朝鮮水軍の亀甲船。10分の１の復元模型である。

そのとき世界は？

➡**1587年** イランのサファヴィー朝でアッバース1世が即位。黄金時代を築く。

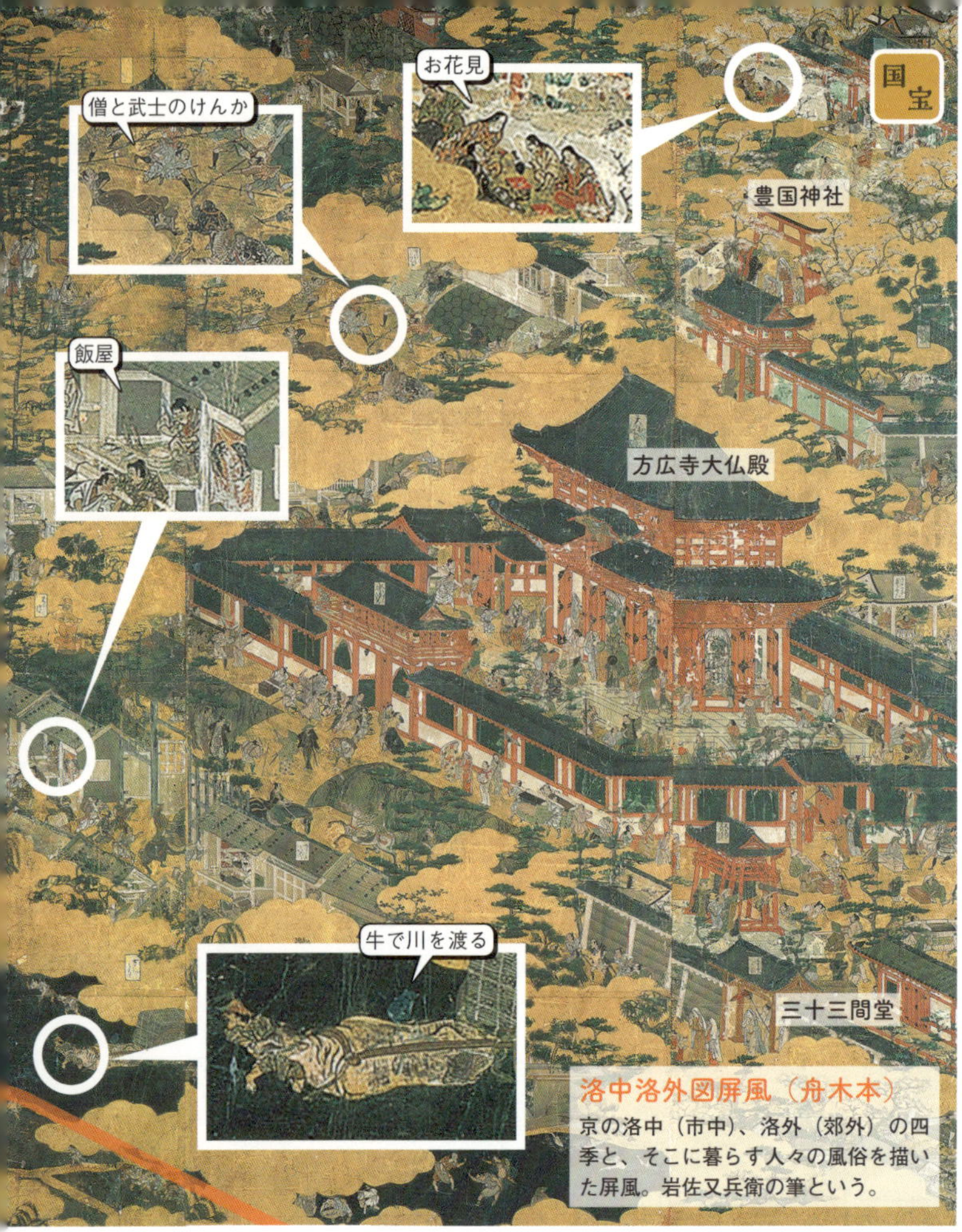

洛中洛外図屏風（舟木本）
京の洛中（市中）、洛外（郊外）の四季と、そこに暮らす人々の風俗を描いた屏風。岩佐又兵衛の筆という。

安土桃山

宗教 社会 外交 政治
合戦 **都市** 文化 周縁

◀P140 都市 P82▶

大乱後の京都を復興させた町衆の実力と秀吉の京都大改造

POINT!
応仁の乱後、京都は町衆の力で復興を遂げ、秀吉の時代に現在の街並みの原型ができる。

守護の在京で膨張する京都

平安以来、京都は天皇・公家を中心とする政治都市であった。室町幕府が開かれると、守護《しゅご》の在京が義務付けられたため武家の集住が進み人口は飛躍的に増加。住宅や寺社も増え、中心部では武家や金融業者を営む土倉《どそう》・酒屋、商人や職人が密集して住んだ。京都は名実ともに政治・経済の中心地となったのである。応《おう》仁《にん》の乱が始まると、京都は洛中から東山・北山、嵯峨まで焼亡する。**政治の中心である北の上京《かみぎょう》と、経済・流通を担う南の下京《しもぎょう》は乱後、別の市街地として再建された。**それぞれ堀や土塁《どるい》などによる惣構《そうがまえ》で囲まれ、その間は室町通り一本でつながれた。

2000 1950 1900 1800 1700 1600 ★ 1400 1200 1000 500 0 紀元前

豊臣秀吉の京都改造

豊臣秀吉は、各寺院を強制的に移転させ、市街地も四条室町を中心に4分割した。また、道路幅も縮小して、ほぼ現在の道幅になった。

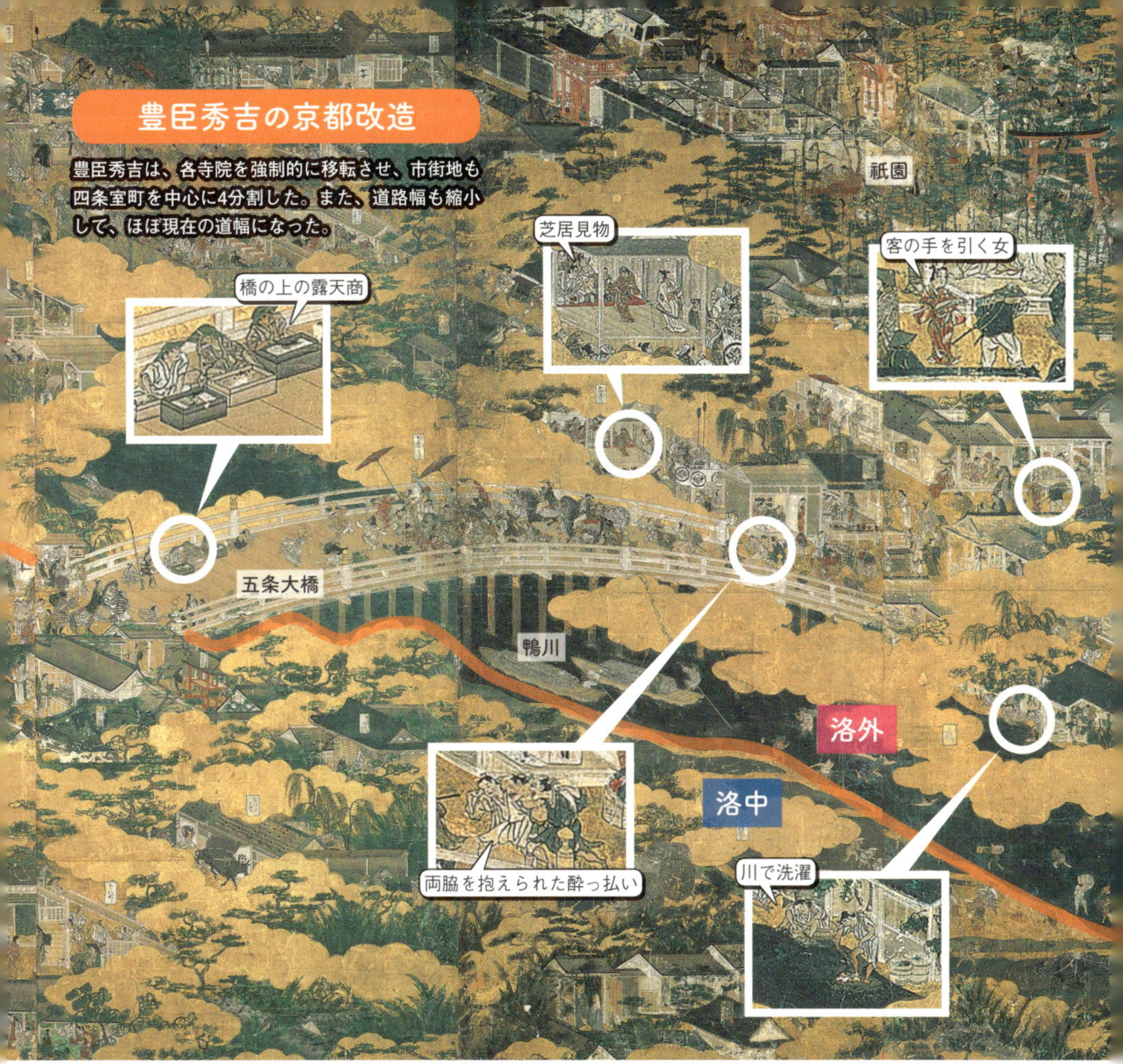

Image: TNM Image Archives

武家関白の首都京都

京都の復興を担ったのは、金融業などを営む富裕な町衆《ちょうしゅう》だった。町ごとに町法《ちょうほう》を定め、複数の町で町組《ちょうぐみ》を構成し、月行事《がちぎょうじ》という世話役のもとで自治を行った。祇園祭も町衆が再興し今に受け継がれている。

秀吉の時代、京都は姿を変える。関白《かんぱく》の政庁として聚楽第《じゅらくだい》が建設され、周囲に大名屋敷町が造られた。**寺院の多くは鴨川《かもがわ》沿いに移され寺町を形成。碁盤目状の町割は半町ごとに小路を通す短冊《たんざく》状に変更された。京都全体を御土居《おどい》という惣構で囲み、鴨川の氾濫と敵の侵入に備えた。**公家・大名屋敷、町屋、寺町を厳然と分けたのは、身分制度を可視化するためといわれる。こうして京都は豊臣政権の首都として整備され、今日の街並みの原型となった。

用語解説「土倉」

➡鎌倉・室町時代の金融業者。質物保管のため、土蔵を造ったことからそう呼ばれる。

宗教 社会 外交 政治
合戦 都市 文化 周縁

◀P154 文化 P104▶

織田・豊臣の統一政権のもとで絢爛豪華な桃山文化が花開く

桃山文化

富と権力を集中した統一政権のもとで、絢爛豪華な文化が生み出された。

絵画

唐獅子図屏風（右隻）

宮内庁三の丸尚蔵館

狩野永徳による雌雄の唐獅子（からじし）を描いた六曲一双の屏風絵。

城郭

姫路城

壮麗な天守を持つ姫路城。別名白鷺城といい、豊臣秀吉が近世城郭に大改修した。

権力の象徴としての城郭

信長・秀吉の時代から江戸初期にかけての文化を桃山《ももやま》文化と呼ぶ。統一政権の樹立、豪商の台頭、西欧との交流を背景とした、華麗で壮大な様式である。その代表が城郭建築だ。従来の防衛機能に加え権力の象徴としての性格が重視され、姫路城や松本城のような華麗な天守《てんしゅ》が築かれた。城郭の変化に伴い、内部には障壁画《しょうへきが》も盛んに描かれ、金箔地に青や緑の絵の具を厚く彩色して力強さを出した濃絵《だみえ》の技法が発達。なかでも狩野永徳《かのうえいとく》は、室町期の水墨画と日本古来の大和絵《やまとえ》を融合させ、鮮やかで雄大な装飾画を大成し、狩野派を最大流派に押し上げた。

POINT!

城郭建築や障壁画など豪華さが求められる一方、閑寂の境地を求める茶の湯が流行した。

2000 1950 1900 1800 1700 1600 1400 1200 1000 500 0 紀元前

黄金

イメージ復元された黄金の茶室

豊臣秀吉が造らせたという茶室。図面は伝わっていない。

貿易

大分市歴史資料館

花鳥文《かちょうもん》蒔絵《まきえ》螺鈿《らでん》洋櫃《ようびつ》

ポルトガル人の好みに合わせて製作され、ヨーロッパ向けに輸出された南蛮漆器の一種。

茶器

☑ Point!
漆黒色の発色が黒織部最大の特色

愛知県陶磁美術館／加藤舜陶寄贈

黒織部《くろおりべ》茶碗《ちゃわん》

織部特有の幾何学模様が描かれている。

大阪城天守閣

伝浅野長政所用の甲冑

兜に付いている猛々しい大水牛の角は、桐材に銀箔を押したもの。兜の一部には鉄砲による試し撃ちの跡が残る。

甲冑

政治と結びついた茶の湯

南蛮《なんばん》貿易の活発化に伴い、南蛮文化も花開いた。西洋画の技法で、ヨーロッパの習俗を描いた南蛮屏風が盛んに描かれ、活版印刷術によるローマ字書籍の出版も行われた。

華やかな桃山文化の中で、閑寂《かんじゃく》の境地を追求したのが、千利休《せんのりきゅう》が大成した茶道である。**茶の湯は政争に明け暮れる武将・商人にとって一時の安息の時間であり、情報交換の場でもあった。また、信長は茶の湯を許可制にして家臣統制に活用し、秀吉は黄金の茶室で自ら天皇に茶を点てるなど、積極的に政治利用した。**

民間では琉球《りゅうきゅう》の三線《さんしん》を改良して作った三味線で語る浄瑠璃《じょうるり》が人気を博した。17世紀初頭には出雲阿国《いずものおくに》のかぶき踊りが流行し、江戸時代の歌舞伎に受け継がれていく。

そのとき世界は？

➡**1601年頃** シェイクスピアの四大悲劇のひとつ「ハムレット」が初上演される。

宗教　社会　外交　政治
合戦　都市　文化　周縁

◀ P146　外交　P124 ▶

世界を席巻した日本の銀と東アジア貿易の実態

世界の銀の3分の1が日本産

16世紀、世界の貿易通貨は銀だった。ドイツやメキシコの銀山が活発に開発され、生産量は飛躍的に増大した。銀生産の革新の中で、台風の目となったのが日本産の銀である。この頃、日本では採掘技術の発達と新しい精錬技術（灰吹法《はいふきほう》）の導入により、石見《いわみ》銀山をはじめとする多くの銀山で大幅な増産を実現した。**日本の銀は海外にも輸出され、世界の産銀量の3分の1を占めたといわれる。**日本はこの銀によって中国明《みん》の生糸《きいと》を輸入した。その貿易の仲介役となって巨利をあげたのがスペインやポルトガルであり、この中継貿易こそが南蛮《なんばん》貿易の中核であった。

秀吉のキリシタン禁制

南蛮貿易というと、時計やビロード、眼鏡、ワインなどの珍奇な品々をイメージするが、これは貿易品というよりも、いわば日本の大名に貿易とキリスト教の布教の許可を得るためのお土産にすぎなかった。

ただし、その効果は大きく、九州の大名はこぞって布教を許して貿易に着手し、自らキリシタンになる者も多かった。**外国と大名の結びつきが天下統一の妨げになると判断した秀吉は九州平定後、キリシタン禁制に踏み切る。**その後、アジアの植民地化にキリスト教の布教が利用されているとの情報がもたらされ、**禁教の方針は江戸幕府に受け継がれた。**

世界とのつながり

生かされなかった遣欧使節の偉業

キリシタン大名の大友宗麟《おおともそうりん》、有馬晴信《ありまはるのぶ》、大村純忠《おおむらすみただ》が遣欧使節を送ったのは1582年（天正《てんしょう》10）である。伊東《いとう》マンショ、千々石《ちぢわ》ミゲル、中浦《なかうら》ジュリアン、原マルチノの４人で、いずれも10代半ばの少年だった。４人は教皇グレゴリウス13世に拝謁し、ローマ市民の大歓迎を受けた。日本人が初めて渡欧した画期的事業であり、彼らが持ち帰った活版印刷機などの文物が日本文化に大きな影響を与えた。しかし、彼らが帰国したときは秀吉の禁教令が出されており、その知識と経験が十分に生かされることはなかった。

POINT!

中国の生糸と日本の銀による南蛮貿易が活発化し、九州の諸大名がこぞって参入した。

2000　1950　1900　1800　1700　1600　1400　1200　1000　500　0　紀元前

日本の銀

石見銀山は世界的にも知られた銀山だった。当時ヨーロッパで製作された地図にもその名が記されている。

島根県立古代出雲歴史博物館

オルテリウス作のタルタリア図

タルタリア（シベリア地方）中心の地図。右下に日本が描かれ、本州中ほどに「Minas de plata」（銀鉱山）の文字が見える。

龍源寺間歩《まぶ》（坑道）入り口

間歩とは銀を採掘するための坑道を指す。龍源寺間歩は石見銀山の中で常時公開されている坑道で、内部には当時のノミ跡も残る。

大田市教育委員会

日本銀行貨幣博物館

文禄石州丁銀

文禄の役の際に、豊臣秀吉が軍用のために作らせたという丁銀（ちょうぎん）。

大田市教育委員会

龍源寺間歩の内部

そのとき世界は？

➡**1600年** イギリスがアジアの植民地化や交易を目的に東インド会社を設立。

第5章 泰平の世と江戸文化

江戸前期　江戸中期　江戸後期

時代	年代	出来事
戸	1600	関ヶ原の戦いが起こる P134・136
	1603	徳川家康が征夷大将軍となり江戸に幕府を開く P134
	1609	島津氏が琉球王国を征服 P150
	1615	大坂夏の陣で豊臣氏滅亡 P134
		武家諸法度制定 P142
		禁中並公家諸法度制定 P142
	1635	武家諸法度に参勤交代の義務を追加
	1637	島原の乱が起こる P144
	1641	オランダ商館が長崎の出島に移され、鎖国が完成する P146
	1643	田畑永代売買の禁制定 P144
	1651	由井正雪が牢人を連れて幕府転覆を画策する（慶安の変） P152
		文治政治が始まる P152
	1655	宿駅伝馬制始まる P156
	1657	明暦の大火 P152
		水戸藩主徳川光圀が『大日本史』の編纂を始める P164
	1669	アイヌの首長シャクシャインが蜂起 P148

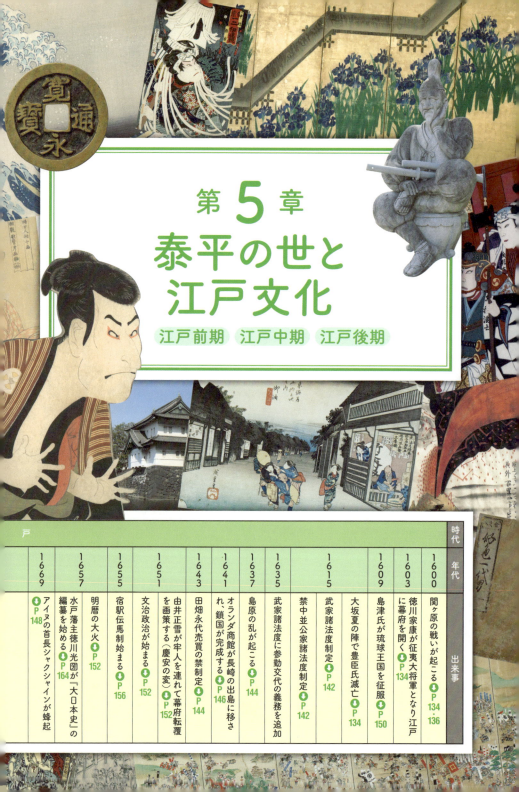

政治	江戸幕府を開いた家康は大名の領地替えを行い、幕藩体制を築く。武士はもちろん、朝廷・寺社・農民にも法度を定め、幕府権力を強めた。だが度重なる災害や財政難に対応できず、幕藩体制は徐々に崩れていく。
外交	江戸幕府は庶民の交易・出入航を取り締まる鎖国政策を断行。しかし、鎖国政策下においても幕府は松前・対馬・長崎・薩摩の「4つの窓口」で他国と交易を行い、貿易利益・情報を独占した。
社会	宿駅伝馬制の制定や五街道・海道・宿場の整備が進み、日本全国を人・物が行き来できる交通システムが完成。また、寺子屋の普及によって庶民教育レベルが底上げされ、文学作品や旅行が流行した。
宗教	江戸幕府は反乱を起こす可能性のあるキリスト教を禁止し、宣教活動を行うスペイン・ポルトガルの来航も禁止し、キリシタンの取り締まり政策を行った。さらにすべての民を寺の檀家にさせる寺請制度を確立した。
周縁	鎖国政策下でも松前藩と交易を行ったアイヌは、和人の不当な働きに蜂起するも敵わず、以降松前藩へ臣従する。一方、薩摩藩の侵略を受けるも、直接支配を受けなかった琉球王国は、江戸・清への二重朝貢を行う。
文化	江戸時代前半は上方を中心とした元禄文化が、後半は江戸を中心とした化政文化が起こる。それまでの文化とは違い、担い手が庶民に移り、浮世草子や俳句、歌舞伎、浮世絵のほか、多くの学問ジャンルが発達した。
都市	江戸はかつて城の近くまで海が迫る港町であった。豊臣秀吉の命で江戸に移った徳川家康は江戸湊（東京湾）を埋め立て、河川を通し、町作りを進める。これにより江戸は上下水道を完備した大都市に変貌した。
合戦	豊臣秀吉が死ぬと、五大老筆頭の徳川家康と、五奉行の一人石田三成との間で政争が起こり、関ヶ原の戦いへと発展する。結果は西軍石田方の要であった小早川秀秋の裏切りで、東軍の家康が勝利を収める。

江

1685	5代将軍綱吉が生類憐みの令を発布 P152
1689	松尾芭蕉が『奥の細道』の旅に出る P154
1702	赤穂浪士の討ち入り事件が起こる P152
1709	新井白石が正徳の治を始める P152
1716	8代将軍吉宗の享保の改革が始まる P158
1772	田沼意次が老中に就任 P158
1782	天明の飢饉が発生 P158
1787	江戸・大坂で打ちこわしが発生 P166
1787	老中松平定信の寛政の改革が始まる P170
1794	11代将軍家斉の大御所政治が始まる P170
1798	本居宣長の『古事記伝』が完成する P164
1808	間宮林蔵らが樺太を調査 P168
1821	伊能忠敬の「大日本沿海輿地全図」が完成 P168
1831	葛飾北斎の「富嶽三十六景」が刊行される P163
1837	大塩の乱が起こる P170
1841	老中水野忠邦の天保の改革 P170

宗教 社会 外交 政治
合戦 都市 文化 周縁

◀P142 政治 P124▶

戦国時代最後の戦い関ヶ原と徳川の安泰を決した大坂の役

POINT!

関ヶ原の戦い・大坂の役に勝利した徳川家康は江戸幕府を開き、泰平の世が始まる。

徳川家康と石田三成が対立する

豊臣秀吉《とよとみひでよし》の死後、嫡男の秀頼《ひでより》が幼なかったため、五大老や秀吉家臣団の協力による政治が始まる。しかし、**五大老筆頭の徳川家康は、秀頼後見役の前田利家《まえだとしいえ》が死去すると、大坂城に乗り込み、政治の実権を握った。**秀吉家臣団の中でも武功で名をあげてきた加藤清正《かとうきよまさ》・福島正則《ふくしままさのり》ら武断派と、秀吉のもとで行政を担当していた五奉行の石田三成《いしだみつなり》ら文治派《ぶんち》の対立が表面化。家康が武断派を取り込み、実質的な天下人となると、1600年（慶長《けいちょう》5）、三成は五大老の毛利輝元《もうりてるもと》を担ぎ上げ、家康討伐のため挙兵。こうして、**全国の大名を巻き込んだ関ヶ原の戦いが勃発した。**

徳川家の江戸時代の始まり

関ヶ原の戦いに勝った家康は1603年、征夷大将軍となり江戸に幕府を開く。都市や資源を直轄管理し、諸大名には江戸の普請《ふしん》や国絵図《くにえず》（地図）・郷帳《ごうちょう》（村の生産力をまとめたもの）の作成を義務化するなど、徳川家の支配を明示した。

家康は2年後に嫡子の秀忠《ひでただ》に将軍職を譲ったが、大御所《おおごしょ》として実権を握り続け、1614年と1615年（元和《げんな》元）には、大坂の役（大坂冬の陣・夏の陣）で豊臣氏を滅ぼし、幕府の地盤を固めていく。

こうして、信長《のぶなが》・秀吉に学んだ**家康が戦国時代を終わらせ、〝泰平の世〟江戸時代が訪れたのである。**

KEYPERSON

家康勝利の立役者？「三浦按針」の出現

三浦按針《みうらあんじん》（ウィリアム＝アダムス）は、1600年３月、豊後《ぶんご》に漂着したオランダ商船リーフデ号のイギリス人船員だった。彼とオランダ商人ヤン＝ヨーステン（椰揚子《やようす》）に出会った徳川家康は、二人を信頼し外交顧問として厚遇した。キリスト教を警戒していたため、聖職者ではない按針らに交易を許した家康は、按針から学問知識や砲術・造船技術などの伝授を受けた。リーフデ号積荷の大砲や火薬が関ヶ原で使われたという説もあり、三浦按針の出現は家康にとってまさに、渡りに船だった。

2000 1950 1900 1800 1700 1600 1400 1200 1000 500 0 紀元前

政治

徳川家康の天下人への道のり

かつては大名の人質であった徳川家康が天下を取るまでの人生を、野心度とともに見てみよう。

西暦	数え年	内容（　　は家康の野心度を示す）
1542	1	岡崎城主松平広忠の子に生まれる
1547	6	織田氏の人質になる
1549	8	父の松平広忠が刺殺される 今川義元の人質になる
1560	19	桶狭間の戦いで今川氏から独立
1562	21	織田信長と同盟を組む（ほぼ従属）
1566	25	三河の一向一揆を平定し、三河を統一。徳川に改姓
1570	29	信長・家康、姉川の戦いで浅井・朝倉軍を破る
1572	31	三方ヶ原の戦いで武田信玄に敗北
1573	32	武田信玄死亡。室町幕府滅亡
1575	34	信長・家康、長篠合戦で武田軍を破る
1582	41	武田氏滅亡。本能寺の変 北条氏と和睦し甲斐・信濃・駿河・遠江・三河を領有
1584	43	小牧・長久手の戦い（秀吉に勝利）
1586	45	関白豊臣秀吉に臣従
1590	49	秀吉の命で北条氏滅亡後の関東に移る（都や駿府から離れた江戸へ）
1598	57	秀吉死去。五大老として政治に参加
1599	58	大坂城に入り、政治の実権を掌握（MAX）
1600	59	関ヶ原の戦いに勝利
1603	62	征夷大将軍になり、江戸幕府を開く
1607	64	駿府城で大御所政治を始める
1614	73	大坂冬の陣
1615	74	大坂夏の陣で豊臣氏滅亡 武家諸法度・禁中並公家諸法度を制定
1616	75	駿府城で死去
1617		日光東照宮の神である東照大権現の神号を得る

←低　家康の野心度（編集部で測定）　高→

しかみ像
三方ヶ原の戦いで敗北した家康を象ったとして有名だが、近年ではそうではないという説もある

江戸城
皇居はかつて約260年続く江戸幕府の政治の中心であった。

そのとき世界は？
→**1602年** オランダがインドネシアでの香辛料貿易を目的に、東インド会社を設立。

宗教 社会 外交 政治 合戦 都市 文化 周縁

◀P184 合戦 P124▶

なぜ関ヶ原の戦いは天下分け目の戦いになったのか

石田三成は大垣城にいたが急遽関ヶ原へ

赤い軍装（井伊の赤備え）が特徴の井伊直政隊の発砲で開戦

家康は死後東照大権現になったため、本図にはその姿が描かれていない

関ヶ原町歴史民俗資料館

激闘！関ヶ原本戦の一日

徳川家康《とくがわいえやす》の東軍と、毛利輝元《もうりてるもと》を総大将に据えた石田三成《いしだみつなり》の西軍が激突した関ヶ原の戦いは、9月15日午前8時頃、東軍の井伊直政《いいなおまさ》隊が宇喜多《うきた》秀家《ひでいえ》隊に発砲したことで始まった。東軍の側面攻撃を大砲で押し返すなど、最初は西軍が優勢であった。10時頃、桃配山《ももくばりやま》の家康本隊が前進すると、三成は小早川秀秋《こばやかわひであき》と毛利秀元《ひでもと》に攻撃の狼煙《のろし》を上げる。しかし、両陣営は動かず。12時頃、家康が小早川隊に発砲すると、小早川は裏切りを決行。形勢は逆転し、西軍は潰走、三成も伊吹山《いぶきやま》方面に落ちる。14時頃、島津義弘《しまづよしひろ》隊や毛利隊らも撤退し、**戦は東軍の勝利で終結した。**

POINT！

秀吉死後の政権内部の争いが関ヶ原の戦いに発展。戦を制した家康は江戸幕府を開いた。

2000 1950 1900 1800 1700 1600 1400 1200 1000 500 0 紀元前

関ヶ原合戦図屏風

“天下分け目”の関ヶ原の戦いは合戦図屏風も多く残されている。

敵の正面を中央突破して退却する島津義弘

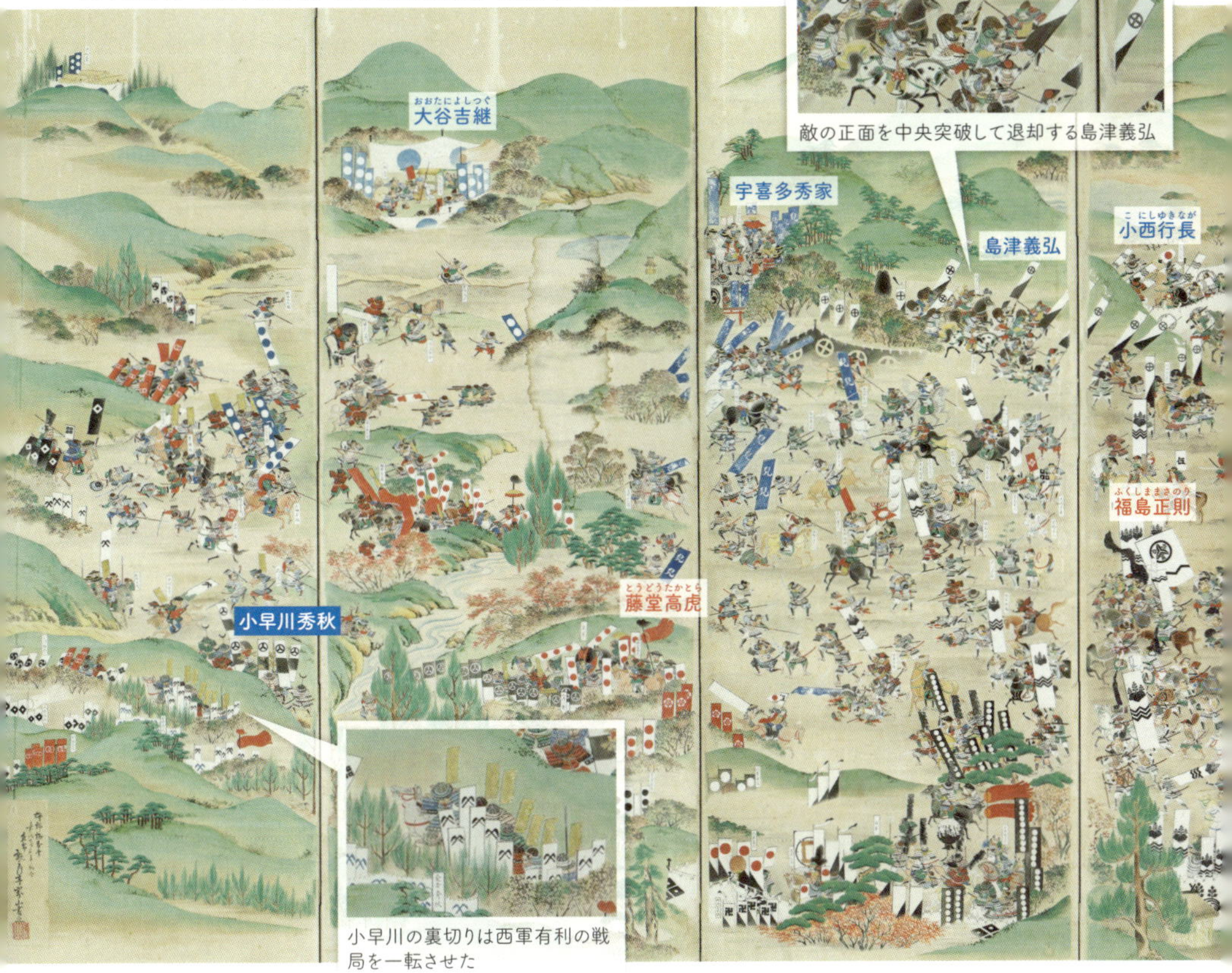

小早川の裏切りは西軍有利の戦局を一転させた

史料研究で浮かび上がる史実

以上が通説による本戦の流れだが、**近年の史料研究でこれを覆す様々な新説が発表されている。** 例えば、家康の問鉄砲《といでっぽう》を食らったことで恐怖した小早川秀秋が裏切りを決意したエピソードは後世の創作で、実際は二人は寝返りを密約しており、小早川は開戦と同時に家康軍に付いたという説などがあげられる。

また、三成と家康の天下取りを懸けた勝負というイメージが強いが、最近では関ヶ原の戦いはあくまで政権内部の抗争が戦に発展しただけで、この時点で家康には豊臣氏に取って代わる気はなかったと考えられている。つまり、**「関ヶ原＝天下分け目の戦い」は結果論で、徳川家康の天下人への道のりは関ヶ原での勝利が出発点ということになる。**

そのとき世界は？

➡**1598年** フランスでナントの勅令が発令され、個人の信教の自由が認められる。

徳川15代将軍の生涯と主な事跡

264年にわたった江戸時代。
偶然の一致か徳川将軍は
足利将軍と同じ15代で幕を閉じた。

（生 生没年 将 在位）
改名をしている人物はもっとも知られている名前で表記

乱世を勝ち抜いた常識人
初代 徳川家康《いえやす》
（生 1542～1616 将 1603～05）

政治・外交★★★★★
文化・教養★★★½
政策・実績★★★★★

・関ヶ原の戦いに勝利し天下を統一、幕府を開く
・幕府の基礎を固めるため大名取り潰し政策を断行
・徳川幕府の規範となる「武家諸法度」を発令

先代の政策を継いだ律儀者
2代 徳川秀忠《ひでただ》
（生 1579～1632 将 1605～23）

政治・外交★★★★
文化・教養★★★
政策・実績★★★★

・関ヶ原の戦いに遅参し家康の不興を買う
・御三家創設、有力外様大名の改易で幕府を盤石に
・朝廷との婚姻政策を進め徳川の権威を高める

徳川幕藩体制を確立
3代 徳川家光《いえみつ》
（生 1604～51 将 1623～51）

政治・外交★★★★
文化・教養★★★
政策・実績★★★★★

・30万の軍勢を率いて上洛、権威を見せつける
・老中を頂点とした幕府の統治機構を確立する
・寛永通宝などの貨幣を鋳造し流通を強化する

文治政治への転換を図る
4代 徳川家綱《いえつな》
（生 1641～80 将 1651～80）

政治・外交★★★
文化・教養★★★★½
政策・実績★★★½

・将軍が直接政務を執らず重臣たちが政務を担当
・末期養子の禁の緩和や殉死の禁止などを定める
・茶の湯、能楽に熱心で自らも絵を学ぶ

評価が分かれる犬公方
5代 徳川綱吉《つなよし》
（生 1646～1709 将 1680～1709）

政治・外交★★★½
文化・教養★★★★
政策・実績★★★½

・綱紀粛正や学問の奨励は「天和の治」と称えられる
・悪質な小判を鋳造し深刻なインフレを呼ぶ
・儒教による教化を目的に「生類憐みの令」を発布

先代の負の遺産を整理
6代 徳川家宣《いえのぶ》
（生 1662～1712 将 1709～12）

政治・外交★★★★
文化・教養★★★★
政策・実績★★★½

・大名の事績を記した『藩《はん》翰《かん》譜《ぷ》』を編纂させる
・就任すぐに「生類憐みの令」を廃止する
・朝鮮通信使の待遇を簡素化して経費を削減

将来を嘱望されるも夭折
7代 徳川家継《いえつぐ》
（生 1709～16 将 1713～16）

政治・外交½
文化・教養½
政策・実績½

・聡明で慈悲の心が厚く、振る舞いも閑雅だった
・将軍に影響力を及ぼすため大奥内の対立が激化
・皇女の八十宮《やそのみや》と婚約するが死去により実現せず

暴れん坊将軍でおなじみ

8代 徳川吉宗《よしむね》

（生 1684～1751 将 1716～45）

政治・外交★★★½
文化・教養★★★½
政策・実績★★★½

- 裁判の基準となる「公事《くじ》方《かた》御《お》定書《さだめがき》」を制定
- 庶民の声を聞く目安箱や町火消しを設置する
- 倹約や増税を試みるも経済政策は失敗に終わる

言語障害に悩まされた

9代 徳川家重《いえしげ》

（生 1711～61 将 1745～60）

政治・外交★½
文化・教養★★
政策・実績★★

- 病弱で言語不明瞭のため政治はすべて幕閣任せ
- 髪も乱れたままヒゲも伸ばし放題で大奥に籠もる
- 言葉を理解できた大岡忠《ただ》光《みつ》を絶大に信頼

田沼時代を生んだ将軍

10代 徳川家治《いえはる》

（生 1737～1786 将 1760～86）

政治・外交★★★
文化・教養★★★
政策・実績★★★½

- 田沼意次《たぬまおきつぐ》を重用し商業を重視する政策に移行
- 物流の拡大に合わせて貨幣の一元化を図る
- 蝦夷地の開発やロシアとの交易の可能性を探る

歴代最長50年も在位

11代 徳川家斉《いえなり》

（生 1773～1841 将 1787～1837）

政治・外交★★★
文化・教養★★★½
政策・実績★★½

- 40人余りの側室、55人の子女をもうけたともいわれる
- 寛政の改革をストップさせ積極財政にシフト
- 江戸を中心とした化政文化が花開く

ペリー来航時の将軍

12代 徳川家慶《いえよし》

（生 1793～1853 将 1837～53）

政治・外交★★
文化・教養★★★
政策・実績★★

- 武芸を奨励し緩んだ士風を引き締める
- 「天保の改革」の失敗で幕府の権威が揺らぐ
- ペリー来航の対応に追われる中、病にかかり死去

病弱の上に癇癪持ち

13代 徳川家定《いえさだ》

（生 1824～58 将 1853～58）

政治・外交★★
文化・教養★★
政策・実績★★

- アメリカの総領事ハリスと江戸城で面会
- 健康な正室を迎えるため島津家の篤姫と結婚
- 存命中から将軍の後継争いが巻き起こる

朝廷との関係修復に奔走

14代 徳川家茂《いえもち》

（生 1846～66 将 1858～66）

政治・外交★★★
文化・教養★★★
政策・実績★★½

- 公武合体政策により皇女和宮と結婚
- 将軍としては229年ぶりに上洛する
- 長州征討の総大将を務めるも大坂城で死去

最後の征夷大将軍

15代 徳川慶喜《よしのぶ》

（生 1837～1913 将 1866～67）

政治・外交★★★½
文化・教養★★★★
政策・実績★★★½

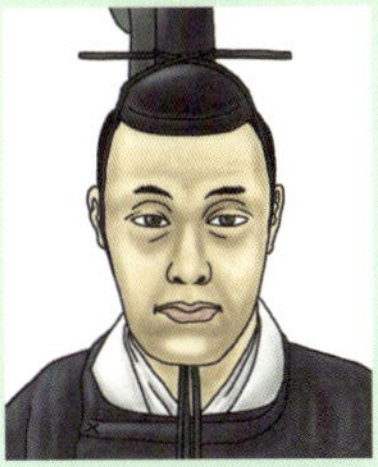

- 西洋技術を取り込み幕政の改革を進める
- 徳川主導の諸藩連合を構想し大政を奉還
- 明治以降は写真・絵画・狩猟などの趣味に生きる

幕府は1867年に滅亡

江戸前期

宗教 社会 外交 政治
合戦 **都市** 文化 周縁

都市 P126 ▶

港町から将軍のお膝元へ家康が行った江戸の町作り

POINT!

人と技術を使いこなした幕府の大工事が、小さな江戸を世界有数の大都市に変貌させた。

江戸の開拓

かつては港町として発展していた江戸。その発展を支えた豊かな江戸湊（東京湾）は、江戸城周辺の開発で埋立が進められた。

1590 年以前の江戸

家康が入るまでは江戸城のすぐ近くまで海が迫っていた。そのため、「入り江の入り口（戸）」という意味で江戸という地名が付いた。

1603年頃、築城名人だった藤堂高虎《とうどうたかとら》の設計で、江戸城に天守・西の丸・北の丸が造築された

1607 年頃の江戸

現在の新橋周辺にあった日比谷入江を埋め立てる。さらに平川を通し、江戸城に外堀を設けることで城の防御力がアップ。

神田川は江戸城を取り囲むように自然地形の溜池まで開削された。これにより神田川は江戸城の外堀としての役割も担うように

1620 年頃の江戸

諸大名に天下普請を命じ、さらに江戸の都市開発が進む。現在も姿を残す神田川はこの時期に造られた人工河川であった。

江戸の地形を変えた大工事

1590年（天正《てんしょう》18）、徳川家康《とくがわいえやす》が入った江戸は何もない寒村だったといわれるが、実際は物資を中継する港町として発達していた。しかし、海岸線は江戸城間近まで迫り、湿地が多く、都市としては手狭だった。

家康は、城下町の再建・拡充と、運河用の道三堀《どうさんぼり》開削を始め、内堀の掘削や日比谷《ひびや》入江の埋め立てなどに着手。**地形を大改変するほどの土木工事を続け、町作りを行った。**江戸幕府が開かれると天下普請《てんかぶしん》として諸大名にも工事を賦課し、神田山も切り崩し、低湿地埋め立て、**水害対策として利根川《とねがわ》の大規模な流路変更も行った。**

2000 1950 1900 1800 1700 1600 1400 1200 1000 500 0 紀元前

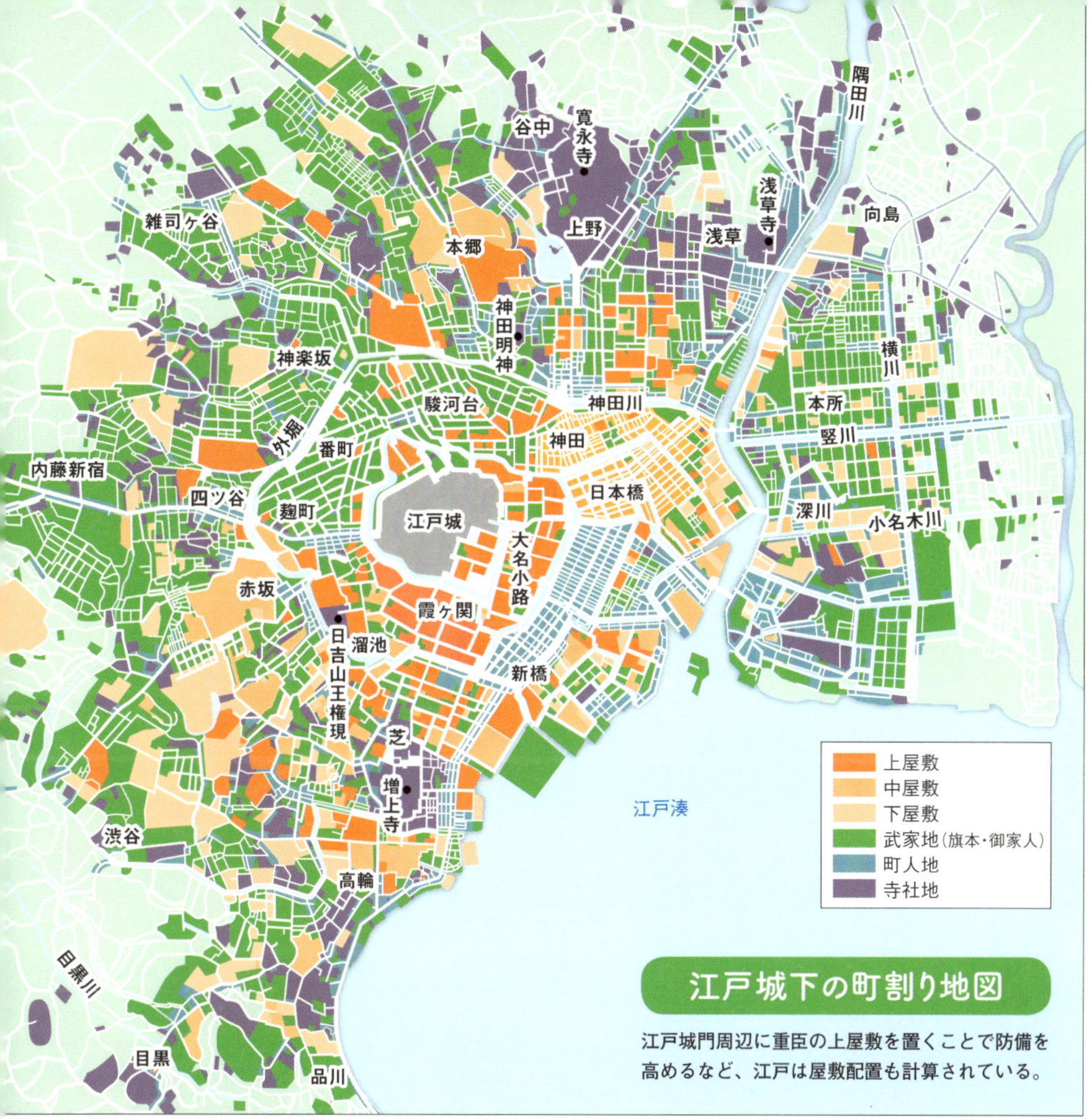

江戸城下の町割り地図

江戸城門周辺に重臣の上屋敷を置くことで防備を高めるなど、江戸は屋敷配置も計算されている。

※本図は幕末期の分布図

百万都市の深刻な水事情

1636年（寛永《かんえい》13）、**総延長14kmに及ぶ外堀が城下町ごと囲む、江戸城の惣構《そうがまえ》が完成した。**最初は15万人前後だった人口は、参勤交代《さんきんこうたい》の制度化や明暦《めいれき》の大火以降の市街地拡大、新田開発により、**享保《きょうほう》年間（1716～1736年）頃には100万人を超えたといわれる。**

百万都市に生活用水を供給したのは、多摩川《たまがわ》からの43kmを高低差のみで導水する自然流下式の玉川上水だった。高水準の上下水道が機能した江戸は同時代の世界各国の都市と比べて清潔であったとして名高いが、実際は上水・下水は平面交差し、多くの井戸は便所・ゴミ捨て場のそばにあり、町屋敷でも下水は堀に流されたなど、近年は従来のイメージとは異なる実像が判明している。

用語解説「大名屋敷」

→藩主が使う上屋敷、隠居した藩主などが使う中屋敷、別邸的な下屋敷と3種ある。

◀P152 政治 P134▶

260年続いた江戸時代の基盤 幕藩体制とは何か

大名統制の強化が始まる

江戸幕府は、**大名の軍事力を制限する一国一城令や武家諸法度《ぶけしょはっと》を相次いで発布し統制を強化。**大名の領地である藩の内政は各々に一任したが、法度に背くと有力大名でも処分した。武家諸法度は将軍の代替わりごとに改定され、**3代将軍家光《いえみつ》の時には大名に1年おきに自国と江戸の往復を義務付ける参勤交代《さんきんこうたい》が制度化された。**参勤交代の経費は大名の自腹だったため、藩財政を慢性的に圧迫した。大名は将軍との親疎関係により親藩《しんぱん》・譜代《ふだい》・外様《とざま》に大別されたので、関ヶ原の戦い前後に臣従した外様大名は辺境に配され、参勤交代の経費がかさんだ。

権力は寺社・朝廷にも及んだ

幕府には政務を統括する老中《ろうじゅう》や、それを補佐する若年寄《わかどしより》、監察担当の大目付《おおめつけ》などが設けられ、主な役職は親藩・譜代大名と、将軍直属の家臣団である旗本《はたもと》・御家人《ごけにん》が独占した。

寺院に対しては寺院法度《じいんはっと》を発布し、本山が末寺を管理する本末制度を制定した。さらに、朝廷には禁中《きんちゅう》並公家諸法度《ならびにくげしょはっと》を制定。日常的に監視する京都所司代《しょしだい》を置き、官位の授与や年号の制定といった特権にも介入し、**天皇・公家は幕末までほとんど政治活動ができなかった。幕府は全国の政治権力を、法度や職制の整備で明示し、約260年続く幕藩体《ばくはんたい》制《せい》を確立させた。**

KEYPERSON

幕藩体制に立ち向かった「佐倉惣五郎」

人々のために身を犠牲にした義民《ぎみん》といわれる人物の代表的存在が佐倉惣五郎《さくらそうごろう》。江戸時代前期の下総国《しもうさのくに》佐倉藩で、重税に苦しむ農民のため将軍に直訴《じきそ》を行い処刑されたと伝わる。史実としては確認できないが「惣五郎」という農民は確かにおり、人々に語り伝えられた。幕末には彼を主題にした歌舞伎が大ヒットし『佐倉義《さくらぎ》民伝《みんでん》』として今も上演される。福沢諭吉《ふくざわゆきち》や自由民権運動家も民衆の味方の先駆者として称え、昭和恐慌や戦後改革の時期にも惣五郎が鑑とされ、心の拠り所となったという。

POINT!

幕府は多くの法度を制定し、全国の大名はもちろん、朝廷や寺社も厳しい統制下に置いた。

政治

江戸幕府の代表的な役職

幕府の政治は将軍を頂点に大名や旗本・御家人がサポートした。

- **将軍**
  - **大老** 将軍に次ぐ幕府の最高権力者 ※常置ではない
  - **老中** 政務の統括
    - **大目付** 大名の監察
    - **町奉行《まちぶぎょう》** 江戸の行政・司法担当
    - **勘定《かんじょう》奉行** 幕府の税徴収や財政運営を担当
  - **側用人《そばようにん》** 将軍の側近
  - **若年寄** 老中補佐
  - **京都所司代** 朝廷の守護・監察
  - **寺社奉行** 寺社の管理・宗教統制

MOVIE GUIDE

『葵　徳川三代』

徳川将軍3代の心の絆

関ヶ原の戦い前夜から幕藩体制の完成までの徳川家を舞台とする。戦国を生き抜いた謀略主義者の家康、妻お江に頭が上がらない恐妻家の秀忠、生まれながらの将軍として養育された家光、３人の徳川将軍を中心に、家康の遺志をなぞらえつながっていく家族の絆を描く。

脚本／ジェームス三木
出演／津川雅彦、西田敏行
2000年
NHK

『NHK 大河ドラマ 葵 徳川三代 完全版』発行・販売元：NHK エンタープライズ／問合せ：NHK エンタープライズファミリー倶楽部／電話：0120-255-288

朝廷・寺社に対する統制

幕府は朝廷も厳しく統制。また寺院統制と同時に民衆の宗教の統制も行った。

禁中並公家諸法度で朝廷を統括

紫衣《しえ》事件(1627～29)
幕府の許可を得ず高僧沢庵に位を与えたため幕府と対立した後水尾天皇は、抗議のため1629年明正天皇に譲位した。

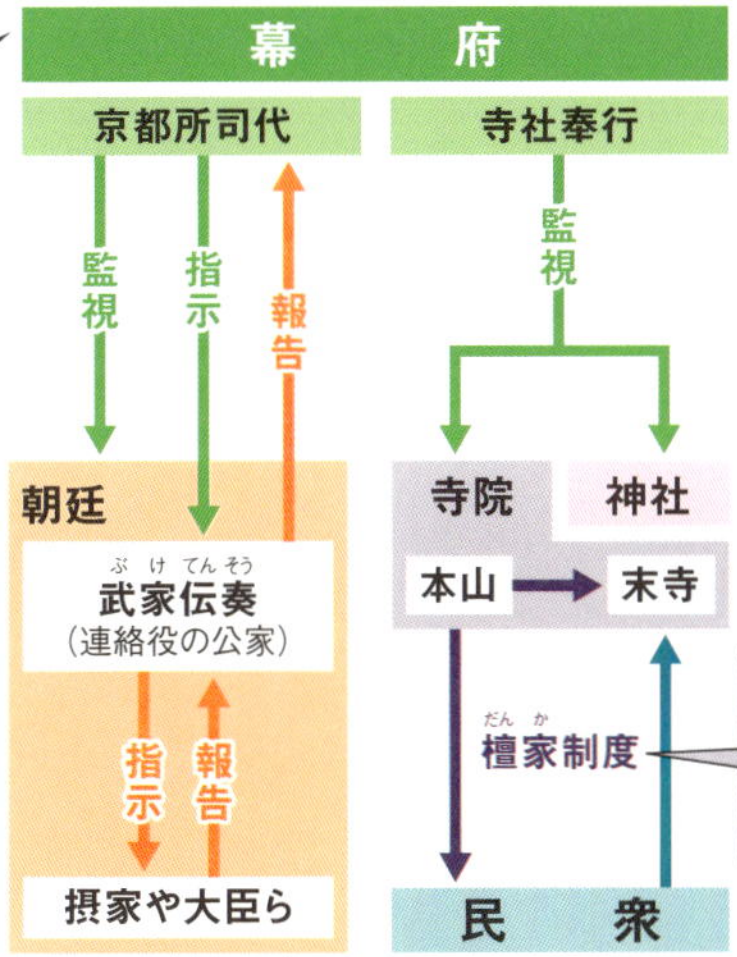

・諸宗寺院法度、諸社禰宜神主法度で寺院・神社を統括
・日蓮宗不受不施派は弾圧

檀家＝寺に所属し布施をして寺の財政を助ける
寺院が民衆を檀家として所属させ、キリシタンではないことを証明する制度

朝廷は位を与えるときなど政務を行う際は、幕府へ必ず報告し、指示を待った

東京大学史料編纂所所蔵模写

沢庵宗彭《たくあんそうほう》
（1573～1645）
紫衣事件の当事者である沢庵は「たくあん漬」を発案した大覚寺の高僧。

用語解説「一国一城令」
➡大名の居城を一つに限る条令。それまで戦に備えて建てられた多くの城が廃城となった。

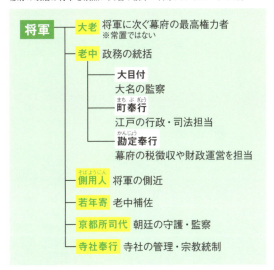

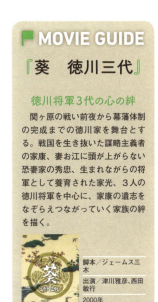

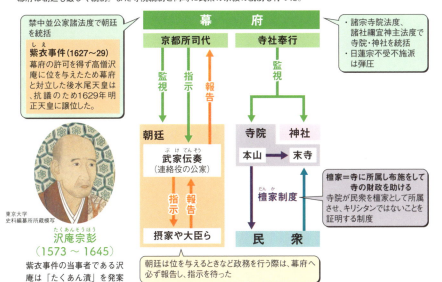

宗教 社会 外交 政治 合戦 都市 文化 周縁

◀ P156 社会 P116 ▶
◀ P166 宗教 P118 ▶

現代まで続く村社会は幕府の百姓統制から始まった

村社会のシステム化

幕藩《ばくはん》体制の身分制度は、支配階級の武士と被支配階級の百姓（漁業・林業従事者含む）・町人とで区分される。村には、田畑を持つ本百姓、小作人である水呑《みずのみ》などの序列があり、村単位で年貢《ねんぐ》が定められた。**幕府は収入増加のため耕地面積を拡大し、百姓の自立化をはかった。**村方三役《むらかたさんやく》による自治を認めるほか、百姓の相互扶助《ふじょ》関係や掟《おきて》を破った者に制裁を行う村八分《むらはちぶ》を利用し、５軒一組で連帯責任とする五人組制度を作り、秩序維持に役立てた。また、年貢確保のために田畑永代売買《でんぱたえいたいばいばい》の禁令などを発布。これらのシステムは、百姓の村への帰属意識を高めた。

キリスト教規制と民衆の支配

幕府はキリシタンの団結・反乱を防ぐため、キリスト教信仰を禁じる禁教令《きんきょうれい》を全国に発布するほか、**絵踏《えぶみ》の実施などでキリシタンを徹底的に弾圧した。**さらに、民衆全員を寺に所属させ、檀家《だんか》として寺への布施《ふせ》を義務付ける寺請《てらうけ》制度を制定し、家族の宗旨《しゅうし》と檀那寺《だんなでら》を記載した宗門改帳《しゅうもんあらためちょう》の作成を命じた。葬儀や墓の管理など、現代に続く寺と人々の深い関わりはこれらの法令に起因する。

また、寺請制度は「家」を存続することの重要性が増した社会に順応し、**民衆一人一人の集団への帰属意識を高めるなど、村社会の影響は現代社会に色濃く残っている。**

戸籍管理にシフトした「宗門人別改帳」

1613年（慶長18）の禁教令発布以降、各地で宗門改めが行われていたが、1637年（寛永14）キリシタンが武力蜂起した島原《しまばら》の乱（島原・天草《あまくさ》一揆）に衝撃を受けた幕府は、宗門改役を設置してキリスト教徒の根絶に躍起になった。諸藩も宗門改帳を作成したが、もともとあった人別帳に宗旨を書き足した、コンプリート版「宗門人別改帳《しゅうもんにんべつあらためちょう》（宗旨人別改帳《しゅうしにんべつあらためちょう》）」が誕生した。やがてキリシタン摘発が激減し、江戸時代中期以降は宗旨調査よりも戸籍や租税管理のための台帳へと、役割がシフトしていった。

POINT!

幕府の統制によって家と村を強く意識する村社会や、葬式＝仏教の慣習が誕生した。

2000 1950 1900 1800 1700 1600 1400 1200 1000 500 0 紀元前

農民の統制

幕府は様々な法令を発布し、農民を統制。納税者である百姓を円滑に統制し、年貢を徴収できたことも幕藩体制が長く続いた要因のひとつだ。

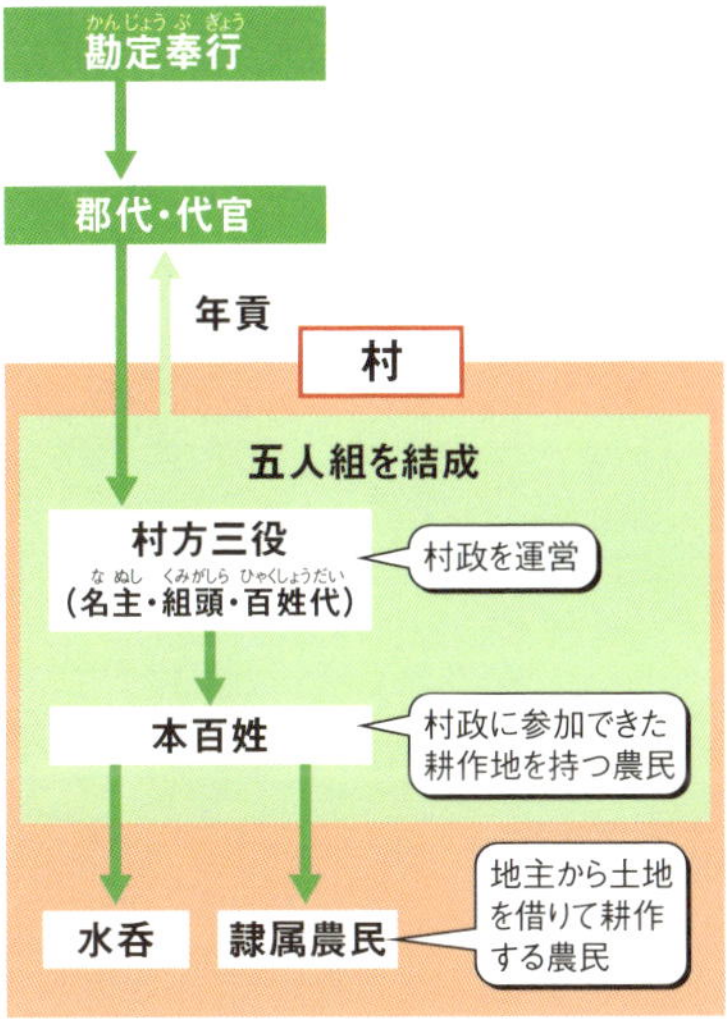

江戸時代の農民

五人組単位で課された年貢を納めるため、協力し合った。

年貢確保のための法令

田畑永代売買の禁令(1643)

内容 田畑の売買禁止
目的 裕福な農民が田畑を買い占め力を付けるのを防止

分地制限令(1673)

内容 土地の分割相続の制限
目的 田畑が細分化し、一人から徴収できる年貢が少なくなるのを防止

田畑《でんぱた》勝《かっ》手《て》作《づくり》の禁(1642)

内容 木綿や菜種など高価な作物を自由に栽培することを禁止

近世日本とキリスト教

戦国時代の一向一揆のように、徒党を組んで反乱を起こす可能性があると見なされたキリスト教は厳しく弾圧された。

戦国	1549	フランシスコ＝ザビエルがキリスト教を宣教
	1587	**バテレン追放令** 秀吉による宣教師の国外追放。庶民の信仰は許された
	1596	**サン＝フェリペ号事件** スペイン商船サン＝フェリペ号が漂着すると、秀吉は積み荷を没収。怒った乗組員は「宣教師を利用して日本を征服する」と文句を言う
	1597	**二十六聖人の殉教** サン＝フェリペ号事件を受けて怒った秀吉が宣教師を処刑
江戸	1613	**全国に禁教令**
	1622	**元和（げんな）の大殉教** 宣教師やキリシタン 55 人を処刑
	1624	スペイン船の来航禁止
	1637	**島原の乱** キリシタンの天草四郎時貞を中心とした大規模な一揆
	1639	ポルトガル船の来航禁止
	1853	ペリー、浦賀に来航。翌年、日米和親条約の締結（開国）
明治	1868	明治政府、五榜の掲示でキリスト教の禁止を発令
	1873	外国公使の抗議を受け、キリスト教黙認

東京国立博物館／小平忠生撮影／九州国立博物館

踏《ふみ》絵《え》

キリストや聖母の絵を踏めた者はキリシタンではないと判断された。

そのとき世界は？

➡**1620年** ピューリタンがアメリカに渡り、ニューイングランド植民地の基礎を作る。

宗教 社会 外交 政治
合戦 都市 文化 周縁

◀P168 外交 P130▶

鎖国の間も積極的に開かれた4つの窓口とは

家康の平和外交の終焉

幕藩《ばくはん》体制の基礎固めのため、貿易の利益を重視した徳川家康《とくがわいえやす》は、平和外交を推進。ポルトガル・スペインに加え、オランダ・イギリスとも自由貿易を始めた。**東南アジアとは、将軍の渡航許可証を携えた船が行き来する朱印船《しゅいんせん》貿易が活発化**した。

しかし、幕府は1613年（慶長《けいちょう》18）に全国に禁教令《きんきょうれい》を発布し、積極的な宣教を進めるポルトガル・スペイン船の来航を禁止、外国船の入港を長崎と平戸《ひらど》に限定した。さらに、オランダに商館を襲われたイギリスが東アジアから撤退したことで、**日本と国交のあるヨーロッパの国はオランダのみとなった。**

鎖国と4つの窓口

3代家光《いえみつ》のときには、外国船の入港を長崎の出島《でじま》のみとし、平戸にあったオランダ商館も長崎に移転した。以降200年以上、いわゆる鎖《さ》国《こく》政策が続くことになる。

しかし鎖国中とはいえ「4つの窓口」こと長崎（対オランダ・中国）・対馬《つしま》（対朝鮮）・薩摩《さつま》（対琉球）・松前《まつまえ》（対アイヌ）では交易が積極的に行われていた。さらに琉球経由で東南アジアや中国の、松前経由でロシアの物資・情報がもたらされており、幕府は完全に国を閉じていたわけではない。これによって幕府は、**貿易利益の独占と、民衆に対する外国の情報統制に成功した**のである。

ココが変わった

いまの教科書

鎖国という言葉が消える？

歴史の授業で必ず学んだ「鎖国」という言葉が教科書から消えかかっている。そもそも鎖国という言葉は、幕末にドイツ人医師ケンペルの著作を訳した際に生まれたもので、鎖国中の日本で生まれた言葉ではないからである。また、当時は東南アジア諸国との交流は禁止しておらず、さらに「4つの窓口」では積極的に貿易を行っていたため、閉鎖的な鎖国のイメージとは実態が異なっていることも指摘されており、交流国と港を限定しただけの「海《かい》禁《きん》政策」と言い換えるべきだという意見もある。

POINT!

民衆に対しては強硬な鎖国政策を採ることで、幕府は貿易利益や情報を独占できた。

2000 1950 1900 1800 1700 1600 1400 1200 1000 500 0 紀元前

朱印船貿易と日本町

幕府の渡航許可書（朱印状）を持つ船のみが交易を許された。貿易先には日本町（日本人街）ができることもあった。

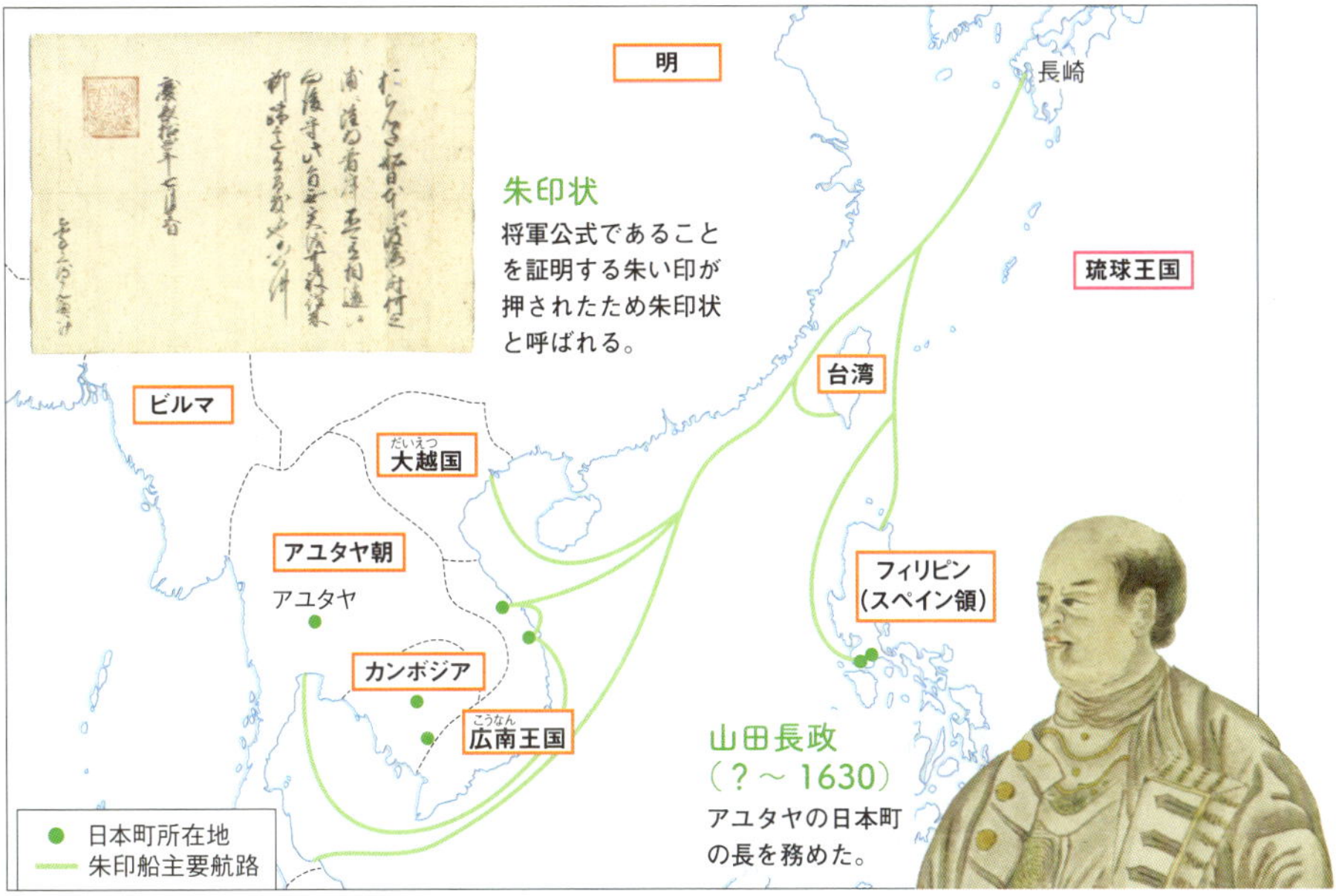

朱印状
将軍公式であることを証明する朱い印が押されたため朱印状と呼ばれる。

山田長政
（？～1630）
アユタヤの日本町の長を務めた。

東京大学史料編纂所所蔵模写

“鎖国下”でも開かれていた「4つの窓口」

民衆に対しては鎖国政策を行っていたが、幕府は4つの窓口で交易を続けていた。

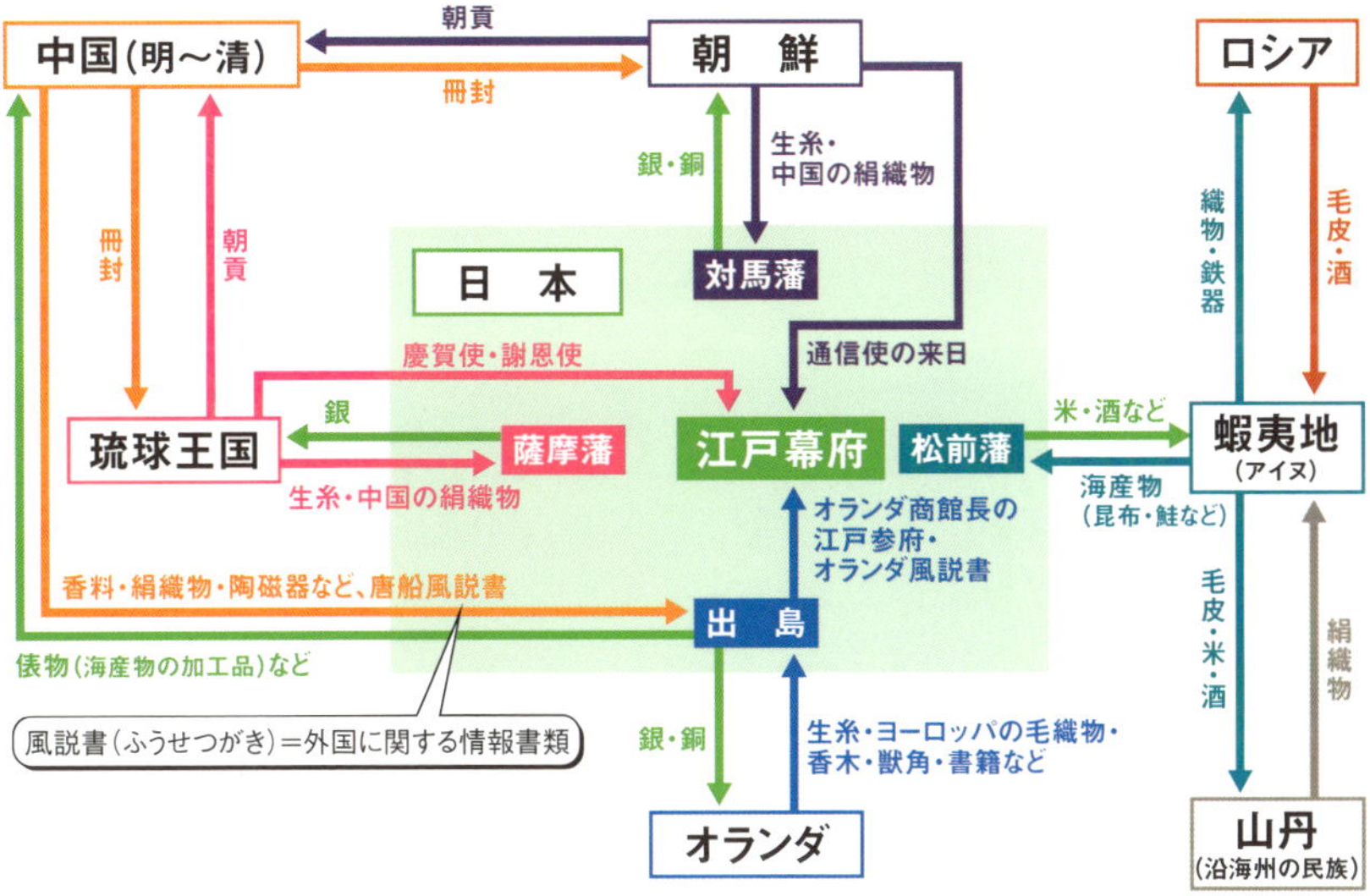

用語解説「朱印船貿易」
➡日本町から朱印船に乗り込む宣教師対策として、家光治世で朱印船の渡航も禁止した。

◀P150 周縁 P106▶

蝦夷地支配のきっかけとなったシャクシャインの戦い

松前氏のアイヌ交易独占

アイヌは蝦夷地《えぞち》（北海道・樺太《からふと》・千《ち》島《しま》以北）で、狩猟採集生活を基本に和人（日本人）や北方の諸民族と交流しながら独自の文化を形成していた。14世紀頃から和人が道南部に進出。その主導権を握ったのが幕藩《ばくはん》体制下で松前《まつまえ》藩主となる松前氏であった。

江戸時代、鎖国中も**松前氏は幕府から蝦夷地のアイヌとの交易独占を認められた。**最初は家臣に交易権と商場《あきないば》（交易対象地域）を分与する商場知行《ちぎょう》制で交易していたが、やがて商人に請け負わせる場所請負《うけおい》制に変わると、アイヌに不利な条件の交易をするなど、**和人商人の不当なふるまいが横行した。**

政策が確立しないまま明治へ

1669年（寛文《かんぶん》9）、首長シャクシャイン率いる**アイヌ勢力が松前藩の収奪に対して蜂起した（シャクシャインの戦い）。**最終的にシャクシャインは暗殺され、アイヌは松前藩に従属することを余儀なくされた。

18〜19世紀頃、**ロシアが蝦夷地に接近し始めたため、幕府は蝦夷地を直轄地とし警護を固めた。**しかしアイヌの懐柔と和風化政策が失敗し、蝦夷地経営が財政を圧迫したため、日露関係の緩和をみて、幕末には蝦夷地を松前藩に返還した。アイヌもまた明治維新の波に呑み込まれ、やがて北海道の開拓時代を迎えることになる。

世界とのつながり

“北のシルクロード”山丹交易

江戸時代、松前藩から蝦夷地・サハリン（樺太《からふと》）・沿海州を経由して清朝（中国）とつながっていた山丹《さんたん》交易と呼ばれるルートがあり、アイヌはその重要な担い手だった。山丹人（沿海州周辺の人々）が清朝にテンの皮を上納して得た上質な官服や布地などを、アイヌはクマの毛皮や松前藩との交易で手に入れた米や酒と交換していた。18〜19世紀頃にロシアが介入するまでこのルートが、蝦夷錦《えぞにしき》と呼ばれた華麗な刺繍の絹織物をはじめとする清国の品々を日本にもたらしていたのである。

POINT!

幕府は蝦夷地経営を松前藩に一任していたが、ロシアの接近を契機に本格介入を試みた。

アイヌ熊送の図　函館市中央図書館

熊の姿を借りた神を、天界に返す儀式。ロシア極東部でも行われた。

蝦夷地に暮らすアイヌ

北海道周辺で固有の文化を形成していたアイヌ。彼らは山丹人と独自ルートで交易していた。

蝦夷錦を着るアイヌの首長

アイヌは清に朝貢する山丹人と貿易を行い、対価としてきらびやかな絹織物を得ていた。

函館市中央図書館

シャクシャイン（？～1669）

自分に有利な条件で交易をし続ける松前藩に怒り、蜂起したアイヌの英雄。

アイヌと周辺民族

アイヌは北海道だけではなく樺太や千島列島にも存在した。

そのとき世界は？

➡1661年 ルイ14世の絶対王政の開始。

◀P168　周縁　P148▶

薩摩支配下の琉球が王国存続のために行った二重の朝貢

薩摩の琉球王国征服

琉球《りゅうきゅう》王国は、アジア諸国の中継地点として各地域の産物を転売する中継貿易を行う交易国だった。**一般の海外貿易を禁じる海禁政策をとっていた明《みん》（中国）とも、建国以来朝貢《ちょうこう》貿易を行っていた。**明と直接の交易ルートを開きたい徳川家康《とくがわいえやす》は、薩摩《さつま》藩の島津《しまづ》氏を通じて琉球と交渉を始める。しかし琉球は幕藩《ばくはん》体制に組み込まれることを警戒し断り続けたため、１６０９年（慶長《けいちょう》14）、島津氏は家康の許可を得て琉球王国の中心であった首里城《しゅりじょう》を攻略。とはいえ**対明貿易継続のため琉球王国の体裁は維持、薩摩藩の支配は王室経由の間接的なものに留まった。**

王国再興を目指した二重朝貢

薩摩藩は琉球に在番《ざいばん》奉行を置き、貢物輸送の監督などを行った。中継貿易が縮小していくなか、**将軍や琉球王の代替わりごとに王族が江戸に出向く慶賀使《けいがし》・謝恩使《しゃおんし》も義務付けられたため、琉球は慢性的な財政難に悩まされた。**

そこで琉球は、明が滅亡し清《しん》が誕生すると改めて朝貢関係を築き、琉球産の黒糖などを日本に売却し、その対価である銀や昆布を清に輸出するという、新交易システムを構築した。こうして琉球は**日本と清、2国に属する独立王国という特殊なポジションを取り続け、**明治時代の琉球処分まで王国を維持した。

世界とのつながり

鎖国体制下の東アジア貿易

1616年（元和《げんな》2）に建国された清と江戸幕府の貿易は、競争入札による相対《あいたい》貿易からスタートした。貿易額はみるみる増加し、銀の輸出過多が懸念されたため、輸入額や来航隻数の制限、長崎に「唐人屋敷」を設営し清国人居住地の限定を行った。文禄《ぶんろく》・慶長の役以来悪化していた朝鮮との関係は、対馬《つしま》藩の宗《そう》氏と朝鮮の間に己酉《きゆう》約条が結ばれて回復。12回を数えた朝鮮通信使の来日のうち、3回目までは捕虜の返還が目的だったが、以降は将軍の代替わりごとに修好目的の使節団が江戸を訪れた。

POINT!

薩摩藩の琉球征服を経て琉球の中継貿易は縮小。清・日本両国への朝貢は幕末まで続く。

首里城《しゅりじょう》

琉球王国最大の木造建築にして、政治の中心であった城。最も重要な建築物である正殿の創建年は14世紀末頃とされている。現在の正殿は沖縄戦で焼失後、1992年に復元されたものである。

首里城正殿の玉座

正殿内部に置かれた国王の玉座は15世紀に在位した琉球王尚真王の肖像画をもとに再現された。玉座や柱は国王の象徴である龍の彫刻が施されている。

琉球王国と東アジア情勢

島津氏に支配された琉球が王国存続のために行ったのは日本・清両国への朝貢であった。

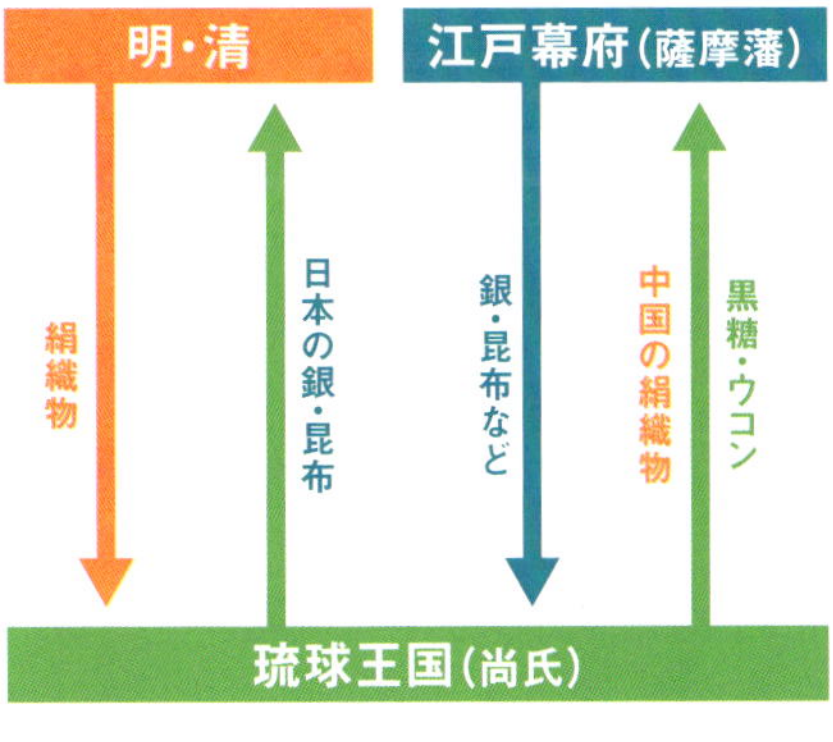

BOOK GUIDE

『テンペスト』

琉球を救うため少女は決意する

舞台は幕末の琉球王国。聡明で美しい少女の真鶴は、憧れの王宮を時代の変化の荒波から救おうと性別を偽り役人になる。出世を遂げた彼女は行政官として活躍するが、政敵に阻まれ八重山へ流刑される。はたして真鶴は再び王宮へ戻れるのか。

著者／池上永一
上・下巻
2008年
KADOKAWA

そのとき世界は？

➡**1616年** 女真族のヌルハチ（太祖）によって中国東北部に後金（後の清）が建国される。

◀P158 政治 P142▶

文治政治への転換が導いた江戸幕府政治の安定期

POINT!
乱世を収めた幕藩体制が安定期を迎え、儒教をベースにした文治政治へ転換していく。

武断政治から文治政治へ

4代家綱《いえつな》から7代家継《いえつぐ》にかけて、**戦国の風習を踏襲する武断《ぶだん》政治から、道徳を重んじ法令や制度で統治する文治《ぶんち》政治へシフトした。**きっかけは1651年（慶安《けいあん》4）、兵学者由《ゆ》井正雪《いしょうせつ》が牢人《ろうにん》（路頭に迷った武士）を集めて幕府転覆を計画した由井正雪の乱（慶安の変）である。家光《いえみつ》の弟で家綱をサポートした保科正之《ほしなまさゆき》は牢人増加を防ぐため末期養子《まつごようし》を許すなど政策転換を行った。

続く5代綱吉《つなよし》の治世では、老中堀田《ほった》正俊《まさとし》によって**「天和《てんな》の治」と称される幕政の健全化政策が功を奏した**が、後半は柳沢吉保《やなぎさわよしやす》など側用人《そばようにん》を重用した恣意的な独裁政治に変質した。

幕府を揺るがした「忠臣蔵」

1657年（明暦《めいれき》3）に発生した大火《たいか》の復興費用による幕府財政の破綻など失策が続く中、**江戸で起こった赤穂浪士《あこうろうし》の討ち入り（赤穂事件）は日本中に衝撃を与えた。**浪士たちの忠義は文治政治の方針と重なる上、町人から旗本までもが同情し、世論の圧力に幕府が温情措置をとる事態まで招いた。

6代家宣《いえのぶ》・7代家継《いえつぐ》治世では、朱《しゅ》子学者《しがくしゃ》の**新井白石《あらいはくせき》が幕府の威信強化と支配秩序の再整備をはかった「正《しょう》徳《とく》の治」が始まる。**朝廷との融和や金銀流出を防ぐための海舶互市新例《かいはくごししんれい》の発布、新貨幣の発行を行うが、幕府財政の改善にはいたらなかった。

ココが変わった

生類憐みの令は悪法ではない？

5代綱吉は将軍の権威向上に努めつつも、学問の奨励・朝廷統制の緩和など、天和の治の頃は名君のイメージがある。そんな綱吉の評判を「犬公方《いぬくぼう》」と呼ばれるまでにおとしめたのが、生類憐《しょうるいあわれ》みの令だ。犬の過剰保護などトンデモな悪法だったと学んだものだが、最近は福祉政策面で見直されている。野犬に噛まれたり、無益な殺生を行うことがなくなり、保護の対象がじつは「生きるものすべて」だったため、捨て子や重病人の遺棄もなくなったという。迷惑なだけの法令ではなかったらしい。

武断政治から文治政治へ

家綱から家継治世の江戸幕府は、道徳を重んじる文治政治で乱世の名残を一掃した。

家康から家光の武断政治

強硬的な武断政治で礎を築く

由井正雪の乱(慶安の変、1651)で
牢人が幕府転覆未遂事件を起こす

↓

保科正之の政治

①牢人増加を防ぐ
跡継ぎのいない当主が死ぬ直前に養子をもらうこと(末期養子)を認可し、跡継ぎ不在でとりつぶしになる大名の減少を図る

②戦国の常識を覆す、文治政治の促進
人質・殉死を禁止に

明暦の大火(1657)

↓

5代徳川綱吉・堀田正俊・柳沢吉保の政治

①文治政治をさらに推進
- 武家諸法度を改定。武道を身につけることよりも、主君や父祖に対する忠孝や、礼儀を第一に要求
- 生類憐みの令(犬をはじめとする動物愛護令)を発布

②国の中心であった皇室と融和し、将軍の権威付けに
応仁の乱後中止していた大嘗祭など儀式を再興

③明暦の大火復興費用を捻出する経済政策
金銀含有率の低い(56%)元禄小判を発行し、鋳造コスト削減&大量鋳造

庶民からの批判を呼ぶ
貨幣価値が大暴落、物価が急上昇
赤穂事件(1702)、富士山の噴火(1707)

↓

新井白石の政治

①綱吉が失墜させた将軍の権威の復活
- 幕府の出資で宮家を増やして皇幕融和へ
- 朝鮮通信使の待遇を簡素化し、日本の将軍が朝鮮より優位に立っていることをアピール

②物価上昇対策や富士山の噴火への復興費用を捻出する経済政策
- 貿易輸出額の上限を決める海舶互市新例で貿易による金銀流出を阻止
- 金銀含有率の高い正徳小判を発行し、貨幣価値を上昇させる

↓

経済政策は失敗、かえって混乱を招くことに……

保科正之
(1611 ~ 1672)
家光の弟で、会津藩主。多くの著書を執筆し、学問の振興に努めた。
東京大学史料編纂所所蔵模写

明暦の大火
江戸城天守をはじめ、市街の約6割が焼失した大規模火災

赤穂事件
赤穂藩主の浅野長矩が高家の吉良義央を江戸城中で斬り付け、切腹・領地没収。翌年、大石内蔵助ら浅野家遺臣が主君の敵として吉良を討った事件。これを題材にした『仮名手本忠臣蔵』は大ヒット
都立中央図書館特別文庫室

新井白石
(1657 ~ 1725)
朱子学(儒学の中でも儀礼を重んじる学問)者。低下した将軍の権威を復活させようと尽力した。
東京大学史料編纂所所蔵模写

正徳小判
江戸最初期に発行された慶長小判と同じ金含有率84%以上
日本銀行貨幣博物館

用語解説「牢人」
➡跡継ぎ不在でとりつぶしになるなどして主君を失い、路頭に迷う武士

◀P160 文化 P128▶

幕藩体制の安定で町人中心の元禄文化が生まれた

POINT!

幕藩体制の安定が流通経済の発展を促し、上方の町人が発信源の元禄文化が生まれた。

寛永・元禄文化

大名中心の寛永文化に対して、浮き世をテーマにした元禄文化は町人が担い手だった。

国宝 世界遺産

日光東照宮陽明門《ようめいもん》

家康を祀る東照宮は家光によって大造営が進み絢爛豪華な霊廟が完成した。

歌舞伎

市川團十郎の荒事歌舞伎は江戸で大人気に。『義経千本桜（よしつねせんぼんざくら）』など現在でも上演される演目が誕生した。

都立中央図書館特別文庫室

上方町人が発信した元禄文化

江戸時代初期の寛永《かんえい》文化は、日光東照宮《とうしょうぐう》や、狩野《かのう》派・俵屋宗達《たわらやそうたつ》の絵画など、**大名主導で豪壮華麗な作品が生み出されたため、桃山文化の最終期にも位置づけられる。**

17世紀頃、幕藩体制が安定化し経済が発展すると、**浮き世《よ》（現世）をテーマにした元禄《げんろく》文化が関西（上方《かみがた》）の町人から発信された。**なかでも、享楽的な町人世界を著した井原西鶴《いはらさいかく》や旅に生きた松尾芭蕉《まつおばしょう》の俳句など、理想ではなく現実世界を描写した作品が強い共感を得た。また、三味線に合わせて人形を操る人形浄瑠璃《じょうるり》が生まれ、脚本家近松門左衛門《ちかまつもんざえもん》の世話《せわ》物《もの》（男女の心中物）が大ヒットした。

2000 1950 1900 1800 1700 1600 1400 1200 1000 500 0 紀元前

☑ Point!
群青の明暗を操り花のふくらみを表現

八橋図屏風《やつはしずびょうぶ》
尾形光琳の傑作の一つ。金地にカキツバタの群生を描くこの屏風は『伊勢物語』をモチーフにしたもの。
メトロポリタン美術館

BOOK GUIDE

『天地明察』

太陰暦を作った男
碁打ちの名門に生まれるがその境遇に飽き、算術に打ち込んでいた主人公の渋川春海は、老中酒井忠清に全国規模の天文観測を命じられる。それは日本独自の太陰暦を作るという一大プロジェクトの始まりだった。

天地明察
冲方丁
上

著者／冲方丁
上・下巻
2012年
KADOKAWA

好色一代男《こうしょくいちだいおとこ》
好色男の自由な生き様をありのままに描いた井原西鶴の第一作。

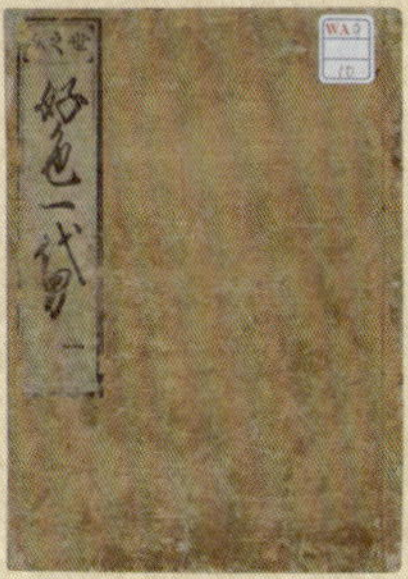

五月雨をあつめて早し最上川
(訳)五月雨を一つに集めたように何とまあ最上川の流れの速いことよ

松尾芭蕉と曽良《そら》
東北へ旅に出た二人の紀行文『奥の細道』は俳句の芸術性を高めた名作。
天理大学附属天理図書館

文化

江戸では、活発な演技の荒事《あらごと》歌舞伎が人気を博し、常設の芝居小屋が誕生、演劇は一番の娯楽となった。

絵画においては菱川師宣《ひしかわもろのぶ》が浮世をモチーフにした版画を始め、のちに浮世絵へ発展していく。また、尾形《おがた》光琳《こうりん》が古典を題材に工芸品のデザインを行ったのもこの時期だった。

実践的な学問の発展

学問が発展したのも元禄文化の特徴で、特に文治《ぶんち》政治の基盤となった儒学《じゅがく》は、礼儀を重んじる朱子学《しゅしがく》、現実批判の教えが幕府から警戒された陽明学《ようめいがく》、論語など儒教古来の教えに立ち返る古学派《こがくは》と、多くの学派に分かれた。他にも動植物を研究する本《ほん》草学《ぞうがく》の誕生や、農業技術書の発行、医学・天文学の進歩など、**実践的な学問も発展し、のちの国学《こくがく》につながる歴史・古典研究も始まった。**

そのとき世界は？
➡**1632年** インド、ムガル帝国で霊廟タージ=マハルの築造が始まる。

宗教 社会 外交 政治
合戦 都市 文化 周縁

◀ P164 社会 P144 ▶

地方都市をつなぐ街道の整備が流通経済を発展させた

多くの地方都市が誕生する

豊臣《とよとみ》政権の兵農分離政策以降、**武士が居住する城下町を中心に、現在も発展する多くの地方都市が生まれた。**その多くは**五街道《ごかいどう》をはじめとする全国の街道の宿場《しゅくば》となり、人や物が往来した。**城下町は城を中心に、武家地・町人地・寺地を計画的に配置し、水運・陸運のために運河や街道を通した。町人地には鍛冶屋《かじや》を集めた鍛冶町など、特定の商品を生産する職人町も作られた。百姓が年貢の納入や物資の売買を行った在町《ざいまち》も、村の特産品によって発展・都市化。これらの町で生産された商品は、街道を経由して全国に流通し、町の発展に寄与した。

水陸交通の整備と貨幣の流通

当初は公用に整備された**五街道や脇街道《わきかいどう》など陸上交通路は、現在の国道の基礎となった。**宿場には本陣《ほんじん》（大名が利用する宿）や、人・馬を常備しており、これは伝馬役《てんまやく》という地元民が負担した。このような地方交通の整備は参勤交代《さんきんこうたい》や寺社詣《もうで》の安全な道中、当時の通信機関である飛脚《ひきゃく》の迅速・正確な情報伝達などを可能にした。大量物資の安価輸送には、水上交通が利用され、南海路《なんかいろ》（大坂～江戸）などの航路が整備された。

17世紀半ばには**金・銀・銭貨の「三貨《さんか》」も全国に普及し、地方都市の発展・交通の整備と相まって流通経済を飛躍的に発展させた。**

KEYWORD

流通・交通・伝達を支えた「宿駅伝馬制」

関ヶ原の戦いの翌年から、江戸と地方をつなぐ東海道・中山道《なかせんどう》・日光道中《にっこうどうちゅう》・奥州《おうしゅう》道中・甲州《こうしゅう》道中の五街道が、宿駅《しゅくえき》伝馬制により整備された。交通の要所に適当な間隔で宿場を配置し、常備の人足・馬を使って旅人や物資をリレー輸送する制度だ。赤穂事件の際、江戸で起きた刃傷沙汰《にんじょうざた》の報が赤穂（兵庫）に4日半で到着したのも、庶民の間で旅行ブームが起こったのも、また現在も各地に江戸情緒あふれる宿場町があるのも、宿駅伝馬制が整備され、人馬の継ぎ立て・宿泊・通信業務が機能したからなのだ。

POINT!

陸海の街道の整備は人や物の安定した往来を可能にし、流通経済が飛躍的に発展した。

江戸時代の陸路と水路

江戸・大坂・京を中心に、各地の城下町をつなぐ街道が張り巡らされ、また、江戸・大坂にいたる海上交通網の整備が進み、流通を促進させた。

飛脚

書状や荷物を運ぶ江戸の通信機関。江戸から京までの間を３～４日で走破した。

宿場

宿場には常に人と馬がスタンバイしており、情報・物資の調達は宿間のリレー形式で行われた。

金貨・銀貨・銭貨の比率

表面に単位を数字で示す計数貨幣の金貨・銭貨に対して、重さが単位になる銀貨は以下の比率で両替できた。

	金貨	銀貨	銭貨
流通場所	東日本➡全国	西日本➡全国	全国
はかり方	計数	秤量	計数
貨幣の交換率	 慶長小判	 慶長丁銀	 寛永通宝
	１両（＝１枚）	60 匁（＝約 3.75g）	4000 文（＝4000 枚）

日本銀行貨幣博物館

そのとき世界は？

➡**1688年** 専制的な国王と議会の対立の結果、イギリスで名誉革命が起こる。

宗教 社会 外交 政治
合戦 都市 文化 周縁

◀ P170 政治 P152 ▶

変容する社会の中で幕府を牽引した徳川吉宗と田沼意次

徳川吉宗による享保の改革

1716年（享保《きょうほう》元）、**徳川吉宗《よしむね》が8代将軍に就任し、変容する社会に即した財政再建を図る享保の改革を実行した。**倹約令《けんやくれい》で支出を抑え、参勤交代を半減し米を上納させる上《あ》げ米《まい》の制、商人出資の新田開発、幕府領地の年貢引き上げなど、支出減少・収入増加を試みた。また、**家康時代の復古をかかげた幕政改革を行い、**人材登用に有効な足高《たしだか》の制（役職ごとに役料〔給料〕を決め、石高がそれに満たないような家柄が低い者には差額を給付する制度）の導入、目安箱《めやすばこ》の設置、さらに町奉行の大岡忠相《おおおかただすけ》を中心に江戸の都市政策を行った。享保の改革で年貢収入は増加、幕政は立ち直りを示した。

田沼意次の重商主義改革

享保の改革の成果で幕藩体制は立て直されたが、享保の飢饉で再び財政難を迎えた。10代家治《いえはる》の時、**老中《ろうじゅう》の田沼意次《たぬまおきつぐ》が実権を握り、民間の経済活動を活発化させ、その利益の一部を幕府財政に取り込もうとした。**同業組合である株仲間《かぶなかま》を公認する代わりに運上《うんじょう》・冥加《みょうが》（営業税）を徴収したり、貨幣制度改革などを行ったが、賄賂《わいろ》の公然化などで政治が乱れ、さらに**浅間山《あさまやま》の噴火や天明《てんめい》の飢《き》饉《きん》が重なり、民衆や幕閣内からも恨みを買い失脚、重商主義改革は失敗に終わった。**その後を引き継いだ松《まつ》平定信《だいらさだのぶ》は再び吉宗のような重農主義政策を推進した。

ココが変わった

いまの教科書

田沼意次はただの賄賂政治家ではない!?

田沼意次といえば賄賂まみれの悪徳政治家というイメージが根強いが、近年は田沼政治が再評価されている。米を増産しても米価が落ちて収入は伸びないことに気づいた田沼は、株仲間の税徴収や長崎貿易の奨励、ロシア交易を目標とした蝦《え》夷《ぞ》地《ち》開発などで商品の流通が生む利益を幕府の財政に取り込もうと考えたのだ。幕藩体制の根幹をなすはずの重農主義から、あっさりと重商主義へシフトした経済政策は、家康を神君と仰ぐ将軍家の人間には、なかなか実施できないことだっただろう。

POINT!

吉宗と田沼は既成概念にとらわれない政策を断行したが、幕政の矛盾が表面化し始めた。

2000 1950 1900 1800 1700 1600 1400 1200 1000 500 0 紀元前

政治

徳川吉宗と田沼意次の政治改革

吉宗、田沼はそれぞれ重農・重商主義政策を進め、幕府財政の立て直しを図った。

文治政治

経済発達や災害の復興資金で幕府は慢性的な財政難に

8代徳川吉宗の享保の改革

❶収入安定・年貢増徴で財政を再建

- 収穫高による検見法(けみほう)から、一定額の年貢を徴収する定免法(じょうめんほう)へ
- 参勤交代を緩め、大名から米を徴収(上げ米)
- 新田開発の奨励
- 倹約令で幕府支出を抑える

❷家康時代の復古を目指し将軍中心の政治へ

- 側用人政治をやめ、大名や町人、学者を重用
- 足高の制で人材登用をスムーズに

❸江戸の都市政策を促進

- 庶民の意見を聞くために目安箱(意見投書箱)を設置
  ➡意見を反映し、町火消や小石川養生所(医療施設)を創設
- 公事方御定書(判例集)を発行し、裁判をスムーズ化

❹実学の奨励

- 洋書の輸入制限を緩和。飢饉に強いサツマイモの栽培を奨励

幕府財政は一時的に安定
農民は厳しい年貢(米)の取り立てに疲弊
享保の飢饉(1732)

老中田沼意次の政治

❶米に頼らず収入を得るため商業政策を行う

- 株仲間を認める代わりに、運上・冥加の増収
- 両替簡易化のため計数貨幣の銀貨(南鐐二朱銀)を発行し、金本位貨幣制度へ

❷貿易面でも収入を得ようと画策

- 新井白石が制限した長崎貿易を緩和
  ➡銅に代わって俵物(ふかひれなど高級食材)を輸出

❸新田開拓事業を推進

- 蝦夷地開発で新田になる土地を探すとともに、貿易拡大を目指す
  ➡最上徳内を調査隊として派遣
- 印旛沼・手賀沼の干拓を進める

役人の間で賄賂が横行し幕府への不満がつのる
死者92万人にも及ぶ天明の飢饉(1782)
浅間山の噴火(1783)

改革は失敗、田沼は失脚。財政再建は次世代に続く……

大岡忠相
(1677～1751)
名奉行として評価され、大岡政談という創作講談ができるまでに人気だった。

町火消《まちびけし》
火事が多かった江戸庶民が望んだ民間の火消し。なかでも纏(まとい)持ちは組一番の体力自慢が担当し、人気職だった

都立中央図書館特別文庫室

田沼意次
(1719～1788)
商人の力を利用する思い切った財政改革は失敗に終わった。

東京大学史料編纂所所蔵模写

天明の飢饉
浅間山の噴煙は日光を遮り気温を下げ、火山灰は関東一帯の田畑を覆った。噴火より前から始まっていた飢饉は、これにより壊滅的なものになった

浅間火山博物館

そのとき世界は?
➡**1775年** アメリカ植民地13州がイギリス軍と衝突し、独立戦争が始まる。

◀P188 文化 P154▶

江戸の町人を中心に庶民にも広まった化政文化

POINT!

江戸時代後期、庶民の間で社会風刺や皮肉のきいた文学、個性的な絵画作品が流行した。

化政文化

庶民教育の普及が江戸町人を中心とした化政文化を生んだ。江戸と京都の２都市で、後世、世界的にも評価される芸術・文化が華開く。

俳句

やせ蛙 負けるな一茶 これにあり
(訳)けんかをするやせ蛙(に自分を重ね合わせて) 負けないで

一茶記念館

小林一茶

一茶が発表した多くの句は小動物や子どもなどを主題にしたものであった。

貸本屋

文学流行の一因となった貸本屋。店先に下げられた看板には作家「山東京伝」の名前が見られる。

文学

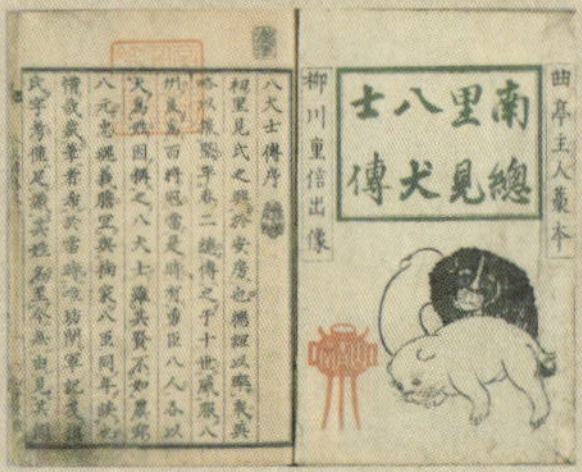

南総里見八犬伝

滝沢馬琴の大作。因縁によって結ばれた八犬士たちが里見家の再興を目指す伝奇小説。

江戸っ子たちの化政文化

江戸後期、文化《ぶんか》・文政《ぶんせい》年間をピークとする化政《かせい》文化の担い手となった江戸町人は、「通《つう》・いき」の美学を好み「江戸っ子」の自負を持つようになった。また、寺子屋《てらこや》の増加で庶民の文化水準も上昇、多様な文化は民衆にも普及し、なかでも風刺・皮肉を込めた川柳《せんりゅう》や狂歌《きょうか》が流行した。

多くの文学作品が出版されたのも特徴で、十返舎一九《じっぺんしゃいっく》の滑稽本《こっけいぼん》『東海道中膝栗毛《とうかいどうちゅうひざくりげ》』や勧善懲悪の歴史読本《よみほん》『南総里見八犬伝《なんそうさとみはっけんでん》』などが誕生した。そのほかにも黄表紙《きびょうし》と呼ばれる成人向けの挿絵入り本が出版されたが、江戸幕府の風俗統制によって取り締まりを受けた。

2000 1950 1900 1800 1700 1600 1400 1200 1000 500 0 紀元前

老松白鳳図《ろうしょうはくほうず》

奇抜な発想で人気の伊藤若冲の代表作。伝説の生物である鳳凰を緻密な描写力で描く。

宮内庁三の丸尚蔵館

☑ Point!
羽根一枚一枚の丁寧な描き込みに注目

京都画壇

金刀比羅宮表書院障壁画《ことひらぐうおもてしょいんしょうへきが》

円山応挙の作品。今にも動き出しそうな生命感・臨場感があふれている。

金刀比羅宮

俳諧《はいかい》では、文人画家で風景描写を得意とした与謝蕪村《よさぶそん》や、2万句もの俳句を残した小林一茶《こばやしいっさ》らが登場する。

東・西絵師たちの大活躍

江戸絵画では、**鈴木春信《すずきはるのぶ》によって多色刷りの浮世絵版画（錦絵《にしきえ》）が登場し、安価なため飛ぶように売れた。**東洲斎写楽《とうしゅうさいしゃらく》の役者絵、喜多川歌麿《きたがわうたまろ》の美人画、葛飾北斎《かつしかほくさい》・歌川広重《うたがわひろしげ》の風景画が知られ、その構図や技法は19世紀後半、モネやゴッホなどフランス印象派の画家たちに影響を与えた。

京都でも名だたる絵師たち（京都画壇《がだん》）が活躍し、中国南宋《なんそう》の手法を用いる文人画では旅の山水画家の池《いけの》大雅《たいが》や与謝蕪村、写生画を確立した円山応挙《まるやまおうきょ》や呉春《ごしゅん》、大胆な発想・構図で多くの者を魅了する伊藤若冲《いとうじゃくちゅう》や曾《そ》我蕭白《がしょうはく》といった奇想の画家たちなど個性的な絵師が数多く誕生した。

そのときの世界は？

➡**1804年** ナポレオン1世がフランス皇帝に即位し、ナポレオン法典を制定。

江戸文化の華 浮世絵ギャラリー

江戸の文化といえば欠かせないのが浮世絵。
浮き世（現世）を描いた当世風の絵画は、
絵師直筆の肉筆画もあるが、多くは
多色刷の錦絵《にしきえ》（木版画）として大量印刷された。

浮世絵を版画化した最初の人物

菱川師宣《ひしかわもろのぶ》

（?～1694）

「見返り美人図」で有名。絵入本の挿絵から独立した一枚絵を版画とした最初の浮世絵師。

衝立のかげ アメリカ議会図書館

カラフルな錦絵のパイオニア

鈴木春信《すずきはるのぶ》

（1725?～1770）

錦絵や、故事・古典作品を現代風にアレンジした見立絵を始め、浮世絵界を発展させた。

風流江戸八景 **浅草晴嵐《あさくさせいらん》**
メトロポリタン美術館

江戸のアイドルを描いた美人画の名手

喜多川歌麿《きたがわうたまろ》

（1753?～1806）

理想的な美人を描くのではなく、看板娘や遊女といった実在する美人の姿を描いた。

婦女人相十品
ポッピンを吹く女
メトロポリタン美術館

彗星の如く現れ消えた謎の天才絵師

東洲斎写楽《とうしゅうさいしゃらく》

（?～?）

役者の大首絵（バストアップ）を得意とした。わずか10カ月の活躍期間のうちに約140点もの作品を残す。

三代目大谷鬼次《おおたにおにじ》の江戸兵衛
メトロポリタン美術館

錦絵ができるまで

錦絵は絵師・彫師・摺師の３者の職人たちによって作られ、版元が流通させた。一枚の原画を大量印刷することで、庶民でも手に取れる安価な美術品となった。

版元	職人たちに制作を依頼し、流通させる出版業者 ヒット作品ができるよう細かく発注した

↓ 発注　　　納品 ↑

浮世絵職人

絵師	木版画の下絵を描く職人。錦絵の作者名は彼らを指す
彫師	下絵を版木に彫り起こす職人。色ごとに版木を彫る
摺師	色ごとに色の濃淡やグラデーションを表現

錦絵のサイズと値段

錦絵は紙面一枚摺の版画だけではなく、うちわや本の挿絵など様々な形で発行された。

約39cm
約26.5cm

大判
もっとも一般的なサイズ。平均一枚20文（現代価値で約400円）で販売したが、人気の役者絵だともっと高く売れた。

浮世絵とジャポニスム

19世紀後半、パリ万博に出展した日本は陶器の包み紙に錦絵を利用。これを見た西洋人の間で「ジャポニスム」と呼ばれる日本ブームが起こった。なかでもゴッホは大の浮世絵ファンで、作品にも浮世絵を描き込んだ。

フィンセント＝ファン＝ゴッホ
タンギー爺さんの肖像
ロダン美術館

(上)富嶽三十六景 神奈川沖浪裏

(左)諸国瀧廻り 下野黒髪山《しもつけくろかみやま》きりふりの滝　メトロポリタン美術館

絵を極めることに
生涯を捧げた巨匠

葛飾北斎《かつしかほくさい》

(1760～1849)

ダイナミックな画面構成力、力強い筆力は、モネやゴッホらフランス印象派画家に衝撃を与え、代表作「神奈川沖浪裏」は「Great Wave」として世界中で知られている。

写真のような臨場感を表現

歌川広重《うたがわひろしげ》

(1797～1858)

当時のよく知られた風景を描く「名所絵」を得意とした絵師。遠近法を巧みに操り奥行きを持たせる構図や、上空から見下ろす俯瞰的な描写は、北斎同様、多くの印象派画家に影響を与えた。

(上)東海道五十三次 日本橋朝之景

(右)名所江戸百景 深川洲崎十万坪　都立中央図書館特別文庫室

浮世絵界を代表する奇想の画家

歌川国芳《うたがわくによし》

(1797～1861)

それまで三枚続（大判紙を三枚つなげたもの）は一枚でも独立できる構図だったが、あえて三枚続を一枚の大きなキャンバスとして描く手法を編み出すなど、その奇想から近年人気を集める絵師。

相馬の古内裏《ふるだいり》

千葉市美術館

「最後の浮世絵師」と
評された男

月岡芳年《つきおかよしとし》

(1839～1892)

殺人を主題にした無惨絵を得意とし、その画風は江戸川乱歩ら近現代作家に影響を与えた。

魁題百撰相

森力丸《もりりきまる》

都立中央図書館特別文庫室

浮世絵と狩野派の
狭間を行く画鬼

河鍋暁斎《かわなべきょうさい》

(1831～1889)

国芳や狩野派に師事し絵を学ぶ。神仏で開化風俗を茶化すなど、奇抜な風刺画で人気を得る。

暁斎楽画

不動明王開化

都立中央図書館特別文庫室

宗教	社会	外交	政治
合戦	都市	文化	周縁

◀P166 社会 P156▶

国学・蘭学・庶民教育の発展で生まれた尊王攘夷論

教育レベルの底上げ

江戸時代中期以降、儒学の教えをベースに文治政治が進むと、**諸藩は藩士教育のために藩校を設立した。**会津の日新館《にっしんかん》、水戸の弘道館《こうどうかん》、萩の明倫館《めいりんかん》などが挙げられる。

同じ頃伊藤仁斎《いとうじんさい》の古義堂《こぎどう》や吉田松《よしだしょう》陰《いん》の松下村塾《しょうかそんじゅく》など学者が運営する私《し》塾《じゅく》も増えた。蘭学者大槻玄沢《おおつきげんたく》の芝蘭《しらん》堂《どう》、福沢諭吉《ふくざわゆきち》らを輩出した緒方洪庵《おがたこうあん》の適塾《てきじゅく》、ドイツ人医師シーボルトが長崎に開いた医療学塾の鳴滝塾《なるたきじゅく》など、蘭学・洋学を学ぶ私塾も開設され、その発展に大きく寄与した。

庶民教育を行う寺子屋《てらこや》も急増し、これによる識字率の上昇が庶民文学隆盛の一因であったといえよう。

尊王攘夷論が生まれる

契沖《けいちゅう》を祖とする国学《こくがく》は、『古事記』を研究した本居宣長《もとおりのりなが》が確立した。続く平田篤胤《ひらたあつたね》は儒教・仏教の影響を排除した復古神道《ふっこしんとう》を提唱。**天皇に忠義を尽くし、外国を追い払う尊王攘《そんのうじょう》夷《い》論の根拠となった。**

水戸藩では、徳川光圀《みつくに》の『大日本史』編纂事業を通じて、儒学・国学を融合した独自の学派「水戸学《みとがく》」が起こる。やがて**水戸学は「天皇中心に幕藩体制を強化する」という思想になり、強烈な尊王攘夷論に発展**して全国の改革派に影響を与えた。

同じ頃、異国の脅威に備える必要性を説く海防・開国論も登場したが、幕府の厳しい弾圧を受けた。

KEYWORD

幕末のスローガン「尊王攘夷」

天皇を敬う尊王論と外国を追い払う攘夷論が合体した尊王攘夷論。これを掲げた尊王攘夷運動が高まった契機は、大の外国人嫌いといわれた孝明《こうめい》天皇に無断で行われた日米修好通商条約《にちべいしゅうこうつうしょうじょうやく》の締結だ。さらに安政《あんせい》の大獄《たいごく》や皇女和宮《かずのみや》降嫁による幕政批判の増幅によって大きなうねりとなった。薩英《さつえい》戦争と四国艦隊下関《しものせき》砲撃事件で「攘夷は不可能」と悟ったにも関わらず倒幕派が尊王攘夷を叫び続けたのは、「不可能な攘夷を要求することで幕府を追い詰め、滅亡させる」という目標を達成するためのスローガンだったからだ。

POINT!

庶民教育が浸透するなか、国学・水戸学が倒幕運動の根拠である尊王攘夷論を生んだ。

社会

寺子屋で行われた庶民教育

村掟を読んだり耕地面積を計算したりするために読み・書き・そろばんは必須のスキルであった。

寺子屋の図

寺子屋は時間割や学年が特に決まっていなかった。先生のもとで自分のペースで勉強した。

田原市博物館

寺子屋のカリキュラム	
初歩	いろは・数字の読み書き
基礎	漢字・名寄せ（人名・地名など）の読み書き
応用	短文・日用文章の読み書き、そろばん

学問の発達

蘭学・洋学以外にも、日本古来の思想を研究する国学や、幕末のスローガンとなる尊王攘夷論、海防・開国論など様々な学問が発達した。

水戸学・尊王攘夷論

1657 徳川光圀『大日本史』編纂開始
編纂過程で大義名分を強調する水戸学が成立

1758 竹内式部《たけのうちしきぶ》
公家たちに尊王論を説く
➡幕府により追放（宝暦事件）

1759 山県大弐《やまがただいに》『柳子新論《りゅうししんろん》』
江戸で尊王論を説く
➡死罪に（明和事件）

1846 藤田東湖《ふじたとうこ》『弘道館記述義』
水戸学者。尊王攘夷論を説く

国学

1673 北村季吟《きたむらきぎん》『源氏物語湖月抄《こげつしょう》』成立
源氏物語など平安文学を研究

1690 契沖『万葉代匠記《だいしょうき》』成立
万葉集研究書が国学の基礎となる

1700 荷田春満《かだのあずままろ》が江戸で活動し始める
古典文学の研究により仏教・儒教の影響を受ける前の日本人の思想を明白化

1765 賀茂真淵《かものまぶち》『国意考《こくいこう》』成立
日本古代の人の考え方（古道）の復活を主張

1798 本居宣長『古事記伝』成立
古道を体系化し国学を大成
古事記の注釈書『古事記伝』を執筆

1824 平田篤胤『古道大意《こどうたいい》』刊行
古事記に著された神道の復活を提唱
文化・政治的な日本の優越性を説きその教えが攘夷論に影響

蘭学と海防・開国論

1774 杉田玄白《すぎたげんぱく》『解体新書』
西洋医学の解剖書を翻訳

1776 平賀源内、エレキテルを復元
外国の発明を日本流に再開発

1783 工藤平助『赤蝦夷風説考《あかえぞふうせつこう》』
蝦夷地開拓の必要性を説く

1791 林子平『海国兵談《かいこくへいだん》』
ロシア進出に注目し海岸防備を説く
➡幕府批判として処分を受ける

1783 大槻玄沢『蘭学階梯《かいてい》』
蘭学入門書を著し、蘭学教育に貢献

1838 渡辺崋山・高野長英
幕府の鎖国政策を批判
➡翌年処分を受ける（蛮社の獄）

1824 シーボルトが私塾を開く
長崎に診療所を兼ねた鳴滝塾を設立

1838 緒方洪庵が適塾を開く
医学者。優秀な人材を育成

尊王攘夷論
＝幕末のスローガンに
❶天皇＞将軍＞大名の順に忠義を尽くす
❷日本に近づく異民族は打ち払う

用語解説「赤蝦夷風説考」
➡海防・開国論の先駆となった本。田沼意次は本書を読んで蝦夷地開拓を急務とした。

宗教 社会 外交 政治 合戦 都市 文化 周縁

◀P188 社会 P164▶
宗教 P144▶

庶民の旅ブームと過激化する一揆・打ちこわし

POINT!
旅やレジャーなど庶民の娯楽が多様化する中、幕政への不満から一揆・打ちこわしが頻発。

多様化する庶民の娯楽

江戸時代中期、**庶民の間で秘仏開帳などに合わせた寺社詣《もうで》がブームになった。**やがて参詣ついでに名所や名物を楽しむレジャーの要素が強まっていった。当初は江戸から気軽に行ける成田不動（千葉）や江ノ島弁財天（神奈川）が庶民の人気を集めたが、後期に入ると滑稽本『東海《とうかい》道中膝栗毛《どうちゅうひざくりげ》』の主人公弥次《やじ》さん喜多《きた》さんの目的地である**伊勢《いせ》神宮を目指す御蔭参《おかげまい》りが流行した。**

そのほか、芝居小屋で歌舞伎・浄《じょう》瑠璃《るり》を見たり、遊里《ゆうり》で過ごしたり、勧進相撲《かんじんずもう》・見世物《みせもの》小屋・曲芸・講談・落語・富突《とみつき》（宝くじ）など、庶民の娯楽は多様化した。

過激化する百姓一揆

様々な娯楽が生まれる一方、**全国の農村では百姓一揆が多発した。**江戸初期の一揆は村役人が代表者として領主に直訴《じきそ》を行う代表越訴《だいひょうおっそ》型であったが、江戸後期には村役人が百姓を集めて強訴《ごうそ》に出る惣百姓《そうびゃくしょう》一揆に形態が変化。多くの指導者が処罰されたにも関わらず増加し、特に天《てん》明《めい》・天保《てんぽう》の飢饉のときは激増した。幕末の開国後には、百姓が領主だけでなく村役人をも襲う世直し一揆が頻発した。また、享保《きょうほう》の飢饉によって米価が急騰した1733年（享保18）には、**町人による打ちこわし（富商襲撃）が起こり、以降も何度か江戸や大坂で発生した。**

KEYWORD 「御蔭参り」と「ええじゃないか」

伊勢神宮への旅は、江戸時代で一番の人気だった。60年に一度御蔭（恩恵）年がまわってくると信じられ、集団参詣が爆発的に発生する「御蔭参り」が、江戸時代のうちに4回起こった。幕末、1867年（慶応《けいおう》3）には、東海・近畿・四国の庶民が「ええじゃないか」と連呼して踊り狂う騒動が起こった。御蔭参りの変型、一種の世直し運動などといわれるが、倒幕派が社会の撹乱を狙って発生させたという説がある。真相は不明だが、民衆が踊り狂っている間に大政奉還・王政復古の大号令が行われたのは確かだ。

2000 1950 1900 1800 1700 1600 1400 1200 1000 500 0 紀元前

庶民の旅ブームと百姓一揆

庶民の間で旅は大ブームになった。番号は図中の地図と対応する。庶民の楽しみが増える一方、百姓一揆が頻発し始めた。

④宮川の渡し
伊勢神宮手前の宮川は御蔭参りの参拝者でいっぱいだった。

神宮徴古館

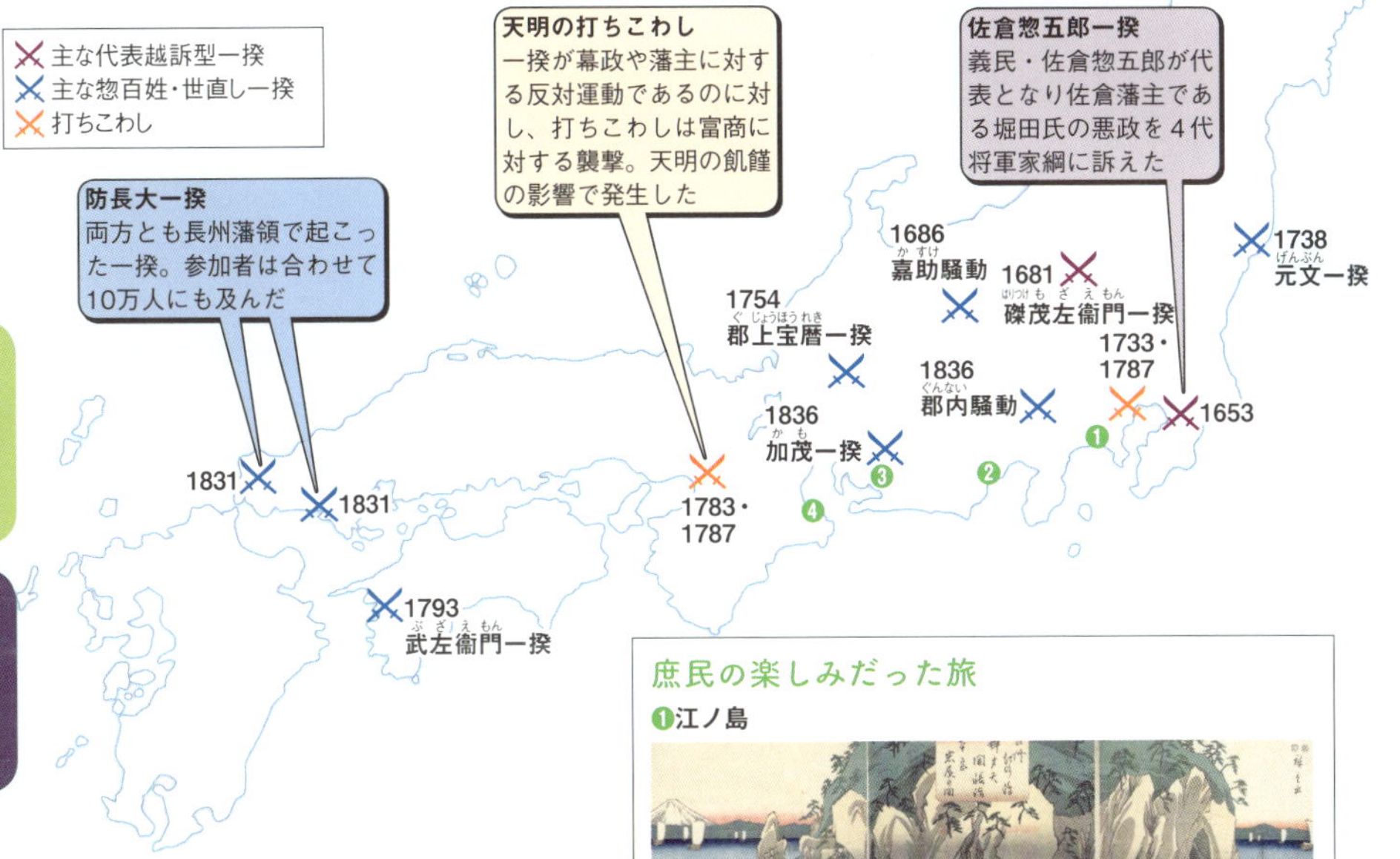

庶民の楽しみだった旅

①江ノ島

江戸から日帰りで行ける江ノ島は人気のレジャースポットだった。

②丸子（まりこ）のとろろ汁

丸子のとろろ汁など、地の名物を頂くのが旅の楽しみのひとつに。

③御油の旅籠

旅籠の女将の激しい客引き。1泊2食付き200文（うどん1杯20文）。

NOVEL GUIDE

『駄犬道中おかげ参り』

博徒と代参犬の珍道中

天保元年、大博打で負け多額の借金を背負った辰五郎は、くじに当たり御蔭参りの旅に出ることになる。途中、旅ができない飼い主の代わりに伊勢を目指す代参犬の翁丸に出会い、ともにお蔭参りをすることになるが、はたして無事伊勢に辿り着けるのか。

著者／土橋章宏
全1巻
2016年
小学館

そのとき世界は？

➡**1805年** ムハンマド=アリーがエジプトにムハンマド・アリー朝を成立させる。

◀ P174　外交　P146 ▶
◀ P190　周縁　P150 ▶

南下を急ぐロシアの来航で探検家たちが蝦夷地を調査した

鎖国の日本に迫り来るロシア

日本が鎖国中も世界は大きく動いていた。16世紀末にはポルトガル・スペインが、17世紀にはオランダに続きイギリス・フランスが、領土を拡大すべく海外進出をはかっていた。遅れて18世紀後半、**南下政策を急いだロシアが日本の近海に出没し始めた。**

１７９２年（寛政《かんせい》４）には使節ラクスマンが根室《ねむろ》に、１８０４年（文《ぶん》化《か》元）には使節レザノフが通商を求めて長崎に来航した。幕府は拒否したが、**欧米列強の接近に危機感を抱き、本格的な蝦夷地《えぞち》調査に乗り出し、**鎖国を死守するための苦しい政策を試みる。

幕府の目を開かせた探検家たち

ラクスマン来航後、**幕府は御家《ごけ》人《にん》の近藤重蔵《こんどうじゅうぞう》と最上徳内《もがみとくない》に千島列島を調査させ、蝦夷地を直轄化した。**１８０９年、樺太《からふと》（サハリン）調査を行った間宮林蔵《まみやりんぞう》が海峡を発見。海峡の存在はシーボルトの著書によって「マミアノセト」としてヨーロッパに知れわたった。

隠居後に暦学・数学などを学び、幕命で全国の測量を行った伊能忠《いのうただ》敬《たか》とその弟子たちは、１８２１年（文政《ぶんせい》４）**日本初の科学的実測に基づく日本地図を完成させた。**彼ら探検家たちの命がけの調査は、「世界の中の日本」を幕府が認識する大きな契機となったのである。

KEYPERSON

「間宮林蔵」のグレートジャーニー

欧州列強の間では樺太は沿海州と陸続きの半島だろうと思われていた。測量・地図製作の役人の使い走りを務めて技術を習得した間宮林蔵は、志願して樺太東部を、さらに翌年は単独で西側から大陸に渡ってアムール川下流までを調査。案内のアイヌも根を上げる極寒の中、山丹人やギリヤーク人と交流しながら、樺太が島であることを確認したのだ。その海峡はシーボルトの著書『ニッポン』で「マミアノセト」として紹介された。なお、現在では「タタール海峡」というロシア語表記を利用する国が多い。

POINT!

ロシアの来航を契機に蝦夷地調査が本格化し、多くの探検家たちが命がけで踏査した。

2000　1950　1900　1800　1700　1600　1400　1200　1000　500　0　紀元前

探検家たちの北方調査

ロシアの接近を恐れた幕府は蝦夷地を直轄化しようと蝦夷地の調査を急いだ。

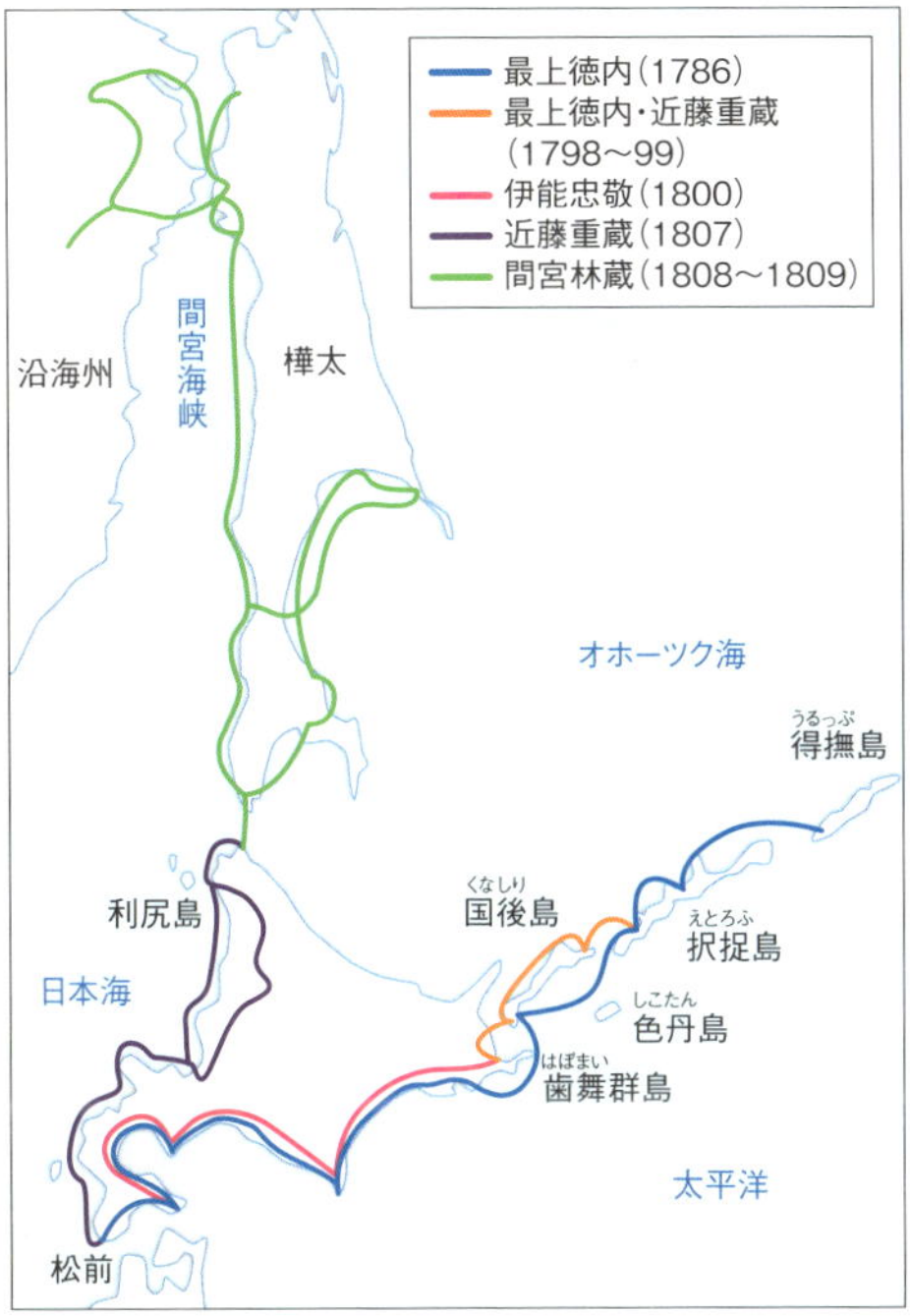

福岡県立図書館

最上徳内
(1755 ～ 1836)
農民出身で天文・測量を学ぶ。得撫島を単身で探査した。

間宮林蔵記念館

間宮林蔵
(1775 ？～ 1844)
世界で初めて樺太が島であることを確認した。

伊能忠敬の日本地図製作

伊能忠敬の科学的測量に基づく「大日本沿海輿地全図」(通称：伊能図)は、蝦夷地の地図を求めた幕府の命を受けて作成。現代の地図と比べてもその精密さがよくわかる。

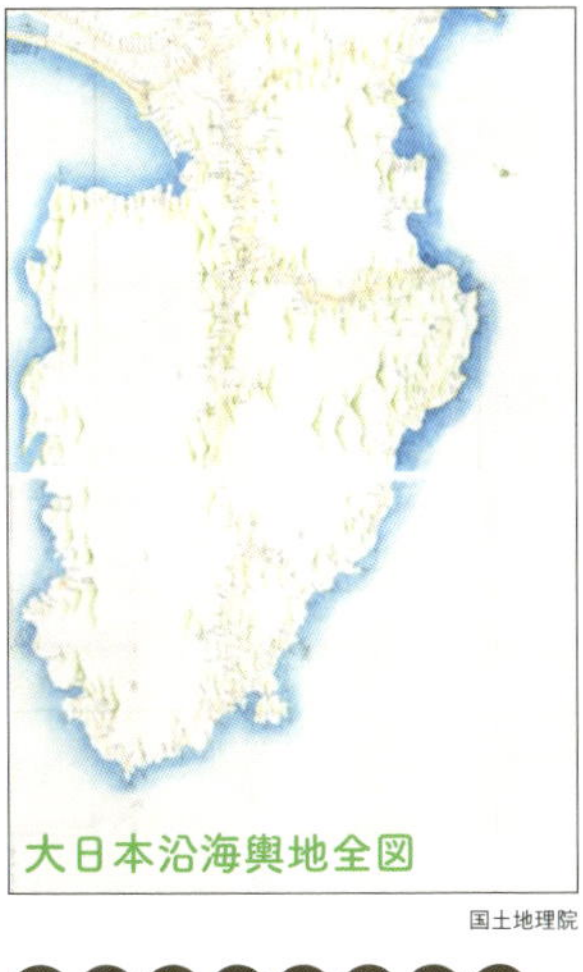

大日本沿海輿地全図

国土地理院

伊能忠敬記念館

伊能忠敬
(1745 ～ 1818)

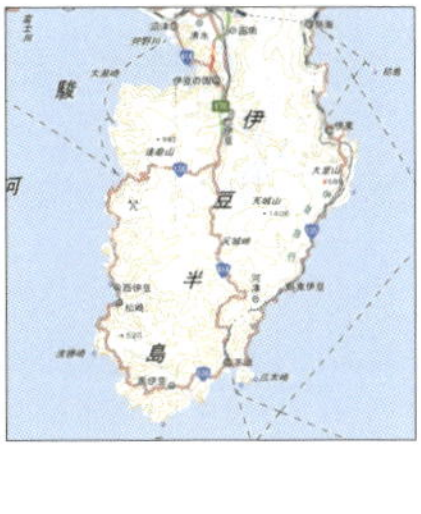

MANGA GUIDE

『ふらり。』

ゆらり、ふらり、と江戸歩き

主人公は若くして隠居生活を送る一人の男。上野へ花見に行ったり、品川で潮干狩りをしたりと、毎日江戸市内を散歩してゆっくり過ごしている。そんな主人公の日課は歩数を数え、一定の歩幅で歩く練習と測量機の開発、そして天体観測。その理由は物語の最後、彼が幕府にある命令を下されたときに解き明かされる。

作者／谷口ジロー
全1巻
2011年
講談社

そのとき世界は？

➡**1821年** ギリシアがオスマン帝国からの独立を目指し戦争を開始する。

宗教 社会 外交 政治
合戦 都市 文化 周縁
◀P174 政治 P158▶

危機迫る幕府で松平定信と水野忠邦が断行した改革とは

POINT!

幕府体制の動揺の最中、改革を断行するも長続きせず。諸藩は独自の改革を手探りした。

松平定信の改革が失敗する

11代家斉《いえなり》の補佐役**松平定信《まつだいらさだのぶ》が行った寛政《かんせい》の改革は、吉宗《よしむね》治世を目標に財政回復と幕府権威の再建を狙って断行された。**御家人《ごけにん》の借金帳消しや幕府に批判的な出版物の統制などは効果はあったが、厳しい政策は反発を受け長続きしなかった。次いで大《おお》御所《ごしょ》として政権を握った家斉は悪銭を流通させ、その改鋳益金《かいちゅうえききん》で華美な生活を送った。

1837年（天保《てんぽう》8）、**全国的な米不足に堪えかねた農民を率いて元大坂町奉行与力《よりき》（補佐）の大塩平八郎《おおしおへいはちろう》が武装蜂起した。**半日で鎮圧されたが、元幕臣の反乱に幕府は衝撃を受け、全国にも動揺が広がった。

天保の改革と藩政改革

家斉の死後、**老中の水野忠邦《みずのただくに》は財政難打開と外国船対策のため12代家《いえ》慶《よし》のもとで天保《てんぽう》の改革を行う。**百姓の出稼ぎを禁じる人返《ひとがえし》の法などを実施したが、かえって混乱を招いてやはり長続きせず、これ以降幕府財政が立ち直ることはなかった。

諸藩では、財政再建と藩権力の強化を目指して藩政改革が行われ、特産物の専売制や兵器工場の設置が行われたほか、能力主義の人材登用で中下層武士の藩政進出も多くなった。こうして**幕府の権威失墜、諸藩の権力強化が進む中、1853年（嘉永《かえい》6）アメリカ使節ペリー率いる黒船が浦賀《うらが》に来航した。**

KEYPERSON

「大塩平八郎」を突き動かしたものとは?

知行合一《ちぎょうごういつ》＝本当の知とは行動を伴うものである。これは大坂町奉行与力を辞した大塩平八郎が私塾で教えた、陽明学の根本課題だ。飢饉で餓死者続出の状況下、平八郎は救済策を上申し、米放出を願い出たが受け入れられず、蔵書を金に換えて配った後、ついに武装蜂起した。即日鎮圧され逃亡後に自決したが、直轄地での元役人の反乱は幕政の危機をさらすことになり、以降一揆が多発した。平八郎を突き動かした知行合一の精神は幕末の志士たちに受け継がれ、うねりとなっていったのである。

2000 1950 1900 1800 1700 1600 1400 1200 1000 500 0 紀元前

松平定信と水野忠邦の改革

田沼意次の失策による幕府権威の復活、幕府財政の立て直しを目指し改革を行うも失敗に終わった。

田沼意次の政治

重商主義政策を断行するも賄賂の横行や天明の大飢饉で失敗

老中松平定信の寛政の改革

❶農村を飢饉から復興させ、再び重農主義へ
- 農村から都市への出稼ぎを制限
- 正業を持たない都市の農村出身者に資金を与え帰村を奨励
- 飢饉など非常時に備え米を貯蔵しておく囲米を制定

❷都市の治安改善や士風刷新
- 無宿人のために人足寄場(技能習得所)を作り収容
- 町々に町費節約を命ずる七分積金

❸幕府に対する批判対策としての思想・出版統制
- 朱子学以外の学問(異学)を禁止
- 幕府に批判的な出版物や風紀を乱す書物の禁止

幕府財政・権威は一時的に安定すると思われたが
厳しい統制が民衆の反発を招く
天皇の命令を蔑ろにした件で家斉と対立した定信は退陣

11代徳川家斉の大御所政治

❶定信が進めた緊縮財政をやめる
- 金銀含有率が低い悪銭を大量流通させ良貨を回収
  ➡その差額(改鋳益金)で幕府財政は回復
  しかし、家斉がもうけた55人の子どもの輿入れ費用などで再び財政危機

❷農村の治安回復
- 関東取締出役や寄場組合にパトロールさせる

❸外国船の襲来に対応
- 沿岸に接近した外国船の撃退を命ずる異国船打払令を発布
  ➡日本人漂流民を送還したアメリカ商船モリソン号が撃退された

天保の飢饉(1833〜39)
大塩の乱(1837)

老中水野忠邦の天保の改革

❶外国船の襲来に対応
- 薪水給与令を発布し、異国船打払令を緩和

❷幕府財政の改革
- ぜいたく品や庶民の風俗を取り締まる倹約令
- 株仲間を解散させ物価高騰を抑えようとする
  ➡実際は商品不足による物価高騰だったため無意味
- 農村再興のため百姓の出稼ぎを禁じ、江戸の人口を減少させる
  ➡無宿者や浪人も江戸を追われ農村の治安悪化
- 江戸・大坂の周辺約50万石を直轄化しようとする上知令発布

上知令で大名・旗本が猛反発し水野忠邦は失脚
幕政の混乱の最中、1853年ペリーが来航する……

松平定信
(1758〜1829)
徳川吉宗の孫である彼は、祖父の改革を目標に寛政の改革を行った。

東京大学史料編纂所所蔵模写

出版統制令
幕府に批判的な書物はもちろん、庶民の娯楽本も風俗を乱すとして取り締まり、出版元の蔦屋重三郎らが弾圧された。右は発禁となった林子平『海国兵談』

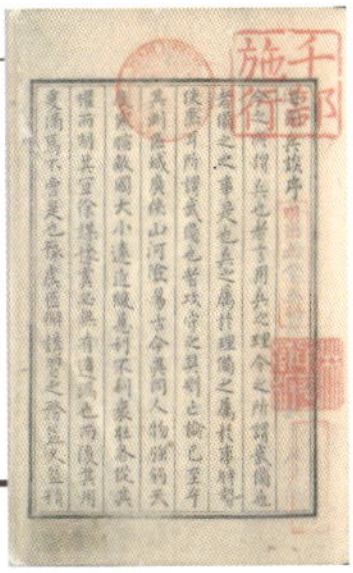

天保の飢饉
全国的に発生した飢饉に幕府は対処できず、一揆・打ちこわしの原因になった

大塩平八郎
(1793〜1837)
大坂町奉行与力でありながら庶民を救うため武装蜂起する。島原の乱以来の内乱だった。

大阪歴史博物館

水野忠邦
(1794〜1851)
財政難・内乱・列強からの威圧に対応すべく改革に着手するも失敗に終わる。

首都大学東京図書館

用語解説「薪水給《しんすいきゅう》与《よ》令《れい》」
➡補給を望む異国船が来た際、打ち払うのではなく薪と水を提供することを命じる。

第6章 近代国家へひた走る日本

幕末　明治

時代	年代	出来事
江戸	1853	ペリーが浦賀に来航 P174
	1858	大老の井伊直弼が日米修好通商条約に無勅許で調印 P174
		安政の大獄が始まる P178
	1860	井伊直弼が暗殺される（桜田門外の変） P178
		和宮の降嫁を朝廷が決定
	1862	老中安藤信正が襲われる（坂下門外の変）
		生麦事件が起こる P180
	1863	薩英戦争 P180
		禁門の変で長州藩が朝敵となる
	1864	四国艦隊下関砲撃事件
		第一次長州征討で長州が降伏
	1866	薩長同盟が成立 P182
		第二次長州征討で長州藩が幕府を圧倒
		徳川（一橋）慶喜が第15代将軍に就任
	1867	幕府が朝廷に政権を返上する（大政奉還） P182
		王政復古の大号令を発して天皇中心の新政府を樹立 P182

政治	約260年間続いた江戸幕府が倒され、近代国家を成立させるべく、中央集権化が図られた。日本は欧米列強に肩を並べるほど急激な近代化を成し遂げ、清（中国）やロシアとの戦争にも勝利した。
外交	江戸時代、ごく限られた国としか国交していなかった日本は、ペリー来航をきっかけに開国へと舵を切る。外国との条約締結、国境の画定などが進む一方、不平等条約の解決が難航するなど、新たな問題も発生した。
社会	西洋の技術を取り入れて富国強兵を目指し、繁殖興業政策により製糸業などの軽工業、鉄鋼などの重工業が政府主導で育成された。また教育制度を普及させるべく、現在の形に近い近代的な学校制度が始まった。
周縁	近代国家形成のため、周辺地域を自国の体制下に置くことが新政府の課題だった。北ではアイヌが住んでいた蝦夷を北海道として編入。南では清と二重帰属状態だった琉球王国を日本だけに帰属させ、沖縄として統治下に置いた。
文化	開国により流れこんだ西洋文化によって、街の景観や人々の服装、食生活が洋風へがらりと変化した。また芸術にも大きな影響を与え、伝統と新しい西洋の技法を取り入れた、新しい芸術が誕生した。
合戦	急激な近代国家への変換は、江戸時代まで特権階級だった士族の不満を増長させた。国内は新政府軍と旧幕府軍とに分かれて、戊辰戦争が起こるも、近代兵器を持つ新政府軍が勝利した。

明治	
1868	鳥羽・伏見の戦い（戊辰戦争の開始）↓P184
	明治に改元↓P186
1871	廃藩置県が断行される↓P186
	岩倉使節団が日本を出発↓P186
1872	日本で初の鉄道が開通↓P188
1873	明治六年の政変が起こり、西郷隆盛、板垣退助らが下野
1876	日朝修好条規が結ばれる↓P192
1877	西南戦争が起こる↓P194
1879	沖縄県を設置（琉球処分）↓P190
1885	内閣制度が作られる↓P196
1889	大日本帝国憲法発布↓P196
1894	日清戦争が始まる↓P200
1895	下関条約が調印される
1904	日露戦争が始まる↓P202
1905	夏目漱石が『吾輩は猫である』を発表する↓P208
1910	韓国を併合する↓P202

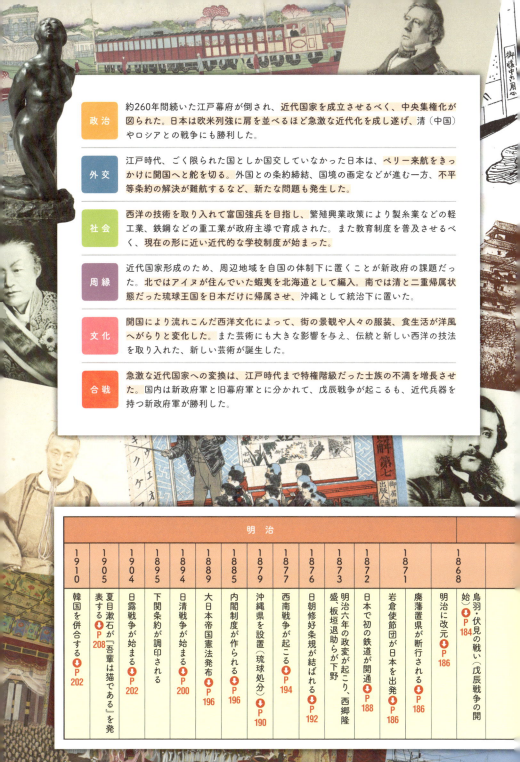

宗教 社会 **外交** **政治**
合戦 都市 文化 周縁

◀P178 政治 P170▶
◀P180 外交 P168▶

アメリカから黒船で来航したペリーは日本に開国を要求

POINT!
アメリカによって開国した日本。そのとき結んだ不平等条約は、明治まで影響を及ぼした。

黒船来航の真の目的とは

1853年（嘉永《かえい》6）、ペリー率いるアメリカ東インド艦隊（黒船）が浦賀に来航。翌年再来航したペリーは日米和親条約《わしんじょうやく》の締結に成功した。

アメリカが開国を迫った理由は、貿易や漂流民の保護を望んだためというのが定説だった。しかし、近年は研究が進み、捕鯨が目的だったという見方が有力になっている。

当時の欧米では工業化が進み、鯨油の需要が急増していた。**太平洋で活動する捕鯨船の補給基地として、アメリカは日本に目を付けたのである。**また、アメリカと中国（清《しん》）を結ぶ太平洋航路を開く際、日本を補給基地にするという目論みもあった。

強行された通商条約の締結

日米和親条約締結後、日本初の開港地となった下田にアメリカ総領事ハリスが赴任。彼の任務は、日本に通商開始を認めさせることだった。

幕府は、強硬なハリスの要求に苦慮し、朝廷や諸大名などに意見を求めたが、孝明《こうめい》天皇は異国嫌いだったため攘夷《じょうい》論（外国人を排撃する考え）の傾向が強く、反対論も根強かった。しかし1858年（安政《あんせい》5）、**大老の井伊直弼《いいなおすけ》は、勅許《ちょっきょ》（天皇の許可）がないまま日米修好通商条約《しゅうこうつうしょうじょうやく》の調印を強行した。**

この条約は、関税自主権がないなど不平等なもので、以後長く日本を悩ませることになる。

KEYWORD

幕府は「黒船来航」を知っていた！

「黒船来航に幕府は驚いた」と思われがちだが、実際の幕府は国外事情に無知だったわけではない。長崎に来航したオランダ船からの情報が商館長（カピタン）により『オランダ風説書《ふうせつがき》』にまとめられ、幕府に提出されていたためだ。アヘン戦争が始まると、バタヴィアの植民地政庁でより詳細な『別段風説書』を報告させた。1852年には、翌年にアメリカの艦隊が来航するという情報が、『別段風説書』でオランダから幕府にもたらされていた。警告は現実のものとなったが、幕府は有効な対策を打ち出せなかった。

日本人から見た黒船来航

アメリカの黒船が開国を求めて来航したというニュースは、瓦版などで多くの民衆に知らされることになった。

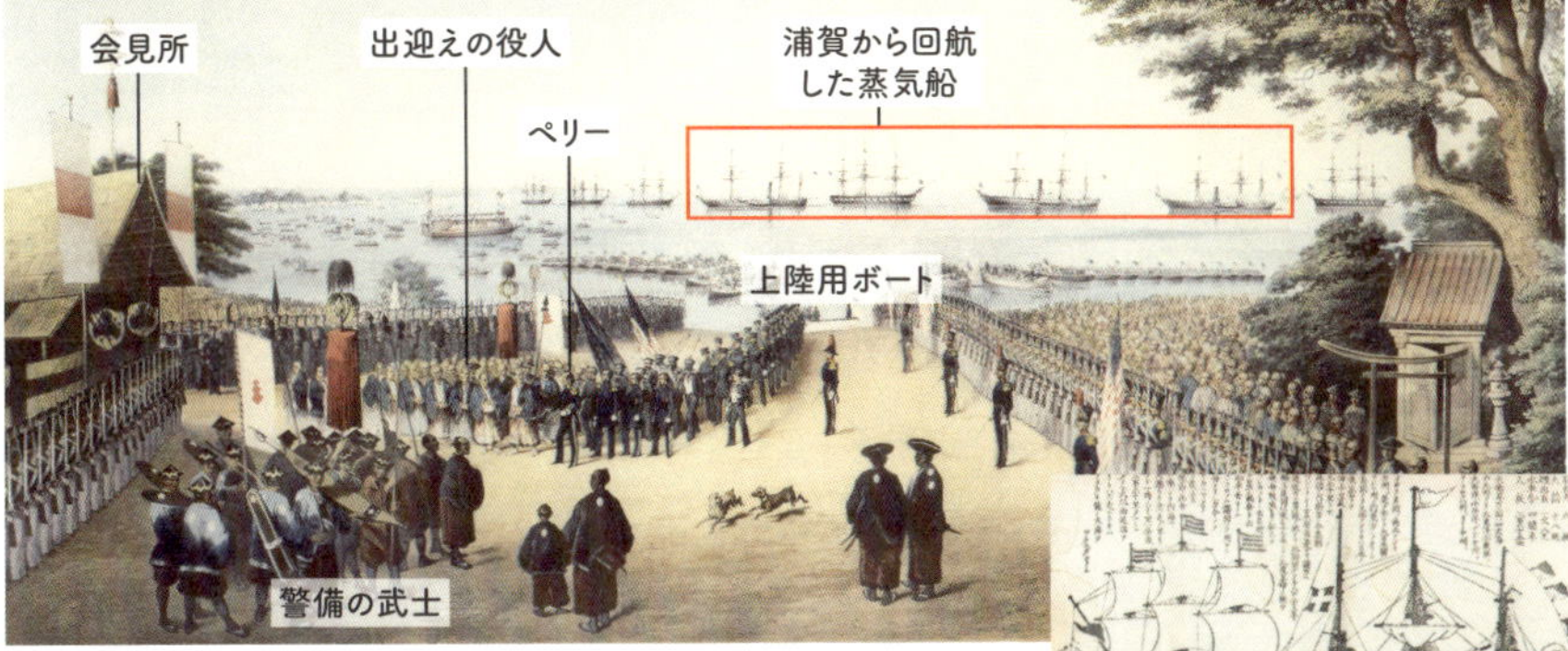

横浜開港資料館

久里浜上陸

浦賀に来航したペリーの一行は、久里浜へ回航して上陸し、会見を行った。図はその様子を描いた石版画。

蒸気船の瓦版

「龍の大海をわたるがごとし」と蒸気船の迫力を伝えている。

下田了仙寺

不平等条約締結から改正まで

江戸幕府が結んだ不平等条約の改正には50年近い歳月を要した。

主な代表者	年	出来事
阿《あ》部《べ》正弘《まさひろ》	1854	日米和親条約を調印。下田・箱館の開港や薪水給与などを規定
井伊直弼	1858	アメリカと**日米修好通商条約**を調印。同様の内容でイギリス、ロシア、オランダ、フランスとも条約を結ぶ**（安政の五カ国条約）**
安藤《あんどう》信正《のぶまさ》	1860	日米修好通商条約批准のため、**万延元年遣米使節**をポーハタン号と咸臨丸で派遣
水《みず》野《の》忠精《ただきよ》	1866	イギリス・フランス・アメリカ・オランダと協約。安政の五カ国条約の輸入関税を一律に諸外国に有利の5%引き下げる。
岩倉《いわくら》具《とも》視《み》	1872～73	条約改正のため**岩倉使節団**を派遣するも、交渉は中止、条約改正ならず
陸《む》奥《つ》宗光《むねみつ》	1894	**日英通商航海条約**に調印、**領事裁判権の撤廃と関税自主権の一部回復**に成功。ほかの欧米諸国とも同様の内容で調印
小《こ》村《むら》寿《じゅ》太《た》郎《ろう》	1911	日米通商航海条約満期に伴い交渉、**日米新通商航海条約**で**関税自主権を完全回復**

ペリーの似顔絵

ペリーはヒゲを生やした恐ろしい形相で描かれ、「赤鬼」のようだと、瞬く間に噂が広がった。

下田了仙寺

ペリーの肖像画

本人に一番似ているとされる石版画によるペリーの肖像画。

下田了仙寺

用語解説「日米和親条約」

➡薪水給与や開港地への領事駐在は認可されたが、通商は結ばれなかった。

倒幕にいたるまでの各勢力の動向

土佐、薩摩、長州といった雄藩も、初めは朝廷と幕府を結びつける公武合体や、天皇を尊び外国人を追い払おうとする尊王攘夷といった考え方が占めていたが、徐々に倒幕へと傾いていった。

改名をしている人物はもっとも知られている名前で表記

	1865	1864	1863	1862	1861	1860
徳川親藩		●この頃、一会桑政権（一橋、会津、桑名）誕生。京都の実権を握る ●6月、近藤勇率いる新選組が池田屋事件で尊王攘夷派志士を襲撃		●閏8月、会津藩主松平容保が京都守護職に就任		
幕府		●11月、長州へ兵を向ける	●3月、徳川家茂が上洛、攘夷決行を5月10日と定める	●1月、坂下門外の変が起こる		●1月、勝海舟らが咸臨丸でアメリカへ出発、5月に帰国する ●3月、**桜田門外の変**が起こる（➡P178）
土佐《とさ》	●夏頃、坂本龍馬が亀山社中（海援隊）を結成 ●閏5月、土佐勤王党の武市瑞山（半平太）切腹			●4月、開国派の吉田東洋が尊王攘夷派の土佐勤王党の志士に暗殺される		
薩摩《さつま》			●7月、薩英戦争が起こる	●4月、寺田屋事件で薩摩藩の尊王攘夷派を粛清 ●8月、島津久光が帰藩する途中、生麦事件が起こる		●12月、アメリカ公使館の通訳ヒュースケンが薩摩藩士に襲撃され、翌年死亡
長州《ちょうしゅう》	●2月、高杉晋作が藩政を掌握、藩論を倒幕でまとめる	●7月、禁門の変で敗北、朝敵になる ●8月、四国艦隊下関砲撃事件が起こる ●11月、**第一次長州征討**が起こり敗北（➡P182）		●6月、公武合体派の長井雅楽が失脚		
朝廷			●8月、八月十八日の政変で三条実美ら攘夷派が京を追われる	●2月、**和宮降嫁**（➡P179） ●8月、攘夷派の公家が公武合体派の岩倉具視を失脚させる		●10月、孝明天皇が和宮降嫁を許可する

敵対（徳川親藩→長州）
攻撃（幕府→長州）
敵対（土佐→長州）
攻撃・敵対（薩摩→長州）
長州追討を命令（朝廷→幕府）
公武合体のため降嫁（朝廷→幕府）

近藤勇

松平容保

勝海舟

島津久光

高杉晋作

三条実美

佐幕　尊王攘夷　公武合体　倒幕

対立関係
協力関係
その他

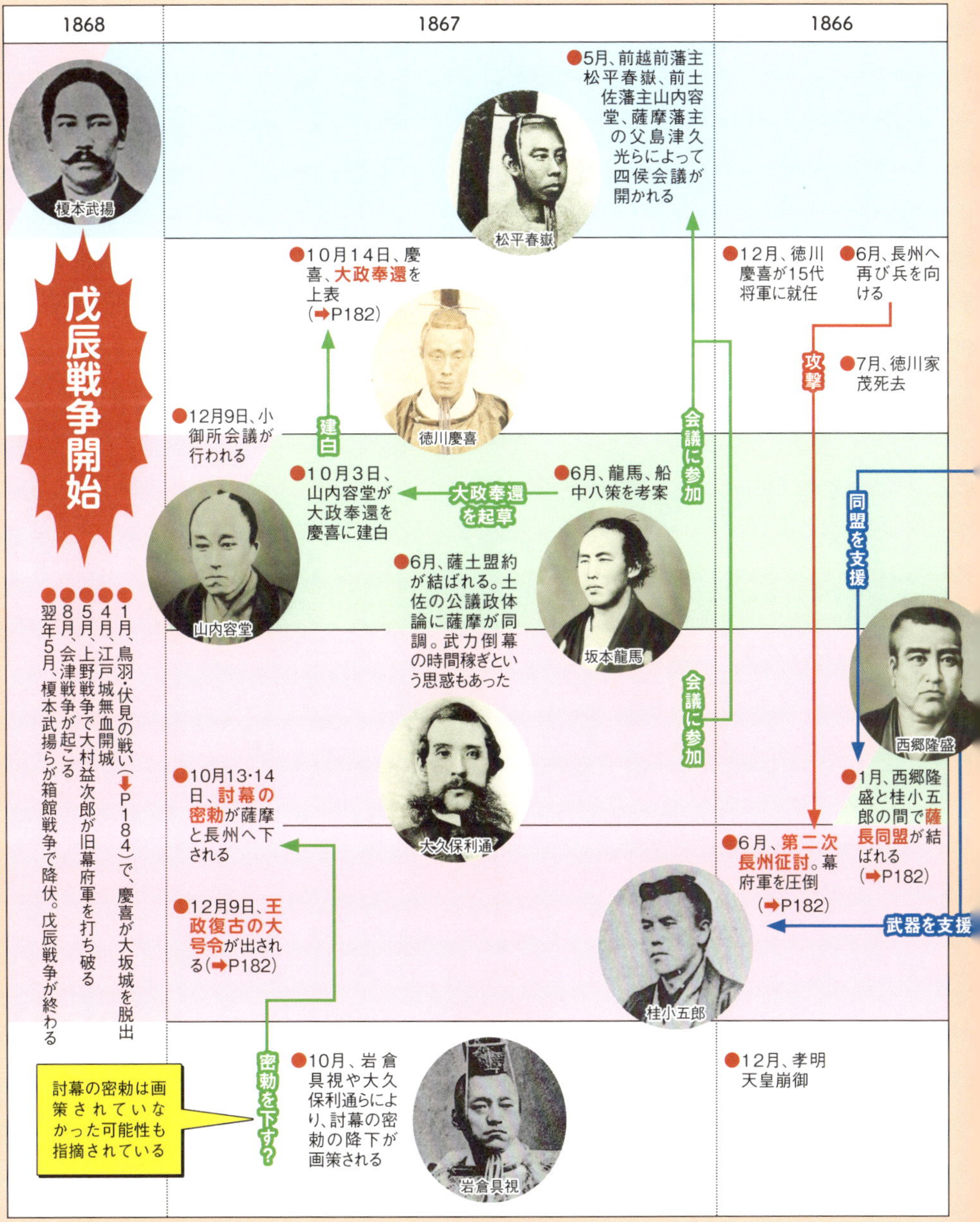

◀P182 政治 P174▶

将軍継嗣問題による幕府内の対立が幕末の動乱を生んだ

地に落ちた幕府の威信

幕末の動乱は、開国による社会の混乱に、将軍継嗣《けいし》問題が絡んだことで生じた。日米修好通商条約《にちべいしゅうこうつうしょうじょうやく》を調印した井伊直弼《いいなおすけ》は、徳川家茂《いえもち》（慶福《よしとみ》）を強引に後継者としたため、**開国反対派だけでなく一橋派《ひとつばしは》（一橋慶喜《よしのぶ》を後継者に推す勢力）からも非難された。**

井伊はこれら反対派に対し弾圧を行った（安政《あんせい》の大獄）が、1860年（万延《まんえん》元）、水戸《みと》藩の浪士から報復にあい暗殺される（桜田門外《さくらだもんがい》の変）。**権威を失墜した幕府は、公武合体論《こうぶがったいろん》（朝廷と提携する安定政局）による幕威回復を図った。**しかし、公武合体論を主張した老中の安藤信正《あんどうのぶまさ》が暗殺未遂にあい（坂下門外《さかしたもんがい》の変）、挫折した。

雄藩の苛烈な主導権争い

この頃から幕府に代わり、**薩摩《さつま》藩・長州《ちょうしゅう》藩などの有力外様《とざま》大名（雄《ゆう》藩）の発言力が増していく。**1862年（文久《ぶんきゅう》2）、公武合体を目指す薩摩の島《しま》津久光《づひさみつ》が江戸に入り、勅令による幕政改革を実行（文久の改革）。久光が江戸から帰る途上、生麦《なまむぎ》事件（薩摩藩士によるイギリス人殺傷事件）が起きる。

一方、尊王攘夷《そんのうじょうい》派が実権を握った長州藩は、京都で朝廷との結びつきを深め、過激派志士によるテロ行為も相次いだ。やがて長州藩は薩摩藩・幕府との対立を深め、1864年（元治《げんじ》元）に軍事衝突にいたる（禁《きん》門《もん》の変）。敗れた長州藩勢力は、京都から一掃された。

POINT!

将軍継嗣問題を契機とした数々の事件は、幕府の権威を失墜させることとなった。

世界とのつながり

もうひとつの倒幕運動「フランス万博」

1867年（慶応《けいおう》3）、フランスのパリで2度目の万国博覧会が開催された。幕府と親密だったフランス公使ロッシュの要請に応じ、幕府は初めて万博に出展する。紹介された浮世絵などの美術品は、西洋美術に大きな影響を与えた（ジャポニスム）。このとき、幕府だけでなく薩摩藩と佐賀藩も出展している。特に、薩摩藩は当時の政争を反映し、正面から幕府に対抗。独自の勲章を外国の要人に贈るなどして、薩摩藩と幕府が別個の政府であるかのような印象を作り出した。

政治

幕末の動乱と幕府の権威失墜

幕末の動乱は黒船来航と条約問題で幕を開け、桜田門外の変などで幕府の権威は失墜した。

黒船来航と将軍継嗣問題

後継者をめぐって一橋派と南紀派が対立。幕府の権威が揺らぎ始める

一橋派

一橋家
一橋慶喜
福井市立郷土歴史博物館

老中 阿部正弘
越前藩主
薩摩藩主
前水戸藩主
土佐藩主

VS

南紀派

紀伊藩主
徳川家茂
福井市立郷土歴史博物館

井伊直弼
譜代大名
将軍側近の幕臣
関白・大奥

安政の大獄

井伊直弼が大老に就任、徳川家茂が14代将軍となり、一橋派を粛清することで、幕府の権威回復を目指す

豪徳寺

大老
井伊直弼
安政の大獄で一橋派を一掃する

粛清→

福井市立郷土歴史博物館

越前藩士
橋本左内《はしもとさない》
一橋派として将軍継嗣問題に介入した罪で斬罪

山口県文書館

長州藩士
吉田松陰《よしだしょういん》
松下村塾を開く。幕府の対外政策を批判したために斬罪

桜田門外の変

大老の井伊が殺されるという前代未聞の事件に、幕府の権威は一気に衰退

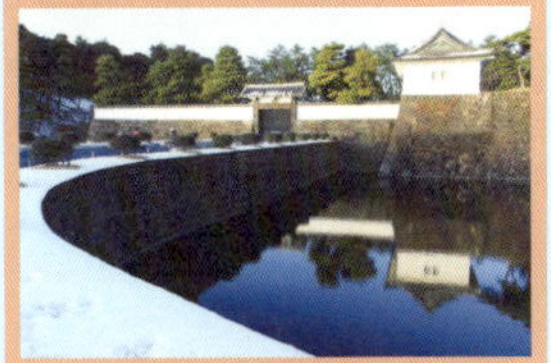

井伊直弼はこの外桜田門のすぐそばで襲撃された

和宮《かずのみや》降嫁認可

幕府は権威の復活のため、朝廷とのつながりを作ろうと働きかけ和宮の降嫁が決まる

坂下門外の変

老中の安藤が襲撃され、幕府の権威は失墜

和宮・家茂成婚

源氏御祝言図
家茂と和宮の結婚を描いた錦絵。政略結婚だったが、大変仲の良い夫婦だったという
都立中央図書館特別文庫室

←低　幕府の権威(編集部で測定)　高→

用語解説「和宮降嫁」
➡孝明天皇の妹である和宮の降嫁は、公(朝廷)と武(幕府)融合の象徴だった。

宗教 社会 **外交** 政治
合戦 都市 文化 周縁

◀P190 外交 P174▶

開国により生じた尊王攘夷運動はなぜ倒幕運動へと移行したのか

POINT!

開国による経済の混乱から攘夷が激化。しかし列強の軍事力の前に攘夷運動は挫折した。

外国人排撃が起きた理由

日米修好《しゅうこう》通商《つうしょう》条約《じょうやく》の締結により、横浜・長崎・箱館（函館）で貿易が開始された。当初は大幅な輸出超過となり、国内は品不足から激しいインフレが起きた。さらに、金と銀の交換比率が国内外で違ったことから、金が大量に海外に流出してしまう。

経済の混乱は、外国人を敵視する攘夷《じょうい》思想を過熱させた。これが、天皇の権威を重んじる尊王《そんのう》論と結びつき、尊王攘夷運動につながる。尊王論も、幕末に急に生まれたわけではない。18世紀後半、王政復古《おうせいふっこ》を唱える学者が処罰される（宝暦《ほうれき》事件・明和《めいわ》事件）など、明治維新の素地は開国以前からできつつあった。

攘夷を断念させた西欧文明

1860年（万延《まんえん》元）、幕末最初の遣外使節として、幕臣などが渡米。**西洋の進んだ文明に接し、開明的な思想を深める者も現れた。**

下級武士を中心に攘夷を掲げた雄《ゆう》藩も、やがてその無謀さに気づく。1863年（文久《ぶんきゅう》3）、前年の生麦《なまむぎ》事件の報復として、イギリス艦隊が薩摩を攻撃した（薩英戦争）。1864年（元治《げんじ》元）には、前年の外国船砲撃への報復として、アメリカ・イギリス・オランダ・フランスの連合艦隊が長州《ちょうしゅう》藩を攻撃（四国艦隊下関砲撃事件）。**圧倒的な欧米の軍事力を目にした薩長は、以後攘夷を改め、倒幕へと舵を切った。**

世界とのつながり

倒幕運動は英仏の代理戦争だった？

倒幕と佐幕《さばく》、開国と攘夷の間で揺れた幕末の日本。この動乱の陰には、日本で利権を得る機会を窺う列強諸国が見え隠れする。イギリス公使パークスは、幕府の指導力に見切りをつけ、幕府との関係も保ちつつ薩摩・長州の倒幕勢力を支援。イギリスから購入した最新兵器は、倒幕の大きな原動力となった。イギリスのライバルが、皇帝ナポレオン3世が対外積極策を進めていたフランスだ。フランス公使ロッシュは幕府に肩入れし、軍備の近代化などに協力。幕末の動乱は英仏の代理戦争の様相を呈していた。

2000 1950 1900 ★ 1800 1700 1600 1400 1200 1000 500 0 紀元前

外交

日本で行われた英仏代理戦争

幕末の倒幕派対幕府の陰には、イギリスとフランスの植民地争いが背景にあった。

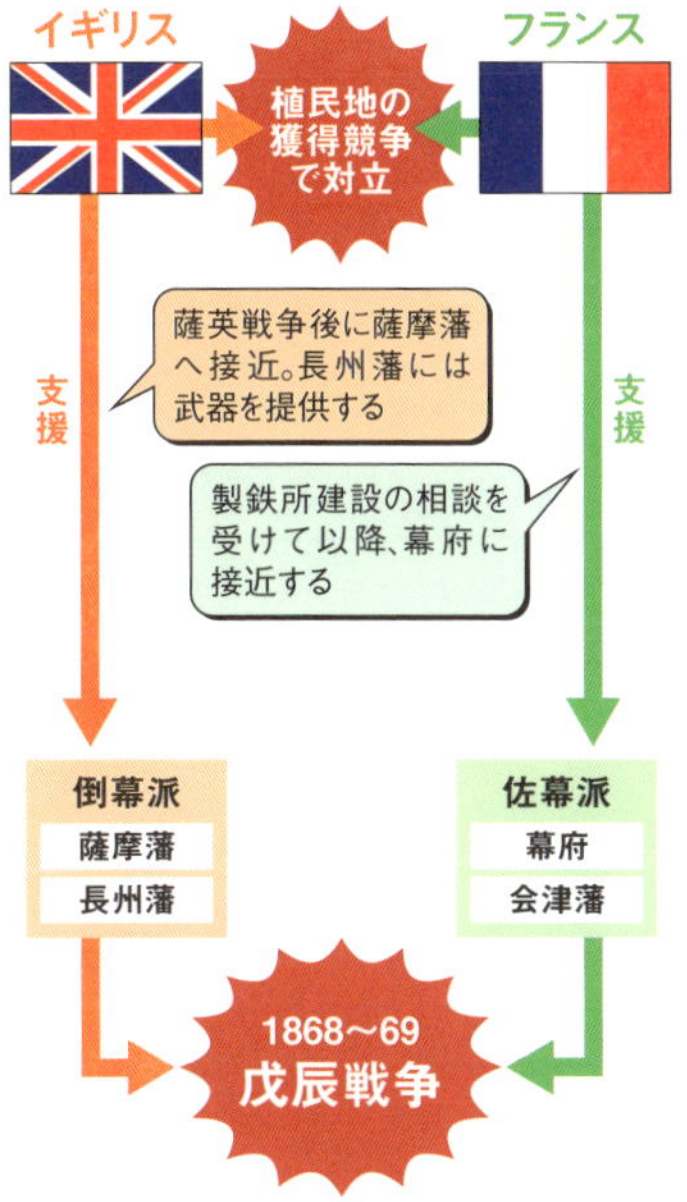

開国がもたらしたインフレ

金と銀の交換比率が国内では1:5であったのに対し海外では1:15と3倍もの差があったため、外国人投資家がメキシコ銀などの洋銀を持ち込み、大量の金が海外に流出した。

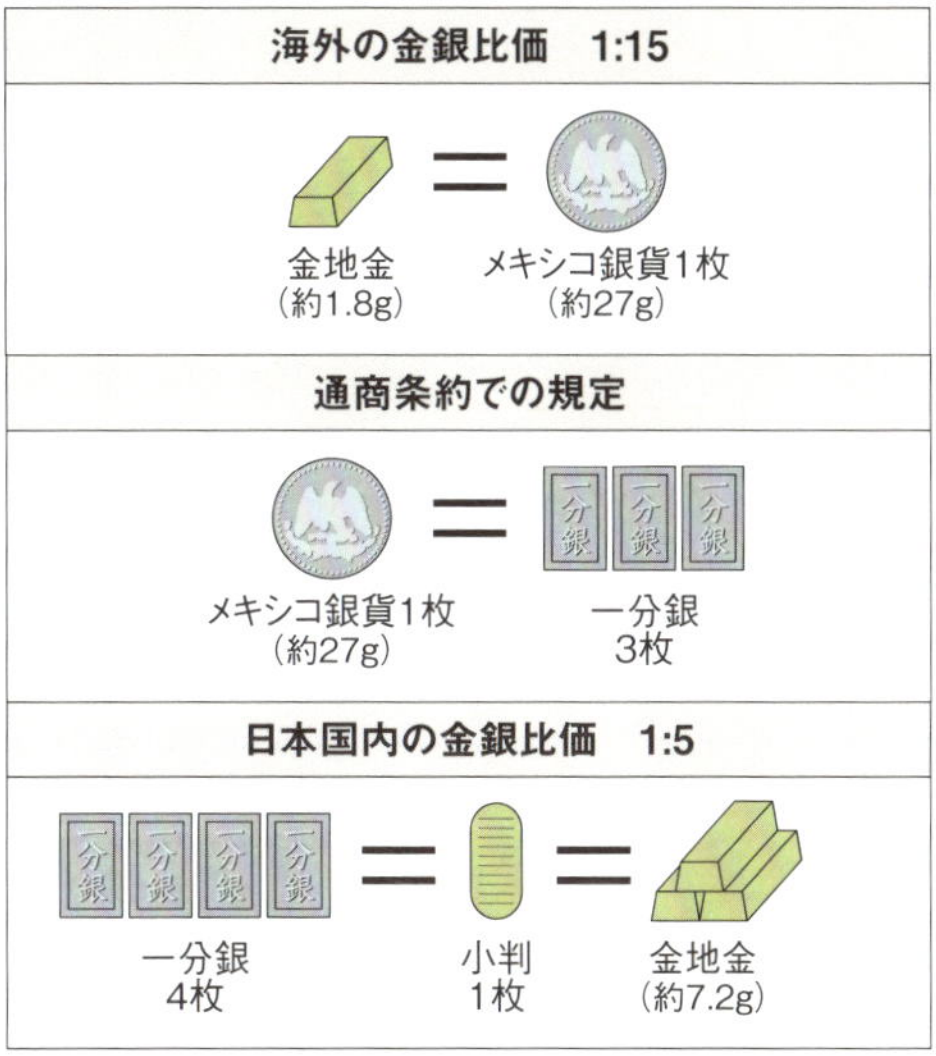

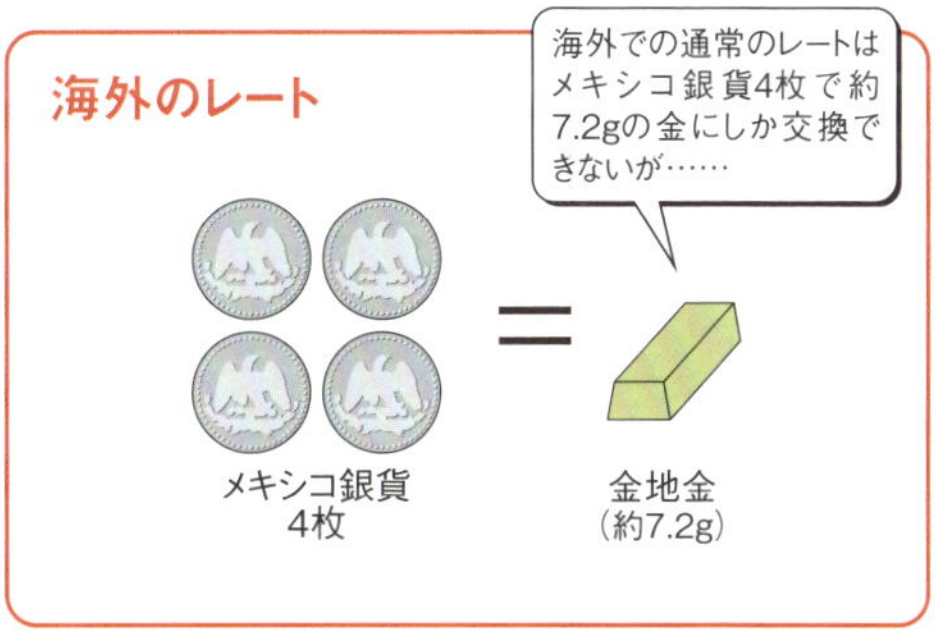

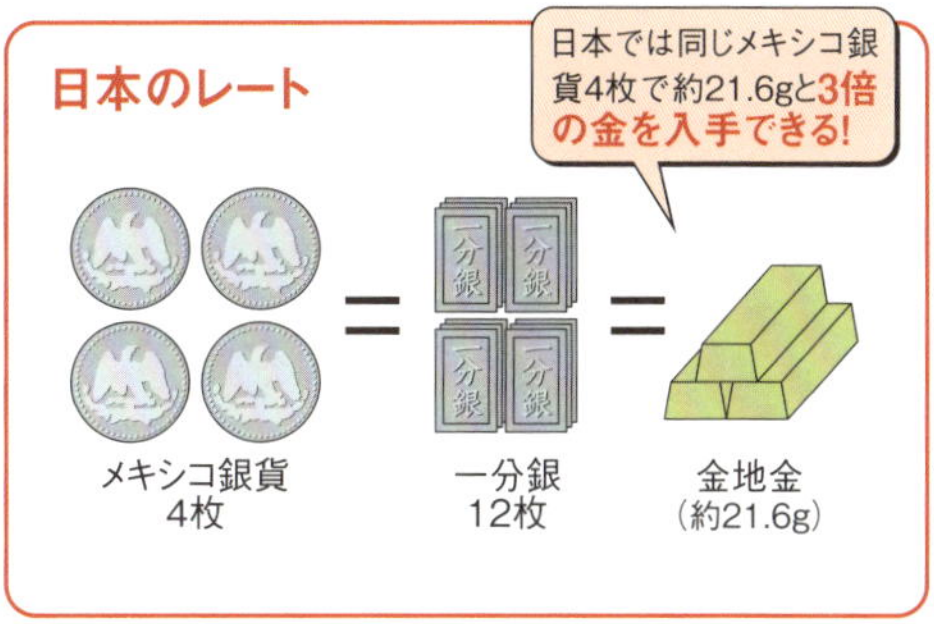

MANGA GUIDE

『風雲児たち』

幕末を知るためのバイブル

明治維新を描くために、関ヶ原の戦いから描写が始まる超大作マンガ。ギャグ満載で楽しく読めるだけでなく、新説を盛り込んでいるのも特徴。2004年、第8回手塚治虫文化賞受賞作品。2018年にはNHKで三谷幸喜が脚本を手がけた特別ドラマが放送された。

作者／みなもと太郎
20巻、幕末編30巻（続刊中）
2002年～
リイド社

そのとき世界は？

→1863年 第16代アメリカ合衆国大統領のリンカンが奴隷解放宣言を行う。

宗教　社会　外交　**政治**
合戦　都市　文化　周縁

◀P184　政治　P178▶

薩長同盟成立によって倒幕派と幕府との攻防が激化

倒幕に向け軍事同盟が成立

　四国艦隊下関砲撃事件と同じとき、幕府は禁門《きんもん》の変を理由に長州《ちょうしゅう》藩へ兵を挙げた（第一次長州征討）。窮地に立った長州藩の上層部は、幕府へ恭順の意を示す。これに対し、**高杉《たかすぎ》晋作《しんさく》率いる奇兵隊《きへいたい》がクーデター（功《こう》山寺《ざんじ》挙兵）を決行し、高杉や伊藤博《いとうひろ》文《ぶみ》らが藩政を掌握。開国・倒幕の方針を固めた。**

　この頃、薩摩《さつま》藩でも西郷隆盛《さいごうたかもり》や大《おお》久保《くぼ》利通《としみち》が実権を握り、藩論が開国・倒幕に統一された。土佐《とさ》藩の坂《さか》本龍馬《もとりょうま》・中岡慎太郎《なかおかしんたろう》らは、同じ藩論を持つ薩長を連合させる構想を練る。１８６６年（慶応《けいおう》2）、薩長は過去の対立を克服し同盟が成立した。

ついに江戸幕府が消滅

　薩長同盟が成立した年、幕府は第二次長州征討を宣言した。しかし、薩摩藩は薩長同盟（連合）を理由に幕府からの協力要請に応じず、戦況は幕府の不利に展開。幕威は完全に失墜する。朝廷でも、倒幕反対派の孝明《こうめい》天皇の急死後、倒幕派の公家が勢力を強めた。

　幕府が武力討伐される流れに対し、15代将軍徳川（一橋）慶喜《よしのぶ》は、薩長ら倒幕派の機先を制する策に出た。１８６７年10月、**朝廷に政権を返上する大政奉還《たいせいほうかん》を申し出たのである。**しかし倒幕派は、あくまで慶喜を新政府から排除するため、同年12月に**王政復古《おうせいふっこ》の大号令**を発した。

KEYWORD

「大政奉還」は慶喜の政権返上ではなかった？

　大政奉還とは「政権を朝廷に返す」ことだが、これは観念した徳川慶喜が降参したという意味ではない。政権を返上して幕府が消滅すれば、倒幕を目指す薩長が武力を用いる大義がなくなる。一方、長く政治を担当しなかった朝廷には政務の能力がなく、徳川家が新政府に影響力を残せると読んだ上での決断だった。先手を打たれた薩長ら倒幕派は、巻き返しのために「王政復古の大号令」を発する。これはあくまでも、武力で徳川家を新政府から排除する方針を定めるために起こされたクーデターだった。

POINT!

大政奉還で倒幕を免れようとしたが、王政復古の大号令により幕府の歴史は幕を閉じた。

2000　1950　1900　1800　1700　1600　1400　1200　1000　500　0　紀元前

倒幕運動から王政復古の大号令まで

高杉晋作のクーデターによって倒幕派となった長州藩は、坂本龍馬らの協力により薩摩藩と結託し、幕府へ矛先を向ける。これを予期した幕府側は、大政奉還を行うことで倒幕を免れようとした。

元離宮二条城事務所

倒幕の矛先をかわす
徳川慶喜は、倒幕派に先手を打つため、政権を朝廷に返す「大政奉還」を行った。大政奉還の後は「大君（たいくん）」として新国家体制の頂点に立とうと考えていた。

藩論を転じさせたクーデター
長州藩士の高杉晋作は、身分を問わず編成した組織「奇兵隊」を率いてクーデターを起こし、保守派の藩上層部を倒した。これにより、佐幕に傾きかけた藩論を倒幕へと導いた。

1864年7月 第一次長州征討 → 1865年1月 功山寺挙兵 → 1866年1月 薩長同盟 → 1866年6月 第二次長州征討 → 1867年10月 大政奉還 → 1867年12月 王政復古の大号令

江戸幕府の消滅
大政奉還に隠された思惑を読み取った岩倉具視らは、朝廷主導の新政権樹立を宣言。これにより、江戸幕府は完全に廃絶し、天皇中心の新政府が誕生した。

長州藩が幕府に勝利
再征の勅許を得た幕府は、倒幕の動きを強めた長州に対し出兵。しかし雄藩から協力が得られず敗北を続け、14代家茂の急死を理由に停戦した。

倒幕に向けた同盟成立
幕府に武器輸入を禁止されていた長州藩は、薩摩藩名義で武器を輸入してもらう代わりに、薩摩藩へ米を送る約束で、軍事協力の密約を結んだ。

仲介
薩摩藩 ― 同盟 ― 長州藩

MANGA GUIDE

『JIN-仁-』

SF要素の強い幕末医療漫画

現代に生きる脳外科医・南方仁が幕末にタイムスリップ。坂本竜馬、西郷隆盛らと医療を通して交流を深める一方、激動の渦に巻き込まれていく。2009年大沢たかお主演でドラマ化され、大ヒット。

作者／村上もとか
全13巻
2000年～2010年
集英社

そのとき世界は？
➡1866年 スウェーデンの発明家アルフレッド＝ノーベルがダイナマイトを発明する。

宗教 社会 外交 政治
合戦 都市 文化 周縁

◀ P186 政治 P182 ▶
合戦 P136 ▶

戊辰戦争で北進しながら抵抗を続けた旧幕臣の終焉

❺五稜郭の戦い（箱館戦争）（1869.5）
旧幕臣の榎本武揚、新選組の土方歳三らが蝦夷地を占領、五稜郭を拠点に蝦夷共和国の樹立を宣言するも、新政府軍の猛攻によって土方は戦死、榎本は降伏した

五稜郭
星形が特徴的な城。旧幕府軍はここに立て籠もった。

新撰組 土方歳三

『東台大戦争図』
寛永寺に突入する新政府軍（右）と、それを迎える彰義隊。

❸上野戦争（彰義隊の戦い）（1868.5）
慶喜の警護などを目的として結成された彰義隊約1000人が、上野の寛永寺を拠点として反抗したが、大村益次郎の指揮する新政府軍に1日で破れた

倒幕・佐幕派が全面衝突へ

1867年（慶応《けいおう》3）12月、倒幕派は王政復古《おうせいふっこ》の大号令を実行し、徳川慶喜《よしのぶ》に「辞官納地《じかんのうち》（官職と所領の返上）」を迫った。これに旧幕府側は憤激し、翌年1月に鳥羽《とば》・伏見《ふしみ》で武力衝突するにいたった。**戊辰《ぼしん》戦争の始まりである。最新兵器を擁した新政府軍は旧幕府軍を圧倒。慶喜は大坂城から江戸に逃亡し、旧幕府軍の士気はくじかれた。**

薩摩《さつま》・長州《ちょうしゅう》・土佐《とさ》・肥前《ひぜん》（薩長土肥）主体の新政府軍は、旧幕府側を平定するために東進。同年4月、旧幕臣勝海舟《かつかいしゅう》は新政府軍の西郷隆盛《さいごうたかもり》と交渉し、江戸の総攻撃は中止され、江戸城は無血のうちに開城された。

POINT!
最新兵器を駆使する新政府軍の前に、旧幕府軍は力尽き、明治という時代が始まる。

2000 1950 1900 ★ 1800 1700 1600 1400 1200 1000 500 0 紀元前

戊辰戦争の動向

新政府軍に反発した旧幕府軍は、北進しながら約1年半の間、抵抗を続けた。新政府軍は、最新の軍艦や大砲を用いて、旧幕府軍の拠点を次々と攻め落としていった。

開城後の会津若松城

会津若松市教育委員会

大砲などが雨あられと撃ち込まれ、天守はボロボロになった。

❹会津の戦い（1868.8~9）
京都守護職だった会津藩主の松平容保と藩士、その家族らが会津若松城に籠もった。圧倒的な兵力差にもかかわらず、約1カ月もの間、籠城を続けた

❶鳥羽・伏見の戦い（1868.1）
王政復古の大号令により大坂城に移動した慶喜のもとに旧幕府軍が集結し、鳥羽・伏見に進撃。錦の御旗（みはた）を掲げた新政府軍の前に、旧幕府軍は瓦解し、慶喜はひそかに江戸へ向かった

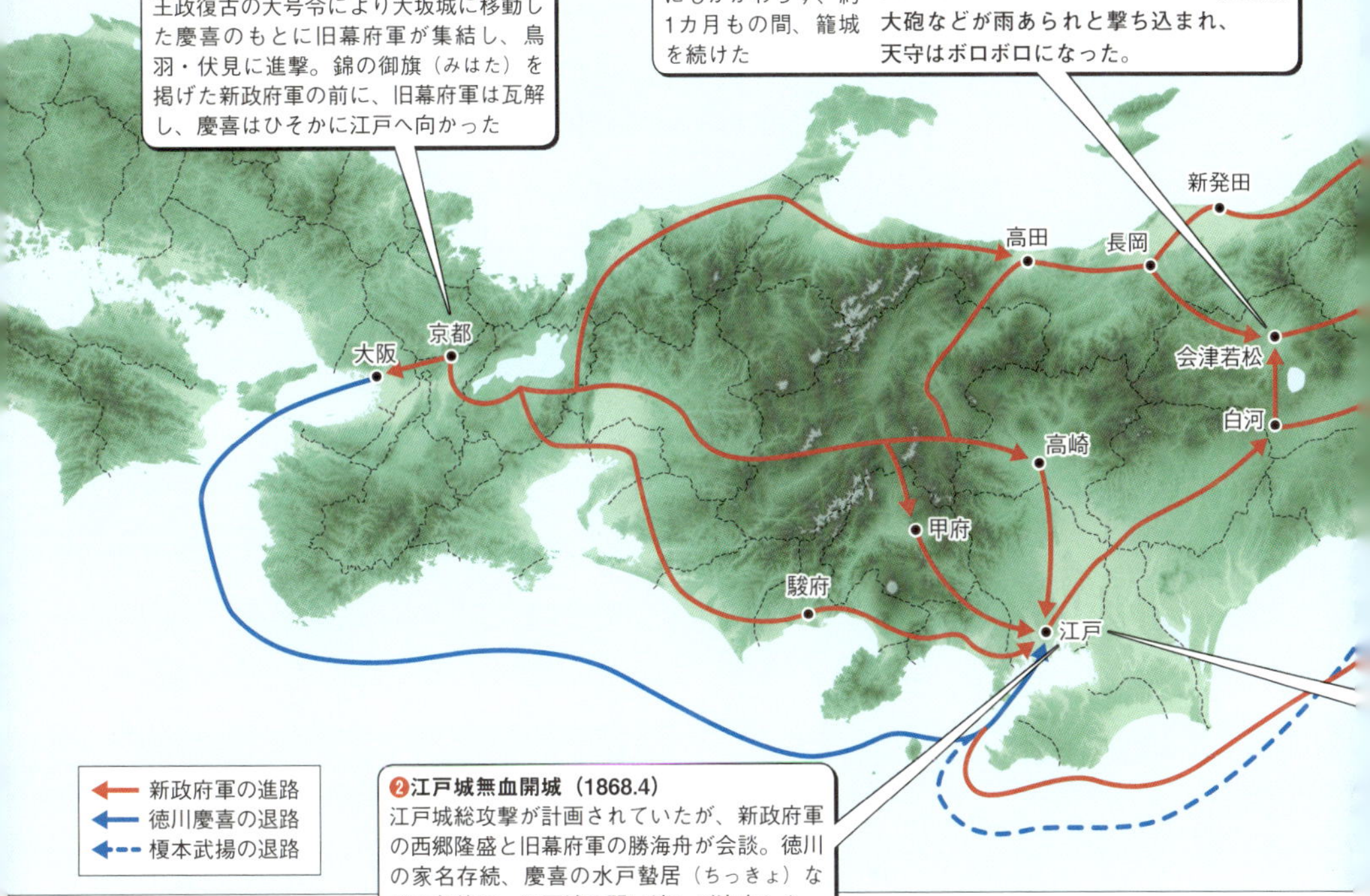

❷江戸城無血開城（1868.4）
江戸城総攻撃が計画されていたが、新政府軍の西郷隆盛と旧幕府軍の勝海舟が会談。徳川の家名存続、慶喜の水戸蟄居（ちっきょ）などを条件に、江戸城の開け渡しが決定した

北へと後退を続けた旧幕臣

徳川慶喜は新政府軍に恭順したが、旧幕府勢力の抵抗はその後も続いた。江戸では、強硬派の旧幕臣が彰義隊《しょうぎたい》を組織して上野の寛永寺《かんえいじ》に立て籠もった。しかし、新政府参謀の大村益次郎《おおむらますじろう》の作戦の前に壊滅した。

東北・北陸では、会津《あいづ》藩を朝敵とする新政府軍の強硬姿勢に反発。「奥羽越列藩同盟《おううえつれっぱんどうめい》」を結成して抵抗したが、1868年（明治元）10月までに、すべて平定された。その直前には、会津藩もひと月の籠城のち降伏させられている。榎本武揚《えのもとたけあき》や土方歳三《ひじかたとしぞう》らの旧幕臣は、さらに北に逃れ、蝦夷地《えぞち》（北海道）の箱館（函館）を占領。洋式城郭の五稜郭《ごりょうかく》に籠城したが、1869年5月に降伏した。

ここに戊辰戦争は終結し、新政府は全国を掌握することとなった。

用語解説「**錦の御旗**」
➡官軍であることを示すもの。鳥羽・伏見の戦いで薩摩藩の本営に掲げられた。

宗教 社会 外交 政治
合戦 都市 文化 周縁

◀P194 政治 P184▶

中央集権を確立した日本は近代国家への道を歩み始めた

天皇を中心とする新体制へ

1868年（慶応《けいおう》4）3月、**明治新政府の基本方針として、五箇条《ごかじょう》の御誓文《ごせいもん》が発布され、古い因習の打破や天皇親政などが謳《うた》われた。**一方、同時期に民衆向けに出された五榜《ごぼう》の掲示《けいじ》は、幕府の対民衆政策と大きく変わらなかった。

同年9月、年号が慶応から明治に改められ、天皇一代につきひとつの元号のみ用いる一世一元《いっせいいちげん》が定められた。江戸は東京と改名され、天皇も東京に住まいを遷した。新政府は薩長など雄藩の出身者で固められ、天皇を頂点とする中央集権化が図られた。その手始めに、1869年（明治2）に版籍奉還《はんせきほうかん》が行われる。

近代国家の必要条件とは

版籍奉還では、全国の藩主に土地と人民を朝廷に返上させた。だが、旧藩主はそのまま知藩事《ちはんじ》という職名で統治を続け、中央集権は徹底されなかった。そこで1871年、新政府は廃藩置県《はいはんちけん》を断行。**藩の廃止と知藩事の罷免《ひめん》、府県の設置と中央からの府知事《ふちじ》・県令《けんれい》派遣が行われ、中央集権体制が確立したのである。**

近代国家成立には、官僚制の整備や常備軍設立が不可欠だった。新政府は、幾度かの官制改革によって、政府の仕組みを整えた。また、1873年に徴兵令《ちょうへいれい》を公布。国民に兵役の義務を負わせ（国民皆兵《かいへい》）、近代的な軍を整備していった。

KEYPERSON

岩倉使節団に同行した「女子留学生」

1871年12月、岩倉具視《いわくらともみ》を特命全権大使とする使節団が横浜を出航し、アメリカ・イギリスなど西洋諸国を歴訪した。その最大の目的は、幕末の不平等条約改正の予備交渉だった。主目的こそ果たせなかったが、多くの人材が西洋文明に触れて帰国し、文明開化に貢献した意義は大きい。なお、使節団には5人の女子留学生も同行していた。最年少だった津田梅子《つだうめこ》は、当時わずか6歳で帰国後は女子英学塾（現津田塾大学）を創設した。山川捨松《やまかわすてまつ》は帰国後、鹿鳴館《ろくめいかん》外交で有名となり後に大山巌《おおやまいわお》の妻となった。

POINT!

新政府は、近代国家への脱皮を目指す政策を打ち出し、国民生活に大きな影響を与えた。

2000 1950 1900 ★ 1800 1700 1600 1400 1200 1000 500 0 紀元前

政治

明治新政府の制度と諸改革

日本を近代国家へと推し進めるべく、明治新政府は政治体制や身分制度など様々な改革を行った。

政治体制

摂関・関白・幕府を廃止し三院制を採用

公…公家　土…土佐
薩…薩摩　肥…肥前
長…長州

太政官《だいじょうかん》

- **左院（立法）**
- **正院（行政）**
  - 太政大臣 公 三条実美
  - 右大臣 公 岩倉具視
  - 左大臣 欠員
  - 参議 薩 西郷隆盛　長 木戸孝允　土 板垣退助　肥 大隈重信
  - 神祇省 兵部省 司法省 外務省 文部省 宮内省 大蔵省 工部省 開拓使
- **右院（調整機関）**

1871年、新設された太政官政では薩長土肥の雄藩出身者が役職を独占した。

身分制度

- 皇族 ← 禁中
- 華族 ← 公家、武士
- 士族 ← 武士
- 卒族（1872廃止） ← 武士
- 平民 ← 農、工、商、えた・非人（1871追加）

（士族・卒族 ↔ 平民）

制度の上では四民平等となり、移住・職業選択の自由などが認められた。

新産業育成政策

独占禁止、身分制約除去など、自由な経済活動を整備

- **官営模範工場（政府直営の工場）の建設**
- **鉄道の開業**
- **金融制度の整備（新貨の発行）**
- **郵便制度の開始、電信事業の発足**

富国強兵の一環として進められた政策で、近代的産業の育成が主な目的だった。

土地制度

改正前		改正後
収穫高	課税基準	地価
四公六民（幕領）	税率	地租（地価の3%）
物納・村単位	税入方法	金納・個人
年貢負担者（耕作者）	納税者	地券所有者（地主）

封建的な土地制度解体のため、地租改正条例により、米の代わりに現金を納めるなど納税方法が変わった。

軍事体制

士平の別なく満20歳の男子が服役

師団

- **輜重《しちょう》兵《へい》大隊** 軍事物資の補給や運搬などを担当する。
  - 中隊
- **工兵大隊** 交通路の改修、陣地の構築や架橋など、戦闘態勢を整える。
  - 中隊
- **野戦砲兵連隊** 火砲を使用し、敵陣を攻撃。他兵種の後方支援役。
  - 野砲大隊 ― 中隊
  - 野砲大隊 ― 中隊
  - 山砲大隊 ― 中隊
- **騎兵大隊** 軍馬を使って、偵察、敵の攪乱、追撃などを行う。
  - 中隊
- **旅団** 軍の主力。徒歩で戦闘を行い、小銃を使用。
  - 歩兵連隊 ― 大隊 ― 中隊
  - 歩兵連隊 ― 大隊 ― 中隊
  - 歩兵連隊 ― 大隊 ― 中隊
  - 歩兵連隊 ― 大隊 ― 中隊

「陸軍定員令」（1890）より

新政府は国民皆兵を目指したものの、当初は不公平が多く、国民皆兵が名実ともに実現したのは1889年（明治22）のことだった。

MANGA GUIDE

『ふしぎの国のバード』

外国人目線の古き良き日本

イギリスの女性探検家、イザベラ＝バードの『日本奥地紀行』をもとにしたマンガ。日本古来の生活を記録に残すべく、明治時代の東北や北海道をバードが旅していく。

作者／佐々大河
4巻（続刊中）
2015年〜
KADOKAWA エンターブレイン

用語解説「地券」
➡土地所有者に交付した確認証。1872年に発行され、1886年に廃止された。

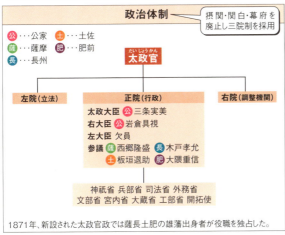

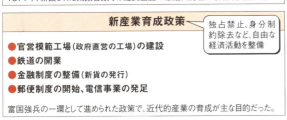

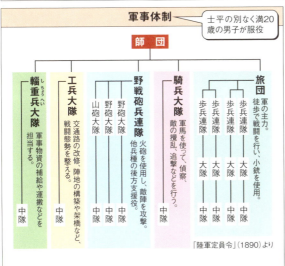

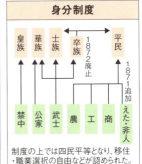

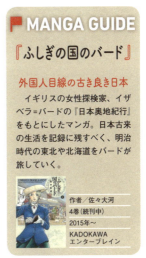

◀ P204 社会 P166 ▶
◀ P208 文化 P160 ▶

新政府が進めた文明開化がもたらした庶民への影響とは

POINT!

一部の都市に限られたが、新しい文化が流れ込み、日本人の生活は一気に西洋化した。

変わる街並みと生活

開国とともに西洋風の建物や鉄道ができ、人々の生活は劇的に変化した。

服装

ネルシャツを着た女学生

着物の下に赤地格子のシャツを着るのが当時の流行だった。

引札（ひきふだ）という広告チラシも流行。ローマ字も使用された。

アドミュージアム東京

情報

明治10年代の東京郵便局

郵便は明治に発展した通信手段のひとつ。左手の窓口で切手を購入したり書留を出したりした。右には私書箱がある。

郵政博物館

洋風化の恩恵は都市部のみ

明治初年、一気に流入した西洋の文物は、日本人の生活に大きな影響をもたらした。**人々はざんぎり頭に、洋服や洋食、洋風建築が普及した。** 街にはガス灯がともり、1872年（明治5）には新橋・横浜間に鉄道が開通。銀座には国によってレンガ造の建物や歩道が造られた。もっとも、こういった風俗の洋風化は東京や開港地の横浜・神戸などが中心で、農村や漁村などの生活は昭和までほとんど変化しなかった。

1871年、新政府は通貨を円《えん》・銭《せん》・厘《り》と呼称する新貨条例《しんかじょうれい》を発布。国立銀行の設立など、経済・金融面での近代化も進んだ。

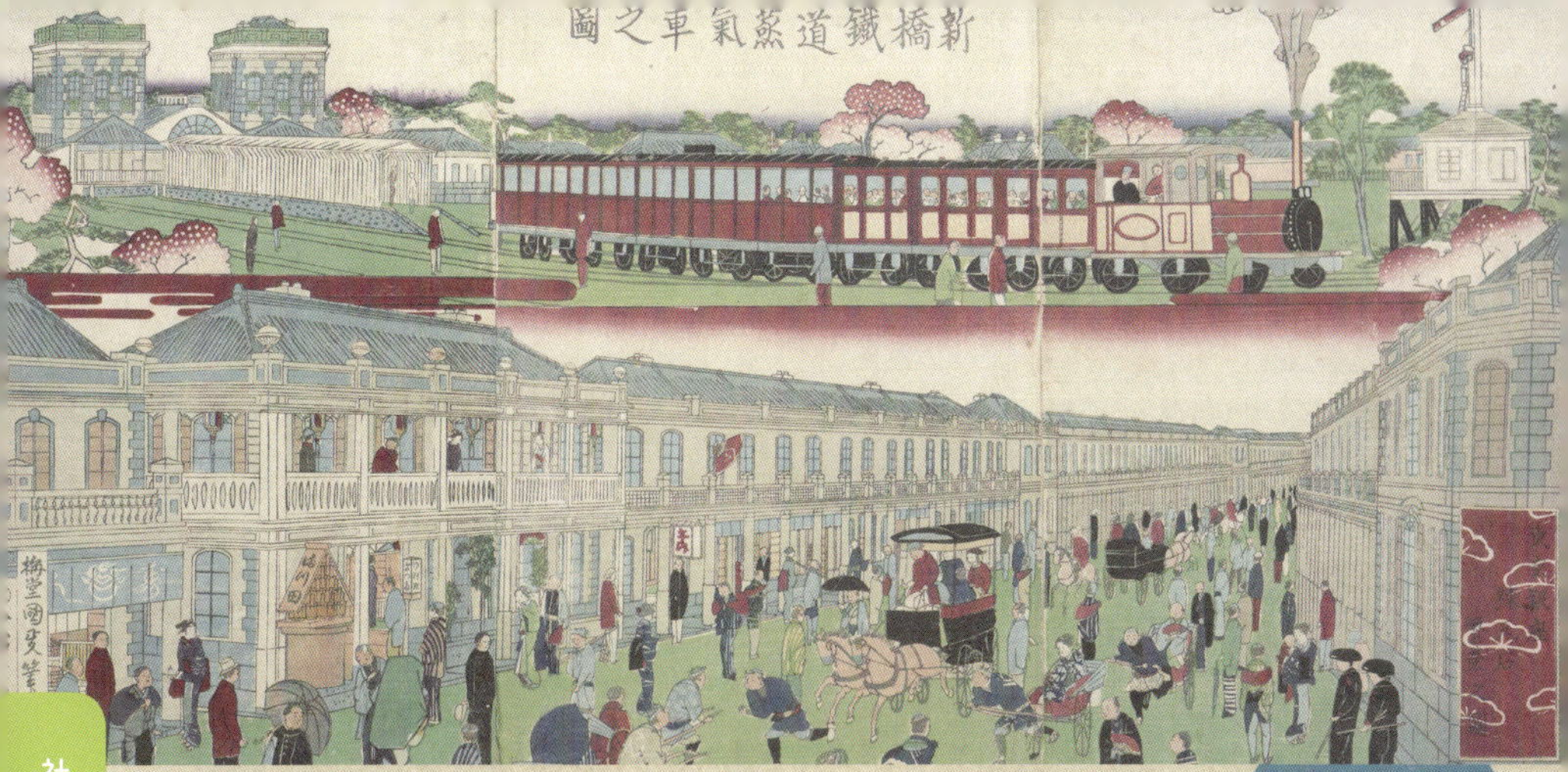

社会

新橋駅と銀座の街並み

都立中央図書館特別文庫室

上半分に新橋駅を発車した蒸気機関車が、下半分には1872年の銀座大火後にレンガ造となった銀座の街並みが描かれている。道行く人の服装は和洋が入り交じる。

都市

食

木村屋總本店

あんぱん

1875年に明治天皇に献上したあんぱん。現在まで同じ形で続く。

牛鍋

牛鍋とはすき焼きのこと。ざんぎり頭に洋装の男が、新聞を読みながら牛鍋をつついている。

文化

庶民が政府に抵抗した理由

明治政府は富国強兵《ふこくきょうへい》を目指して、生活様式や産業技術、社会制度にいたるまで、積極的な近代化を推し進めていった。欧米の技術を導入し産業を育成する殖産興業《しょくさんこうぎょう》や、教育の整備により人材を育成するための学制などを次々と打ち出した。

しかし、性急な近代化は民衆に負担を強いることにもなった。その一例が、近代軍備を整えるために出された徴兵令《ちょうへいれい》や、税金の仕組みを変えた地租改正《ちそかいせい》である。

地租改正とは、1873年に行われた改革で、作物を納めた江戸時代までの年貢《ねんぐ》に代わり、地価の3%を貨幣で納めさせるものだ。だが負担が増した農民の一揆《いっき》が相次ぎ、政府は税率の引き下げ（2・5%）を認めることになった。

用語解説「ざんぎり頭」

➡まげを切った髪型で文明開化のシンボル。1871年に散（断）髪令が公布された。

◀ P192 外交 P180 ▶
◀ P248 周縁 P168 ▶

蝦夷地と琉球が日本へ帰属し 北海道と沖縄が誕生した

POINT!

日本の主権範囲を明確にするため、蝦夷地と琉球王国が強制的に日本に編入された。

アイヌの同化を推進

西洋的な近代国家を作るにあたり新政府は、周縁地域を自国の体制下に置き欧米に対抗しようとする。

幕末の蝦夷地《えぞち》(北海道)では、ロシアの脅威に備え、幕府による直接経営が始まった。1869年(明治2)、**新政府は蝦夷地を北海道と改称し、アイヌの土地を一方的に日本国に編入**。開拓使という行政機関が設置され、国策として北海道の開発が本格化した。維新で失業した士族らが内地から移住すると、アイヌの人々は土地を追われ困窮。1899年制定の北海道旧土人保護法《きゅうどじんほごほう》は、アイヌの「保護」を謳《うた》いながらも、文化や習俗は否定された。

「二重帰属」状態の解消

中国(清《しん》)と薩摩《さつま》藩の二重朝貢《ちょうこう》国だった琉球王国(沖縄)。その帰属の明示は新政府にとって急務だった。

1871年、台湾で琉球漂流民殺害事件が発生。新政府はこれを琉球帰属問題に利用しようと、清に責任を求めたが、清は台湾を統治範囲外であるとして責任放棄する。これに伴い翌年に琉球藩を設置した新政府は、1874年に出兵し(台湾出兵)、琉球が日本に属することを清に認めさせた。1879年、**新政府は軍事的な圧力のもと、一方的に琉球藩を廃止し、沖縄県を設置。琉球国王の尚泰《しょうたい》は東京移住を命じられ、琉球王国は滅亡した(琉球処分)**。

KEYWORD

「竹島問題」と「尖閣諸島問題」の原点

明治時代の国境画定は、現在の領土問題にも関わっている。韓国と領有権を争う竹島《たけしま》は、江戸時代から存在が知られており、新政府が1905年に島根県に編入。しかし、1952年(昭和27)に突如韓国に占領されたことで、紛争が続いている。中国・台湾が領有権を主張する尖閣《せんかく》諸島は、中国大陸と琉球を結ぶ航路の途上にある目印として、近代以前から知られていた。明治維新後に日本による調査が行われ、「無主地」であることを確認した上で、1895年に日本領として編入された。

琉球との関係

薩摩藩への編入、琉球藩設置を経て琉球王国は日本に属する沖縄県となった。

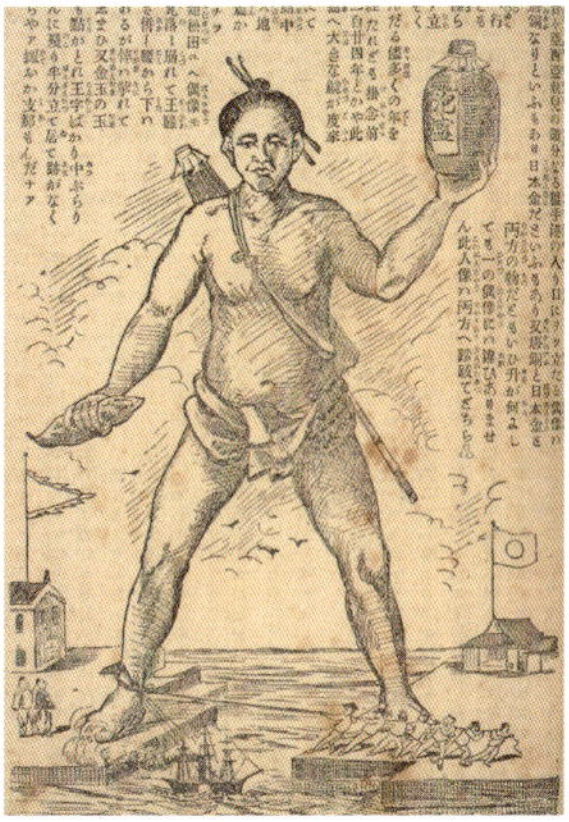

東京大学法学部明治新聞雑誌文庫

琉球を取り込みたい日本の風刺画

日本と清にまたがっている巨人＝琉球を、なんとか自国へ引き込もうと日本が清側の足を綱で引っ張っている。

蝦夷地の日本化

蝦夷地の日本化は、アイヌの困窮と文化の消失を招いた。

屯田兵村

蝦夷地の開墾とロシアに対する防衛を目的に、屯田兵村（とんでんへいむら）を設置。その数は37カ所、家族を含めた総員は4万人近くに及び、アイヌの生活は圧迫された。

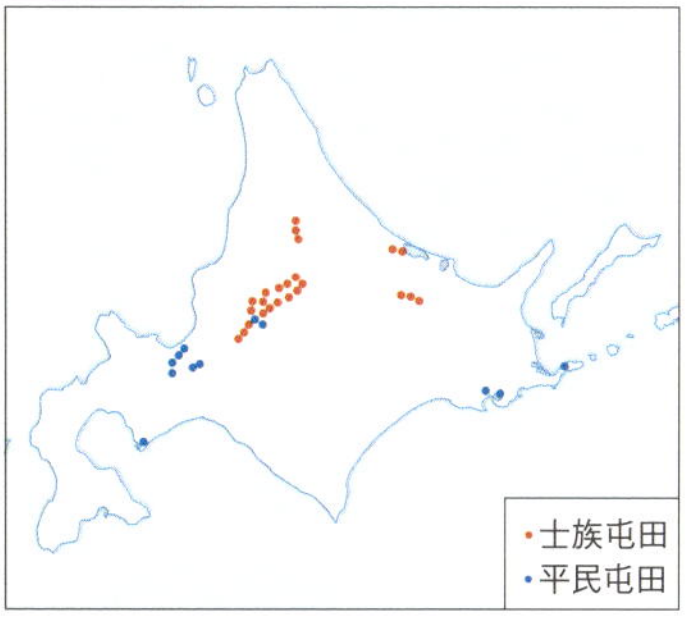

アイヌ学校

アイヌを日本国民として編入するべく、日本語教育を行う学校が設けられた。このため、アイヌ文化は衰退の一途をたどった。

北海道大学附属図書館

北海道（蝦夷地）関連の出来事	時代	沖縄（琉球）関連の出来事
松前藩が成立（1604）	江戸時代初期	薩摩藩、琉球王国を征服。明（のち清）との両属関係（1609）
シャクシャインの戦い（1669）		琉球使節の慶賀使を初めて江戸に派遣（1634）
幕府が松前奉行を設置し、全蝦夷地を直轄化（1807）	江戸時代中期	
間宮林蔵、樺太を探検（1808）		
日露和親条約が締結、日露の国境が画定（1854）	江戸時代後期	ペリーが琉球に来航（1853）
開拓使が設置され、蝦夷地を北海道と改称（1869）	明治時代	最後の冊封使が清から来琉（1866）
アイヌを平民に編入、伝統・習俗を禁止する（1871）		琉球を鹿児島県の管轄とする（1871）
屯田兵制度を設ける（1874）		琉球藩を設置、尚泰を藩王とする（1872）
樺太・千島交換条約締結（1875）		沖縄県を設置、琉球藩の廃止［琉球処分］（1879）
北海道旧土人保護法施行（1899）		下関条約調印により、沖縄が日本の領土として確定（1895）
	昭和時代	沖縄戦（1945）
アイヌ文化振興法が成立。北海道旧土人保護法は廃止（1997）	第二次世界大戦後	沖縄が日本へ復帰（1972）

MANGA GUIDE

『ゴールデンカムイ』

北海道が舞台の冒険物語

日露戦争の帰還兵である杉元は、北海道でアイヌの少女アシㇼパと出会い、死刑囚の隠した金塊の手がかりを追うことに。次々と立ちはだかる凶悪（そして変態）な死刑囚たち。果たして埋蔵金は誰の手に？ 北海道の大自然を背景に描かれるアイヌの文化や伝統知識も必見。

作者／野田サトル
14巻（続刊中）
2014年～
集英社

そのとき世界は？

➡**1869年** エジプトで地中海と紅海を結ぶスエズ運河がレセップスにより完成する。

◀ P200　外交　P190 ▶

清や朝鮮など東アジアに睨みをきかせ進出した日本はロシアを狙う

POINT!
諸外国へ目を向け始めた日本は近隣諸国との国交樹立や、国境画定などを進めた。

アジアには強く出た日本

欧米列強に対しては従属的な立場だった明治初期の日本だが、近隣諸国には高圧的な外交を行った。

江戸時代、中国（清《しん》）との間に正式な国交は結ばれていなかった。**開国後に日清間の貿易や交流が増えたことを受け、１８７１年（明治４）に日清修好条規《しゅうこうじょうき》が締結される。**日本は、自国が優位となる条約を望んだが、結局対等条約という形となった。

１８７４年、日本初の海外出兵である台湾出兵に踏み切った。極東（東アジア）の貿易混乱を懸念したイギリスの調停もあり、日本の出兵は琉球王国への義挙だと清に認められ、賠償金を受けとった。

力ずくで朝鮮を開国させる

日本は朝鮮に国交を求めたが、朝鮮は拒否していた。１８７５年、日本軍艦が朝鮮の漢江河《はんがんこう》の江華島《こうかとう》で朝鮮側を挑発し、砲撃を受ける事件が発生。日本はこれを機に特使を派遣し、軍事的な威圧のもとで開国を強要した。翌年、**不平等条約である日朝修好条規が締結される。**

幕末の日露和親条約で、「日露両国雑居の地」とされた樺太《からふと》（サハリン）では、両国の移民同士の紛争が相次いでいた。ロシアと交渉の結果、１８７５年に樺太・千島交換条約が結ばれる。**日本は樺太を放棄する代わり、ロシアの外洋への出口にあたる千島列島を手にしたのである。**

世界とのつながり

福沢諭吉の脱亜論の真意とは

「亜細亜東方の悪友と謝絶する」という文言で有名な、福沢諭吉《ふくざわゆきち》の「脱亜論」は1885年に発表された。これは、はたして単なるアジア蔑視だったのだろうか。1880年前後の自由民権運動では、「アジア諸国と連帯せよ」という意見も強く、福沢自身も朝鮮からの留学生を支援していた。しかし1884年、日本の援助で朝鮮の近代化を図る親日改革派（独立党）のクーデターが失敗（甲申《こうしん》事変）。失望した福沢は、「列強に対抗するには、清や朝鮮の近代化を待ってはいられない」という考えを持つにいたったのである。

1870年代の近隣諸国との関係

明治政府は欧米諸国だけでなく近隣諸国とも国交を結ぶため、ときには高圧的な外交を行って、清、ロシア、朝鮮と条約を締結した。これには日本の国境がどこまでなのかを確認する狙いもあったという。

樺太（サハリン）

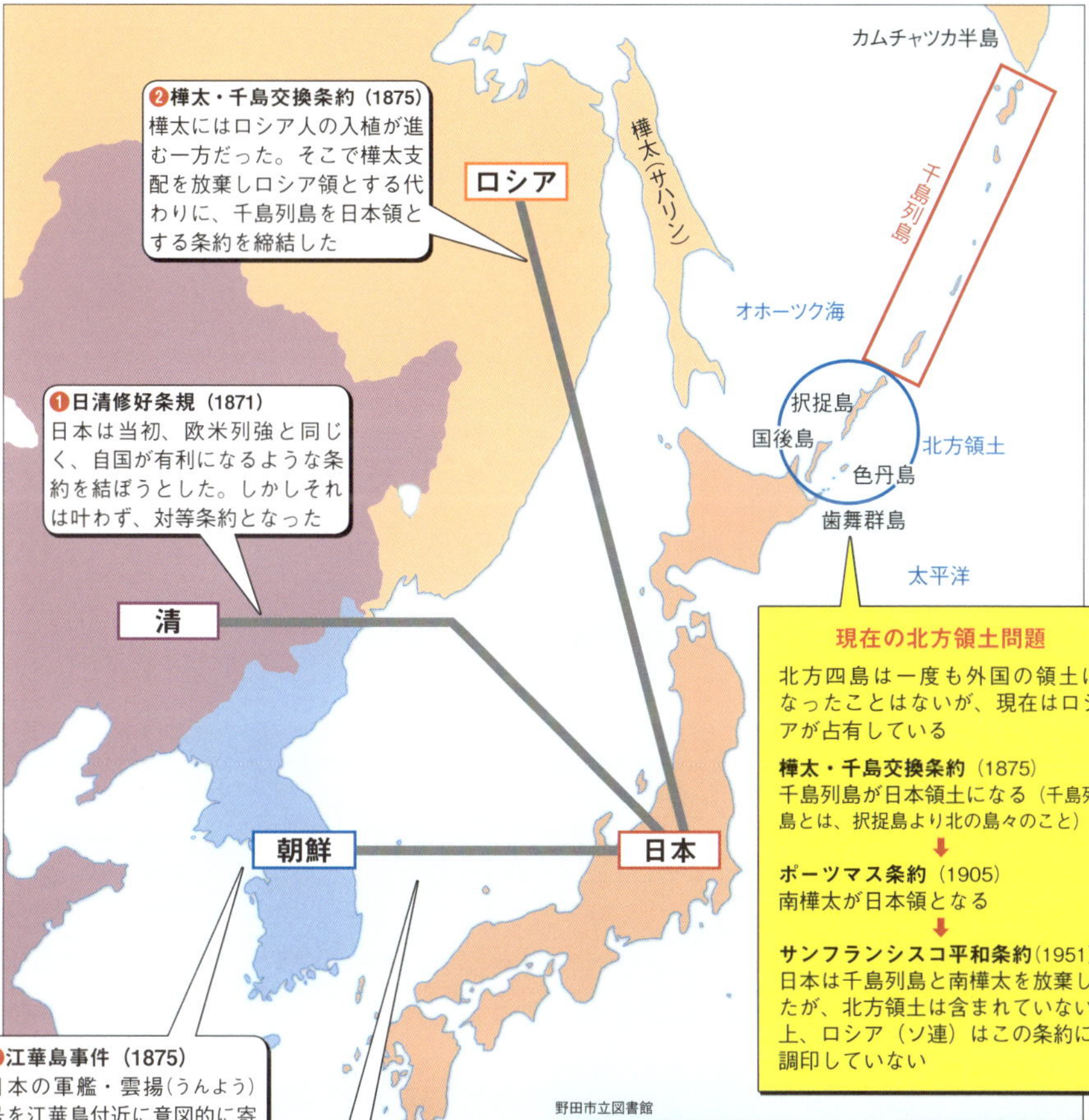
樺太にはロシア人の入植が進む一方だった。そこで樺太支配を放棄しロシア領とする代わりに、千島列島を日本領とする条約を締結した
日本は当初、欧米列強と同じく、自国が有利になるような条約を結ぼうとした。しかしそれは叶わず、対等条約となった
日本の軍艦・雲揚（うんよう）号を江華島付近に意図的に寄せて砲撃させることで始まった戦闘。朝鮮側が先に砲撃したことを口実に、条約締結のための特使を派遣することを決定した
❹日朝修好条規（1876）
朝鮮は日本との国交を拒んでいたが、江華島事件を契機に条約締結にいたった。内容は日本だけに領事裁判権があるなど、不平等なものであった
現在の北方領土問題
北方四島は一度も外国の領土になったことはないが、現在はロシアが占有している
千島列島が日本領土になる（千島列島とは、択捉島より北の島々のこと）
ポーツマス条約（1905）
南樺太が日本領となる

日本は千島列島と南樺太を放棄したが、北方領土は含まれていない上、ロシア（ソ連）はこの条約に調印していない

野田市立図書館

永宗島へ上陸する日本兵

日本兵が雲揚号から江華島の南にある永宗島の砲台へ上陸している様子を描く。日本兵はこの砲台を制圧し帰国した（江華島事件）。

そのとき世界は？

➡**1876年** オスマン帝国がアジア初の憲法となる「オスマン帝国憲法」を発布。

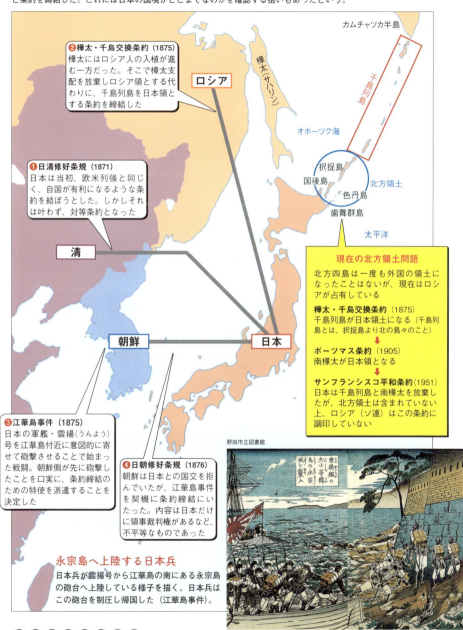

宗教 社会 外交 **政治**
合戦 都市 文化 周縁

◀P196 政治 P186▶

武力による反乱は抑えられ言論による政府批判へと変わる

士族反乱が相次いだ理由

明治維新によって、士族（旧武士階級）は刀と秩禄《ちつろく》を失い、強い不満を持った。**新政府の西郷隆盛《さいごうたかもり》らは、朝鮮に派兵することで国内の不満をそらす征韓論《せいかんろん》を唱えたが、政争に敗れ政府を辞職した（明治六年の政変）。**

征韓論の敗北により、士族の不満は暴発。１８７４年（明治7）、佐賀の不平士族たちは、征韓論で敗れた江藤新平《えとうしんぺい》を担いで蜂起した（佐賀の乱）。鎮圧後も、西日本で不平士族の反乱が相次ぐ。１８７７年、鹿児島の士族が西郷隆盛を担ぎ上げ、最大の士族反乱である西南《せいなん》戦争を起こした。半年以上にわたる戦闘の末に反乱は鎮圧され、西郷は自決した。

剣をペンに持ち替えて反抗

新政府の勝因は、徴兵で編成された近代的な常備軍だった。以後、言論を用いて政府を批判する自由民権《じゆうみんけん》運動《うんどう》が主流になっていく。

自由民権運動では、征韓論で下野《げや》（辞任）した板垣退助《いたがきたいすけ》らのほか、河野《こうの》広中《ひろなか》や植木枝盛《うえきえもり》といった運動家が中心となった。彼らは、**薩長出身者で占められた藩閥政府を批判し、選挙で選ばれた議会の開設を求めたのである。**運動の高まりを受け、政府は１８８１年に10年後の国会開設を約束した。１８８０年代半ば以降、政府による穏健派の懐柔や過激化した運動への厳しい弾圧により、運動は衰退していった。

POINT!

不平士族による不満は、武力に代わって自由民権運動という形となり盛り上がった。

ココが変わった

西南の役が西南戦争に変わった理由

平成以前の歴史教科書では、鹿児島の士族反乱を「西南の役《えき》」と表記していた。本来の「役」とは「文永《ぶんえい》・弘安《こうあん》の役」などのように、外国との戦いや辺境での戦いを指す。中央から離れた場所での大規模な戦争だったため、「役」の表記が使われたのだろう。この反乱では、徴兵制による近代的な軍隊が初めて大規模に動員された。内戦ではあるが、その後の対外戦争に先立つ日本の近代軍の出発点だったのである。現在の「西南戦争」の表記は、「日本の近代戦争」の始まりという意味が込められているのだ。

2000 1950 1900 ★ 1800 1700 1600 1400 1200 1000 500 0 紀元前

政治

不平士族の反乱から自由民権運動へ

明治維新により武士の特権を奪われ、不満が爆発した士族は、征韓問題で下野した西郷らとともに、新政府に対して反乱を起こした。しかし武力では太刀打ちできず、自由民権運動へと変化していった。

岩倉使節団

岩倉具視を大使に据え欧米を視察する

岩倉具視

大久保利通

木戸孝允
（桂小五郎）

内治派

国内の政治を優先させるべきだと主張

留守政府

岩倉使節団がいない間に政府を預る

西郷隆盛

板垣退助

江藤新平

征韓派

征韓（朝鮮への武力による開国）を主張

征韓をめぐって対立

『征韓論之図』
右側に征韓派、左側に内治派がおり、激しく議論を交わしている。

明治六年の政変により西郷、板垣、江藤らが下野

不平士族の乱が各地で勃発

佐賀の乱（1874）
江藤新平を擁立して起こした反乱。裁判にて処刑が決まり、晒し首にされた。

西南戦争（1877）
西郷隆盛を擁立して起きた、国内最後の内乱。士族の反乱としては最大のものだった。

自由民権運動の活発化

薩長出身による政権に反発し、国会開設運動が活発化。その過程で、自由民権運動の運動家は結社を作り、演説会を行い、政府に様々な要求を行った。この運動は全国へ広がり、士族の結社だけでなく、都市の結社、地方の結社も出現した。

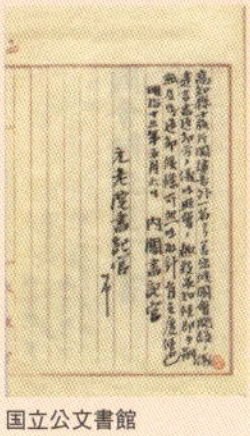

国立公文書館

国会開設の建白書
高知県の士族からの建白書。国会開設を求めた建白書や請願書は70件以上に上ったという。

東京大学法学部明治新聞雑誌文庫

中止が入った演説会
臨席警官が政府批判演説を中止させると、演説をしていた弁士、聞き入っていた聴衆がどよめき会場は騒然となった。

用語解説「秩禄」
➡政府から与えられる土地や家臣、米や金などの給与。1878年に全廃した。

宗教 社会 外交 **政治**
合戦 都市 文化 周縁

◀P200 政治 P194▶

国家権力増強のため天皇主権の近代的憲法が制定された

憲法制定に向けた下準備

自由民権運動の高まりを受け、明治政府は憲法制定に向け動き始めた。1882年（明治15）、憲法の調査のため伊藤博文《いとうひろぶみ》らが渡欧、君主権の強いドイツやオーストリアの憲法理論を学んだ。帰国後、議会開設に備えた制度作りが始まる。

1885年に内閣が作られ、国家権力がより集中した。内閣は天皇に直属する組織で、初代総理大臣には伊藤博文が就任する。また、刑法・民法など憲法以外の法律も、フランスをモデルとしてこの頃に成立する。欧米諸国との不平等条約改正に向け、法治国家の体裁を急ぎ整えたかったのである。

人権が制限された明治憲法

憲法の起草は、1885年頃から井上毅《いのうえこわし》らを中心に進められたが、その過程は国民に伏せられた。1889年2月、天皇が臣民（国民）に授ける形で大日本帝国憲法が発布される。なお、1876年にオスマン帝国で憲法が制定されているので、大日本帝国憲法をアジア初の近代憲法とするのは誤りである。

明治憲法では、天皇は絶対不可侵の存在とされ、強大な権限を持った。国民の権利の規定はあったが、「法律の範囲内」での保障にすぎなかった。帝国議会も発足するが、衆議院の選挙権は高額の税金を納める1％程度の国民に限られた。

KEYWORD

時代遅れの「教育勅語」

「教育に関する勅語《ちょくご》（教育勅語）」は、1890年に発布された、忠・孝など国民の守るべき徳目を述べた文書である。井上毅が原案を書き、明治天皇の名のもとに発布された。大臣の署名がないため法的拘束力はないが、かえってすべての法令を超えた絶対的権威を持った。翌年からは、小学校における教育勅語の奉読《ほうどく》と「御真《ごしん》影《えい》（天皇の写真）」への礼拝が義務付けられ、戦前・戦中の軍国主義の基盤のひとつとなった。敗戦後の1948年（昭和23）、国会において失効が決議された。

POINT!

内閣制度、憲法、議会など、以後の日本の政治の基礎となる法や制度が確立した。

2000 1950 1900 ★ 1800 1700 1600 1400 1200 1000 500 0 紀元前

政治

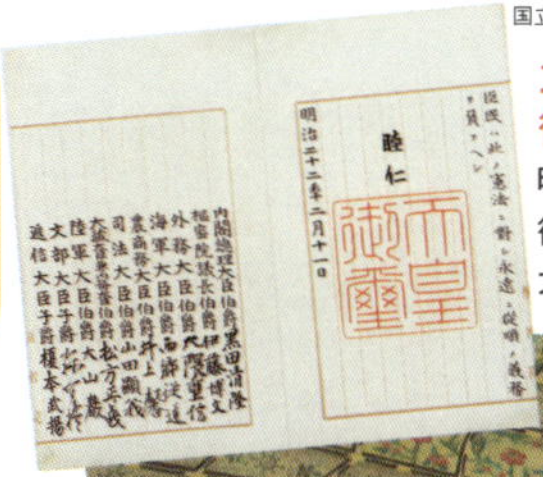
睦仁
明治二十二年二月十一日

国立公文書館

**大日本帝国憲法
御署名原本**

明治天皇の名前と公印（御名御璽〔ぎょめいぎょじ〕）、各大臣の署名が入った原本。

大日本帝国憲法の発布

1889年2月11日、大日本帝国憲法が発布された。これにより、日本は立憲政治を運用できることを欧米諸国に知らしめた。

宮内公文書館

『憲法発布式之図』

大日本帝国憲法の発布式の様子。憲法発布の記録を残そうと床次正精（とこなみせいせい）に宮内省が依頼した絵。

大日本帝国憲法下の統治機構

統治権のすべてを握る天皇のもと、立法・行政・司法の三権分立がなされたが、軍の統帥権は天皇直属であった。

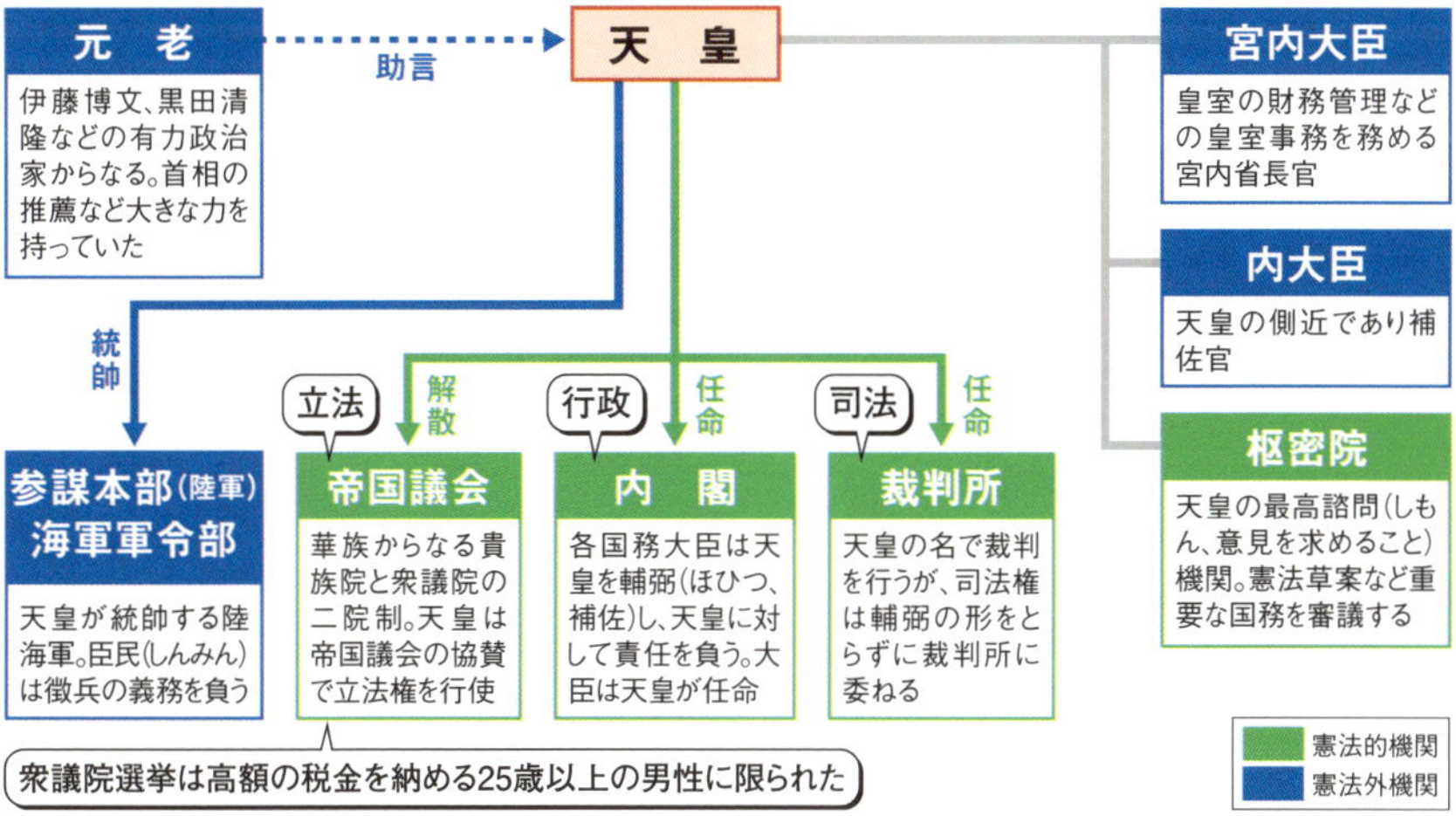
元老
伊藤博文、黒田清隆などの有力政治家からなる。首相の推薦など大きな力を持っていた
助言
天皇
宮内大臣
皇室の財務管理などの皇室事務を務める宮内省長官
内大臣
天皇の側近であり補佐官
枢密院
天皇の最高諮問(しもん、意見を求めること)機関。憲法草案など重要な国務を審議する
統帥
立法
解散
行政
任命
司法
任命
参謀本部(陸軍)
海軍軍令部
天皇が統帥する陸海軍。臣民(しんみん)は徴兵の義務を負う
帝国議会
華族からなる貴族院と衆議院の二院制。天皇は帝国議会の協賛で立法権を行使
内閣
各国務大臣は天皇を輔弼(ほひつ、補佐)し、天皇に対して責任を負う。大臣は天皇が任命
裁判所
天皇の名で裁判を行うが、司法権は輔弼の形をとらずに裁判所に委ねる
衆議院選挙は高額の税金を納める25歳以上の男性に限られた
憲法的機関
憲法外機関

そのとき世界は？

➡**1889年** フランス、パリのエッフェル塔が完成。パリ万国博覧会が開催。

明治時代の首相と主な出来事

近代国家が成立した明治時代。
政府は西洋列強を見習い、様々な取り組みを
行い、国の基本を造り上げていった。

（生 生没年 首 在任）
改名をしている人物はもっとも知られている名前で表記

初代 伊藤博文《いとうひろぶみ》①

長州閥（在任861日）

（生 1841〜1909 首 1885〜88）

政治 ★★★★
外交 ★★★½
実績 ★★★

- 44歳での首相就任は現在でも最年少記録
- 自由民権運動を弾圧する保安条例を発布
- 地方の統治制度を固めるため市制・町村制を発布

2代 黒田清隆《くろだきよたか》

薩摩閥（在任544日）

（生 1840〜1900 首 1888〜89）

政治 ★★★
外交 ★★½
実績 ★★★

- 近代立憲主義に基づく大日本帝国憲法を発布
- 初の帝国議会総選挙に備え衆議院議員選挙法公布
- 政党の影響を受けずに政治を行う超然主義を表明

3代 山県有朋《やまがたありとも》①

長州閥（在任499日）

（生 1838〜1922 首 1889〜91）

政治 ★★★
外交 ★★
実績 ★★

- 地方自治制度の一環として府県制・郡制を公布
- 教育に関する勅語（教育勅語）を発布する
- 第1回帝国議会を開催、藩閥政府が政党と対立

4代 松方正義《まつかたまさよし》①

薩摩閥（在任461日）

（生 1835〜1924 首 1891〜92）

政治 ★★★
外交 ★★
実績 ★★

- 大津事件で青木周蔵外相が辞任
- 田中正造が議会で足尾鉱毒事件を追及する
- 品川弥二郎内相が選挙干渉を行い各地で騒乱

5代 伊藤博文②

長州閥（在任1485日）

（首 1892〜96）

政治 ★★★★
外交 ★★★★
実績 ★★★★

- 最初の改正条約である日英通商航海条約を締結
- 日清戦争に勝利し下関条約を調印
- 遼東半島をめぐり三国干渉を受ける

6代 松方正義②

薩摩閥（在任482日）

（首 1896〜98）

政治 ★★½
外交 ★★
実績 ★★

- 労働組合結成を目指し労働組合期成会が誕生
- 貨幣法を公布し金本位制を確立する
- 地租を6割引き上げる地租増徴案で進歩党と対立

7代 伊藤博文③

長州閥（在任170日）

（首 1898）

政治 ½
外交 ½
実績 ½

- 第5回総選挙で自由党と進歩党がほぼ議席を独占
- 自由党・進歩党が地租増徴案を否決する
- 自由党と進歩党が合併して憲政党を結党

8代 憲政党（在任132日）

大隈《おおくま》重信《しげのぶ》①

（生 1838～1922 首 1898）

政治 ★★
外交 ★
実績 ★

- 日本で初めての政党内閣が誕生する
- 板垣退助が内相を務めたため隈板内閣と呼ばれる
- 拝金主義を憂いた尾崎行雄文相の共和演説事件

9代 長州閥（在任711日）

山形有朋②

（首 1898～1900）

政治 ★★★½
外交 ★★
実績 ★★★½

- 労働運動を取り締まるため治安警察法を発布
- 衆議院議員選挙法を改正し納税資格を10円にする
- 軍部が政治介入する軍部大臣現役武官制を確立

10代 立憲政友会（在任204日）

伊藤博文④

（首 1900～01）

政治 ★★
外交 ★½
実績 ★★½

- 官営八幡製鉄所の操業が開始される
- 酒税や砂糖消費税などの間接税を増税
- 社会民主党が結党するも直後に禁止

11代 長州閥（在任1681日）

桂《かつら》太《た》郎《ろう》①

（生 1847～1913 首 1901～06）

政治 ★★★
外交 ★★★½
実績 ★★★½

- 軍事同盟である日英同盟を締結する
- 日露戦争に勝利しポーツマス条約を締結
- ポーツマス条約に反対した日比谷焼打ち事件が発生

12代 立憲政友会（在任920日）

西園寺《さいおんじ》公望《きんもち》①

（生 1849～1940 首 1906～08）

政治 ★★½
外交 ★½
実績 ★★

- 鉄道国有法を発布し民間鉄道を買収する
- 日露戦争後に経済恐慌が始まる
- 基本的な軍事戦略を定めた帝国国防方針を制定

13代 長州閥（在任1143日）

桂太郎②

（首 1908～11）

政治 ★★★½
外交 ★★★★½
実績 ★★★★

- 明治天皇の暗殺を企てたとする大逆事件発生
- 国際情勢を見極めつつ韓国を併合
- 関税自主権を回復する日米通商航海条約を締結

14代 立憲政友会（在任480日）

西園寺公望②

（首 1911～12）

政治 ★★
外交 ★★
実績 ★★

- 労働者の団結と解放を主張した友愛会が結成
- 陸軍の2個師団増設要求を閣議で否決する
- 上原勇作陸相が単独で辞任し内閣が倒れる

大正時代へ

歴代首相ランキング

出身地		出身大学	
1 山口県	8人	1 東京大学	15人
2 東京都	5人	2 早稲田大学	7人
3 群馬県	4人	3 京都大学	2人
3 岩手県	4人	3 慶応義塾大学	2人
5 石川・京都など	3人	3 明治大学	2人

宗教　社会　外交　政治
合戦　都市　文化　周縁

◀ P202　政治　P196 ▶
◀ P214　外交　P192 ▶

条約改正と日清戦争で アジアの一等国を目指す日本

POINT!
条約改正のための近代化や、日清戦争での勝利は、日本の国際的な地位を押し上げた。

条約改正実現の背景とは

幕末に欧米と結んだ不平等条約に悩まされた明治政府は、国内の近代化を急ぎ、条約改正を目指した。**改正の内容は、領事裁判権（国内で罪を犯した外国人を裁けない）の撤廃と、関税自主権（関税を設定する権限）の回復である。**外務卿《きょう》（大臣）の井上馨《いのうえかおる》は、鹿鳴館《ろくめいかん》などの欧化政策によって欧米の歓心を買おうとしたが、不調に終わってしまった。

国際情勢の変化が日本に有利に働いた。ロシアの南下政策を警戒したイギリスが、日本に接近したためだ。1894年（明治27）、**外相の陸《む》奥宗光《つむねみつ》の交渉により、イギリスとの間で領事裁判権の撤廃が実現した。**

なぜ日本は清に挑戦したのか

その頃、日本もロシアを警戒し、朝鮮を勢力下に入れようとした。日本は朝鮮を開国させた後、内政干渉を繰り返し、宗主国《そうしゅこく》である中国（清《しん》）と対立を深めていた。

1894年、朝鮮の各地で減税と排日を要求する農民反乱が発生し（甲午《こうご》農民戦争）、朝鮮政府の要請を受けて清が出兵。これに対抗して出兵した日本は、**イギリスの支持を取り付けて清に宣戦布告し、日清戦争が勃発。**近代装備で勝る日本軍は清軍に勝利し、翌年に下関条約が締結された。清は、朝鮮が独立国であると認めさせられ、台湾・遼東《リャオトン》半島などを日本に割譲したのである。

KEYWORD

「日本語」の普及によって作られた国民意識

今日では当たり前に使われる「日本語」「日本国民」という概念。しかし、これは日本が近代化する過程で、政府によって意図的に作られたものである。戦前の国語教育は、日本語学者の祖である上田萬年《かずとし》の影響のもとで整備された。全国の学校では、共通の「国語」が「正しい言葉」として教えられ、方言や琉球語・アイヌ語などは排斥された。全国的に統一された言語は、「ひとつの国民」としての意識を庶民に植え付けたのである。しかし、日本の法律には日本語を公用語と定める条文はない。

日清戦争までの経緯

清の属国であった朝鮮を独立させたかった日本は、清と対立を深めていった。

対中関係

1871　日清修好条規締結
1874　台湾出兵
1885　天津条約

日清修好条規に違反して、台湾に出兵

甲申事変後の朝鮮をめぐって締結した条約。出兵する際の約束や、日清両国が朝鮮から兵を即時撤退させることなどが取り決められた

対朝関係

1875　江華島事件
1876 日朝修好条規締結
1882　壬午軍乱
1884　甲申事変
1894　甲午農民戦争

江華島事件ののち、日本が朝鮮の独立を約束した日朝修好条規が結ばれる

開化派の政権に対して兵士が蜂起（壬午軍乱）。のちに開化派がクーデター（甲申事変）を起こしたが3日で鎮圧された

農民による大規模な反乱。この戦争の後処理をめぐって、日本と清が激しく対立

日清戦争

下関条約（日清戦争の講和条約）

・清は朝鮮の独立を認める
・遼東半島、台湾などの土地の主権を日本に分け与える
・清は賠償金として2億両（現在の価値で約3億1000万円）支払う

20世紀初頭の分割統治された清

清は賠償金を各国からの融資で補うべく土地を貸し出したため、領土を奪われていった。

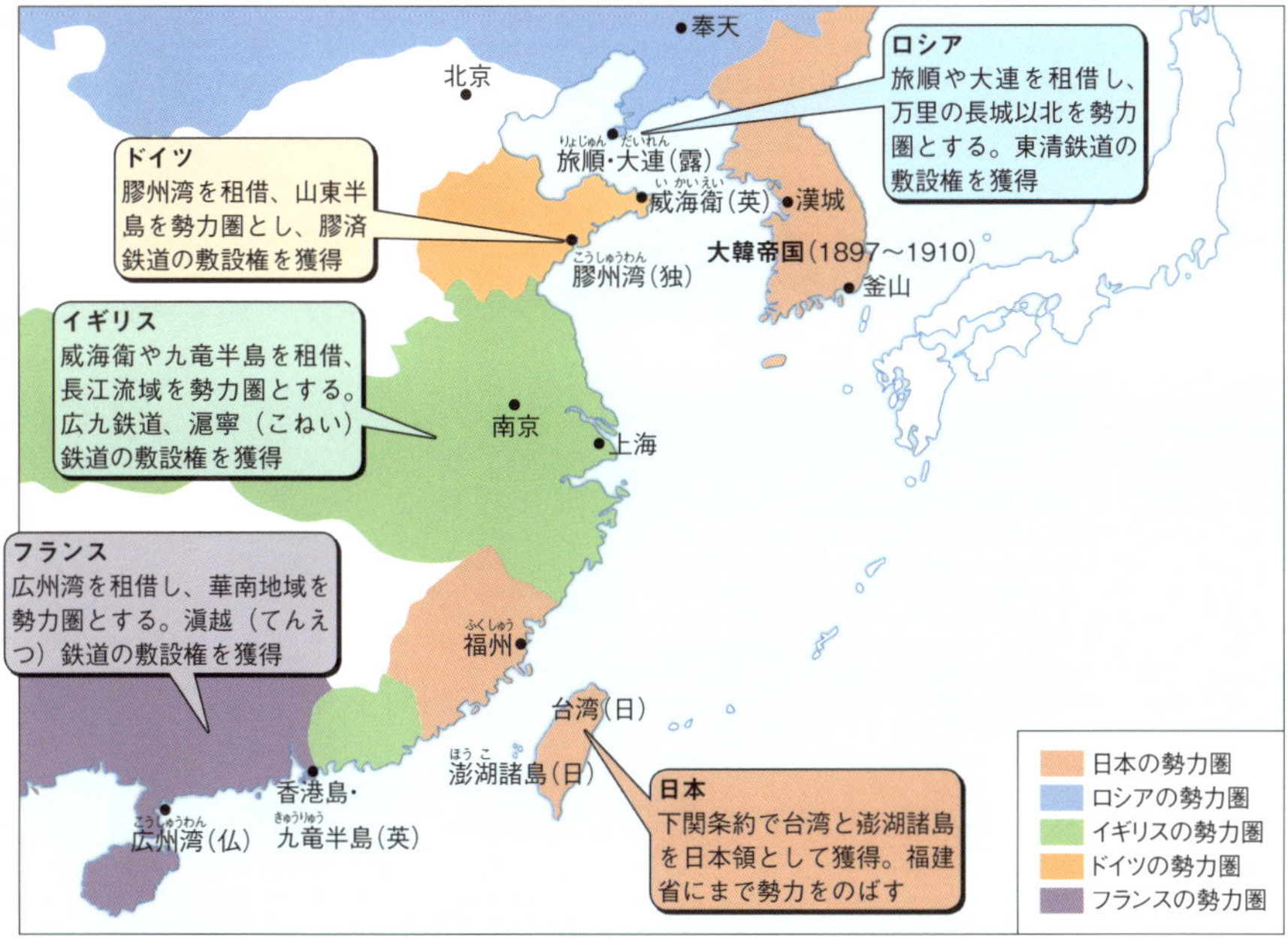

用語解説「租借」
➡他国の領土の一部を条約によって借りることだが、事実上の領土割譲だった。

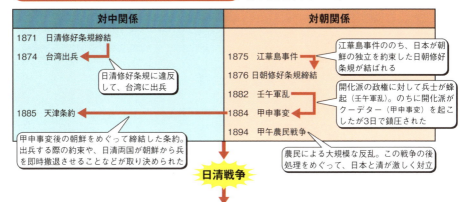

宗教 社会 外交 **政治**
合戦 都市 文化 周縁

◀P212 政治 P200▶

日露戦争における日本の勝利は世界史を大きく動かした

POINT!

朝鮮半島・満州の権益をめぐり、日露戦争が勃発。勝利した日本は、帝国主義へ傾いた。

日露開戦までの国際関係

日清戦争後の講和条約で、日本は要衝である遼東《リャオトン》半島などを獲得。しかし、**アジアでの南下を狙うロシアは、ドイツ・フランスを誘って日本に圧力をかけ、遼東半島を返還させた（三国干渉）。**これにより、国民の反露感情が高まる。

１８９９年（明治32）、清で大規模な民衆反乱である義和団《ぎわだん》の乱が勃発。翌年、日本を含む列強8カ国が鎮圧のため出兵した。**乱の鎮圧後、各国の軍は撤兵するが、ロシアは満州に居座り、日本を刺激した。イギリスもロシアの南下政策を敵視しており、1902年、利害の一致した両国は日英同盟を締結することになる。**

消耗戦の末に日本が辛勝

満州・朝鮮半島の利権をめぐる日露交渉は難航し、日本政府は開戦の方針を固めた。１９０４年2月、ついに日露戦争が勃発。日本は旅順《りょじゅん》攻防戦・奉天《ほうてん》会戦・日本海海戦などで軍事的勝利を重ねたが、多大な人的・物的犠牲を払う。同じ時期、革命が起きたロシアが講和に動き、１９０５年、アメリカの仲介によりポーツマス条約が結ばれた。

日露戦争後、疲弊した両国は接近。大韓帝国（韓国、1897年改称）・満州南部を日本、満州北部をロシアの勢力範囲とした。韓国での優位を固めた日本は、韓国への圧迫を強め、１９１０年、ついに併合した。

世界とのつながり

日露戦争が世界に与えた影響

日露戦争の結果、辛勝だったが、日本はロシアの南下を食い止めることに成功した。西欧の帝国主義国に対する日本の勝利は、アジア諸国に大きな希望を与える。ベトナムの独立運動家ファン＝ボイ＝チャウは、日露戦争後、留学生を日本に送り人材を育成する東遊《ドンズー》運動を開始。インド・中国・中東などでも、独立運動や民族運動が高揚していく。一方、敗れたロシアは南下を諦め、イギリスに接近。代わりにドイツとの対立を激化させ、第一次世界大戦へとつながっていく。

2000　1950　1900　1800　1700　1600　1400　1200　1000　500　0　紀元前

政治

日露戦争の経過

中国東北部（満州）を占領したロシアに危機感を覚えた日本は、ロシアに宣戦を布告し戦争に突入。イギリスやアメリカの経済的な支援を受けて戦争を有利に展開した。

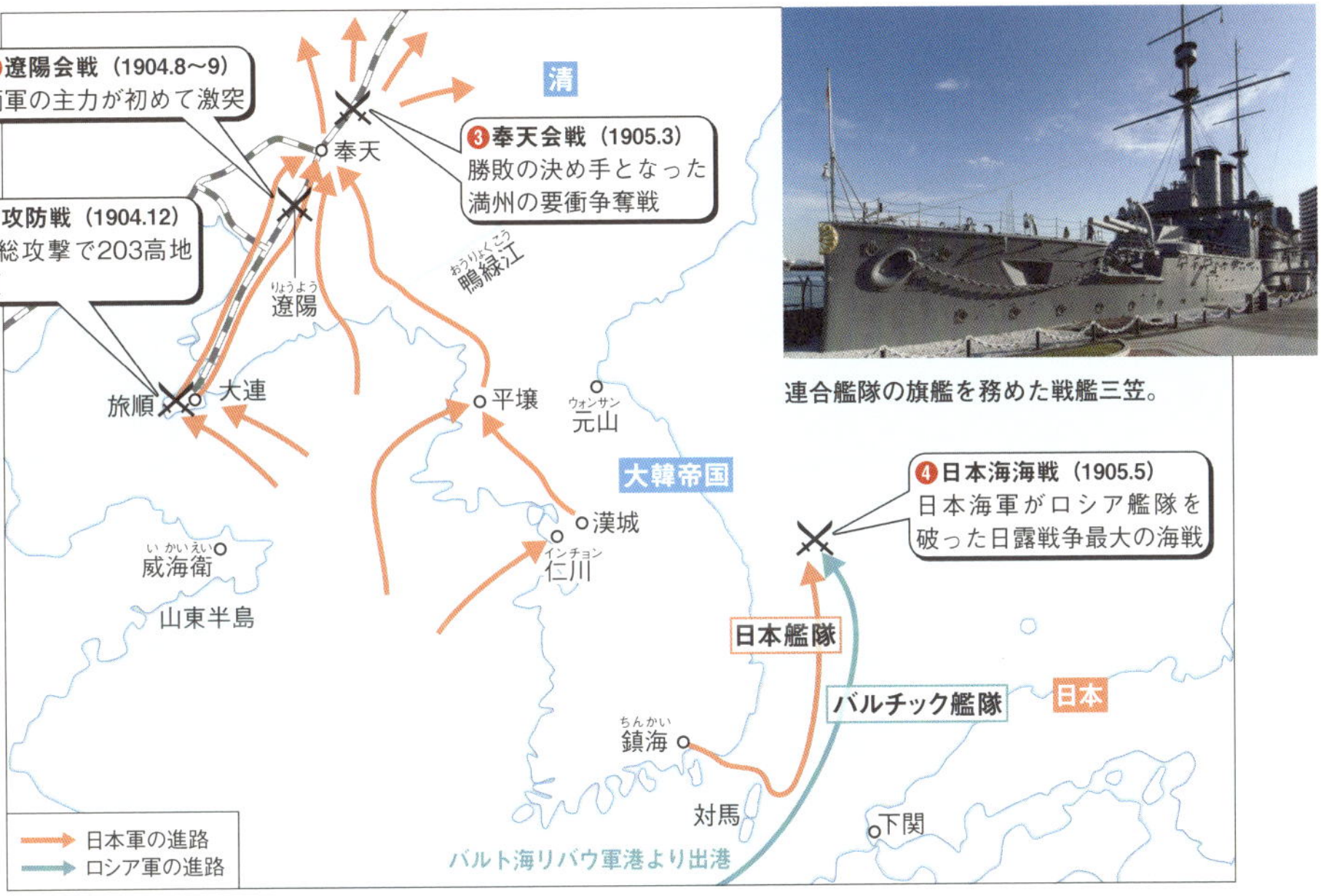
❷旅順攻防戦（1904.12）
3度の総攻撃で203高地を占領

連合艦隊の旗艦を務めた戦艦三笠。

BOOK GUIDE

『ポーツマスの旗』

外交による日露戦争

日露戦争後に行われたポーツマス講和会議。この会議に臨んだ外相の小村寿太郎を主人公にロシアとの交渉とその後を描いた歴史小説。外交関係や国の事情が絡む近代国家の駆け引きが綿密に描写されている。1981年にはNHKよりテレビドラマが制作された。

著者／吉村昭
全1巻
1983年
新潮社

日露戦争前の国際関係

極東でのロシアの南下を防ぐため、自らの出兵を望まないイギリスとアメリカは、その役割を日本に期待した。

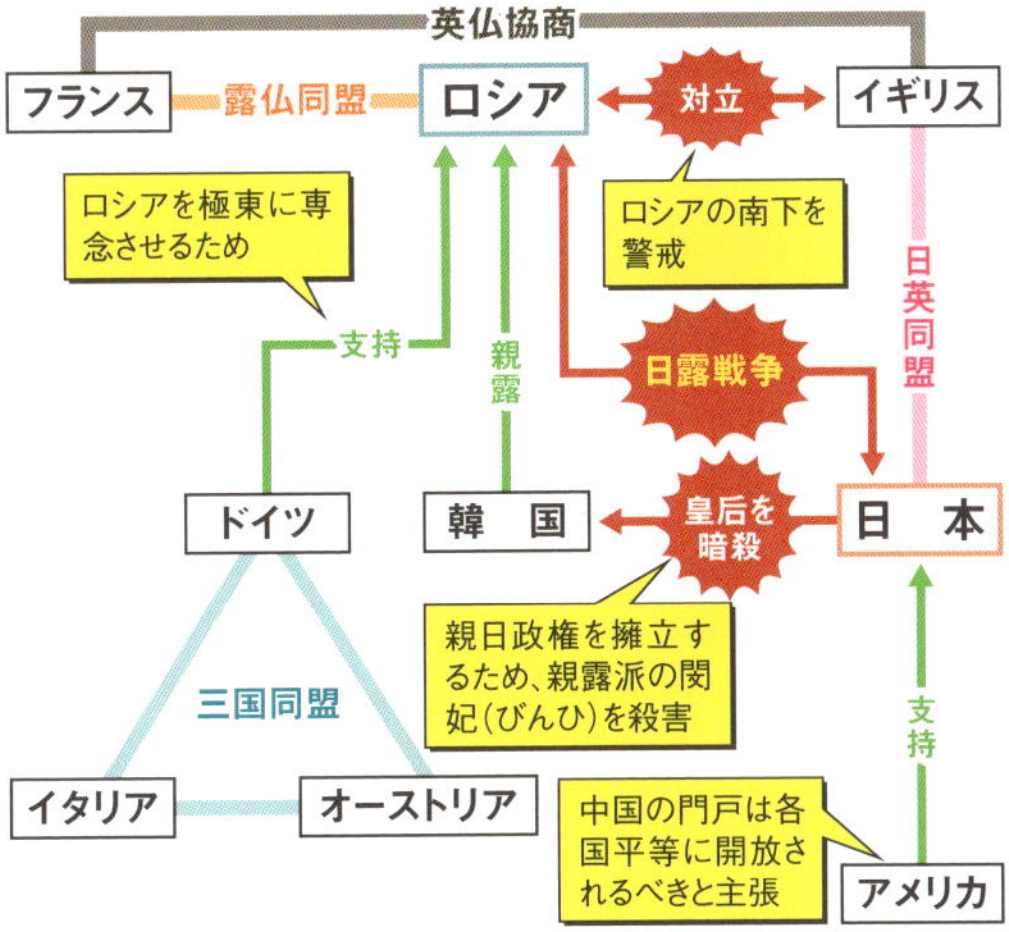

そのとき世界は？

➡**1903年** アメリカ出身のライト兄弟がライトフライヤー号で有人動力飛行に成功する。

宗教　社会　外交　政治
合戦　都市　文化　周縁

◀P206　社会　P188▶

政府主導で始まった産業革命で日露戦争後に重工業が発展

POINT!

新政府の殖産興業から日本の近代産業が始まり、やがて民間の資本主義の発達を促した。

政府主導から民間の産業へ

国力の増強をはかる明治新政府は、自国の産業を育成する殖産興業《しょくさんこうぎょう》に乗り出した。**重視したのは、国防に必要な軍事産業と、幕末からの最大輸出産業だった製糸業である。**新政府は重要産業を保護するため、欧米から招いたお雇い外国人から技術を導入し、各地に官営模範工場を建設した（群馬県の富岡《とみおか》製糸場など）。

１８８０年代には事業が次々と民間に売却されて、機械化された大規模な工業（機械制大工業）が発展。日本でも産業革命が始まった。渋沢栄《しぶさわえい》一《いち》の主導で１８８２年（明治15）に設立された大阪紡績会社（のちの東洋紡績）がその代表例である。

重工業の発展で財閥が登場

日本の産業革命は、繊維など軽工業中心の第一次（日清戦争後まで）と、重化学工業中心の第二次の2段階に分けられる。１９０１年に操業開始した官営八幡製鉄所《やはたせいてつじょ》など、世紀転換期に重工業が興り始め、日露戦争後に急速に発展した。

明治初期の殖産興業政策を支えたのは、「政商」と呼ばれる、政府と密接に結びついた実業家たちだった。三井・住友のような江戸期からの豪商や、三菱の岩崎弥太郎《いわさきやたろう》のような新興の実業家がいる。資本主義の進展とともに富を蓄えた政商たちは、製造業や金融などの多角化を進め財閥へと成長していった。

KEYPERSON

日本産業界の礎を築いた「渋沢栄一」

1840年（天保《てんぽう》11）、武蔵《むさし》国（埼玉県）の農家に生まれた渋沢栄一は、幕末期に一橋《ひとつばし》家に仕え、一橋（徳川）慶喜《よしのぶ》に認められて幕臣となる。1867年にはパリ万国博覧会のために渡欧し、進んだ西欧の社会を見聞した。維新後は明治政府に出仕して大蔵省に勤めるが、辞職後は民間産業の世話役として活動した。渋沢が設立に携わった企業は、第一国立銀行・王子製紙・大阪紡績・東京ガス・日本郵船など500以上。「道徳と経済は両立できる」という理念を持ち、教育・慈善事業にも注力した。

2000　1950　1900★　1800　1700　1600　1400　1200　1000　500　0　紀元前

明治時代の産業革命

1870年代に殖産興業として始まった産業革命。1886年からは企業設立が相次ぎ、民間が産業革命を主導した。

BOOK GUIDE

『あゝ野麦峠　ある製糸工女哀史』

製糸工女の実像に迫る作品

日本の殖産興業の柱だった生糸の生産を支えた、製糸工場の工女たち。本作は、岐阜県飛騨地方から長野県の製糸工場へ働きに来た、10代の農家出身である工女たちの実態に迫ったノンフィクション作品。十数年に及んだ聞き取り調査の結果判明した、劣悪な環境、複雑な背景も丹念に描かれている。1979年には映画化もされた。

著者／山本茂実
文庫全1巻
1977年
KADOKAWA

紡績　富岡製糸場で繰糸《くりいと》する工女

主要な輸出品目であった生糸の品質確保のため、1872年に開業。1987年まで操業した。全国から送り込まれた女性たちが、製糸技術を習得し働いた。

鉄鋼　官営八幡製鉄所の旧本事務所

日本で初めての鉄鋼一貫製鉄所として、1901年に操業を開始。日清戦争の賠償金が設立の財源の一部として充てられた。

静岡県立中央図書館

海運業　最初の海外航路を渡った東京丸

政府から三菱に払い下げられた木製外輪船。三菱は台湾出兵や西南戦争時の軍事輸送で、海運業界で台頭した。

「明治日本の産業革命遺産」世界遺産協議会

鉱山　端島《はしま》炭坑

別名「軍艦島」で知られる。三菱所有となった1890年から本格的に稼働、主に八幡製鉄所へ石炭を供給した。

鉄道　東海道線の列車

茨城県立歴史館

政府の財政難のために進まなかった鉄道の敷設は、私鉄によって全国に拡大した。写真は徳川慶喜が撮影したもの。

用語解説「岩崎弥太郎」
➡土佐藩出身の実業家。1873年、三菱商会を設立し三菱財閥の基礎を確立した。

宗教　社会　外交　政治
合戦　都市　文化　周縁

◀P212　社会　P204▶

学校教育の普及が達成されるも資本主義による社会問題が深刻化

POINT!

資本主義の発達に伴い、労働問題などの社会問題が発生。民衆運動につながっていく。

教育普及の険しい道のり

新しい学校教育の普及には、時間を要した。**１８７２年（明治５）に出された学制は、近代的な学校制度に関する日本初の法令だった。**しかし、地方の実情を無視した画一的なものだったため反発も大きく、７年後に新たな教育令が公布される。その後、新政府は自由民権運動に対抗し、国家主義（個人の自由より国家の発展を優先する考え）に基づく教育を国民に施そうとした。

１８８６年、文部大臣の森有礼《もりありのり》は学校令を公布、教育は国家主義的な色を増す。制度の改正はその後も行われ、**20世紀初頭に義務教育の普及はほぼ達成された。**

顕在化する社会のゆがみ

資本主義が急速に進展すると、労働者が劣悪な環境に置かれるなどの問題も生じるようになった。19世紀末になると、労働争議などの社会運動が発生し始める。平等な社会の実現を目指す社会主義も、この頃に日本に広まった。

重要な社会主義者の一人が、日露戦争で非戦論を唱えた幸徳秋水《こうとくしゅうすい》である。政府は社会主義運動を警戒し、１９００年に治安警察法《ちあんけいさつほう》を制定するなど、厳しい弾圧を加えた。１９１０年には、天皇暗殺計画を立てたとして、無政府主義・社会主義者26名を起訴。翌年、秋水ら12名が処刑される思想弾圧が発生した（大逆《たいぎゃく》事件）。

KEYWORD

日本初の公害「足尾鉱毒事件」

1885年頃より、栃木県の足尾銅山《あしおどうざん》から流れ出る鉱毒が、渡良瀬《わたらせ》川下流域で農地汚染や健康被害を起こす公害が発生した。被害を受けた農民の抗議行動から深刻な社会問題となり、衆議院議員の田中正造《たなかしょうぞう》も帝国議会で政府を追及した。これらの運動に対し、政府は鉱毒問題を治水問題にすり替えて運動の沈静化をはかった。1907年、栃木県の谷中村《やなかむら》が強制的に破壊され、渡良瀬川の遊水池となる。鉱毒問題は抜本的に解決しないまま、運動は衰微していった。

2000　1950　1900★　1800　1700　1600　1400　1200　1000　500　0　紀元前

学校制度の整備と普及

国民皆教育を目指して、たびたび制度が変更され、1907年に義務教育が6年になった。

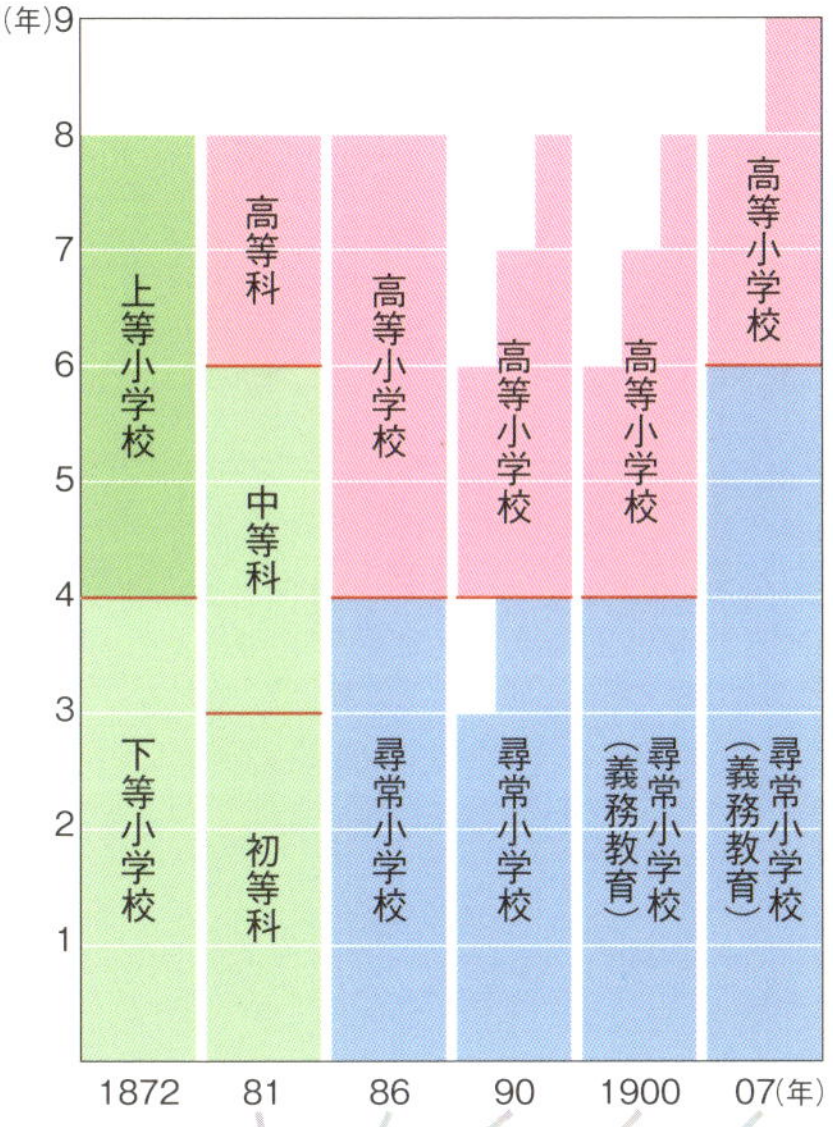

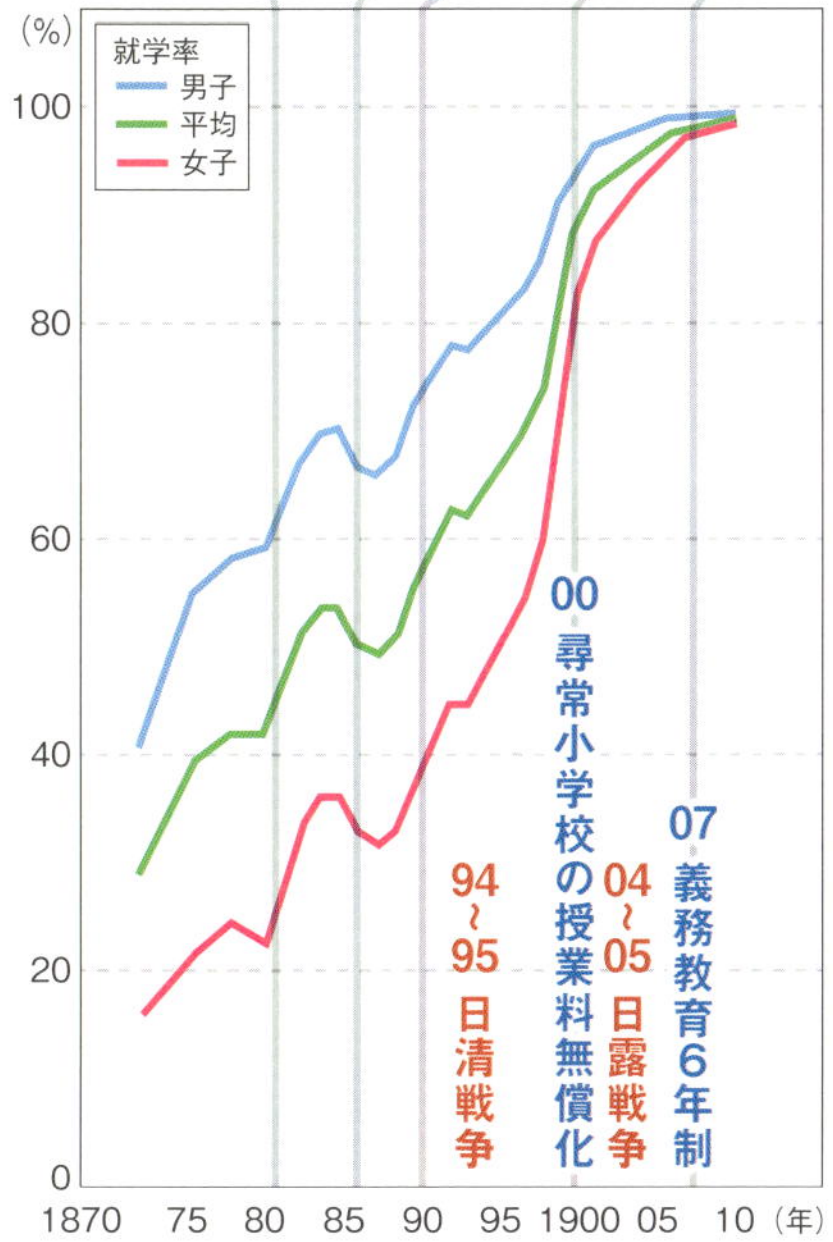

明治時代の学校

国立教育政策研究所教育図書館

掛け図を使った問答形式の授業が行われ、教室にいる全員が同じ科目を学んだ。

社会主義を掲げた社会民主党

社会主義は「階級社会を否定≒天皇制の否定」と受け止められたため、大日本帝国憲法下では弾圧された。前列左から２人目が幸徳秋水。

法政大学大原
社会問題研究所

MANGA GUIDE

『『坊っちゃん』の時代』

漱石を通して描く近代日本の苦悩

39歳で文壇デビューした夏目漱石。しかし彼もまた、胃痛や神経衰弱など病気に悩まされ、将来について惑い身もだえていた一人の人間であった。作家としての漱石が抱えていた苦悩や孤独、そして彼が生きた明治という時代を描ききる。第2回手塚治虫文化賞を受賞。

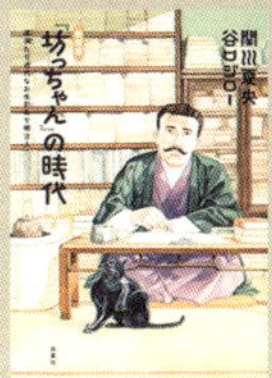

作画／谷口ジロー、原作／関川夏央
新装版全5巻
2014年、連載／1987年～1996年
双葉社

用語解説「治安警察法」

➡社会主義・労働運動・農民運動を抑えるため、警察権の強化を図ったもの。

◀ P218 文化 P188 ▶

西洋の風は文化にも届き近代文学と新たな芸術が誕生

明治の文化

西洋文化は日本の文化・芸術に大きな影響を与え、次々と新しい作品を生んだ。

日本近代文学館

文学

夏目漱石作『吾輩は猫である』

夏目漱石の第一作。当初は読み切り作品として発表されたが、人気が出たため続編が書かれた。

ニコライ堂

日本初の本格的なビザンティン建築ともいわれる。現在の建物は関東大震災後に一部変更・修復されたもの。

建築

旧岩崎邸

コンドルの設計により1896年に完成。多様な様式を取り入れている。

世相を反映した近代の文学

西洋の刺激を受けながら発達した明治期の文化。文学では、1885年（明治18）に坪内逍遥《つぼうちしょうよう》が小説理論書の『小説神髄《しょうせつしんずい》』を発表する。**滑稽で勧善懲悪的なそれまでの大衆文芸を否定し、感情を写実的に描写する「近代小説」を唱えた。**これを契機に、近代文学が次々と登場する。

文学の傾向も、政治・社会の様子と連動している。日清戦争に勝利した頃は、人間の感情を肯定的に捉えるロマン主義（与謝野晶子《よさのあきこ》など）が隆盛した。しかし、日露戦争後に社会問題が深刻化すると、人間や社会の矛盾をつく自然主義文学（田山花袋《たやまかたい》など）に潮流が変わっていく。

POINT!

西欧化の影響は文学や芸術にも及び伝統の中に西洋文化を取り入れた多様な作品を生んだ。

2000 1950 1900★ 1800 1700 1600 1400 1200 1000 500 0 紀元前

黒田清輝筆「湖畔」

明るい色調から「外光派」と呼ばれ、当時の日本の西洋画壇を一新した。

東京国立博物館／東京文化財研究所提供

絵画

Point!
大観は同じ主題・構図で何枚も「無我」を描いた

Image: TNM Image Archives

横山大観筆「無我」

子どものあどけない表情から、仏教の「無我」の境地を表現した。

彫刻

碌山美術館

荻原守衛作「女」

荻原の遺作。ロダンの「考える人」に影響を受け、普遍的な日本の女性像を表現した。

朝倉文夫作「墓守」

わずかにうつむきながら微笑する立ち姿を捉え、写実的で安定感のある老人の姿を生み出した。

台東区立朝倉彫塑館

西洋文化を貪欲に吸収した

明治の初期は、西洋文明が受容される反面、日本の文化が否定されたため、日本美術は停滞した。**東京大学の教師として来日したアメリカ人フェノロサは日本美術を評価し、弟子の岡倉天心《おかくらてんしん》とともにその復興に努めた。**彼らの努力により、西洋の技法を取り入れた新しい日本画が登場。彫刻でも、西洋の技法を学んだ高村光雲《たかむらこううん》が木彫《もくちょう》を復興した。

洋画では、フランスに留学した黒《くろ》田清輝《だせいき》らが、日本における洋画の基礎を築く。政府の招いた外国人建築家の尽力で、西洋建築も発展。イギリス人コンドル（鹿鳴館《ろくめいかん》を設計）の弟子で、東京駅などを設計した辰野《たつの》金《きん》吾《ご》が著名である。音楽では、小学校における唱歌や軍楽隊の影響により、西洋音楽が普及していく。

そのとき世界は？
➡1905年 アルベルト=アインシュタインが特殊相対性理論を発表する。

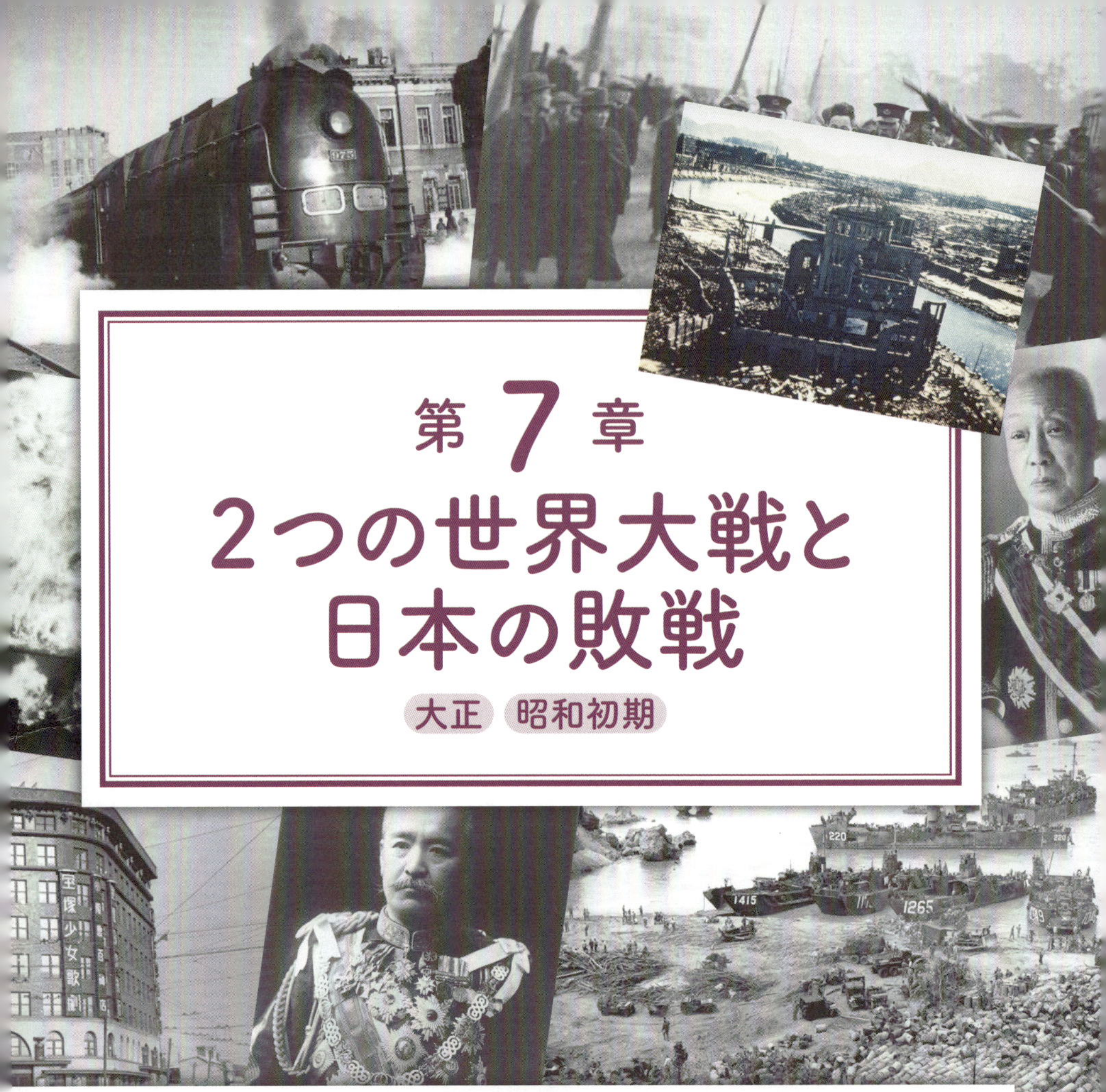

第7章
2つの世界大戦と日本の敗戦

大正　昭和初期

時代	年代	出来事
大正	1912	第一次護憲運動 →P212
	1913	桂内閣が総辞職（大正政変）→P212
	1914	第一次世界大戦に参戦 →P214
	1915	中国に二十一カ条の要求 →P214
	1917	石井・ランシング協定締結
	1918	米騒動が全国に広がる
		シベリア出兵を行う（～22）
	1919	ヴェルサイユ条約に調印
	1920	上野公園で日本初のメーデー →P216
	1921	小作争議が頻発する →P216
	1922	ワシントン海軍軍縮条約に調印 →P214
		全国水平社が設立される →P216
	1923	関東大震災、東京に戒厳令
	1924	第二次護憲運動が始まる
	1925	普通選挙法公布 →P216
		治安維持法公布
		ラジオ放送が始まる →P218
	1927	金融恐慌に見舞われる →P220
	1928	張作霖爆殺事件（満州某重大事件）
	1929	世界恐慌が始まる

政治	2つの世界大戦を経験した時代。政党政治が芽生える一方で、恐慌が発生し慢性的な不況が続いた。次第に軍部が台頭し、政治に介入するようになる。世論・マスコミも軍の行動を支持し、日本は戦争への道を突き進んでいく。
外交	第一次世界大戦で連合国側について参戦した日本は、中国大陸や太平洋上のドイツ領を占領する。しかし、これが欧米列強に警戒心を与えることとなり、戦後は協調外交の道を歩むこととなる。
社会	民主化が進んだ大正時代は、労働争議、小作争議、婦人運動などの社会運動が盛り上がりを見せ、都市部ではサラリーマンや女性の社会進出が増加した。しかし、第二次世界大戦中には国家総動員体制となり、全国民が戦争に参加させられた。
文化	新聞・雑誌・映画などのメディアが発展を遂げ、大正末にはラジオも登場。特に新聞は戦争によって販売を拡大した。また戦時中は、戦意高揚のための映画や音楽が多く作られ、プロパガンダの役目を果たした。

昭和初期

1930	ロンドン海軍軍縮条約への調印が、統帥権干犯問題に発展
1931	関東軍が満州事変（柳条湖事件）を起こす P222
1932	五・一五事件で犬養首相が殺害される P222
1933	国際連盟から脱退 P222
1934	日本労働組合全国評議会が結成
1935	天皇機関説問題
1936	陸軍青年将校らがクーデターを起こす（二・二六事件） P224
1937	盧溝橋事件、日中戦争が始まる P224
1938	国家総動員法発令
1939	ソ連と衝突（ノモンハン事件）
1940	日本軍、仏印北部に進駐 P226
	日独伊三国軍事同盟を締結 P226
1941	日ソ中立条約が締結
	真珠湾攻撃で太平洋戦争が始まる P226
1942	ミッドウェー海戦に敗北し、戦局悪化の道へ P226
1943	学徒出陣、大東亜会議
1944	サイパンで日本軍全滅 P228
1945	東京大空襲、広島・長崎に原爆投下、ポツダム宣言受諾 P228

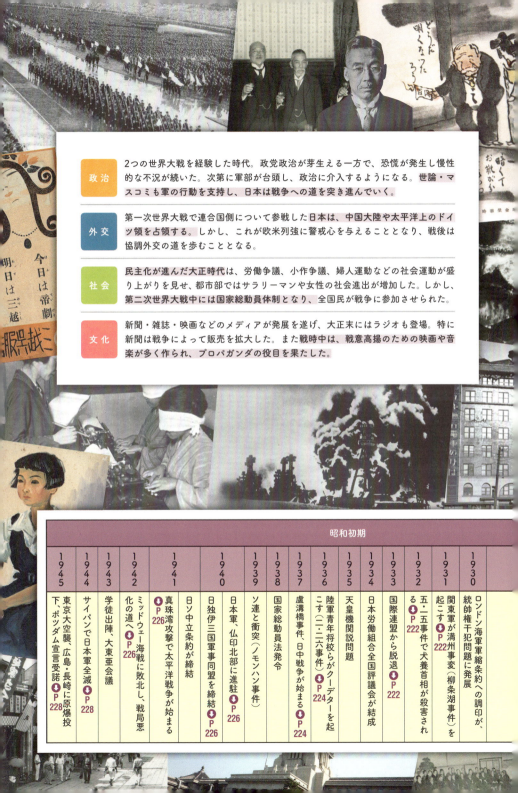

大正

宗教　社会　外交　政治
合戦　都市　文化　周縁

◀P214　政治　P202▶
◀P216　社会　P206▶

デモクラシーの高まりと政党政治時代の到来

終わりを迎えた藩閥政治

明治時代末期から大正時代初頭にかけては、長州出身の桂太郎《かつらたろう》による藩閥内閣と、立憲政友会《りっけんせいゆうかい》総裁の西園《さいおん》寺公望《じきんもち》による政党内閣が、交互に政権を担う桂園《けいえん》時代が続いていた。

だが１９１２年（大正元）、この時代に終止符を打つ出来事が起きる。陸軍の師団増設の要求を、第二次西園寺内閣が財政難を理由に拒否したため、両者が対立。西園寺は政権の維持が困難になり、軍部が支持する桂がみたび政権を担うことになった。しかしこれを陸軍と藩閥の横暴だとして**政党政治家や言論人が反発。桂は総辞職に追い込まれたのである。これを大正政変《たいしょうせいへん》と呼ぶ。**

本格的な政党内閣の誕生

大正政変では、民衆も大規模なデモを繰り返し、藩閥政治打倒を支持した。以後**デモクラシーを求める動きの中で、政治は民意を無視できなくなり、日本は政党政治の時代を迎える。**１９１８年、米騒動《こめそうどう》の責任を取って寺内正毅《てらうちまさたけ》内閣が総辞職すると、立憲政友会総裁の原敬《はらたかし》が首相に就任。陸軍・海軍・外務大臣以外は立憲政友会党員から構成される初の本格的な政党内閣が誕生した。

さらに１９２４年からの８年間は、６代にわたって政党内閣が続いた。政党政治は日本に定着するかに見えたが、やがて民衆の支持を失い、瓦解に向かうことになる。

KEYWORD

「政党政治」と「利益誘導政治」の始まり

原敬による日本で初めての本格的な政党内閣が誕生した時代、我田引水ならぬ「我田引鉄」という言葉が流行した。例えば原敬の地元である岩手県を走る大船渡《おおふなと》線は、路線がくねくねと曲がり、大回りをするルートになっている。これは当時の代議士たちが地元票の獲得を狙って、鉄道が自分の選挙区を走るように干渉したため、不自然なルートになったといわれる。政党政治家たちは、自身の支持と党勢拡大のために鉄道を利用したのである。政党政治の始まりは、利益誘導政治の始まりでもあった。

POINT!

高まる民意を政治も無視できなくなり、時代は藩閥政治から政党政治へと移っていた。

2000　1950　1900　1800　1700　1600　1400　1200　1000　500　0　紀元前

大正時代の社会運動

民衆の中で民主主義的な思想が高揚し、大衆の政治参加や言論・集会の自由などを求めた社会運動が広がる。

桂園時代

山県有朋の派閥に属する。貴族、官僚、軍部を掌握

桂太郎

1901.6.2
1906.1.7
1908.7.14
1911.8.30
1912.12.21

西園寺公望

伊藤博文が自らの与党として結成した立憲政友会の総裁

第一次護憲運動／大正政変（1912）

藩閥政治への非難が国民運動（第一次護憲運動）になり桂内閣が倒れる＜大正政変

歌舞伎座で憲政擁護大会が開かれ、運動が盛り上がっていく

米騒動（1918）

商人がシベリア出兵を当て込んで米を買い占めたことにより米価が高騰
富山の主婦らが抗議してから全国に暴動が広がる

社会運動が広がりを見せる

新婦人協会発足、日本社会主義同盟結成（1920）
全国水平社結成、日本農民組合結成、日本共産党結成（1922）

右から加藤首相（憲政会）、犬養毅（革新倶楽部総裁）、高橋是清（政友会総裁）

第二次護憲運動（1924）

護憲三派（憲政会・革新倶楽部・立憲政友会）が貴族院を基盤とした内閣を非難し、選挙で勝利。加藤高明は選挙結果により首相となった

普通選挙法の成立（1925）

25歳以上のすべての男性に選挙権が与えられるも、女性の参政権は認められず

治安維持法案が国会に上程された1925年3月7日、労働諸団体が示威行動を起こし検挙された

治安維持法の制定（1925）

普通選挙法と同時に、治安維持法が制定
社会・共産主義者は厳しい取り締まりを受けた

そのとき世界は？

➡**1911年** 清で辛亥（しんがい）革命が起こり、清朝は滅亡の危機に瀕した。

◀P220 政治 P212▶
◀P222 外交 P200▶

第一次世界大戦に勝ったあと日本が協調外交を選んだ理由

アジア進出の好機が到来

1914年（大正3）、ヨーロッパで第一次世界大戦が勃発した。これは日本にとって、ヨーロッパ諸国が戦線に縛りつけられている間に、アジアで勢力を拡大する好機となった。日本はイギリス、フランス、ロシアからなる連合国側につき、ドイツに宣戦布告。**ドイツ租借地《そしゃくち》であった中国の山東《シャントン》半島の青島《チンタオ》や、太平洋上のドイツ領南洋諸島を占領した。**

また中国に対しては、山東省におけるドイツの権益を日本が継承することや、南満州や東部内蒙古《うちもうこ》での日本の権益の強化などを求めた**二十一カ条の要求を行い、その大部分を中国側にのませた。**

ワシントン会議と協調外交

こうした日本の行動は、欧米列強の警戒心を強めるのに十分だった。**戦後日本は、新たに結成された国際連盟の常任理事国となるが、一方で国際的な孤立も進んだ。**

1921年、アジアにおける列強の利害関係を調整することを目的にワシントン会議が開催された。**会議では山東省における日本の権益放棄や、各国の主力艦の保有比率を米英が5、日本が3、仏伊が1・67とすることなどが取り決められた。以後日本はこの会議での決定事項に沿って、協調外交の道を歩むことになる。**これ以上の国際的孤立を防ぐためには、やむを得ないことだった。

世界とのつながり

アメリカというライバルの登場

総力戦となった第一次世界大戦は、ヨーロッパの国々を疲弊させた。そんな中で力を伸ばした国が2つあった。ともに本土が戦場となることを免れ、ヨーロッパへの物資の輸出によって経済発展を遂げた日本とアメリカだ。以後この両国はライバル関係となる。アメリカも米西戦争（1898年）での勝利によって得たフィリピンやグアムを足がかりに、アジアへの進出を目論んでおり、同じくアジアでの勢力拡大を図る日本とぶつかることになったからだ。後の日米開戦の火種は、既にこのときからあったのだ。

POINT!

日本は連合国側につき第一次世界大戦に勝利するが、国際的には孤立が進んでいた。

政治
外交

第一次世界大戦と日本

日本は日英同盟と日露協約の関係で三国協商（連合国）側にいた。大戦開始とともに日本も参戦した。

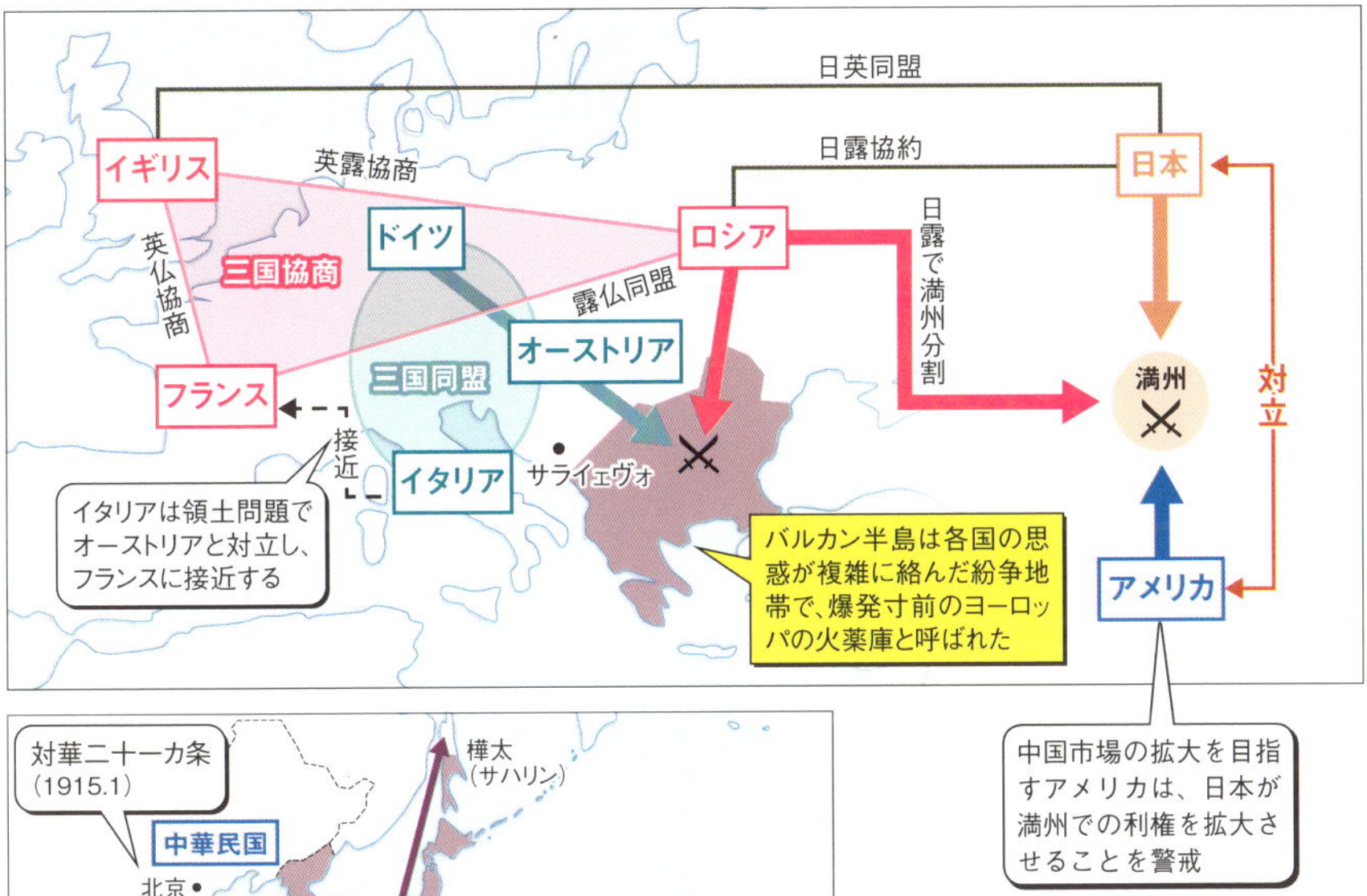

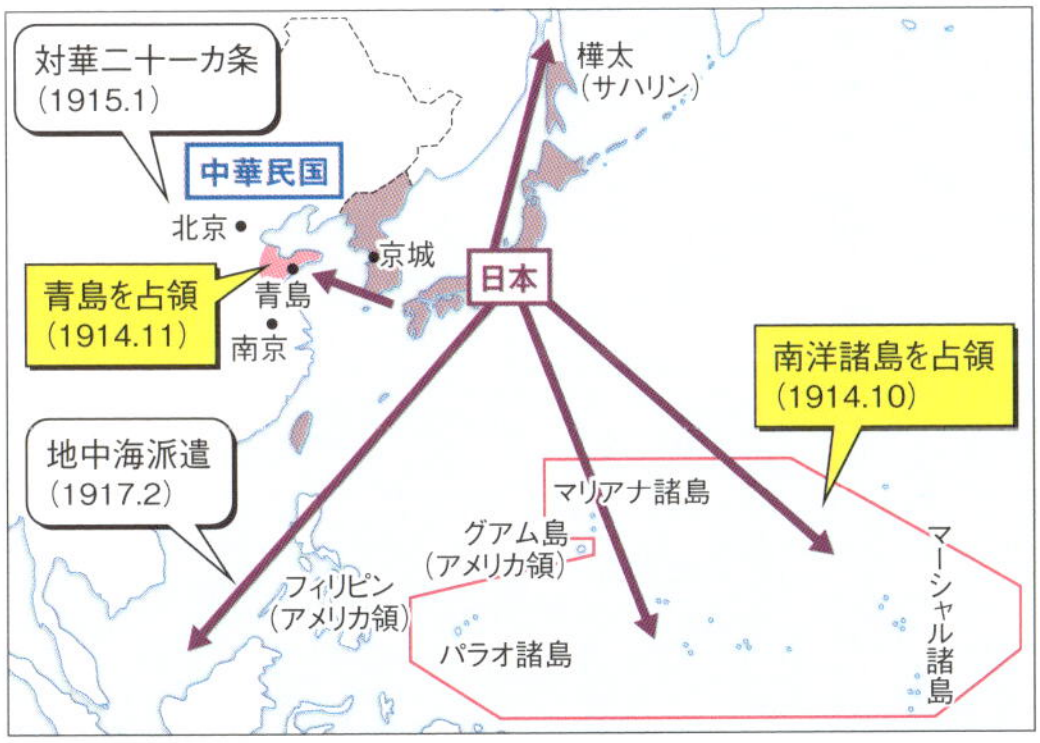

日本の参戦

日本はドイツの根拠地青島と山東省の利権を接収、赤道以北のドイツ領南洋諸島も占領。さらに、中国に利権拡大のための二十一カ条の要求を突きつけた。

国際連盟の設立

大戦後、世界平和維持を目的に国際連盟が誕生。また、1921年のワシントン会議では各国の主力艦が制限された。

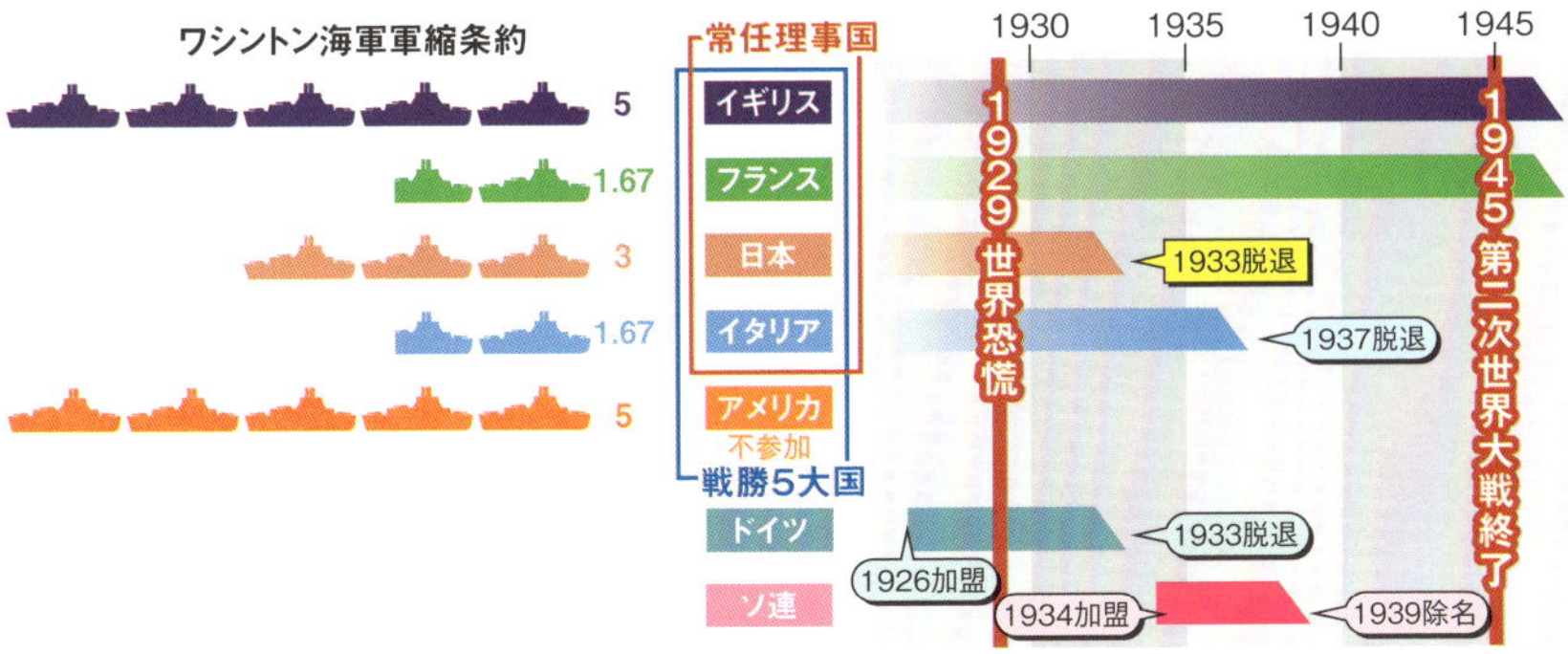

そのときの世界は？

➡**1919年** レーニンがコミンテルン（共産主義インターナショナル）を結成する。

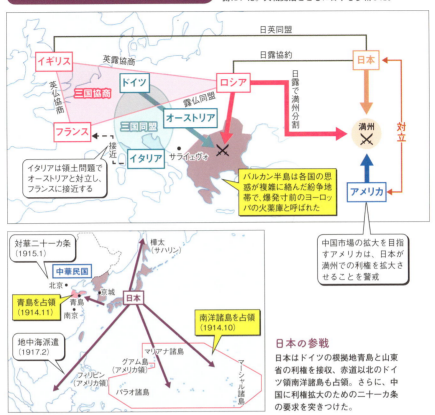

宗教　社会　外交　政治
合戦　都市　文化　周縁

◀P218　社会　P212▶

地位向上と状況改善のために声を上げ始めた人たち

大規模な労働争議が頻発

第一次世界大戦は日本に空前の好景気をもたらした。ヨーロッパには軍需品、ヨーロッパ諸国が後退したアジア市場には綿織物を輸出することで、輸出額が著しく伸長したからだ。だが**恩恵を受けられたのは一部の資本家たちで、労働者の実質賃金は逆に低下していった。大戦が終わると戦後恐慌が起き、大量解雇や工場閉鎖が相次ぐなど、労働者はさらに苦しい状況に追い込まれた。**

そうした中で労働者たちも声を上げ始めた。足尾銅山《あしおどうざん》や八幡製鉄所《やはたせいてつしょ》などで大規模な労働争議が発生し、1920年（大正9）には日本で初めてのメーデーも実施された。

活発化する社会運動

行動を起こしたのは労働者だけではない。**農村では小作料《こさくりょう》の引き下げを要求する小作争議が頻発。また女性の解放を目指す婦人運動も盛んになった。被差別部落の人々は、基本的人権を認めさせることを求めて全国水平社《すいへいしゃ》を結成。**社会主義者たちも日本共産党を秘密裏のうちに結成するなど、活動を活発化させた。

国民の社会意識が高まる中、1925年、満25歳以上の男性に選挙権を与える普通選挙法が成立。より多くの民意を政治に反映する仕組みが整った。一方で国は治安維持法《ちあんいじほう》も制定。国家体制をゆるがしかねない社会主義運動への警戒を怠らなかった。

KEYWORD

関東大震災と「デマ」に踊らされる人々

1923年9月1日、首都圏を直撃する関東大震災が発生。東京や横浜の多くが焦土と化し、死者は10万人を超えた。このとき「朝鮮人が暴動を起こそうとしている」というデマが市中に広がる。すると不安に駆られた民間人が自警団を結成。警察官とともに、多くの朝鮮人を襲撃した。殺害された朝鮮人は1000人以上に上るといわれ、背景には民族差別の意識と、朝鮮の独立運動に対する恐怖心があったとされる。フェイクニュースに踊らされがちな我々現代人も教訓とすべき事件である。

POINT!

第一次世界大戦後、社会的に不利な立場に置かれた様々な人々が行動を起こす。

2000　1950　★　1900　1800　1700　1600　1400　1200　1000　500　0　紀元前

普通選挙法の成立と有権者の拡大

護憲三派による内閣が誕生し、25歳以上の男性は納税額に関係なく選挙権が与えられる普通選挙法が成立。しかし、女性の参政権は戦後まで待たなくてはならなかった。

公布年（実施年）		1889（1890）	1900（1902）	1919（1920）	1925（1928）	1945（1946）
有権者の資格	年齢	満25歳以上	満25歳以上	満25歳以上	満25歳以上	満20歳以上
	性別	男	男	男	男	男・女
	直接国税	15円以上	10円以上	3円以上	制限なし	制限なし
有権者数（全人口による有権者の割合）＝100万人		45万人（1.1%）	98万人（2.2%）	307万人（5.5%）	1241万人（20.8%）	3688万人（50.4%）

普通選挙法による初めての選挙
1926年に行われた浜松市の市議会議員選の様子。雨の中、投票所前には行列ができた。

MANGA GUIDE

『はいからさんが通る』

女学生のラブコメもの

女学校に通う17歳の花村紅緒と、生まれながらの許嫁である伊集院忍陸軍少尉との恋愛模様を、大正時代を舞台にして描くラブコメ。女性解放運動の先駆者である平塚らいてうが、雑誌『青鞜』創刊号の冒頭で述べた「元始女性は太陽であつた。真正の人であつた～」が作品のテーマになっている。

作者／大和和紀
全8巻
1975年～1977年
講談社

灸まん美術館

和田邦坊《くにぼう》筆「成金の風刺画」
当時の最高額紙幣である百円札を燃やして灯りをとる成金。ちなみに、1920年の日雇い労働者の賃金は1日1.6円である。

そのとき世界は？
➡**1920年** アメリカで女性参政権が認められる。世界初の国は1893年のニュージーランド。

宗教 社会 外交 政治
合戦 都市 文化 周縁
◀ P228 社会 P216 ▶
◀ P230 文化 P208 ▶

都市文化とメディアの勃興が人々の生活を変えた

POINT!
平日は都心の会社に通い、週末はレジャーや買い物を楽しむ生活がこの頃から始まった。

都市と娯楽の誕生

帝国劇場や日本橋三越本店のある周辺は文化の中心として繁栄した。また、私鉄の経営するターミナルデパートも発達した。

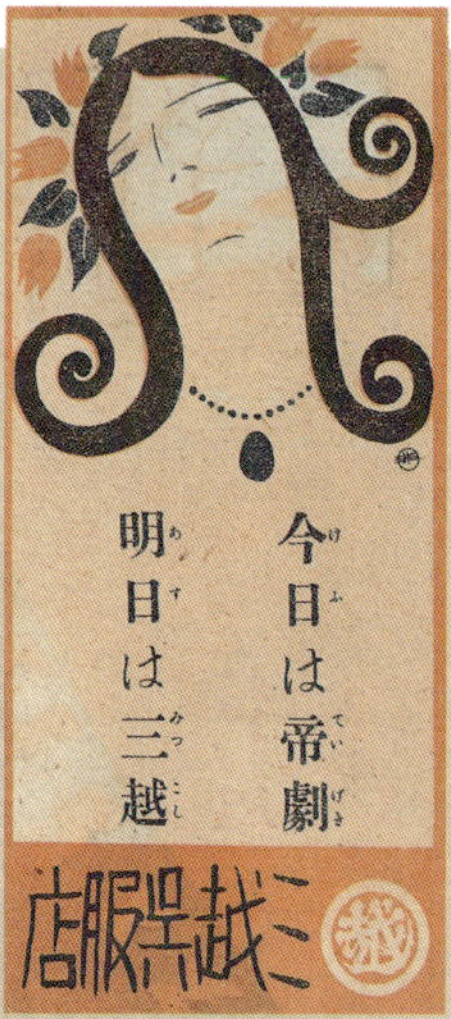

㈱三越伊勢丹

帝国劇場の広告
1913年頃の広告。帝国劇場は日本初の西洋式劇場だった。

阪急百貨店
1929年に完成した梅田の阪急ビル。ビル正面は客待ちのタクシーの行列。

Point!
三越をはじめ、百貨店は文化の発信源となった

浅草六区の興行街
写真左端が曽我廼家（そがのや）五一郎の五一郎劇を上演する「世界館」、煙突のある建物が映画館「東京館」。

地下鉄博物館

地下鉄のポスター
1927年には日本で初めて浅草・上野間に地下鉄が開業した。

街の風景が大きく変わった

第一次世界大戦後、産業の発展に伴い、**大都市では新中間層と呼ばれるサラリーマンが大幅に増えた。**大学令の制定によって、設置を認められる大学が増大したことにより、高等教育機関を卒業した者の多くが会社員となった。また**タイピストや電話交換手などの職業が生まれ女性の就業機会も拡大した。**

都市経済の伸展は、街の風景を大きく変えた。都心部には鉄筋コンクリートのビルが立ち並び、地下鉄も開業。都心から郊外にかけては私鉄が鉄路を延ばし、通勤電車が走り出した。洋風の住宅が盛んに建てられ、電気やガス、水道も普及した。

大衆の生活や文化

東京や大阪などの大都市ではサラリーマンが増え、タイピストや電話交換手などの仕事に就く女性も出てくる。新聞やラジオなどのメディアも発達した。

大阪梅田のサラリーマン

1931年、梅田阪急前の様子。カンカン帽にスーツの男性が目立つ。

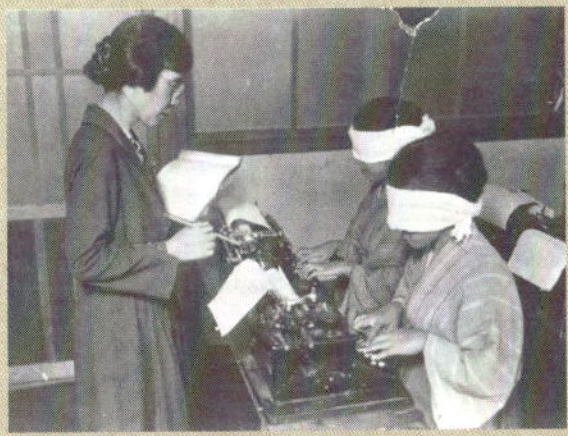

英文タイプを打つ女性

キーボードを見なくても操作できるように、目隠しをして練習する女性たち。

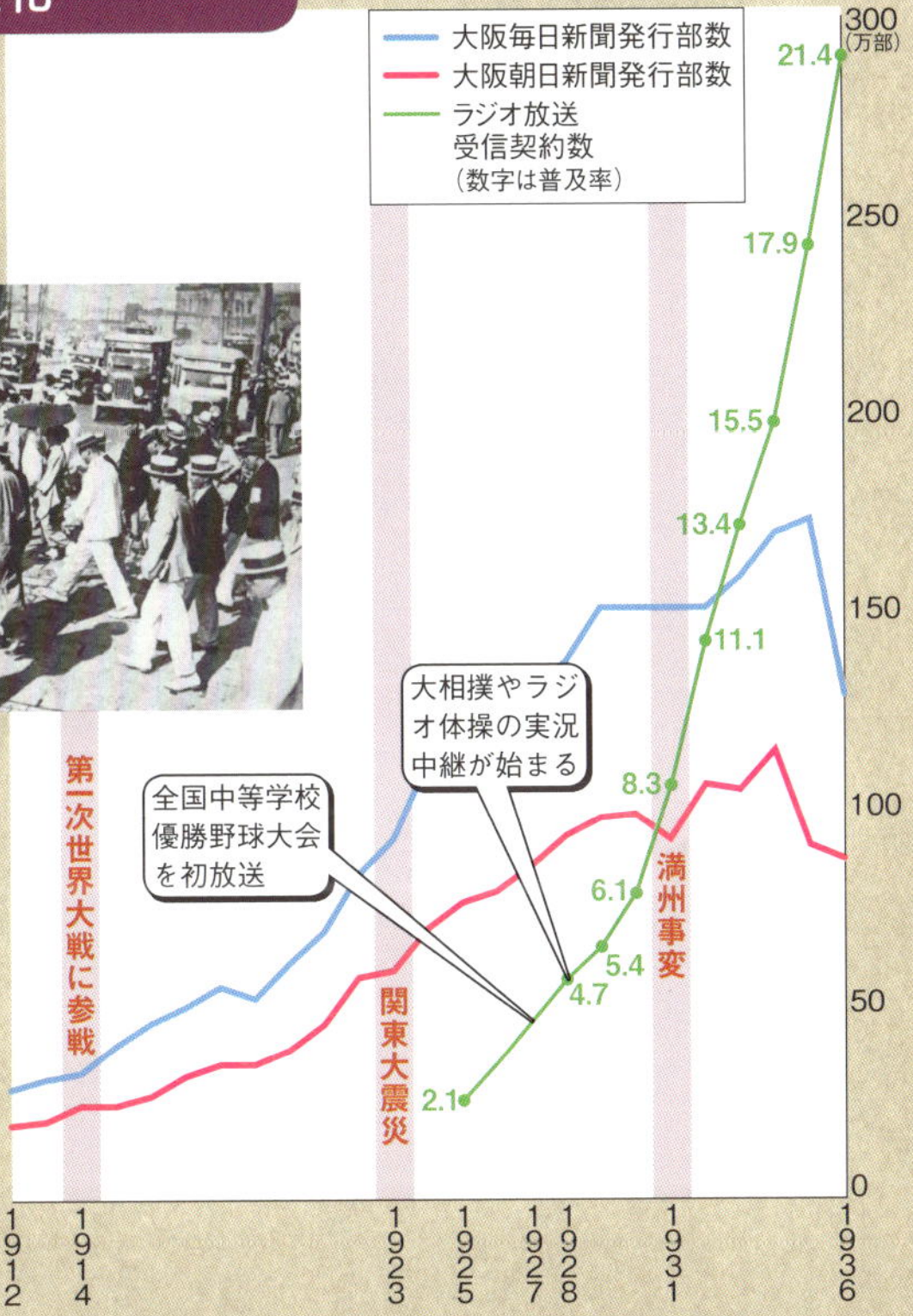

ラジオと新聞の普及率

ラジオは1928年に全国放送網が完成、ニュースやスポーツ中継で受信者数を伸ばした。大正末頃、日中の放送は株式市況や商品相場で占められていた。

社会

文化

映画や出版文化の興隆

この時期にはメディアも発展を遂げた。1925年（大正14）にはラジオが放送開始。映画は娯楽の中心となり、数多くの国産映画が製作された。ジャーナリズムも発達し、発行部数100万部を超える新聞が現れ、総合雑誌や週刊誌、女性雑誌なども次々と創刊された。また当初は三越など呉服店を前身とする百貨店が主流だったが、阪急や東京横浜電鉄（現東急）といった私鉄が、ターミナルとなる梅田や渋谷に百貨店を開業。主に生鮮食料品や日用品を中心に販売して人気となった。

平日は会社員として郊外の自宅から都心のオフィスビルに通い、週末は消費者として映画やショッピングを楽しむ。今につながるライフスタイルが、この時期から始まった。

用語解説「大学令」

➡官立の帝国大学以外に公・私立大学、単科大学を認め、大学数が急増した。

◀P222 政治 P214▶

政党政治はなぜ船出してすぐに挫折することになったのか

有効な経済政策を打てず

第一次世界大戦後の**1920年代は、戦後恐慌、震災恐慌、金融恐慌と次々と恐慌が発生し、**日本は一転して深刻な不況に陥った。1924年（大正13）以降、政治は立憲政友《りっけんせいゆう》会《かい》と立憲民政党《りっけんみんせいとう》が交互に政権を担当する二大政党時代を迎えていたが、いずれの政権も抜本的な手立てを講じられず、不況は慢性化した。

そして**1930年（昭和5）、前年にアメリカで起きた世界恐慌の波が日本にも押し寄せ、昭和恐慌が発生する。浜口《はまぐち》雄幸《おさち》内閣は不況下にも関わらず、金輸出解禁を行ったため、大量の金が海外に流れ、不況に拍車をかけた。**

互いの失政の攻撃に終始

こうした経済政策の失敗は、政党に対する国民の期待をしぼませた。**さらに国民を失望させたのが、二大政党が政策論争そっちのけで政争に明け暮れていることだった。**緊縮財政と協調外交を掲げる立憲民政党に対して、立憲政友会は積極財政を打ち出し、協調外交路線を「軟弱外交」と批判した。そして互いの失政を攻撃することに終始した。政権は安定せず、**8年間で6回も政権が入れ替わる短命内閣が続いた。**

国民は閉塞的な状況の打破を、次第に当時力を強めていた軍に求めるようになった。戦争の時代がまもなく訪れようとしていた。

世界とのつながり

日本人がターゲットとなった移民問題

1924年、アメリカ議会で日本人の移民を禁止する新移民法が成立した。日本では明治以降、国内の人口が過剰になったため、生活の糧を得るためにアメリカのハワイやカリフォルニアに移住する者が出てきており、第一次世界大戦後は特に増加した。彼らの多くは低賃金での就労を受け入れたため、現地の労働者の雇用を脅かすことになった。これに人種的偏見も加わり、日本人移民を排斥する動きが起きたのである。新移民法の制定に対して、日本では多くの人が怒りを覚え反米感情が高まることになった。

POINT!

経済政策の失敗と、政争に明け暮れる姿が、国民の政党政治への信頼を失わせた。

政治

恐慌の時代

第一次世界大戦による好景気も束の間、日本は一気に不況に突入。関東大震災が不況に追い打ちをかける。

1920 戦後恐慌
- ●列強の生産力が回復し、輸出が後退して株価が暴落
- ●綿糸・生糸の相場が暴落

1923 震災恐慌
- ●震災により銀行の手形が決済不能となる
- ●日本銀行が特別融資を実施

1927 金融恐慌
- ●片岡直温蔵相が危機的状況にあった東京渡辺銀行を「破綻した」と発言。翌日、取り付け騒ぎとなる
- ●多くの銀行が休業及び倒産
- ●財閥系の銀行に預金が集中
- ●3週間のモラトリアム（支払猶予令）を実施、日本銀行が非常貸し出しを行う

1929 デフレ政策

1929 世界恐慌

1930 金輸出解禁

1930 昭和恐慌
- ●輸出減少、輸入超過で正貨（金）が大量流出
- ●企業の倒産・人員整理・失業者増大

BOOK GUIDE

『新編宮沢賢治詩集』

農村からの視点

『銀河鉄道の夜』や『風の又三郎』などが有名な童話作家の宮沢賢治の詩集。宮沢賢治は自然と農民生活により育んだ独特の感覚を作品で表現している。昭和恐慌と東北地方の凶作の中、「雨ニモマケズ」が生まれた。

著者／宮沢賢治、天沢退二郎編
1991年
新潮社

金輸出解禁政策

目的	●金本位制への復帰 ●外国為替相場の安定による貿易振興を図る ●収益性が低い不良企業を整理し、国際競争力を付ける
政策	●緊縮財政による財政の健全化 ●カルテル・トラストを奨励
結果	●世界恐慌により、金本位制による輸出振興が振るわず恐慌がさらに悪化

井上《いのうえ》準《じゅん》之助《のすけ》（1869～1932）

横浜正金銀行頭取、日銀総裁、大蔵大臣を歴任。浜口雄幸内閣の際に大蔵大臣として金解禁を実施する。

そのとき世界は？

➡**1925年** ペルシアでパフレヴィー朝が成立、1935年に国号をイランとする。

宗教	社会	外交	政治
合戦	都市	文化	周縁

◀P224 政治 P220▶
◀P246 外交 P214▶

満州占領と引き換えに国際社会から孤立した日本

軍が独断で軍事行動を開始

日露戦争での勝利後、満蒙《まんもう》（南満州と東部内蒙古）において強大な権益を得ていた日本に対して、中国では反日運動が激化していた。日本にとって満蒙は、「我が国の生命線」と呼ばれるほど重要な地域になっており、既に多くの日本人が満蒙に渡り、土地を開拓。満蒙で産出される豊富な資源も魅力だった。

1931年（昭和6）、関東州に駐留していた在中国部隊の関東軍は全満州を軍事的に制圧することを目指して、政府の許可を得ずに独断で満州事変を起こした。政府は不拡大方針を表明したが、関東軍は軍事行動をやめず、短期間で満州を占領した。

国際連盟からの脱退

満州事変は、軍に対する政府の無力さを露呈する結果となった。**1932年には青年将校らの一団が犬養《いぬかい》毅《つよし》首相を官邸で射殺する五・一五事件が起きる。**この事件のあと、首相には海軍大将の斎藤実《さいとうまこと》が就任。ここに大正末期から続いた政党内閣は終わりを迎え、同時に軍が国家運営の主導権を握る時代が訪れた。

日本は満州を占領後、傀儡《かいらい》国家である満州国を設立。これが国際社会からの非難を浴びることになる。世界の潮流は、脱帝国主義的な動きへと変わりつつあったのだ。批判に対して日本は、国際連盟からの脱退を宣言。孤立の道を歩み出す。

KEYPERSON

「石原莞爾」の世界最終戦論

石原莞爾《いしわらかんじ》は陸軍きっての秀才として知られ、関東軍が満州事変を起こした当時は同軍の参謀を務めていた。石原は今後の世界情勢について、東西の盟主となった日本とアメリカが激突する世界最終戦争が起きるだろうと予想していた。ただし、日本はその前にソ連と戦うことになるため、対ソ戦に備えて、満州を重要な補給地として占領しておく必要があるというのが石原の主張だった。この考えは当時の関東軍の将校たちに大きな影響を与え、独断で満州事変を起こす引き金となったのである。

POINT!

満州占領を目指し満州事変を起こした日本。占領の代わりに払った対価は大きかった。

2000 1950 ★ 1900 1800 1700 1600 1400 1200 1000 500 0 紀元前

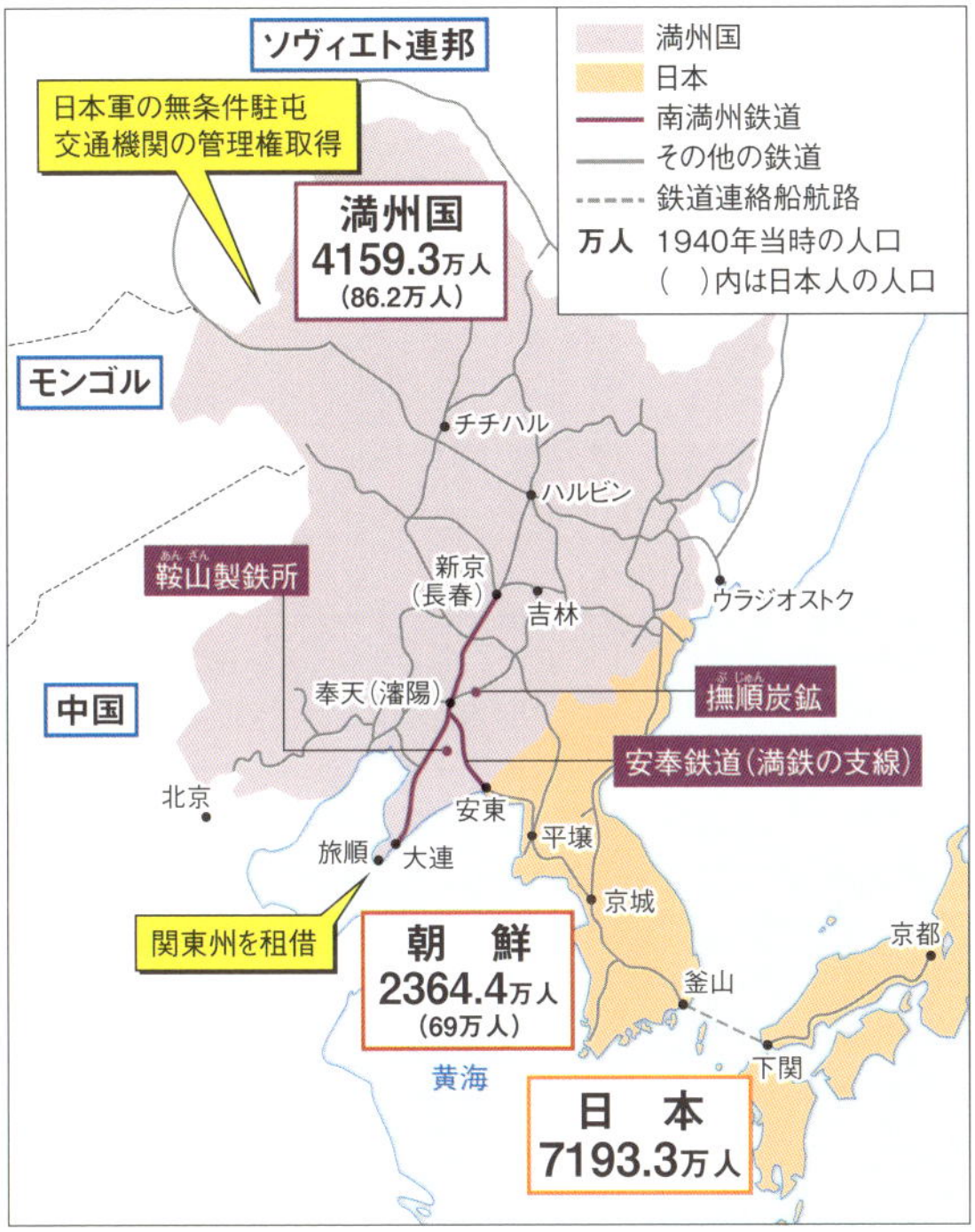

満州国の建国

関東軍は満州の主要地域を占領し、満州国を建国。不拡大方針を声明する内閣とは逆に、世論やマスコミは軍の行動を支持した。

満州への移民者数

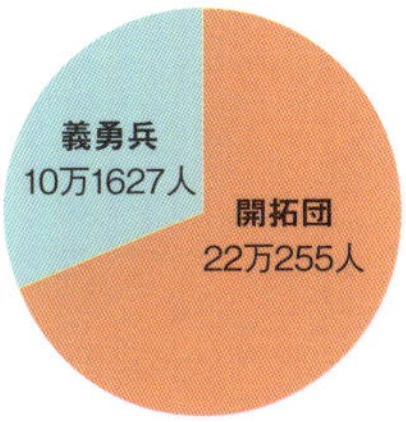

満州国の構成人数（1937年）

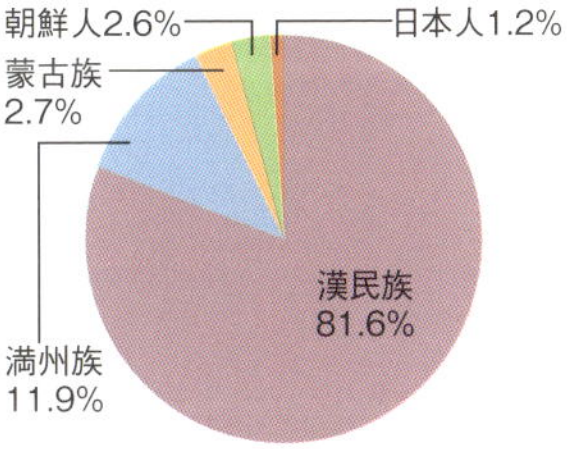

MANGA GUIDE

『虹色のトロツキー』

昭和初期の満州を描く

満州国を舞台に、日本軍の陰謀に巻き込まれながら強く生きる、日本人の父とモンゴル人の母を持つ青年ウムボルトの物語。ウムボルトは、満州にトロツキーを招聘する「トロツキー計画」に協力するように命令され、数奇な運命をたどることになる。

作者／安彦良和
全8巻
1990年～1996年
中央公論新社

特急あじあ号

大連とハルビンを結ぶ特急列車。最高時速130キロを誇った。また、国都である新京は整然と区画された町並み、電気、上下水道といったインフラ整備など、近代日本の都市計画の理念のもとに建設された。

旧満州国国務院

満州国の行政機関が置かれた国務院。外観が国会議事堂とよく似ている。現在は吉林大学の建物として利用されている。

そのとき世界は？

➡**1933年** ヒトラーを首相としたナチス政権が誕生。ドイツは国際連盟を脱退する。

◀P226 政治 P222▶

中国の粘り強い抵抗にあい泥沼の戦いになった日中戦争

軍部によるクーデター事件

1936年（昭和11）、天皇親政を目指す皇道《こうどう》派《は》の陸軍青年将校たちがクーデターによる軍部独裁政権の樹立を目指し、首相官邸などを襲って内大臣や大蔵大臣を射殺。国会議事堂を占領する二・二六事件が発生した。昭和天皇は厳罰を命じ、クーデターは数日で鎮圧された。

だがこれで軍の力が弱まったわけではない。事件後、皇道派に代わって力を得たのが、官僚や財閥と結びつきながら軍部の統制のもとに政治を行うことを目指した統制《とうせい》派《は》の軍人たちだった。**以後軍は内政や外交、閣僚人事において、ますます露骨に政治に介入するようになった。**

首都占領も戦争は終わらず

軍はさらなる権益の拡大を求め、中国北部を支配下に収めようとした。日中間の緊張は高まり、1937年には北京郊外の盧《ろ》溝橋《こうきょう》において日中両軍が衝突する事態が起きる。**近衛文麿《このえふみまろ》内閣は当初は不拡大方針を表明するが、やがて軍部の圧力によりこれを撤回。こうして両国は全面的な戦争へと突入した。日中戦争である。**

日本は国民政府の首都南京《ナンキン》を陥落させるが、国民政府は共産党と提携しながら、首都を重慶《じゅうけい》に移して抗戦を続けた。結局日本は敗戦を迎える1945年まで、中国と泥沼の戦いを続けることになった。

KEYWORD

「支那事変」と呼ばれていた日中戦争

日中戦争は当時は支那事変《しなじへん》と呼ばれていた。事変とは治安を乱す騒乱や国家間の小さな紛争のことをいい、戦争とは異なる。この戦争を「事変」と呼んだ理由はアメリカにあった。当時アメリカは戦争状態の国に対しては、物資の輸出制限や金融面での取引制限を行っていた。石油の輸入の多くをアメリカに依存していた日本にとっては大きな痛手となる。この事情はアメリカから兵器を輸入していた中国も同じだった。そこで両国はあえて相手国に宣戦布告を行わず、「戦争」ではなく「事変」と呼んだのである。

POINT!

中国での権益を求めて始めた日中戦争は、日本にとって破滅の道へと進む一歩となった。

大正末から昭和初期の日中関係

1930年代の中国国内では、蒋介石（しょうかいせき）率いる南京国民政府と共産党が争う内戦状態となっていたが、日本による大陸侵攻が強まると内戦を終結させ、協力して抗戦。日中は全面戦争に突入していく。

年	中国国内の動き	日本から中国へ	日本国内の動き
1921	中国共産党結成		
1922			日本共産党結成
1924	第一次国共合作 国民党と共産党の協力		
1925	五・三〇事件 反帝国主義闘争		反国家的な運動を取り締まる 治安維持法公布
1927	上海クーデター 共産党を弾圧 国共合作破綻 内戦に突入	第一次山東出兵	社会主義運動を取り締まる 特別高等警察を強化
1928	北伐の完了 南京国民政府が中国統一	第二次山東出兵 張作霖爆殺事件	全府県に特別高等課（特高）を設置
1931	中華ソヴィエト共和国臨時政府成立 中国共産党が樹立させるも1937年の国共合作により消滅	柳条湖事件 満州事変の発端となる 満州事変	三月事件 クーデター未遂 十月事件 クーデター未遂
1932		第一次上海事変 満州国建国	五・一五事件 クーデター
1933			国際連盟脱退
1935			天皇機関説問題 天皇は国家の意思に従って主権を行使する機関とする天皇機関説は不敬だとして批判された 皇道派と統制派の対立が表面化
1936	西安事件 張学良らが蒋介石に国共内戦の停止を迫る		二・二六事件 クーデター
1937	第二次国共合作 抗日民族統一戦線結成	盧溝橋事件 北京・天津、上海、南京占領	
1939			ノモンハン事件 日ソ国境紛争
1940	日本の傀儡政権。国民政府とは別 南京に国民党新政府樹立		

1937

日中戦争勃発

そのとき世界は？

➡**1933年** フランクリン=ローズヴェルトがニューディール政策を始める。

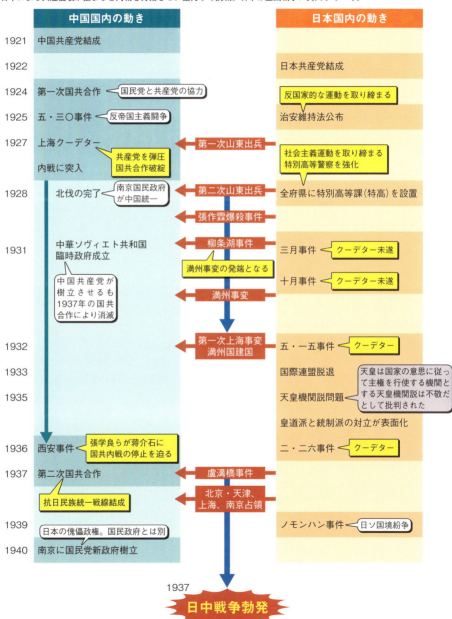

◀P228 政治 P224▶

なぜ日本はアメリカに対し無謀な戦争を起こしたのか

POINT!

アメリカから経済制裁を突きつけられ、窮地に陥った日本は無謀な戦争に打って出る。

態度を硬化させるアメリカ

1940年（昭和15）、日本軍は膠着状態に陥っていた日中戦争の局面打開のために、フランス領インドシナ北部に進出した。中国に対してアメリカやイギリスが行っていた物資の補給支援ルートを断つことと、**日本自身が戦争遂行のための資源を確保することが目的だった。また同時期に日本は、日独伊三国軍事同盟を締結させた。**

ところが、これを米英に対する挑戦と見たアメリカが態度を硬化させた。既にアメリカは日米通商航海条約の破棄を日本に通告していたが、加えて**くず鉄、鉄鋼などの対日輸出禁止を決定したのである。**

交渉決裂から戦争へ

さらに**アメリカは1941年、在米日本人資産凍結や石油の対日輸出禁止を決定した。**制裁解除の条件として、中国大陸の情勢を満州事変以前の状態に復帰させることを求めてきたが、当時の日本としては到底受け入れられなかった。

12月8日、日本はハワイ真珠湾への奇襲攻撃を行った上で、米英に対して宣戦布告。太平洋戦争の火ぶたが切られた。日本は当初、軍備が整っていなかったアメリカを相手に優位に戦局を進めていたが、**1942年6月のミッドウェー海戦で大敗すると情勢が逆転。撤退に次ぐ撤退を重ねるようになる。**

KEYWORD

足並みが揃っていなかった「陸軍」と「海軍」

太平洋戦争に対する陸軍と海軍の考え方は、初めから大きく違っていた。陸軍が主張したのは緒戦の勝利によって一定の領土と資源を獲得できたら、持久戦に持ち込むことだった。一方海軍は積極攻勢に出ることで、早期にアメリカを叩くべきだと主張した。両者の主張は折り合わず、1942年に策定された「戦争指導の大綱」の内容は、「長期不敗の政戦態勢を整えつつ、機を見て積極的の方策を講ず」といった玉虫色のものとなった。陸軍と海軍の足並みが揃っていないのに、戦争に勝てるわけはなかった。

南方に資源を求めた日本

日独伊三国軍事同盟を締結すると、アメリカは、くず鉄、鉄鋼の日本への輸出を禁止した。日本は南方資源の獲得を迫られた。

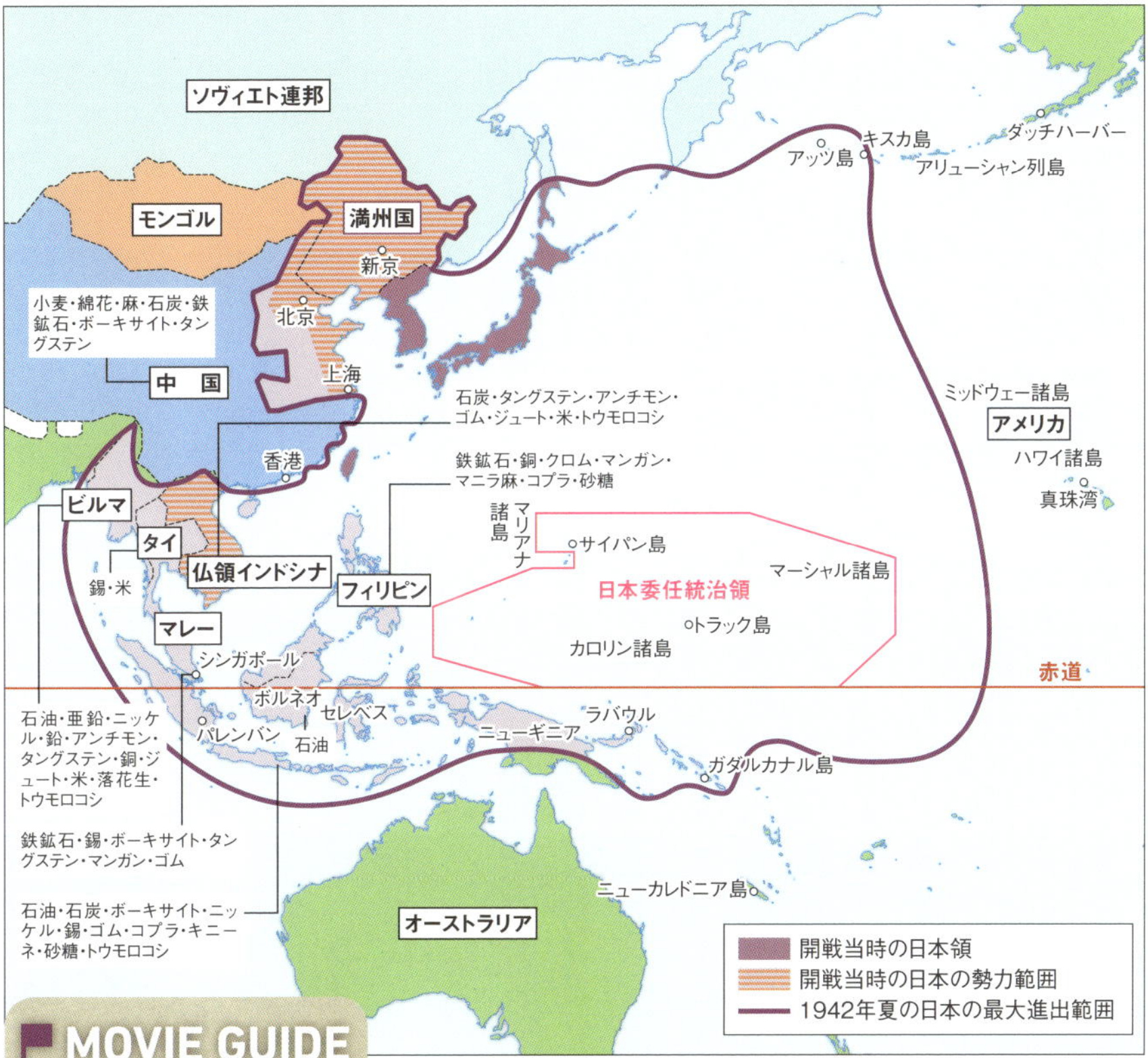

アンチモンは火薬、コプラは食用油や石けん、キニーネはマラリアの薬、ジュートは南京袋に使われた。

MOVIE GUIDE

『硫黄島からの手紙』

36日間に及ぶ激戦

第二次世界大戦の「硫黄島の戦い」を日本側の視点から描いた作品。ひとつの題材を日米双方の視点から描く2部構成となっており、アメリカ側から描いた作品は『父親たちの星条旗』。

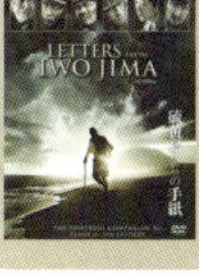

監督／クリント・イーストウッド
出演／渡辺謙
2006年
ワーナー・ブラザース

ブルーレイ 2,381円+税／DVD 1,429円+税
ワーナー・ブラザース ホームエンターテイメント

毎日新聞社

真珠湾攻撃

日本軍の奇襲はアメリカの太平洋艦隊に大損害を与えた。

そのとき世界は？

➡**1942年** アムステルダムの隠れ家で、アンネ=フランクが日記を書き始める。

宗教 社会 外交 政治
合戦 都市 文化 周縁
◀P238 政治 P226▶
◀P230 社会 P218▶

敗北が決定的になっても戦争をやめなかった日本

サイパン陥落と本土空襲

1944年（昭和19）7月、アメリカ軍の猛攻によってマリアナ諸島サイパン島が陥落した。アメリカ軍は占領後、すぐさま飛行場を整備して、大型爆撃機B29を次々と日本に向けて飛び立たせるようになる。**以後日本では本土空襲が激化する。サイパンの占領によって、本土がB29の爆撃可能範囲内に入ったからだ。**

この時点で、日本の勝機はついえたといってよかった。だが日本はその後も戦争を継続。1945年3月には東京大空襲によって約10万人が犠牲となり、4月からの沖縄戦は住民も巻き込んでの戦いとなり、軍民合わせて約18万人が亡くなった。

原爆投下で降伏を決意

彼我の国力差がある中でアメリカとの戦争は、国民に多くの犠牲を強いることになった。**戦いは総力戦となり、1943年には徴兵年齢が下は19歳、上は45歳に広げられた。女性は軍需工場などに勤労動員された。農村では労働力不足が深刻となり、農産物の生産量が激減。国民は戦争末期には、その日食べるものにも事欠く状況になっていた。**

そうした中で1945年8月6日、原爆が広島に投下された。9日には長崎にも投下される。ついに日本はポツダム宣言受諾を決意し、8月14日に連合国側に通告する。しかしあまりにも遅い決断だった。

KEYPERSON

「トルーマン」が原爆投下を急いだ理由

1945年8月の時点で、日本の敗北は決定的だった。にも関わらず、アメリカのトルーマン大統領が原爆投下を急いだ背景にはソ連の存在があった。当時既に米ソの対立が顕在化しつつあったため、ソ連が参戦する前に戦争を終わらせ、日本を単独占領するための手段として原爆を用いることにしたのだ。事実トルーマンはアメリカが原爆開発に成功した直後の日記に、「ロシアが参戦する前にジャップは倒れると確信」と綴っている。つまり原爆の犠牲者は、冷戦の最初の犠牲者であるともいえる。

POINT!

勝機がついえてからも戦争を継続したことが、さらなる戦争犠牲者の拡大につながった。

大戦末期の悲劇

1944年後半以降、米軍による本土空襲が激化。日本国民の戦意喪失を狙って焼夷弾での無差別爆撃が行われた。翌年には、３カ月近くの激戦の末、沖縄が占領される。

原爆ドーム

爆心地から北西約160メートルの至近距離にあり、爆風と熱線で大破した広島県産業奨励館（原爆ドーム）。

B29による爆撃可能範囲

1944年11月以降、マリアナ諸島から飛来するB29による本土爆撃が激しさを増した。翌年の硫黄島玉砕以降はP51（支援戦闘機）が随伴して護衛。アメリカの空爆に対抗できる戦力は、日本に残されていなかった。

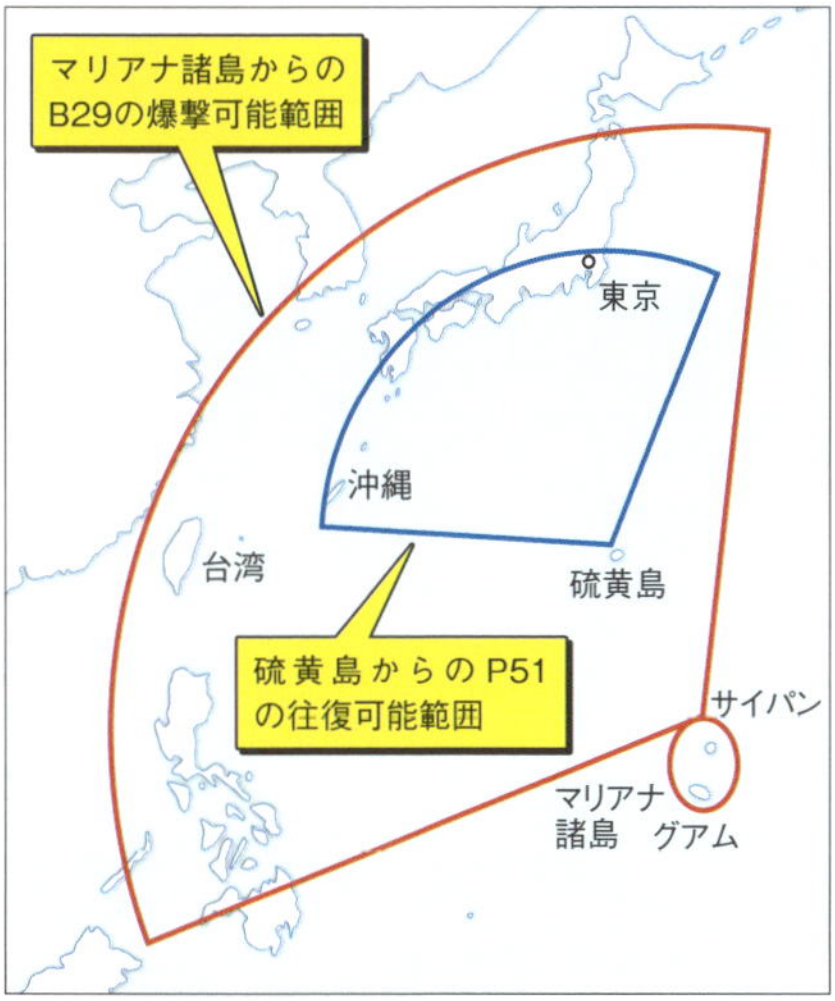

BOOK GUIDE

『火垂るの墓』

自身の戦争体験を題材に

終戦前後の混乱期を、親も財産もすべて失った少年と幼い妹が、必死に生き抜こうとする物語。野坂昭如氏の経験にもとづく半自伝的な作品で、のちに1972年に刊行された文庫版がスタジオジブリによりアニメ化された。

著者／野坂昭如
1972年
新潮社

名古屋城総合事務所

空襲により炎上する名古屋城

名古屋大空襲の際、不運にも、金鯱を避難させるための足場に焼夷弾が引っかかり、内部が炎上した。

共同通信社

沖縄に上陸する米軍

読谷村渡具知（とぐち）海岸に上陸したアメリカ軍。軍艦や揚陸艇がひしめき合っている。

そのときは世界は？

➡**1945年** インドネシア共和国がオランダからの独立を宣言し、独立戦争となる。

◀P240 社会 P228▶
◀P250 文化 P218▶

戦時下のマスコミが担った役割と戦時統制とは

学徒出陣

学徒兵は下級士官になり戦地に送られた。特攻隊員となる者も多かった。写真は1943年10月の壮行会。

無言館

軍事訓練を行う女学生

1938年に撮影された銃を担いで行進する大阪市東区（現中央区）の女学生。

戦没画学生の絵

日中戦争、太平洋戦争で亡くなった画学生の絵を収蔵、展示している無言館にある少女の絵。

POINT!

戦時中、新聞とラジオは急拡大する。マスコミにとって戦争はキラーコンテンツだった。

発行部数を伸ばした新聞

戦時中のマスコミというと、新聞紙法によって日本軍に不利な情報は記事掲載を制限されるなど、国による言論統制、検閲のために報道の自由が奪われた受難の時代と捉えられがちだ。1000紙以上あった新聞が新聞事業令により敗戦時には54紙に統合されている。

だが、じつはこの時期、新聞は発行部数を大きく伸ばしている。朝日新聞、毎日新聞、読売新聞の大手3社の合計発行部数は、昭和初期には400万部程度だったが、敗戦時には800万部を超えている。ラジオも同様で、満州事変勃発以降、受信契約数が飛躍的に伸びた。

国家総力戦となった戦時下の生活

1938年の国家総動員法により、国家のすべての人的・物的資源が戦争遂行のために動員された。

検閲された写真

検閲が入った第二次上海事変での写真。兵器の細部がわかるため、掲載不可のスタンプが押されている。

供出された寺の梵鐘など

戦局悪化により、武器生産に必要な物資を補うため金属類回収令が出された。

広報誌『写真週報』

内閣情報部（のちの情報局）発行の広報誌。使用しない衣料切符は国に献納することが推奨されている。衣料品は切符制による配給だった。

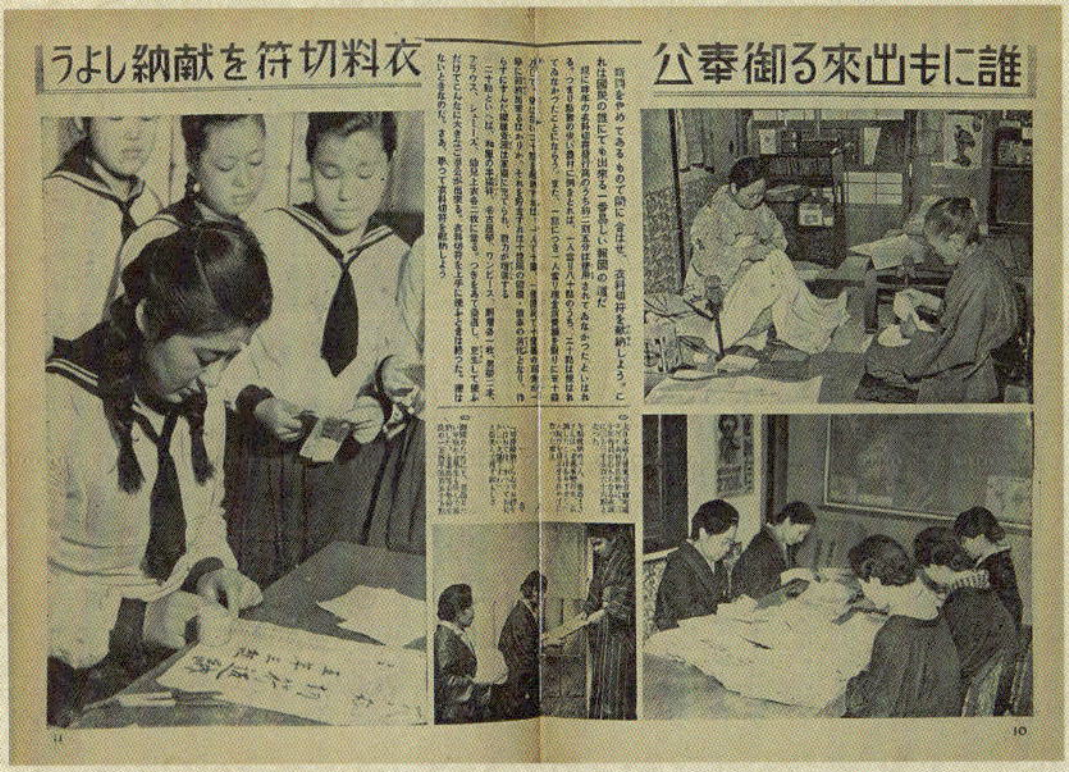

MOVIE GUIDE

『一番美しく』

プロパガンダ映画

巨匠黒澤明が戦時中に、軍需工場で働く女子挺身隊を描いた作品。ロケは実際の軍需工場で行われ、ドキュメンタリータッチで映像化された。表向きには戦意高揚を目的に作られたものだが、全編を通して目標に向かって努力する美しさがテーマとなっている。

監督／黒澤明
出演／志村喬
1944年
東宝

「一番美しく 【東宝DVD名作セレクション】」2,500円＋税
発売・販売元：東宝

戦意高揚作品一色に

戦争中、新聞やラジオが急拡大を遂げたのは、人々が戦争の趨勢《すうせい》に興味を持ち、情報を求めたためである。マスコミもこれに応えるように戦争報道に力を入れ、ラジオは日中戦争が始まると、現地にスタッフを送り戦争実況中継を行った。**マスコミにとって戦争はキラーコンテンツだったのだ。**

文学、映画、音楽、絵画といった分野も、国の統制によって戦意高揚作品一色となった。日中戦争と太平洋戦争は、軍人だけではなく、すべての国民を戦争へと動員しなくては勝てない国家総力戦となった。**映画や音楽は、総力戦を戦う上でプロパガンダの役割を担ったのである。まさに作品から多様性や批判性が失われた時代であった。**

用語解説「新聞紙法」
➡1909年に公布された言論統制法。違反には重い刑罰が課せられた。

大正・昭和初期の首相と主な出来事

恐慌による経済不況に見舞われた大正時代。
ナショナリズムの高揚もあり軍部が台頭。
戦争に向かって突き進んでいった。

（生 生没年 首 在任）

15代 桂《かつら》太《た》郎《ろう》③

長州閥（在任62日）

（生 1847〜1913 首 1912〜13）

政治 ★★
外交 ★
実績 ★

・政党政治の確立を求めた第一次護憲運動が起こる

・桂内閣の退陣を望む民衆が国会議事堂を囲む

・不信任案を受け桂内閣が総辞職する（大正政変）

16代 山本《やまもと》権《ごん》兵《べ》衛《え》①

薩摩閥（在任421日）

（生 1852〜1933 首 1913〜14）

政治 ★★
外交 ★½
実績 ★★

・内閣に対する軍部の影響力を抑える

・政党員にも上級官吏任用への道を開く

・ジーメンス事件（海軍高官の汚職事件）で総辞職

17代 大隈《おおくま》重信《しげのぶ》②

非政党内閣（在任908日）

（生 1838〜1922 首 1914〜16）

政治 ★★★
外交 ★★½
実績 ★★★

・ドイツに宣戦布告し第一次世界大戦に参戦する

・中国に対し二十一カ条の要求を突きつける

・大戦景気が始まり輸出超過となる

18代 寺内《てらうち》正毅《まさたけ》

非政党内閣（在任721日）

（生 1852〜1919 首 1916〜18）

政治 ★★½
外交 ★★½
実績 ★★★

・中国の特殊権益を認める石井・ランシング協定

・ロシア革命に干渉するためシベリアへの出兵を決定

・米騒動が全国へ波及し総辞職する

19代 原《はら》敬《たかし》

立憲政友会（在任1133日）

（生 1856〜1921 首 1918〜21）

政治 ★★
外交 ★★★
実績 ★★★

・ヴェルサイユ条約に調印しドイツの権益を獲得

・発足した国際連盟に原加盟国として加盟

・株価が暴落し戦後恐慌が始まる

20代 高橋《たかはし》是清《これきよ》

立憲政友会（在任212日）

（生 1854〜1936 首 1921〜22）

政治 ★★½
外交 ★★
実績 ★★

・太平洋上の領土に関する四カ国条約に調印

・ワシントン海軍軍縮条約を締結する

・中国の門戸開放、機会均等などの九カ国条約を結ぶ

21代 加《か》藤《とう》友三郎《ともさぶろう》

非政党内閣（在任440日）

（生 1861〜1923 首 1922〜23）

政治 ★
外交 ★★
実績 ★★

・日本初の陸軍の軍縮が行われる

・シベリアからの撤兵が完了する

・九カ国条約の発効で石井・ランシング協定を廃棄

非政党内閣（在任128日）

22代 山本権兵衛②

（首 1923～24）

政治	★
外交	½
実績	½

・関東大震災で東京周辺に戒厳令を発令

・治安維持令を公布し、朝鮮人・社会主義者を弾圧

・皇太子が狙撃される虎ノ門事件が発生

非政党内閣（在任157日）

23代 清浦奎吾《きようらけいご》

（生 1850～1942 首 1924）

政治	½
外交	½
実績	½

・内閣組閣に際し政党から閣僚を入れず

・内閣を解散させるため第二次護憲運動が起こる

・総選挙で護憲三派が圧勝し総辞職となる

護憲三派➡憲政会（在任597日）

24代 加藤高明《かとうたかあき》

（生 1860～1926 首 1924～26）

政治	★★★½
外交	★★★½
実績	★★★½

・日本とソ連との国交を樹立させる

・共産主義革命を懸念し治安維持法を成立する

・普通選挙法により25歳以上の男性が有権者に

憲政会（在任446日）

25代 若槻礼次郎《わかつきれいじろう》①

（生 1866～1949 首 1926～27）

政治	½
外交	½
実績	½

・片岡蔵相の失言から取り付け騒ぎとなる

・金融恐慌が全国に広がる事態となる

・台湾銀行救済緊急勅令案が否決され総辞職

立憲政友会（在任805日）

26代 田中義一《たなかぎいち》

（生 1864～1929 首 1927～29）

政治	★★½
外交	★★½
実績	★★½

・山東省の日本人保護を名目に中国に出兵する

・全国に特別高等警察を設置して共産党員を大量検挙

・張作霖爆殺事件に対し厳重な処罰をせず

立憲民政党（在任652日）

27代 浜口雄幸《はまぐちおさち》

（生 1870～1931 首 1929～31）

政治	★½
外交	★★½
実績	★★

・金輸出解禁が裏目に出て金融恐慌を招く（昭和恐慌）

・ロンドン海軍軍縮条約に調印する

・低生産の企業を淘汰する重要産業統制法発令

立憲民政党（在任244日）

28代 若槻礼次郎②

（首 1931）

政治	★
外交	★½
実績	★½

・満州事件勃発に対し不拡大方針を表明

・桜会によるクーデター未遂が起こる

・関東軍が錦州を爆撃して戦線を拡大する

立憲政友会（在任156日）

29代 犬養毅《いぬかいつよし》

（生 1855～1932 首 1931～32）

政治	★★
外交	★★½
実績	★★

・金本位制を廃止して管理通貨制度を導入

・溥儀《ふぎ》を執政として満州国が建国される

・海軍青年将校によるクーデター五・一五事件で殺害

30代 斎藤《さいとう》実《まこと》

挙国一致内閣（在任774日）

（生 1858～1936 首 1932～34）

政治 ★★
外交 ★★
実績 ★★

- 積極財政を継続して昭和恐慌前の経済水準に戻す
- 満州国が認められず国際連盟を脱退する
- 京都帝国大学で思想弾圧（滝川事件）

31代 岡《おか》田《だ》啓介《けいすけ》

挙国一致内閣（在任611日）

（生 1868～1952 首 1934～36）

政治 ★★
外交 ★★½
実績 ★★

- ワシントン海軍軍縮条約を破棄する
- 国体明徴声明で天皇機関説を否定
- 陸軍青年将校による二・二六事件で総辞職する

32代 広《ひろ》田《た》弘《こう》毅《き》

挙国一致内閣（在任331日）

（生 1878～1948 首 1936～37）

政治 ★★
外交 ★★
実績 ★★

- 軍部大臣現役武官制を復活させる
- 大陸と南方進出を容認した国策の基準を決定
- 共産主義からの防衛目的で日独防共協定に調印

33代 林《はやし》銑《せん》十郎《じゅうろう》

挙国一致内閣（在任123日）

（生 1876～1943 首 1937）

政治 ½
外交 ½
実績 ½

- 宇《う》垣《がき》一成《かずしげ》に大命が下るも陸軍の反発で組閣に失敗
- 結城蔵相が軍部と財界の連携を唱える
- 予算案通過後に総辞職し食い逃げ解散と揶揄

34代 近衛《このえ》文麿《ふみまろ》①

挙国一致内閣（在任581日）

（生 1891～1945 首 1937～39）

政治 ★★
外交 ★★★½
実績 ★★

- 盧溝橋事件が発生し日中戦争へ突入
- ソ連に対抗するため日独伊三国防共協定を結ぶ
- 人的・物的資源を動員できる国家総動員法公布

35代 平沼《ひらぬま》騏《き》一郎《いちろう》

挙国一致内閣（在任238日）

（生 1867～1952 首 1939）

政治 ★★
外交 ★★½
実績 ★★

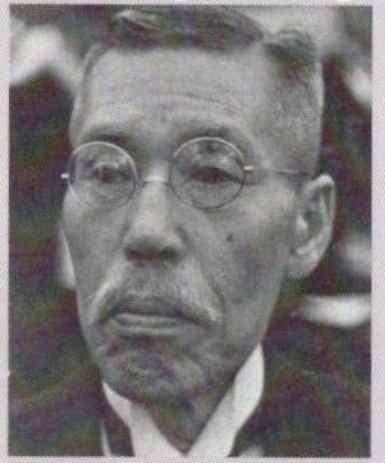

- ソ連と大規模衝突したノモンハン事件発生
- 強制的に人員を徴用できる国民徴用令を公布
- アメリカに日米通商航海条約の廃棄を通告される

36代 阿《あ》部《べ》信行《のぶゆき》

挙国一致内閣（在任140日）

（生 1875～1953 首 1939～40）

政治 ★½
外交 ★½
実績 ★½

- 第二次世界大戦勃発に際し不介入を表明
- 値上げを禁止する価格等統制令を公布する
- 陸軍や政党の支持を失い総辞職する

37代 米《よ》内《ない》光政《みつまさ》

挙国一致内閣（在任189日）

（生 1880～1948 首 1940）

政治 ★½
外交 ★½
実績 ★½

- 近衛文麿による新体制運動を静観する
- 華美な装飾品を規制する七・七禁令を施行
- 畑俊六陸相が単独で辞任したため総辞職となる

38〜39代 近衛文麿②③

挙国一致内閣（在任455日）

（首 1940〜1941）

政治 ★★★
外交 ★½
実績 ★★★

・日独伊三国軍事同盟に調印し日米関係が悪化

・南方への進出のため日ソ中立条約を結ぶ

・挙国一致の戦時体制を目指して大政翼賛会を結成

40代 東条《とうじょう》英機《ひでき》

挙国一致内閣（在任1009日）

（生 1884〜1948 首 1941〜44）

政治 ★½
外交 ★½
実績 ★★★½

・真珠湾攻撃から太平洋戦争に突入

・大東亜会議を開催し大東亜共同宣言を採択

・サイパン島が陥落して本土への爆撃が激化

41代 小磯《こいそ》国昭《くにあき》

挙国一致内閣（在任260日）

（生 1880〜1950 首 1944〜1945）

政治 ★½
外交 ★½
実績 ★½

・連合国首脳がヤルタ会談を開催する

・B29による東京大空襲が行われる

・アメリカ軍の沖縄上陸後に総辞職

42代 鈴木《すずき》貫太郎《かんたろう》

挙国一致内閣（在任133日）

（生 1867〜1948 首 1945）

政治 ★★
外交 ★★
実績 ★★★½

・連合国首脳が日本に無条件降伏を求める

・広島・長崎に原子爆弾が投下される

・ポツダム宣言を受諾し連合国側に通達

43代 東久邇宮《ひがしくにのみや》稔彦《なるひこ》

非政党内閣（在任54日）

（生 1887〜1990 首 1945）

政治 ★★
外交 ★★
実績 ★

・軍部の暴走や国民の動揺を抑えるための皇族内閣

・一億総懺悔を唱えて敗戦処理にあたる

・GHQによる人権指令を拒否して総辞職

44代 幣原《しではら》喜重郎《きじゅうろう》

非政党内閣（在任226日）

（生 1872〜1951 首 1945〜46）

政治 ★★★
外交 ★★★
実績 ★★★½

・衆議院議員選挙法を改正し女性に参政権

・戦後のインフレを防ぐため金融緊急措置令を公布

・公職から特定の人物を排除する公職追放を指令

歴代首相ランキング

在任期間が長い

1	桂太郎	2886日
2	佐藤栄作	2798日
3	伊藤博文	2720日
4	吉田茂	2616日
5	安倍晋三	2349日

（在職中 2018年5月末現在）

在任期間が短い

1	東久邇宮稔彦	54日
2	羽田孜	64日
3	石橋湛山	65日
4	宇野宗佑	69日
5	林銑十郎	123日

就任年齢が低い

1	伊藤博文	44歳
2	近衛文麿	45歳
3	黒田清隆	47歳
4	山県有朋	51歳
5	安倍晋三（第一次）	52歳

就任年齢が高い

1	鈴木貫太郎	77歳
2	犬養毅	76歳
3	清浦奎吾	73歳9カ月
4	斎藤実	73歳5カ月
5	幣原喜重郎	73歳1カ月

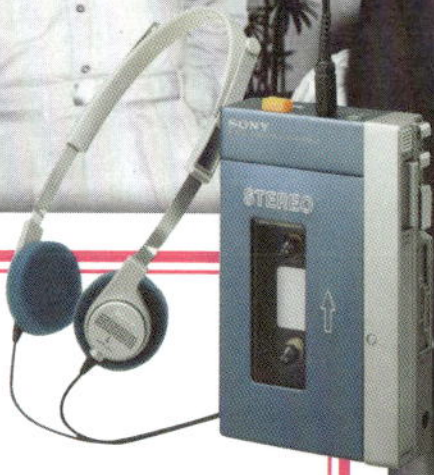

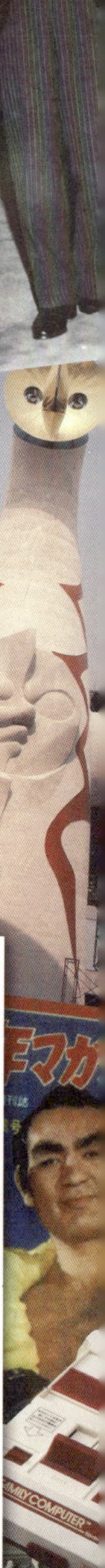

第8章
経済発展を遂げた現在の日本

昭和（戦後）　平成

時代	年代	出来事
昭和	1946	天皇の人間宣言が行われる 東京裁判が開廷される ➡P238
昭和	1947	日本国憲法が施行される ➡P238
昭和	1948	GHQが占領政策を転換 ➡P240
昭和	1950	朝鮮戦争に伴いGHQが命じて警察予備隊が創設される ➡P240
昭和	1951	サンフランシスコ平和条約、日米安全保障条約に調印 ➡P240
昭和	1955頃	洗濯機、白黒テレビ、冷蔵庫が普及 ➡P250
昭和	1955	高度経済成長期が始まる ➡P242
昭和	1956	日ソ共同宣言に調印、日本が国際連合に加盟 ➡P246
昭和	1960	岸内閣が改定安保条約に調印 ➡P246
昭和	1964	東海道新幹線が開通、東京オリンピック開催 ➡P242
昭和	1964	海外への旅行が自由化される ➡P250
昭和	1965	日韓基本条約で韓国と国交が回復 ➡P246
昭和	1965頃	自動車、カラーテレビ、クーラーが普及 ➡P250
昭和	1968	GNPが世界第2位の経済大国となる ➡P242
昭和	1972	沖縄返還協定によりアメリカから沖縄が返還される ➡P248
昭和	1986頃	バブル景気が始まる ➡P252

政治	1955年、保守勢力の結集により自民党が結成され、以後長期にわたり政権を担っている。親米・軽武装・経済立国を基本路線とし、日本を経済大国に導く。だが90年代以降は無党派層の増加などにより、自民党は盤石とは言えなくなっている。
外交	冷戦が激化する国際情勢の中で、日本は親米路線を基本とした外交を展開。韓国や中国との関係を改善し、外交的課題解決に取り組んだ。ただし未解決となった領土や戦後処理の問題も多く、現在にも課題を残している。
社会	戦争で壊滅した日本経済だったが、朝鮮戦争の特需景気を迎え、1955年頃からの高度経済成長期で復興を遂げた。しかし、90年代のバブル景気崩壊以降、日本経済は低迷を続けている。
周縁	戦後にアメリカの施政下に置かれた沖縄には、多くの米軍基地が建設された。1972年に日本への返還が実現したが、米軍基地はほぼ残されたままである。近年でも米軍による事件や事故が社会問題となっている。
文化	50年代から60年代には、家電の普及により、今までとは生活様式が一変する。70年代から80年代の若者が文化の中心となった時代を経て、90年代の通信技術の発達は、社会に大きな変化を与えた。

	1988頃	バブル景気により地価や株価が上昇 ⬇P256
平成	1991	湾岸戦争へ資金協力を行う ⬇P254
	1991頃	バブル景気が崩壊する ⬇P252
	1992	PKO協力法が成立し自衛隊の海外派遣が可能になる ⬇P254
	1993	非自民8党派による連立内閣が成立 ⬇P252
	1993頃	非正規労働者が増加 ⬇P256
	1995	阪神・淡路大震災が発生、地下鉄サリン事件が起こる ⬇P252
	1995頃	インターネットや携帯電話が普及 ⬇P256
	1997	アイヌ文化振興法が成立 ⬇P248
	2001	テロ対策特措法が成立 ⬇P254
	2003	イラク特措法が成立し自衛隊が翌年イラクに派遣される ⬇P254
	2008	SNSを中心とした情報発信が盛んになる ⬇P256
	2009	民主党政権が成立 ⬇P252
	2011	東日本大震災が発生する ⬇P254
	2012	政権に自民党が復帰する ⬇P252
	2015	集団的自衛権の行使を認める安全保障関連法が成立 ⬇P254

宗教　社会　外交　政治
合戦　都市　文化　周縁

◀P240　政治　P228▶

アメリカによって進められた戦後処理と民主化政策

軍隊の解体と東京裁判

戦争に敗れた日本は、連合国の占領下に置かれたが、実質的には直接戦ったアメリカによる単独占領だった。東京にはＧＨＱ（連合国軍最高司令官総司令部）が設置され、政府はＧＨＱから出される指令や勧告のもとで政治を行うことになった。

アメリカの初期の占領政策は、日本が再び国際的な脅威とならないように、非軍事化と民主化を徹底的に推し進めることだった。軍隊は解体され、戦争指導者たちは極東国際軍事裁判（東京裁判）で裁かれた。また政界、財界、官界、言論界の指導者約21万人が職を追われる公職追放もＧＨＱから指令された。

施行された日本国憲法

民主化政策としては、地主から農地を強制買収し、小作人に安く売り渡す農地改革や、財閥と軍部の癒着が軍国主義を招いたとして、財閥解体が行われた。そのほかにも労働組合法や労働基準法などの労働者の権利を守る法律が整備され、教育分野では軍国主義的な教育を改めるとともに、男女共学化や義務教育の6年から9年への延長が実施された。

1947年（昭和22）には、主権在民・平和主義・基本的人権の尊重を原則とする日本国憲法が施行される。こうして日本はアメリカから半強制的な形で、現在まで続く戦後体制の諸制度を整えていった。

KEYPERSON

「昭和天皇」の人間宣言

当初連合国側では、英ソを中心に昭和天皇の戦争責任を問う声が強かった。終戦前にアメリカで実施された世論調査でも、約70％が天皇を死刑や厳罰に処することを支持。だがGHQは、日本人の国民感情を考慮すると天皇の責任は問わないほうが円滑に統治できると判断した。1946年1月1日、昭和天皇は神格を自ら否定した人間宣言（昭和天皇の詔の通称）を行う。戦前の「神聖にして侵すべからざる存在」から「国民の象徴」へと姿を変え、天皇制は維持されることになった。

POINT!

終戦後、日本を占領したアメリカが行ったのは、徹底的な非軍事化と民主化だった。

2000　1950★　1900　1800　1700　1600　1400　1200　1000　500　0　紀元前

MOVIE GUIDE

『東京裁判』

実際の映像で見る東京裁判

東京裁判の模様をアメリカ国防総省が公開したフィルムを編集したドキュメンタリー映画。実際の映像が使われており、戦争責任の有無や、勝者が敗者を裁くことの意味など、東京裁判における問題を提起している。

監督／小林正樹
1983年
東宝東和

GHQによる占領統治

分割占領されたドイツと違い、日本の占領統治は、GHQ の指令・勧告にもとづいて政府が政治を行う間接統治の方法がとられた。

東京裁判

GHQ が日本の戦争犯罪を追及した裁判。指導者個人が戦争犯罪人として裁かれることは例がなかった。

マッカーサー元帥（左）と昭和天皇（右）

1945年9月に昭和天皇はマッカーサー元帥を訪問。この会談によりマッカーサー元帥は天皇制の維持を決定した。

日本国憲法の誕生

GHQ は占領政策のひとつとして日本政府に憲法の改正を指令、主権在民・平和主義・基本的人権の尊重の３原則を記した日本国憲法が公布される。この新憲法の精神にもとづき多くの法律が大幅に改定、あるいは制定された。

GHQ
- 憲法改正を指令
- 内閣憲法草案を拒否
- ↓
- GHQ憲法草案を作成

幣《しで》原《はら》喜《き》重《じゅう》郎《ろう》内閣
- 天皇の統治権を認める憲法草案を作成
- GHQ憲法草案に沿った憲法改正案を発表

1945.10.11　指令（GHQ→幣原喜重郎内閣）
1946.2.8　提出（幣原喜重郎内閣→GHQ）
1946.2.13　提示（GHQ→幣原喜重郎内閣）

1946.4.10
新選挙法による総選挙
➡日本自由党が第1党となる

GHQの意向が大きく反映された憲法改正案だったため、「押しつけ憲法」と呼ばれることもある。

↓

第１次吉田茂内閣
第90回帝国議会で憲法改正案可決

↓

1946.11.3　日本国憲法公布（1947.5.3　施行）

新憲法3原則
❶主権在民　❷平和主義　❸基本的人権の尊重

用語解説「連合国」
➡第二次世界大戦において日本やドイツと戦った国々。アメリカやソ連、イギリスなど26カ国。

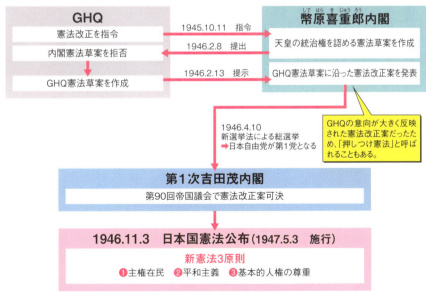

宗教　社会　外交　政治
合戦　都市　文化　周縁

◀P242　政治　P238▶
◀P242　社会　P230▶

なぜ冷戦が始まるとアメリカは日本を西側陣営に取り込んだのか

POINT!

東西冷戦の始まりが、アメリカの日本に対する占領政策を転換し、日本の未来を変えた。

冷戦と占領政策の転換

当初、アメリカの占領政策は、日本の非軍事化と経済力の弱体化を狙いとしたものだった。

しかし、１９４８年（昭和23）頃に方針を転換させる。当時は、米ソの対立が激化して東西冷戦が始まっており、中国では内戦が繰り広げられ、国民党を退けて共産党が優位に立っていた。**そこでアメリカは日本の経済復興を支援し、西側陣営に組み込むことで、共産勢力の防波堤にしようとしたのだ。**

以後アメリカは、賠償の軽減や財閥解体の緩和、公職追放の解除などを進めた。一方で激化が進んでいた労働運動は抑え込まれていった。

単独講和となった平和条約

１９５０年、米ソの代理戦争である北朝鮮と韓国による朝鮮戦争が始まると、日本は米兵や物資を戦線に送り込む兵站《へいたん》基地となった。ＧＨＱは日本に再軍備を命じ、警察予備隊（現自衛隊）が創設された。

１９５１年には、日本は連合国48カ国とサンフランシスコ平和条約を締結。これにより占領は終わり、日本は独立を果たす。ただしソ連や中国とは条約を調印しておらず、西側諸国との単独講和だった。**同時に、米軍が日本に駐留し続けることを認めた日米安全保障条約にも調印。日本は、西側の一員として戦後を歩んでいくことになる。**

KEYPERSON

「吉田茂」が戦後政治に与えた影響

戦後の日本は、日米安保によってアメリカの傘の下に入り、国防費を縮減。その資金を経済政策に充てることで経済発展を遂げた。この親米・軽武装・経済立国路線の土台を築いたのが、戦前に駐英大使を務め、開戦反対派だったことからGHQから信頼を得た吉《よし》田《だ》茂《しげる》（在任時期：1946年5月～1947年5月、1948年10月～1954年12月）である。朝鮮戦争の際には、再軍備を求めたアメリカに対して、警察予備隊の創設は受け入れたが、それ以上の軍備の強化は拒み続けた。吉田は戦後の方向性を決定づけた人物といえる。

占領政策の転換

冷戦の激化をきっかけにアメリカは対日政策を転換し、国力を高めた上で西側陣営に取り込もうと考えた。

対日占領政策

民主化		非軍事化
政治	経済	
・日本国憲法の制定 ・衆議院選挙法改正（女性への参政権付与）	・財閥解体 ・農地改革による地主制度の解体 ・労働組合の公認	・軍隊の解体・軍需産業の停止 ・東京裁判で戦争責任者を処罰 ・治安維持法の廃止 ・天皇による「人間宣言」

↓

アメリカとソ連の冷戦開始

↓

日本の自立化・復興政策

政治	経済	軍事
1945　プレスコード（GHQによる報道統制） 1947　二・一ゼネスト計画中止（GHQがストライキ中止を指示）	1947　独占禁止法の制定	1946　公職追放令（軍国主義者の追放）

占領政策の転換

政治	経済	軍事
1950　公職追放を解除 レッドパージ（日本共産党員を公職追放）	1948　経済安定九原則の実行指令（賃金や物価の安定などを含む経済政策） 1949　ドッジ＝ライン（財政支出の削減や税制改革を含む経済政策）	1950　警察予備隊令公布 1951　旧将校に対する追放令を解除（旧軍人に対して警察予備隊への募集を開始）

戦争に負けて外交で勝った歴史がある。今の日本には、アメリカとの信頼関係を構築し、経済支援を受けることが大事だ！

吉田茂（1878～1967）

戦後、5回にわたって内閣を組織した政治家。サンフランシスコ平和条約や安保条約に調印した。

自衛組織の成立

GHQは朝鮮戦争により在日米軍が手薄になるため、これを埋める存在として、警察予備隊の新設を日本政府に指令。その後警察予備隊は自衛隊になる。

1950.6 朝鮮戦争勃発

- 1950.8 **警察予備隊（定員7万5000人）**
  - 1952.4 サンフランシスコ平和条約・日米安保条約発効 ↓
- 1952.4 **海上警備隊（定員6000人）** ↓

1952.8　保安庁設置
- **保安隊（定員11万人）**
- **警備隊（定員7590人）**

1954.3　日米相互防衛援助協定（MSA協定）発効 ↓

1954.7　防衛庁設置、自衛隊発足
- **自衛隊（陸上13万人・海上1万5000人・航空6000人）**

↓

現在の自衛隊（2017年）
- **自衛隊（陸上15万人・海上4万5000人・航空4万7000人）**

用語解説「GHQ」
➡マッカーサーを総司令とした対日占領政策機関。1952年の講和条約で廃止された。

宗教　社会　外交　政治
合戦　都市　文化　周縁

◀P244　政治　P240▶
◀P250　社会　P240▶

飛躍的な経済成長を日本が遂げられた理由とは

高度経済成長期への突入

朝鮮戦争は、日本が終戦後の経済的苦境から抜け出す絶好の機会となった。アメリカ軍が膨大な軍需物資を日本に発注したからだ。この特需景気によって、日本の実質GNP（国民総生産）や工業生産額は、戦前のレベルにまで回復した。

その後も**政府が企業の経済活動を積極的に支援する政策をとったことで、企業の設備投資が進み、重化学工業分野を中心に輸出額が拡大。**内需も伸長していった。１９５５年（昭和30）頃から、日本は高度経済成長期に突入。１９７３年までの18年間で、日本の経済規模は実質５倍にまで拡大した。

世界第２位の経済大国に

日本が経済成長を実現できたのは、政治情勢が安定し、経済政策に注力できたことが大きい。その上、第一次産業から第二次産業、農村から都市への人口移動が進み、彼らが成長を支える労働力となった。

交通網も整備され、１９６４年には東海道新幹線、翌年には名神高速道路が全通。物資や人々の移動も盛んになった。東京オリンピックも開催し、日本の復興を世界に印象付けた。１９６８年にはGNPがアメリカに次ぐ世界第２位となった。高度経済成長は第一次石油ショックによって終焉するが、日本はそのあとも安定成長を維持した。

KEYWORD

高度経済成長を支えた「金の卵」たち

高度経済成長期には、春先に中学校を卒業したばかりの若者たちを乗せた集団就職列車が、地方から都市部に向けて走った。高校進学率は1955年で50％、1965年で70％にすぎず、中卒で職に就く者も多かった。都市部の中小企業や商店は、慢性的な人手不足に悩んでいた。そこで都市部の商工会や商店街は、職業安定所を通して地方に集団求人を実施し、地方にいる中卒の求職者を求めた。彼らは「金の卵」と呼ばれたが、集団就職は高度経済成長が終わると姿を消した。

POINT!

安定した政治情勢の中で、日本は経済活動に専念。誰もが認める経済大国になった。

2000　1950　1900　1800　1700　1600　1400　1200　1000　500　0　紀元前

成長する日本経済（1950～1989）

戦争により壊滅した日本経済だったが、朝鮮戦争による特需にめぐまれ、高度経済成長期を迎えるとGNPが世界第２位となった。

0　100　200　300　400（兆円／GDP推移額）

吉田	1950	朝鮮戦争（～53年）。特需景気
	1951	サンフランシスコ平和条約・日米安全保障条約に調印
	1952	IMF（国際通貨基金）に加盟
	1953	独占禁止法が改正
	1954	
鳩山	1955	GATT（関税及び貿易に関する一般協定）に加盟　高度経済成長期
	1956	『経済白書』に「もはや戦後ではない」と記述
石橋	1957	
岸	1958	
	1959	最低賃金法が成立
池田	1960	所得倍増計画・高度経済成長政策を発表
	1961	農業基本法が成立
	1962	国交のない日中間で貿易が開始
	1963	
	1964	OECD（経済協力開発機構）に加盟。東海道新幹線が開通。東京オリンピックが開催
佐藤	1965	名神高速道路が全通
	1966	戦後初の赤字国債発行
	1967	資本自由化の実施
	1968	GNPがアメリカに次ぐ世界第２位に
	1969	東名高速道路が全通
	1970	初の国産人工衛星の打ち上げ
	1971	
田中	1972	田中角栄が『日本列島改造論』を発表
	1973	円が変動為替相場制に移行。第一次石油ショック
	1974	経済成長率が戦後初めてマイナスに
三木	1975	山陽新幹線が開通
	1976	
福田	1977	
	1978	新東京国際空港（成田）が開港
大平	1979	第二次石油ショック
	1980	自動車の生産台数がアメリカを抜き、世界第１位になる
鈴木	1981	
	1982	東北新幹線・上越新幹線が開通
中曽根	1983	青函トンネルが貫通
	1984	日米農産物交渉が決着。日銀が新札を発行
	1985	日本電信電話（NTT）・日本たばこ産業（JT）が発足
	1986	
	1987	国鉄の分割民営化によりJR7社が開業
竹下	1988	
	1989	消費税（3%）を導入

GDPの推移額

東海道新幹線

東京・新大阪間を4時間で結ぶ世界初の高速鉄道。東京オリンピック直前に開業した。

第18回東京オリンピック

94カ国が参加。日本は金メダル16・銀5・銅8個を獲得し、日本の復興を世界に示した。

そのとき世界は？

➡**1959年**　バティスタ政権を打倒したフィデル=カストロがキューバ革命を成功させる。

宗教　社会　外交　**政治**
合戦　都市　文化　周縁

◀P246　政治　P242▶

55年体制の中で安定した自民党による長期政権

POINT!

池田首相が「所得倍増」を打ち出した頃から自民党政権は安定。長期政権へとつながった。

55年体制がスタート

1955年（昭和30）、保守勢力結集の掛け声のもと、日本民主党と自由党が合流し、自由民主党が結成された。同年、社会体制の改革を求めた革新政党の日本社会党も、サンフランシスコ平和条約への賛否をめぐって分裂していた左派と右派が、政権奪取を狙って再び統一された。

以降、与党を自民党が、野党第一党を社会党が占め続けるいわゆる「55年体制」が40年近くにわたって続くことになる。**国会での勢力図は、おおむね保守が3分の2、革新が3分の1を占める状態が保たれた。そのため自民党は、安定した政権運営を行うことができた。**

嵐の中の船出だった自民党

自民党政権の滑り出しは、安定していたわけではない。50年代後半は、米軍基地反対闘争などの住民運動や、労働争議が頻発したからだ。1960年には、日米安保改定に対する反対運動が国民的規模で起き、岸信介《きしのぶすけ》首相が退陣に追い込まれた。

岸内閣の後を継いだ池田勇人《いけだはやと》首相は、「所得倍増」を掲げて、高度経済成長を加速させる経済政策を打ち出した。人々の関心は社会的な変革よりも生活の向上に向けられるようになる。**自民党は国民皆保険・皆年金制度を導入するなど、社会福祉政策にも一定の力を注ぎ、国民の支持を盤石なものにしていった。**

KEYPERSON

「田中角栄」と日本列島改造論

1972年に首相に就任した田中角栄《たなかかくえい》。最終学歴が高等小学校卒であり、貧しい出身から天下を取った豊臣秀吉《とよとみひでよし》になぞらえて、「今太閤《いまたいこう》」と呼ばれ、国民から高い支持を得た。その田中が打ち出したのが、日本中を新幹線と高速道路で結び、地方に工業地帯を分散させるという「日本列島改造論」だった。だがこの政策によって地価が暴騰。さらに折から発生した第一次石油ショックも加わって、激しいインフレが起きた。1974年、日本は戦後初のマイナス成長を記録し、日本の高度経済成長は終焉《しゅうえん》した。

戦後の政党変遷

政党の変遷図を見ると、戦後の日本の政治は一時期を除き自民党が担ってきたことがわかる。

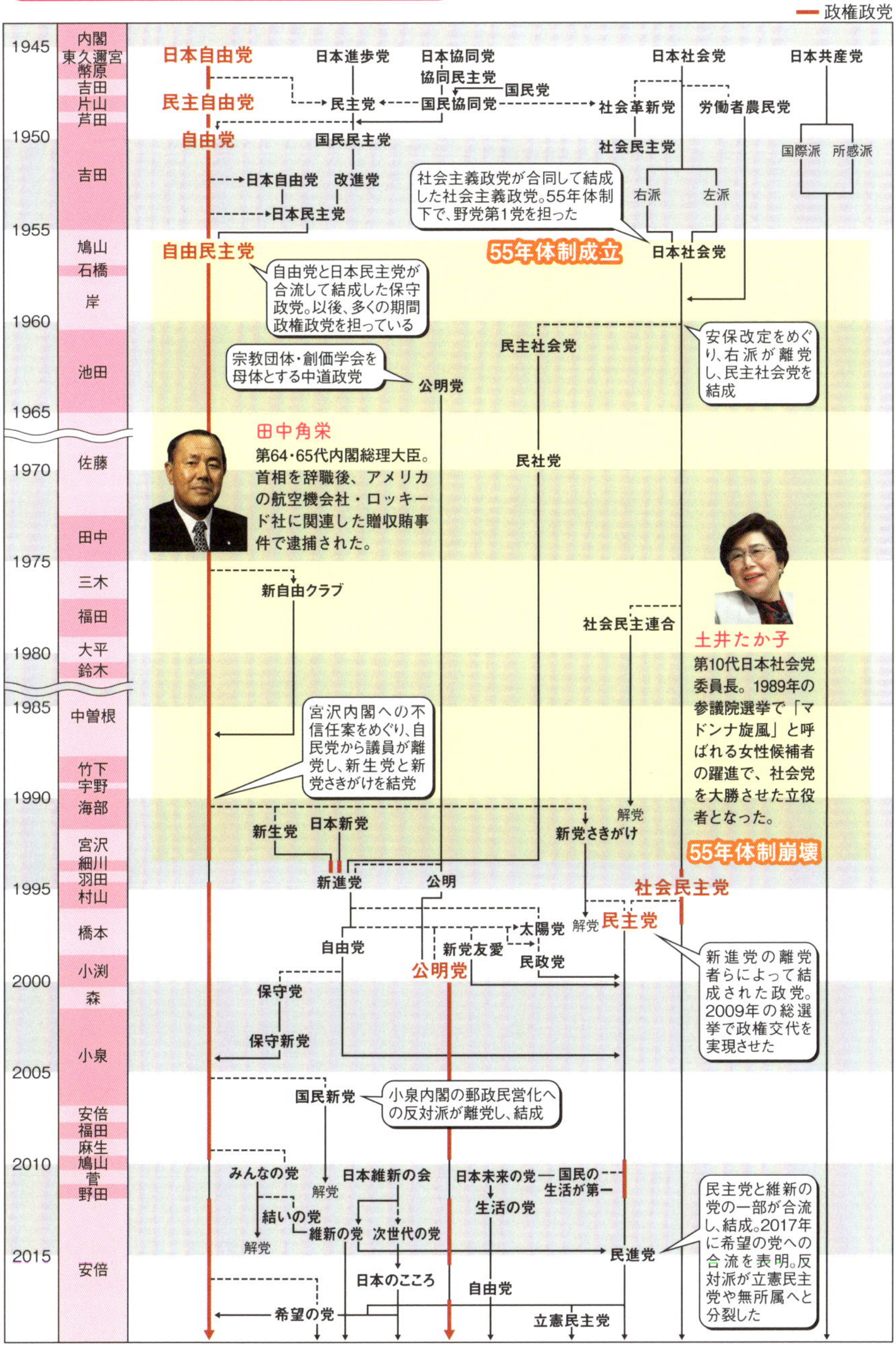

そのときの世界は？

➡**1959年** 中国からの独立を求めチベット反乱が発生。ダライ=ラマ14世がインドへ亡命する。

宗教　社会　外交　政治
合戦　都市　文化　周縁

◀ P248　政治　P244 ▶
◀ P254　外交　P222 ▶

親米路線を維持しながら歩み続けた日本の外交戦略

国連加盟をようやく実現

戦後日本は国際連合への加盟申請をたびたび行っていたが、ソ連が拒否権を発動したため実現できずにいた。そこで政府は1956年（昭和31）、ソ連と国交回復に関する共同宣言に調印する。するとソ連は日本の国連加盟について賛成にまわり、加盟が実現。**日本は真の意味で国際社会への復帰を果たすことになった。**

日本は日米同盟の強化にも取り組んだ。1960年、日米安保の中に相互防衛義務を盛り込み、軍事同盟色の強いものへと改定。日本がアメリカの軍事戦略に組み込まれることを懸念する革新勢力の反対を押し切り、これを成立させた。

日米は経済面ではライバル

日本は、朝鮮戦争やベトナム戦争でアメリカを支援するなど、冷戦構造の中で親米路線を基本とした外交を展開した。そしてアメリカの意向を踏まえ、また承認を得た上で、日韓基本条約の締結による韓国との国交樹立、日中国交正常化で中国との関係改善を果たすなど、外交的課題を順次解決していった。

経済面では、輸出産業の伸長によって、60年代後半以降、大幅な対米貿易黒字を記録し始める。**これにアメリカが反発し、日本に対して市場開放などを求める日米貿易摩擦が発生した。日米は友好国にして、経済的なライバルになった。**

KEYWORD

「ニクソン=ショック」と「変動相場制」

戦後、円とドルの為替レートは1ドル＝360円の固定相場制だった。だが日本や西ドイツ間との貿易赤字などによって、アメリカの国際収支が大幅に悪化。アメリカは国際収支黒字国に対して為替レートの切り上げを要求した（ニクソン=ショック）。そのためいったんは1ドル＝308円に切り上げられたが、これさえ維持は難しく、1973年、ついに変動相場制に移行することになった。為替レートが毎日変動するようになったのも、日本の輸出産業が円高基調に苦しむようになるのも、これ以降のことである。

POINT!

日米安保の改定によって同盟を強化した日本は、親米路線を基本とした外交を展開した。

2000　★1950　1900　1800　1700　1600　1400　1200　1000　500　0　紀元前

戦後の日本と周辺国の関係

第二次世界大戦により、周辺国との関係が悪化した日本。戦後、経済支援などを通じて、関係改善に奔走した。

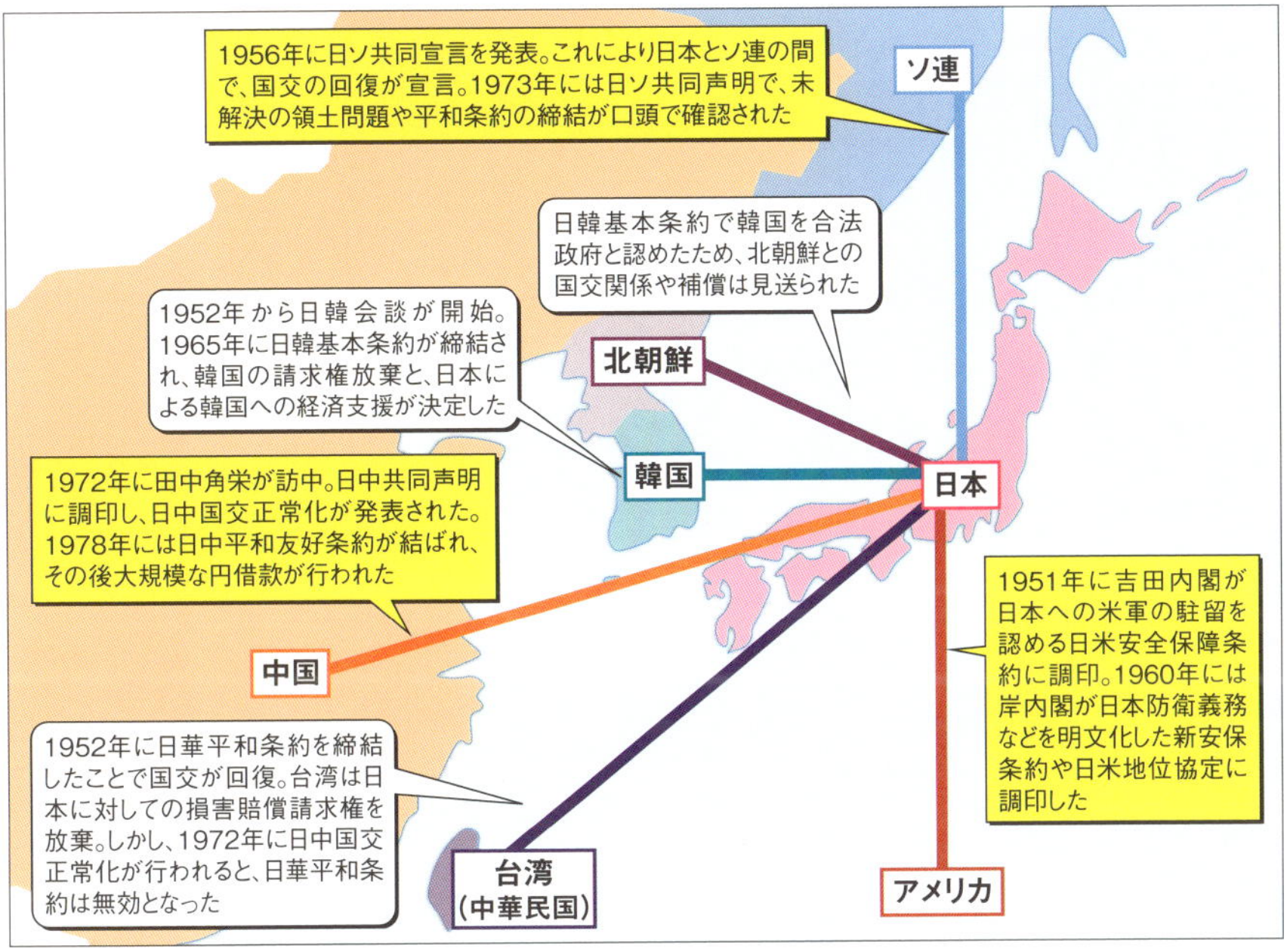
1956年に日ソ共同宣言を発表。これにより日本とソ連の間で、国交の回復が宣言。1973年には日ソ共同声明で、未解決の領土問題や平和条約の締結が口頭で確認された
ソ連
日韓基本条約で韓国を合法政府と認めたため、北朝鮮との国交関係や補償は見送られた
1952年から日韓会談が開始。1965年に日韓基本条約が締結され、韓国の請求権放棄と、日本による韓国への経済支援が決定した
北朝鮮
韓国
日本
1972年に田中角栄が訪中。日中共同声明に調印し、日中国交正常化が発表された。1978年には日中平和友好条約が結ばれ、その後大規模な円借款が行われた
中国
1951年に吉田内閣が日本への米軍の駐留を認める日米安全保障条約に調印。1960年には岸内閣が日本防衛義務などを明文化した新安保条約や日米地位協定に調印した
1952年に日華平和条約を締結したことで国交が回復。台湾は日本に対しての損害賠償請求権を放棄。しかし、1972年に日中国交正常化が行われると、日華平和条約は無効となった
台湾
(中華民国)
アメリカ

MANGA GUIDE

『レッド』

若者が傾倒した学生運動

舞台は、ベトナム戦争や公害問題、石油コンビナートなどの建設に反対する運動が広がりを見せた1960年代後半から70年代前半。普通の若者たちが参加した学生運動を、全盛期から衰退のきっかけとなった山岳ベース事件までリアルに描く。

レッド
山本直樹
1

作者／山本直樹
レッド全8巻
レッド 最後の60日 そしてあさま山荘へ全4巻
2007年～2017年
講談社

学生運動

1960年代末、学生を中心とした新左翼が安保改定やベトナム戦争、大学のあり方に異議を唱える抗議運動を繰り広げた。

共同通信社

東大安田講堂事件

1969年に起きた事件。全学共闘会議（全共闘）や新左翼の学生らが東京大学の安田講堂を占拠。その後、大学から要請を受けた機動隊と学生が衝突し、多くの負傷者を出した。

そのときの世界は？

➡**1961年** 東ドイツが東西ベルリンの境界にベルリンの壁を建設。東西冷戦の象徴となる。

宗教　社会　外交　政治
合戦　都市　文化　周縁

◀P252　政治　P246▶
周縁　P190▶

沖縄返還は先延ばしされ今も基地問題を抱えているのはなぜか

最後まで取り残された沖縄

サンフランシスコ平和条約によって、独立を果たした日本。しかし沖縄に関しては、日本固有の領土であることが国際的に認められていたにもかかわらず、奄美《あまみ》群島（鹿児島県）や小笠原《おがさわら》諸島（東京都）とともに、引き続きアメリカの施政権下に置かれることになった。1953年（昭和28）に奄美群島、1968年には小笠原諸島が返還されるが、沖縄だけは取り残された。

軍事戦略上、アメリカは沖縄を東アジアやインドシナ地域の防衛のための重要な拠点と見なし、米軍基地を集中させていた。これが返還を困難なものにしていた。

返還後も基地は減少せず

1965年から始まった沖縄返還交渉では、アメリカは沖縄を返還する代わりに、日本に対してよりいっそうの防衛分担を要求してきた。それに対し、日本は、沖縄で反戦・反核運動が高まっていることから、沖縄からの核兵器の撤去を求めた。

交渉は成立し、1972年に沖縄は日本に返還された。**しかし返還後も米軍基地はほとんど減少しておらず、面積にして、在日米軍施設の実に約7割を沖縄県が占める状態が今も続いている。**米軍による事故や、米軍兵士による事件もあとを絶たず、沖縄県民は穏やかな生活を取り戻すことができずにいる。

POINT!

1972年に沖縄は日本に返還された。しかし、基地問題解決のめどは立っていない。

KEYWORD

「アイヌ文化振興法」と戦後のアイヌをめぐる問題

沖縄で本土への復帰運動が盛んだった頃、北海道ではアイヌの人々が差別色の強い北海道旧土人保護法《きゅうどじんほごほう》の廃止を求める声を上げ始めていた。しかし政府の動きは鈍く、同法の廃止はこれに代わる1997年（平成9）のアイヌ文化振興法の成立まで待たねばならなかった。しかし、この法律には問題があった。内容がアイヌ文化の振興に偏っており、アイヌが先住民族であることを認める記述がなかったのだ。これは先住権《せんじゅうけん》を認めることで、補償や賠償が発生することを避けるためだった。

政治

現在の在日米軍

日本にある米軍施設78カ所のうち、31カ所が沖縄に集中。その面積は沖縄県の約1割にあたる。

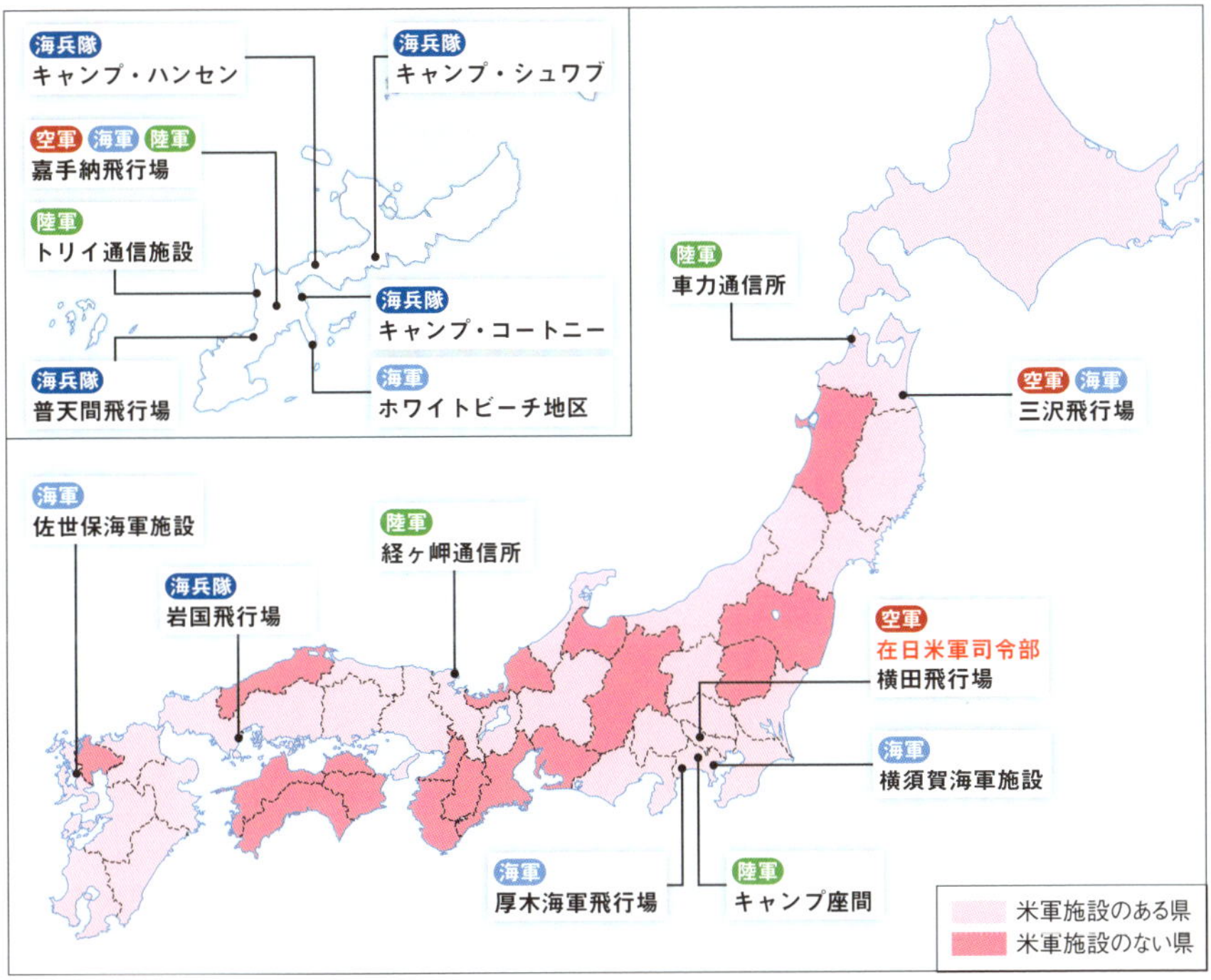

周縁

沖縄と米軍の関係

戦後、アメリカは沖縄への基地建設を進め、土地接収のほか軍用機の墜落事故や米兵による殺傷事件など多くの問題を沖縄に引き起こしてきた。

1945	**米軍が沖縄を占領し、軍政を敷く**
1956	アメリカ軍用地接収に対して島ぐるみ土地闘争を開始
1971	沖縄返還協定に調印
1972	**沖縄が日本に復帰**
1982	駐留軍用地特措法が適用され、土地の強制使用が始まる
1995	米兵による少女暴行事件
1996	普天間飛行場全面返還で日米合意
1999	沖縄県が普天間の移設先に名護市の辺野古を表明
2010	民主党政権が普天間基地の県外移設を断念し、辺野古への移設で決着
2015	普天間基地の辺野古移設をめぐり、沖縄県と国による法廷論争が発生

在日米軍施設・区域の都道府県割合

2016年にアメリカから北部訓練場が返還され、国内の米軍施設に占める沖縄県の割合は若干減少した。とはいえいまだに7割を超えている。

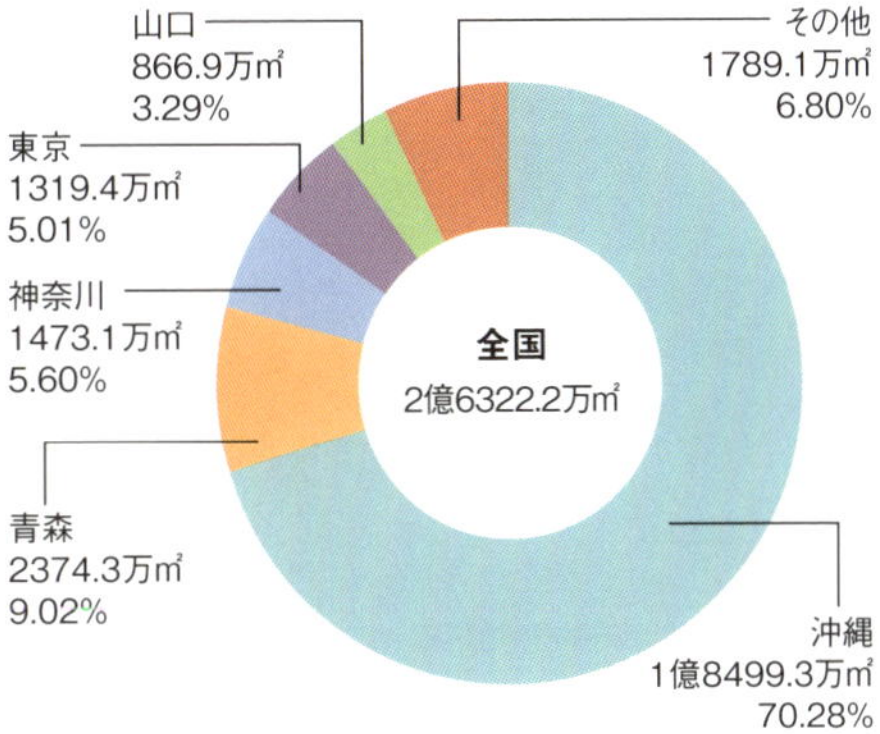

防衛省・自衛隊H・P「在日米軍に関する諸施策」より

そのとき世界は？

➡**1971年** 中華人民共和国が国連の中国代表権を認められ、中華民国が追放される。

◀ P252 社会 P242 ▶
◀ P256 文化 P230 ▶

大量生産・消費時代の到来と飛躍的に向上した人々の生活

1950年代（昭和25～34年）高度経済成長

街頭テレビ

街頭テレビに人が集まり、野球やプロレスなどの番組を楽しんだ。当時のテレビはサラリーマンの平均月収の10倍の価格だった。

家電ブーム

電気ごたつ、ラジオ、トースターなど、家電製品が普及。「三種の神器」は憧れだった。

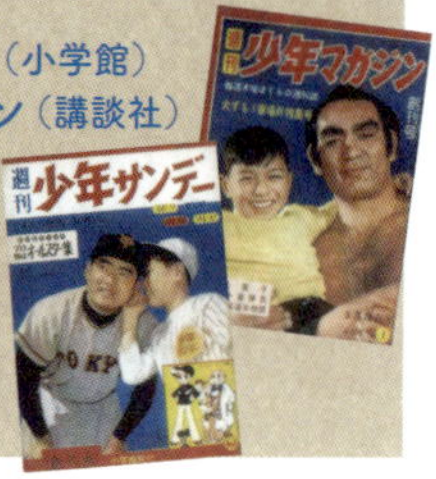

少年サンデー（小学館）と少年マガジン（講談社）

1959年に同時に創刊され、マガジンの表紙は朝潮関、サンデーは長嶋茂雄が飾った。

1960年代（昭和35～44年）大衆文化の拡大

手塚治虫と鉄腕アトム

SF漫画「鉄腕アトム」は1963年に日本初のテレビアニメシリーズとしてアニメ化された。

トヨタ

カローラ

1966年から製造している乗用車のブランド。戦後日本の交通手段の主役が車となるモータリゼーションを牽引した。

©TOMY

リカちゃん

1967年に発売された着せ替え人形。女の子を中心に50年たった現代でも高い人気がある。

日本人の生活が一変

高度経済成長は、日本人のライフスタイルを一変させることになった。**個人所得の増加によって、映画やテレビドラマで知ったアメリカの豊かな生活に憧れていた人たちが、積極的に消費を行い、大量生産・大量消費時代に突入したからだ。**

1950年代後半から60年代前半にかけては、電気洗濯機、白黒テレビ、電気冷蔵庫が「三種の神器《じんぎ》」と呼ばれ、人々はこぞってこれを買い求めた。60年代後半からは、「新三種の神器」として自動車、カラーテレビ、クーラーが急速に普及した。テレビで流れるCMも、人々の消費意欲を刺激した。

POINT!

個人所得の増加によって、人々は憧れていた豊かな生活を手にすることが可能になった。

1990年代
（平成2～11年）
平成不況の始まり

Jリーグ開幕
1993年に日本初のプロサッカーリーグが開幕。初年度の優勝はヴェルディ川崎（現在は東京ヴェルディ）。

たまごっち
1996年に発売された携帯型育成ゲーム。社会現象になるほどの人気を誇った。

©BANDAI,WiZ

インターネットの普及
90年代にインターネットが普及。パソコンを使った通信販売などが一般的になった。

1980年代
（昭和55～平成元年）
バブル景気の狂乱

東京ディズニーランドの開業
1983年に開園。アメリカ国外で初めて造られた。

ショルダーフォン
肩から下げて持ち運ぶ車外兼用型自動車電話。連続通話時間は約40分。

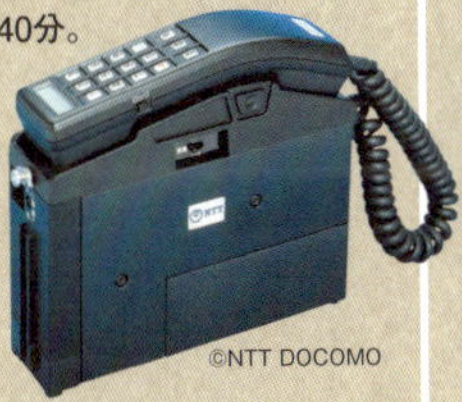

©NTT DOCOMO

ファミリーコンピュータ
家庭用テレビゲーム機。ドラゴンクエストは約150万本もの売り上げを記録。

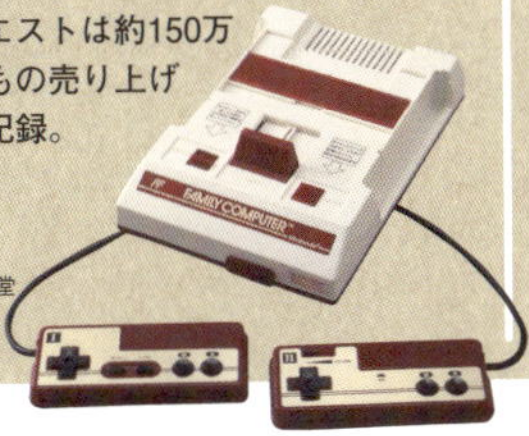

任天堂

1970年代
（昭和45～54年）
一億総中流社会

日本万国博覧会
経済大国となった日本を象徴するイベントとして1970年に大阪で開催。

マクドナルド第1号店
1971年に東京の銀座で開店。都市部を中心に店舗数を拡大していった。

ソニー ステレオカセットプレーヤー ウォークマン®『TPS-L2』
音楽を街中で楽しめるポータブルオーディオプレーヤー。爆発的にヒットした。

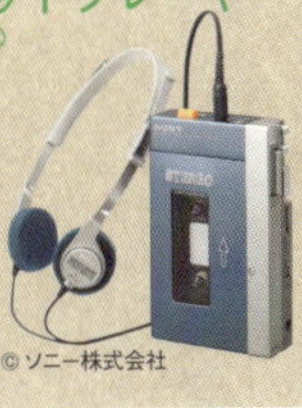
©ソニー株式会社

若者たちが文化の担い手に

個人所得の増大はレジャー産業の発展ももたらした。人々は購入したばかりの自家用車を運転して、家族旅行や行楽に出かけた。1964年（昭和39）に自由化された海外旅行は、当初は庶民には別世界のものだったが、旅行会社がパッケージツアーの商品を開発すると、次第に一般的なものとなり、海外渡航者は1973年には220万人に達した。

この時代は若者たちが、消費やカルチャーの主役に躍り出た時期でもあった。 若者たちはミニスカートやジーンズをはき、『平凡パンチ』や『an・an』といった若者向けの雑誌で情報収集をし、フォークソングやロックを好んで聴いた。

こうして人々は、「昭和元禄」と呼ばれた時代を謳歌した。

そのとき世界は？
➡**1966年** 毛沢東らが共産党内の資本主義を批判する名目で文化大革命を起こす。

宗教 社会 外交 政治
合戦 都市 文化 周縁

◀P254 政治 P248▶
◀P256 社会 P250▶

バブル崩壊後の平成不況と混迷から抜け出せない国内政治

バブルが一転して不況に

高度経済成長が終わり、日本は1970年代半ば以降に安定成長期へ入った。80年代後半、政府が大幅な金融緩和を行ったことで市場に出回った金が株式や不動産に投資され、バブル景気が発生する。ところが金融引き締めによってバブルが弾け飛ぶと、90年代以降は長期にわたる不況に陥った。**金融機関は貸付金を回収できなくなり、不良債権問題が発生。設備投資費や個人消費も大幅に落ち込んだ。**2000年代に入ると、景気は緩やかな回復を見せたが、2008年（平成20）に起きたリーマン＝ショックで日本の景気は吹き飛んだ。

生まれては消えてゆく新党

90年代以降は、国内政治も混迷期を迎えた。1993年には衆議院選挙で過半数割れを起こした自民党に代わり、非自民8党派による連立内閣が誕生し、40年近く続いた55年体制は終焉《しゅうえん》を迎えた。

その後も政局は安定せず、様々な新党が生まれては消えていった。2009年には民主党政権が誕生したが、沖縄基地問題をめぐる迷走などによって支持を失い、再び自民党が政権を担うことになった。

無党派層の増加により、政党はかつてとは異なり、安定した支持基盤を持ちづらくなっている。これが政局の安定しない一要因と考えられる。

KEYWORD

戦後50年の節目の年、「1995年」に起きたこと

1995年は日本にとって、戦後50年となる節目の年だった。ところが1月には死者6000人を超える阪神・淡路大震災に襲われ、3月にはオウム真理教による地下鉄サリン事件が起きた。阪神・淡路大震災は日本の危機管理の脆弱さを露わにし、地下鉄サリン事件は実行犯の多くが高学歴の若者であったことが日本中に強い衝撃をもたらした。また雇用者平均賃金などの多くの経済指標は、1995年代前後を境にして下がり始めた。戦後50年の節目の年は、日本が築いてきた自らの土台が揺らぐ1年となった。

POINT!

バブル景気が崩壊した頃から、日本は政治も経済も混迷期を迎え、今も抜け出せていない。

90年代以降の経済動向

バブル崩壊により経済成長がストップし不況に突入。現在にいたるまで経済の停滞が続いている。

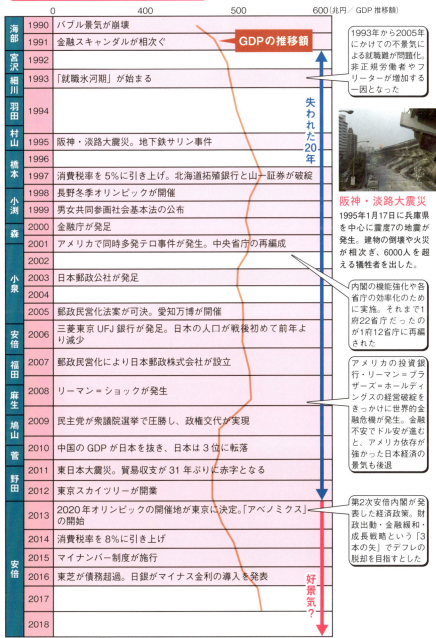

0　400　500　600（兆円／GDP推移額）

GDPの推移額

首相	年	出来事
海部	1990	バブル景気が崩壊
海部	1991	金融スキャンダルが相次ぐ
宮沢	1992	
細川	1993	「就職氷河期」が始まる
羽田・村山	1994	
村山	1995	阪神・淡路大震災。地下鉄サリン事件
橋本	1996	
橋本	1997	消費税率を5%に引き上げ。北海道拓殖銀行と山一証券が破綻
小渕	1998	長野冬季オリンピックが開催
小渕	1999	男女共同参画社会基本法の公布
森	2000	金融庁が発足
森・小泉	2001	アメリカで同時多発テロ事件が発生。中央省庁の再編成
小泉	2002	
小泉	2003	日本郵政公社が発足
小泉	2004	
小泉	2005	郵政民営化法案が可決。愛知万博が開催
安倍	2006	三菱東京UFJ銀行が発足。日本の人口が戦後初めて前年より減少
福田	2007	郵政民営化により日本郵政株式会社が設立
麻生	2008	リーマン＝ショックが発生
鳩山	2009	民主党が衆議院選挙で圧勝し、政権交代が実現
菅	2010	中国のGDPが日本を抜き、日本は3位に転落
野田	2011	東日本大震災。貿易収支が31年ぶりに赤字となる
野田	2012	東京スカイツリーが開業
安倍	2013	2020年オリンピックの開催地が東京に決定。「アベノミクス」の開始
安倍	2014	消費税率を8%に引き上げ
安倍	2015	マイナンバー制度が施行
安倍	2016	東芝が債務超過。日銀がマイナス金利の導入を発表
安倍	2017	
安倍	2018	

失われた20年（1992〜2012）

好景気？（2013〜）

1993年から2005年にかけての不景気による就職難が問題化。非正規労働者やフリーターが増加する一因となった

阪神・淡路大震災

1995年1月17日に兵庫県を中心に震度7の地震が発生。建物の倒壊や火災が相次ぎ、6000人を超える犠牲者を出した。

内閣の機能強化や各省庁の効率化のために実施。それまで1府22省庁だったのが1府12省庁に再編された

アメリカの投資銀行・リーマン＝ブラザーズ＝ホールディングスの経営破綻をきっかけに世界的金融危機が発生。金融不安でドル安が進むと、アメリカ依存が強かった日本経済の景気も後退

第2次安倍内閣が発表した経済政策。財政出動・金融緩和・成長戦略という「3本の矢」でデフレの脱却を目指すとした

そのとき世界は？

➡**1990年** 前年のベルリンの壁崩壊をうけ、東西ドイツが統一されてドイツ連邦共和国が成立。

平成

宗教 社会 外交 政治 合戦 都市 文化 周縁

政治 P252 ▶
外交 P246 ▶

広がる自衛隊の海外活動と安全保障政策の変化

POINT!

湾岸戦争で苦い思いをしたことが、その後の自衛隊の海外活動の活発化につながった。

評価されなかった資金協力

１９８９年（平成元）、長らく続いた米ソ冷戦が終結した。２年後、クウェートに侵攻したイラクに対して、米軍を主力とする多国籍軍が武力攻撃を開始し、湾岸戦争が勃発する。**日本も多国籍軍への協力を求められたが、憲法9条の制約により、自衛隊の海外派遣は困難だったため、１３０億ドルの資金協力を実施した。ところが資金協力だけでは、国際的には評価は得られなかった。**そのため国内では、「国際貢献のために金だけでなく、人も出すべきではないか」という声が高まり、ＰＫＯ（国連平和維持活動）協力法が成立。自衛隊の海外派遣が可能になった。

安全保障関連法が成立

２００１年にアメリカ同時多発テロが発生し、米軍が対テロ軍事行動を開始すると、自衛隊が米軍の活動を後方支援するテロ対策特別措置法が時限立法で成立。イラク戦争後には、イラク復興のために同地に自衛隊を派遣するイラク特措法も時限立法で成立した。そして、２０１５年には集団的自衛権の行使を認めた安全保障関連法が成立した。

90年代以降、日本は国際情勢の変化に合わせるように、自衛隊の活動範囲を広げていった。**かつて日本の安全保障政策は、国土の防衛のみを想定していたが、この四半世紀の間に大きく変質した。**

KEYWORD

「東日本大震災」と「原発事故」

2011年３月11日、宮城県牡鹿半島沖130キロを震源地とするマグニチュード9.0の東日本大震災が発生。その直後に東日本の太平洋沿岸を襲った津波によって、死者・行方不明者は約１万8000人に上った。福島第一原子力発電所では、地震と津波によってメルトダウン（炉心溶融）が起き、周辺住民は避難を余儀なくされた。今も福島第一原発の周辺地域は、帰還困難区域に指定されている。津波の被害が甚大だった東北沿岸部の市町村も、いまだ復興の過程にある。

自衛隊の海外派遣をめぐる法案

かつての憲法解釈では自衛隊の海外派遣はできないと考えられていた。日本政府は国際社会の要求に応えるために、法案によって自衛隊の制限を取り払ってきた。

年	総理大臣	法律名	内容
1992	宮沢喜一	PKO 協力法	PKO や人道的な国際救助活動に協力するために制定された国内法。自衛隊を海外派遣するための根拠となる法律
1999	小渕恵三	周辺事態法	日本の周辺地域で平和や安全が脅かされる武力紛争などが発生したとき、日本が実施する措置や手続き、その他必要な事項を定めた法。自衛隊は戦闘地域以外なら活動できるようになった
2001	小泉純一郎	テロ対策特別措置法	2001 年に発生したアメリカ同時多発テロに対応し、テロの防止を目的とした法律。アメリカが行う対テロ軍事活動に後方支援などで協力することを定めた
2003		イラク復興支援特別措置法	イラク戦争で荒廃した同国の再建を支援するため、自衛隊を派遣し、復興支援を行うことを決定した法律
2008	福田康夫	新テロ対策特別措置法	テロリストによる武器輸送を阻止し、諸外国の軍隊がインド洋を航海する船舶に対して行う措置を支援するために、海上自衛隊を派遣する法律
2009	麻生太郎	海賊処罰対処法	海上自衛隊をソマリア沖に派遣するための根拠法として制定。日本以外の船舶の護衛も任務に含まれ、武器を使用するための用件も緩和された
2015	安倍晋三	安全保障関連法	憲法解釈を変更して集団的自衛権の行使や米軍などの外国軍への後方支援の内容などを拡大。そのほかにも武装集団に襲われた国連の職員や他国の兵士を助ける、駆けつけ警護など武器使用の用件も緩和された

日本が抱える対外リスク

核開発を続ける北朝鮮や領土的野心を隠さない中国など、日本の対外リスクは近年大きく高まっている。

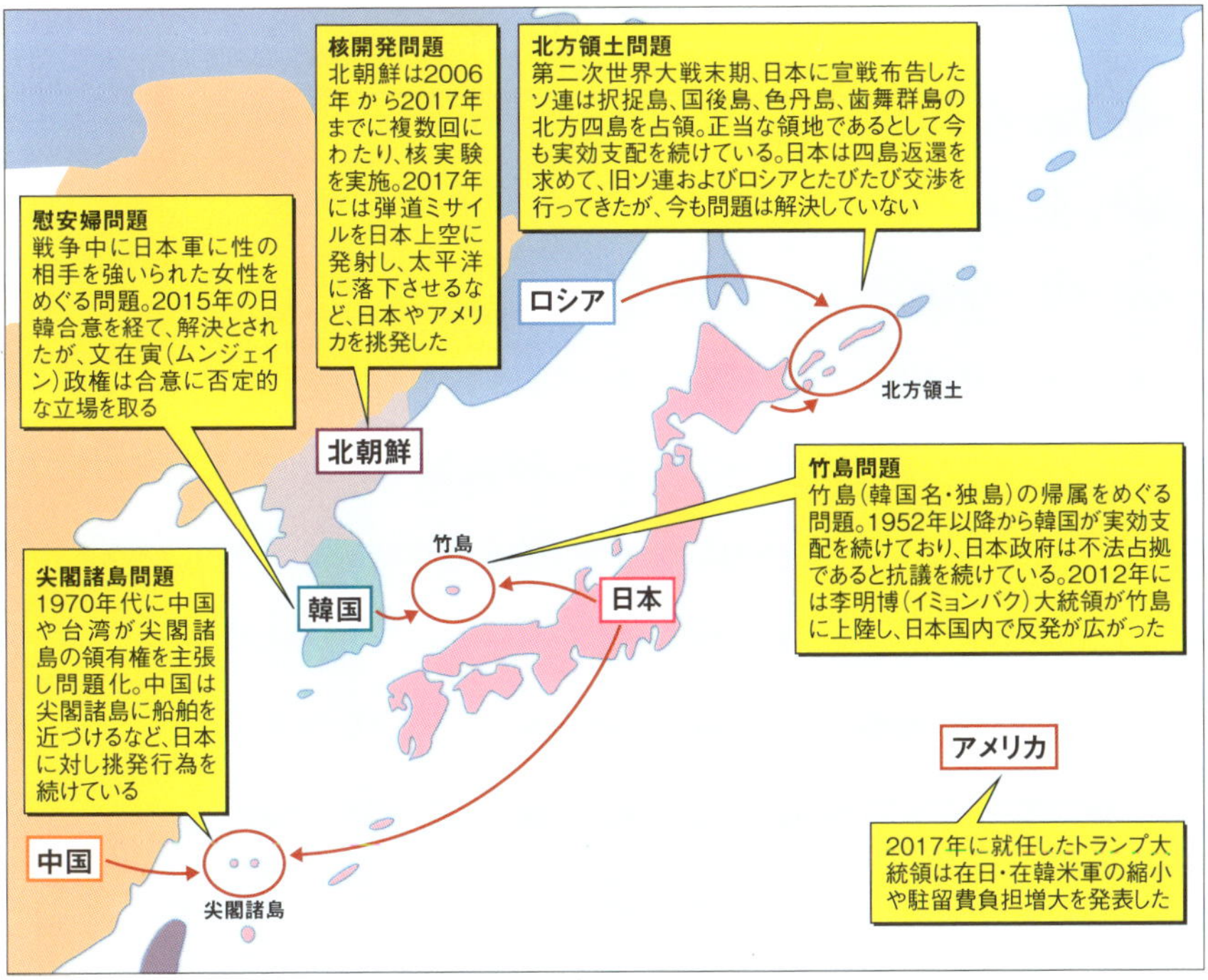
核開発問題
北朝鮮は2006年から2017年までに複数回にわたり、核実験を実施。2017年には弾道ミサイルを日本上空に発射し、太平洋に落下させるなど、日本やアメリカを挑発した
北方領土問題
第二次世界大戦末期、日本に宣戦布告したソ連は択捉島、国後島、色丹島、歯舞群島の北方四島を占領。正当な領地であるとして今も実効支配を続けている。日本は四島返還を求めて、旧ソ連およびロシアとたびたび交渉を行ってきたが、今も問題は解決していない
慰安婦問題
戦争中に日本軍に性の相手を強いられた女性をめぐる問題。2015年の日韓合意を経て、解決とされたが、文在寅(ムンジェイン)政権は合意に否定的な立場を取る
ロシア
北方領土
北朝鮮
竹島問題
竹島(韓国名・独島)の帰属をめぐる問題。1952年以降から韓国が実効支配を続けており、日本政府は不法占拠であると抗議を続けている。2012年には李明博(イミョンバク)大統領が竹島に上陸し、日本国内で反発が広がった
竹島
韓国
日本
尖閣諸島問題
1970年代に中国や台湾が尖閣諸島の領有権を主張し問題化。中国は尖閣諸島に船舶を近づけるなど、日本に対し挑発行為を続けている
アメリカ
2017年に就任したトランプ大統領は在日・在韓米軍の縮小や駐留費負担増大を発表した
中国
尖閣諸島

用語解説「集団的自衛権」
➡自国と同盟関係にある国が攻撃された際に、自国への攻撃として反撃する権利。

平成

宗教　社会　外交　政治
合戦　都市　文化　周縁

社会　P250▶
文化　P250▶

バブル景気が崩壊したあと私たちの生活はどう変わったか

流行語となった「価格破壊」

1980年代後半に到来したバブル景気は、人々の生活を一変させた。夜の繁華街は多くの人で賑わい、週末になるとタクシーをつかまえられなかった。株価や地価はうなぎのぼりで、株式投資や不動産投資に手を出す人も多かった。好景気によって就職活動は、史上空前の売り手市場となった。

だがバブル景気が崩壊すると、時代の空気感は大きく変わる。1994年（平成6）には「価格破壊」という言葉が流行語になり、格安商品が注目を集める。**この頃から日本は、出口の見えないデフレ時代に突入した。**

POINT!

長引く不況は、経済格差などを発生させた。人々の暮らしは閉塞感に覆われている。

携帯・スマホ

フィーチャーフォン

2000年代に普及していた携帯電話。カメラやテレビ機能を付けるなど世界の携帯事情とかけ離れた独自の進化を遂げた日本製の携帯電話はガラパゴス携帯と呼ばれた。

©NTT DOCOMO

スマートフォン

2010年代から増加した独自のOSを搭載した新しいタイプの携帯電話。音声認識や高速通信の機能が付いているなど、劇的に進化を遂げた。

©NTT DOCOMO

インターネット社会

インターネットを学ぶ小学生

2000年に撮影された写真。インターネットの普及により、学校教育にも取り入れられた。

LINE

インターネット電話やチャットなどの機能を有するコミュニケーションアプリ。手軽に利用できることから若年層を中心に利用者が増している。

オタク文化

AKB48

「会いに行けるアイドル」をコンセプトにしているアイドルグループ。握手会などを頻繁に開催し、ファンが身近な存在に感じ取ることができることで人気を得た。

ジャパン・エキスポ

フランスを中心に行われている日本文化の総合イベント。日本のアニメや漫画などの大衆文化から茶道や書道など伝統文化が世界に紹介される。

羽生結弦《はにゅうゆづる》

1994年生まれ。2014年ソチオリンピック・2018年平昌オリンピックのフィギュアスケートの金メダリスト。

キャラクター文化

ぐんまちゃん

群馬県のPRマスコットキャラクター。2014年に「ご当地キャラグランプリ」で優勝。各自治体では様々なゆるキャラが作られ、地域の活性化に貢献している。

初音ミク

歌声合成エンジン「VOCALOID」を使ったソフトウェアーのキャラクター。このソフトでは歌詞とメロディを入力すると楽曲を作成でき、インターネット上でその楽曲が共有されている。

スポーツ

吉田沙保里《よしださおり》

1982年生まれ。女子レスリングの世界大会を16連覇し、オリンピック4大会でメダルを獲得している。

携帯電話やSNSが普及

平成不況が長引くにつれて、企業は人件費削減のために、正社員の採用を抑えるようになる。非正規労働者が増え、正社員との間での格差問題が生まれた。**日本は豊かな国になったはずだったが、相対的貧困率は先進国の中でも非常に高い水準にあること**が、２０１７年の厚生労働省の調査により明らかになった。

インターネットや携帯電話の普及が、社会に与えたインパクトも大きかった。人々はテレビや雑誌だけでなく、ネットを使って情報収集をするようになった。また２００８年頃からは、若い世代を中心にＳＮＳを用いた情報発信やコミュニケーションも盛んになった。今後もＡＩ（人工知能）の普及が、私たちの生活を変えていくことが予想される。

そのとき世界は？

➡**2016年** 国民投票により、イギリスがEUから離脱することが決定。

昭和・平成の首相と主な出来事

戦後日本は連合国の占領下に置かれ、民主化政策が進められる。高度経済成長により経済大国となるもバブル崩壊後は長い不況に入った。

（生 生没年 首 在任）

45代 吉田茂《よしだしげる》①

日本自由党（在任368日）

（生 1878～1967 首 1946～47）

政治 ★★★½
外交 ★★★½
実績 ★★★★

- 第2次農地改革により全小作地の83％が解放
- 現在につながる日本国憲法が公布される
- 教育基本法、労働基準法、独占禁止法を公布

46代 片山哲《かたやまてつ》

日本社会党など（在任292日）

（生 1887～1978 首 1947～48）

政治 ★★★
外交 ★½
実績 ★★

- 労働省（現厚生労働省）を発足させる
- 財閥解体のため過度経済力集中排除法を公布
- 炭鉱を国家管理とする臨時石炭鉱業管理法を公布

47代 芦田均《あしだひとし》

日本社会党など（在任220日）

（生 1887～1959 首 1948）

政治 ★★★
外交 ★★½
実績 ★★★

- 日本社会党・民主党・国民協同党を与党とする
- 公務員のスト権を剥奪する政令201号を発令
- 汚職事件（昭和電工事件）で閣僚が逮捕される

48～51代 吉田茂②～⑤

民主自由党➡自由党（在任2248日）

（首 1948～54）

政治 ★★★★½
外交 ★★★★★
実績 ★★★★½

- 日本経済の自立を目的にドッジ＝ラインを実施
- サンフランシスコ平和条約及び日米安保条約を締結
- 保安隊・警備隊を統合して自衛隊を発足させる

52～54代 鳩山一郎《はとやまいちろう》①～③

日本民主党➡自由民主党（在任745日）

（生 1883～1959 首 1954～56）

政治 ★★★
外交 ★★★★
実績 ★★★½

- 自由民主党を結成し55年体制を成立させる
- 日ソ共同宣言を結び国交を正常化させる
- 国際連合に加盟し国際社会に復帰する

55代 石橋湛山《いしばしたんざん》

自由民主党（在任65日）

（生 1884～1973 首 1956～57）

政治 ★
外交 ½
実績 ½

- 組閣が難航し親任式は石橋首相一人で行った
- 「五つの誓い」を発表して国民の支持を得る
- 全国遊説と予算編成の激務で病気となり退任

56～57代 岸信介《きしのぶすけ》①②

自由民主党（在任1241日）

（生 1896～1987 首 1957～60）

政治 ★★½
外交 ★★★½
実績 ★★★

- 教員に対する勤務評定の実施をめぐり日教組と対立
- 日米新安保条約に調印し軍事同盟を強化する
- 日米安保条約の改定を巡り反対運動が激化する

67代
自由民主党（在任714日）
福《ふく》田《だ》赳《たけ》夫《お》
（生 1905～1995 首 1976～78）

政治 ★★★
外交 ★★★
実績 ★★★

- 王貞治を称えるため国民栄誉賞を創設する
- 13年越しの懸案の現成田国際空港を開港させる
- 日中平和友好条約に調印する

68～69代
自由民主党（在任554日）
大《おお》平《ひら》正《まさ》芳《よし》①②
（生 1910～1980 首 1978～80）

政治 ★★½
外交 ★★½
実績 ★★½

- 昭和以降も元号を使用する元号法を公布
- 先進国首脳会議（サミット）を初めて東京で開く
- モスクワオリンピックのボイコットを決定

70代
自由民主党（在任864日）
鈴《すず》木《き》善《ぜん》幸《こう》
（生 1911～2004 首 1980～82）

政治 ★★
外交 ★½
実績 ★★

- 北方領土の日を制定し返還運動を盛り上げる
- 首相として初めて北方領土・沖縄を視察
- 国家公務員の60歳定年制を導入

71～73代
自由民主党（在任1806日）
中《なか》曽《そ》根《ね》康《やす》弘《ひろ》①～③
（生 1918～ 首 1982～87）

政治 ★★★
外交 ★★★
実績 ★★★

- 男女雇用機会均等法を公布する
- 首相以下閣僚が靖国神社に公式参拝
- 国鉄の分割民営化によりJR 7社が開業する

58～60代
自由民主党（在任1575日）
池《いけ》田《だ》勇《はや》人《と》①～③
（生 1899～1965 首 1960～64）

政治 ★★★½
外交 ★★★
実績 ★★★½

- 国民所得倍増計画を決定する
- 農業政策の基本を定めた農業基本法を公布
- 貿易の自由化を行い経済開発協力機構に加盟する

61～63代
自由民主党（在任2798日）
佐《さ》藤《とう》栄《えい》作《さく》①～③
（生 1901～1975 首 1964～72）

政治 ★★★★
外交 ★★★★½
実績 ★★★★

- 日韓基本条約を結び韓国との国交を樹立
- 公害対策基本法を公布、環境庁を設置
- アメリカと沖縄返還協定を結び沖縄が本土復帰

64～65代
自由民主党（在任886日）
田《た》中《なか》角《かく》栄《えい》①②
（生 1918～1993 首 1972～74）

政治 ★★½
外交 ★★★★
実績 ★★★½

- 日本列島改造ブームによりインフレが発生
- 日中共同声明に調印し中国との国交を正常化
- 第一次石油ショックに見舞われ経済成長が終わる

66代
自由民主党（在任747日）
三《み》木《き》武《たけ》夫《お》
（生 1907～1988 首 1974～76）

政治 ★★
外交 ★½
実績 ★½

- 第1回先進国首脳会議（サミット）に参加
- 公職選挙法、政治資金規正法を改正する
- ロッキード事件の全容解明を目指す

79代

日本新党など（在任263日）

細《ほそ》川《かわ》護《もり》熙《ひろ》

（生 1938～ 首 1993～94）

最高支持率 74%
最低支持率 57%

- 自由民主党が初めて野党に（55年体制の終焉）
- コメ市場の部分開放の受け入れを決定する
- 小選挙区比例代表並立制度を導入する

80代

新生党など（在任64日）

羽《は》田《た》孜《つとむ》

（生 1935～2017 首 1994）

最高支持率 47%
最低支持率 47%

- 日本社会党が連立から離脱し少数与党での組閣
- 永野法相が「南京大虐殺はでっち上げ」と発言
- 現憲法下としては最短の短命政権

81代

日本社会党など（在任561日）

村《むら》山《やま》富《とみ》市《いち》

（生 1924～ 首 1994～96）

最高支持率 42%
最低支持率 33%

- 被爆者援護法を公布する
- 阪神・淡路大震災、地下鉄サリン事件が起こる
- 戦後50周年の談話（いわるゆ村山談話）を発表

82～83代

自由民主党など（在任932日）

橋《はし》本《もと》龍《りゅう》太《た》郎《ろう》①②

（生 1937～2006 首 1996～98）

最高支持率 61%
最低支持率 26%

- 日米首脳会談で日米安保共同宣言を発表
- 消費税を3％から5％に引き上げる
- 地球温暖化を防ぐための京都議定書を採択する

74代

自由民主党（在任576日）

竹《たけ》下《した》登《のぼる》

（生 1924～2000 首 1987～89）

最高支持率 48%
最低支持率 7%

- ふるさと創生事業で各市町村に1億円を交付
- 消費税法により一般消費税3％が導入される
- リクルート事件の影響を受け総辞職する

75代

自由民主党（在任69日）

宇《う》野《の》宗《そう》佑《すけ》

（生 1922～1998 首 1989）

最高支持率 28%
最低支持率 28%

- リクルート事件との関係が薄く首相に抜擢
- 就任直後に女性問題が発覚する
- リクルート、消費税、農産物自由化問題で選挙大敗

76～77代

自由民主党（在任818日）

海《かい》部《ふ》俊《とし》樹《き》①②

（生 1931～ 首 1989～91）

最高支持率 56%
最低支持率 35%

- 湾岸戦争支援に合計130億ドルを拠出
- 海上自衛隊をペルシア湾に派遣する
- 地価が下落しバブル経済崩壊が始まる

78代

自由民主党（在任644日）

宮《みや》沢《ざわ》喜《き》一《いち》

（生 1919～2007 首 1991～93）

最高支持率 54%
最低支持率 20%

- 佐川急便事件に関連して金丸信副総理が辞任
- PKO（国連平和維持活動）協力法を公布
- 自衛隊をカンボジアに派遣する

支持率は朝日新聞などを参考に作成
※小数点以下切り捨て

84代 自由民主党など（在任616日）

小渕《おぶち》恵三《けいぞう》

（生1937〜2000 首1998〜2000）

最高支持率 51%
最低支持率 21%

・新ガイドライン関連法を成立させる
・男女共同参画社会基本法を公布
・国旗・国歌法や通信傍受法を成立

85〜86代 自由民主党など（在任387日）

森《もり》喜朗《よしろう》①②

（生1937〜 首2000〜01）

最高支持率 41%
最低支持率 9%

・ミレニアムを記念して二千円札を発行
・中央省庁の再編を行い1府12省庁に
・原潜が水産高校練習船「えひめ丸」に衝突する

87〜89代 自由民主党など（在任1980日）

小泉《こいずみ》純一郎《じゅんいちろう》①〜③

（生1942〜 首2001〜06）

最高支持率 84%
最低支持率 33%

・同時多発テロ事件を背景にテロ対策特措法が成立
・平壌を訪問し日朝平壌宣言を結ぶ
・郵政民営化や規制緩和を進める

90代 自由民主党など（在任366日）

安倍《あべ》晋三《しんぞう》①

（生1954〜 首2006〜07）

最高支持率 63%
最低支持率 26%

・武道の必修化など教育基本法を改正する
・防衛庁を独立した省に格上げする
・憲法改正に向け国民投票法を成立させる

91代 自由民主党など（在任365日）

福田《ふくだ》康夫《やすお》

（生1936〜 首2007〜08）

最高支持率 53%
最低支持率 19%

・補給支援特措法を成立
・北海道洞爺湖サミットを開催
・後期高齢者医療制度促進

92代 自由民主党など（在任358日）

麻生《あそう》太郎《たろう》

（生1940〜 首2008〜09）

最高支持率 48%
最低支持率 14%

・世界金融危機に見舞われる
・海賊対処法を成立させる
・裁判員制度が開始される

93代 民主党など（在任266日）

鳩山《はとやま》由紀夫《ゆきお》

（生1947〜 首2009〜10）

最高支持率 71%
最低支持率 17%

・子ども手当法・高校無償化法
・普天間飛行場移設問題
・政治資金問題などで辞任

94代 民主党など（在任452日）

菅《かん》直人《なおと》

（生1946〜 首2010〜11）

最高支持率 60%
最低支持率 14%

・東日本大震災
・原発事故対応で批判を浴びる
・尖閣諸島付近で中国漁船衝突事件

95代 民主党など（在任482日）

野田《のだ》佳彦《よしひこ》

（生1957〜 首2011〜12）

最高支持率 53%
最低支持率 18%

・消費税関連法案が成立
・尖閣諸島を国有化する
・衆院選に大敗し総辞職

96〜98代 自由民主党など（在任中）

安倍晋三②〜④

（首2012〜）

最高支持率 65%
最低支持率 31%

・消費税を8%に引き上げ
・選挙権年齢を18歳以上にする
・安全保障関連法案成立

天皇系図

数字は『皇統譜』にもとづく代数、赤字は女性を示す
（　）は在位年。践祚・称制を含む

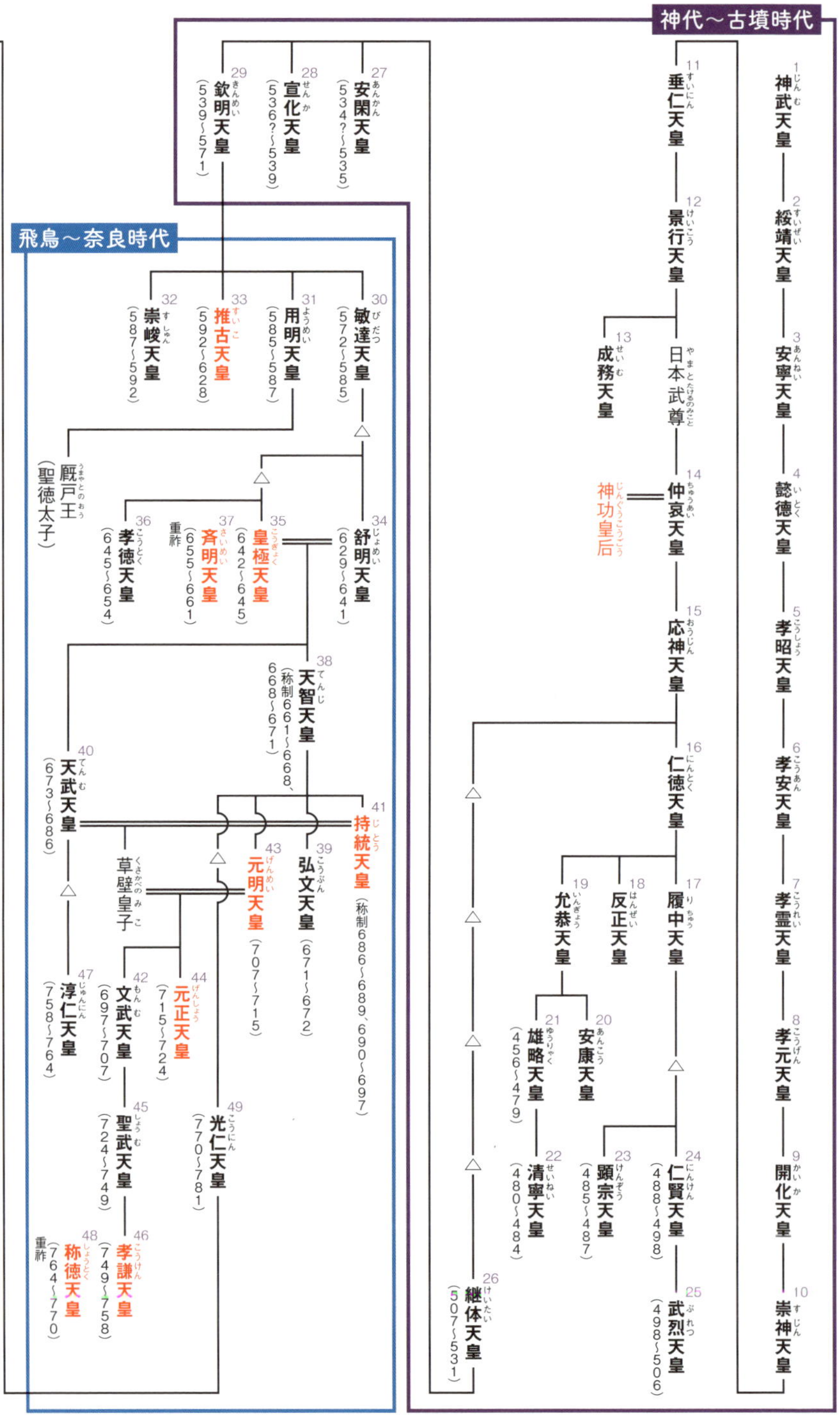

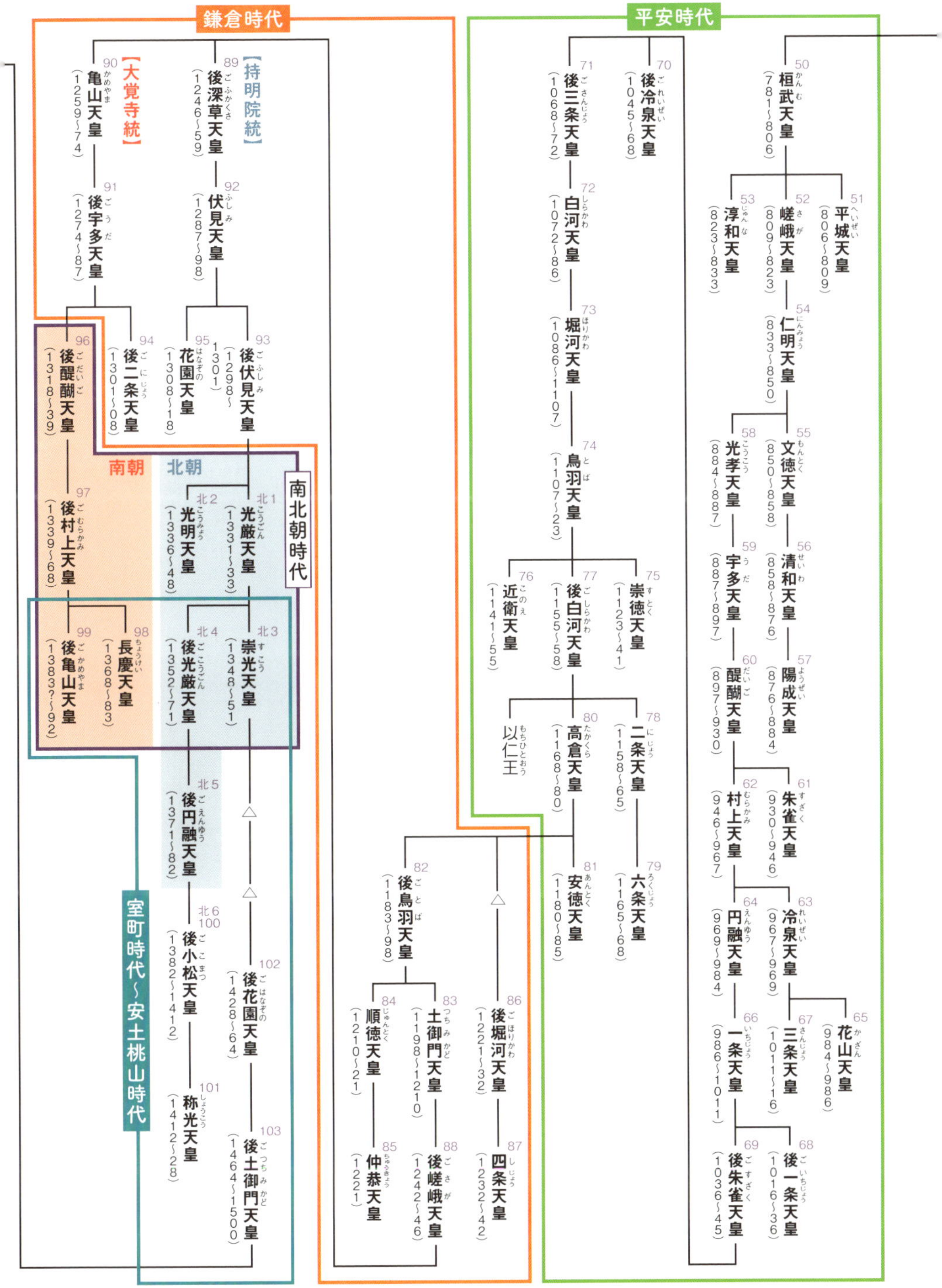
平安時代
50 桓武《かんむ》天皇（781～806）
51 平城《へいぜい》天皇（806～809）
52 嵯峨《さが》天皇（809～823）
53 淳和《じゅんな》天皇（823～833）
54 仁明《にんみょう》天皇（833～850）
55 文徳《もんとく》天皇（850～858）
56 清和《せいわ》天皇（858～876）
57 陽成《ようぜい》天皇（876～884）
58 光孝《こうこう》天皇（884～887）
59 宇多《うだ》天皇（887～897）
60 醍醐《だいご》天皇（897～930）
61 朱雀《すざく》天皇（930～946）
62 村上《むらかみ》天皇（946～967）
63 冷泉《れいぜい》天皇（967～969）
64 円融《えんゆう》天皇（969～984）
65 花山《かざん》天皇（984～986）
66 一条《いちじょう》天皇（986～1011）
67 三条《さんじょう》天皇（1011～16）
68 後一条《ごいちじょう》天皇（1016～36）
69 後朱雀《ごすざく》天皇（1036～45）
70 後冷泉《ごれいぜい》天皇（1045～68）
71 後三条《ごさんじょう》天皇（1068～72）
72 白河《しらかわ》天皇（1072～86）
73 堀河《ほりかわ》天皇（1086～1107）
74 鳥羽《とば》天皇（1107～23）
75 崇徳《すとく》天皇（1123～41）
76 近衛《このえ》天皇（1141～55）
77 後白河《ごしらかわ》天皇（1155～58）
78 二条《にじょう》天皇（1158～65）
79 六条《ろくじょう》天皇（1165～68）
80 高倉《たかくら》天皇（1168～80）
以仁王《もちひとおう》
81 安徳《あんとく》天皇（1180～85）
鎌倉時代
82 後鳥羽《ごとば》天皇（1183～98）
83 土御門《つちみかど》天皇（1198～1210）
84 順徳《じゅんとく》天皇（1210～21）
85 仲恭《ちゅうきょう》天皇（1221）
86 後堀河《ごほりかわ》天皇（1221～32）
87 四条《しじょう》天皇（1232～42）
88 後嵯峨《ごさが》天皇（1242～46）
【持明院統】
89 後深草《ごふかくさ》天皇（1246～59）
【大覚寺統】
90 亀山《かめやま》天皇（1259～74）
91 後宇多《ごうだ》天皇（1274～87）
92 伏見《ふしみ》天皇（1287～98）
93 後伏見《ごふしみ》天皇（1298～1301）
94 後二条《ごにじょう》天皇（1301～08）
95 花園《はなぞの》天皇（1308～18）
96 後醍醐《ごだいご》天皇（1318～39）
南北朝時代
南朝
北朝
97 後村上《ごむらかみ》天皇（1339～68）
98 長慶《ちょうけい》天皇（1368～83）
99 後亀山《ごかめやま》天皇（1383?～92）
北1 光厳《こうごん》天皇（1331～33）
北2 光明《こうみょう》天皇（1336～48）
北3 崇光《すこう》天皇（1348～51）
北4 後光厳《ごこうごん》天皇（1352～71）
北5 後円融《ごえんゆう》天皇（1371～82）
室町時代～安土桃山時代
北6 100 後小松《ごこまつ》天皇（1382～1412）
101 称光《しょうこう》天皇（1412～28）
102 後花園《ごはなぞの》天皇（1428～64）
103 後土御門《ごつちみかど》天皇（1464～1500）

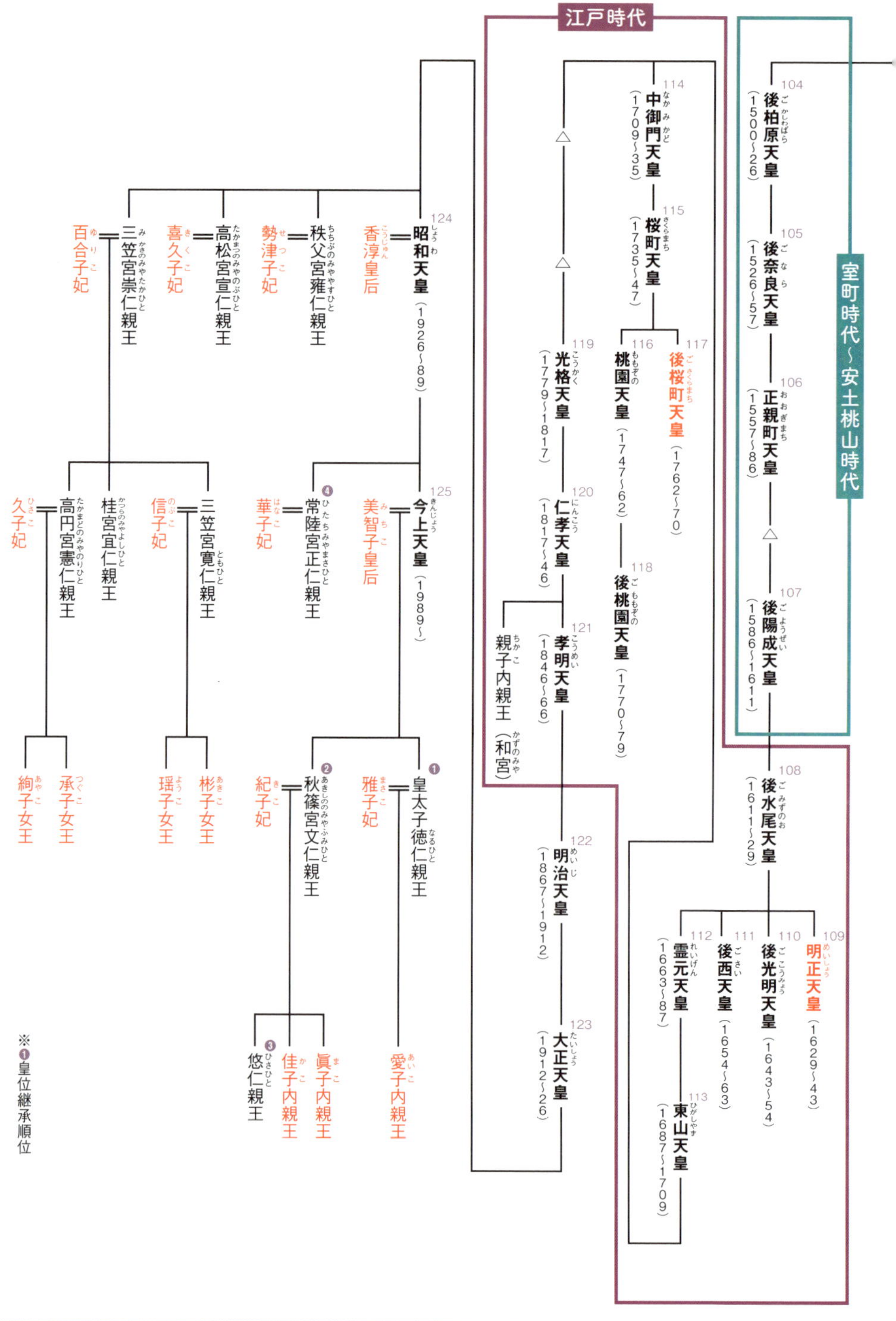

室町時代～安土桃山時代
104 後柏原天皇《ごかしわばら》（1500～26）
105 後奈良天皇《ごなら》（1526～57）
106 正親町天皇《おおぎまち》（1557～86）
△
107 後陽成天皇《ごようぜい》（1586～1611）
108 後水尾天皇《ごみずのお》（1611～29）
109 明正天皇《めいしょう》（1629～43）
110 後光明天皇《ごこうみょう》（1643～54）
111 後西天皇《ごさい》（1654～63）
112 霊元天皇《れいげん》（1663～87）
113 東山天皇《ひがしやま》（1687～1709）
江戸時代
114 中御門天皇《なかみかど》（1709～35）
115 桜町天皇《さくらまち》（1735～47）
116 桃園天皇《ももぞの》（1747～62）
117 後桜町天皇《ごさくらまち》（1762～70）
118 後桃園天皇《ごももぞの》（1770～79）
△
△
119 光格天皇《こうかく》（1779～1817）
120 仁孝天皇《にんこう》（1817～46）
121 孝明天皇《こうめい》（1846～66）
親子内親王《ちかこ》（和宮《かずのみや》）
122 明治天皇《めいじ》（1867～1912）
123 大正天皇《たいしょう》（1912～26）
124 昭和天皇《しょうわ》（1926～89）
香淳皇后《こうじゅん》
秩父宮雍仁親王《ちちぶのみややすひと》
勢津子妃《せつこ》
高松宮宣仁親王《たかまつのみやのぶひと》
喜久子妃《きくこ》
三笠宮崇仁親王《みかさのみやたかひと》
百合子妃《ゆりこ》
125 今上天皇《きんじょう》（1989～）
美智子皇后《みちこ》
❹常陸宮正仁親王《ひたちのみやまさひと》
華子妃《はなこ》
三笠宮寛仁親王《ともひと》
信子妃《のぶこ》
桂宮宜仁親王《かつらのみやよしひと》
高円宮憲仁親王《たかまどのみやのりひと》
久子妃《ひさこ》
❶皇太子徳仁親王《なるひと》
雅子妃《まさこ》
❷秋篠宮文仁親王《あきしののみやふみひと》
紀子妃《きこ》
彬子女王《あきこ》
瑶子女王《ようこ》
承子女王《つぐこ》
絢子女王《あやこ》
愛子内親王《あいこ》
眞子内親王《まこ》
佳子内親王《かこ》
❸悠仁親王《ひさひと》

※❶皇位継承順位

元号一覧

時代	年号	読み	西暦
飛鳥時代	大化	たいか	645～650
	白雉	はくち	650～654
	朱鳥	しゅちょう	686
	大宝	たいほう	701～704
	慶雲	きょううん	704～708
奈良時代	和銅	わどう	708～715
	霊亀	れいき	715～717
	養老	ようろう	717～724
	神亀	じんき	724～729
	天平	てんぴょう	729～749
	天平感宝	てんぴょうかんぽう	749
	天平勝宝	てんぴょうしょうほう	749～757
	天平宝字	てんぴょうほうじ	757～765
	天平神護	てんぴょうじんご	765～767
	神護景雲	じんごけいうん	767～770
	宝亀	ほうき	770～781
	天応	てんおう	781～782
	延暦	えんりゃく	782～806
平安時代	大同	だいどう	806～810
	弘仁	こうにん	810～824
	天長	てんちょう	824～834
	承和	じょうわ	834～848
	嘉祥	かしょう	848～851
	仁寿	にんじゅ	851～854
	斉衡	さいこう	854～857
	天安	てんあん	857～859
	貞観	じょうがん	859～877
	元慶	がんぎょう	877～885
	仁和	にんな	885～889
	寛平	かんぴょう	889～898
	昌泰	しょうたい	898～901
	延喜	えんぎ	901～923
	延長	えんちょう	923～931
	承平	じょうへい	931～938
	天慶	てんぎょう	938～947
	天暦	てんりゃく	947～957
	天徳	てんとく	957～961
	応和	おうわ	961～964
	康保	こうほう	964～968
	安和	あんな	968～970
	天禄	てんろく	970～973
	天延	てんえん	973～976
	貞元	じょうげん	976～978
	天元	てんげん	978～983
	永観	えいかん	983～985
	寛和	かんな	985～987
	永延	えいえん	987～989
	永祚	えいそ	989～990

時代	年号	読み	西暦
平安時代	正暦	しょうりゃく	990～995
	長徳	ちょうとく	995～999
	長保	ちょうほう	999～1004
	寛弘	かんこう	1004～1012
	長和	ちょうわ	1012～1017
	寛仁	かんにん	1017～1021
	治安	じあん	1021～1024
	万寿	まんじゅ	1024～1028
	長元	ちょうげん	1028～1037
	長暦	ちょうりゃく	1037～1040
	長久	ちょうきゅう	1040～1044
	寛徳	かんとく	1044～1046
	永承	えいしょう	1046～1053
	天喜	てんぎ	1053～1058
	康平	こうへい	1058～1065
	治暦	じりゃく	1065～1069
	延久	えんきゅう	1069～1074
	承保	じょうほう	1074～1077
	承暦	じょうりゃく	1077～1081
	永保	えいほう	1081～1084
	応徳	おうとく	1084～1087
	寛治	かんじ	1087～1094
	嘉保	かほう	1094～1096
	永長	えいちょう	1096～1097
	承徳	じょうとく	1097～1099
	康和	こうわ	1099～1104
	長治	ちょうじ	1104～1106
	嘉承	かしょう	1106～1108
	天仁	てんにん	1108～1110
	天永	てんえい	1110～1113
	永久	えいきゅう	1113～1118
	元永	げんえい	1118～1120
	保安	ほうあん	1120～1124
	天治	てんじ	1124～1126
	大治	だいじ	1126～1131
	天承	てんしょう	1131～1132
	長承	ちょうしょう	1132～1135
	保延	ほうえん	1135～1141
	永治	えいじ	1141～1142
	康治	こうじ	1142～1144
	天養	てんよう	1144～1145
	久安	きゅうあん	1145～1151
	仁平	にんぺい	1151～1154
	久寿	きゅうじゅ	1154～1156
	保元	ほうげん	1156～1159
	平治	へいじ	1159～1160
	永暦	えいりゃく	1160～1161
	応保	おうほう	1161～1163

時代	年号	読み	西暦
平安時代	長寛	ちょうかん	1163～1165
	永万	えいまん	1165～1166
	仁安	にんあん	1166～1169
	嘉応	かおう	1169～1171
	承安	じょうあん	1171～1175
	安元	あんげん	1175～1177
	治承	じしょう	1177～1181
	養和	ようわ	1181～1182
	寿永	じゅえい	1182～1184
鎌倉時代	元暦	げんりゃく	1184～1185
	文治	ぶんじ	1185～1190
	建久	けんきゅう	1190～1199
	正治	しょうじ	1199～1201
	建仁	けんにん	1201～1204
	元久	げんきゅう	1204～1206
	建永	けんえい	1206～1207
	承元	じょうげん	1207～1211
	建暦	けんりゃく	1211～1213
	建保	けんぽう	1213～1219
	承久	じょうきゅう	1219～1222
	貞応	じょうおう	1222～1224
	元仁	げんにん	1224～1225
	嘉禄	かろく	1225～1227
	安貞	あんてい	1227～1229
	寛喜	かんぎ	1229～1232
	貞永	じょうえい	1232～1233
	天福	てんぷく	1233～1234
	文暦	ぶんりゃく	1234～1235
	嘉禎	かてい	1235～1238
	暦仁	りゃくにん	1238～1239
	延応	えんおう	1239～1240
	仁治	にんじ	1240～1243
	寛元	かんげん	1243～1247
	宝治	ほうじ	1247～1249
	建長	けんちょう	1249～1256
	康元	こうげん	1256～1257
	正嘉	しょうか	1257～1259
	正元	しょうげん	1259～1260
	文応	ぶんおう	1260～1261
	弘長	こうちょう	1261～1264
	文永	ぶんえい	1264～1275
	建治	けんじ	1275～1278
	弘安	こうあん	1278～1288
	正応	しょうおう	1288～1293
	永仁	えいにん	1293～1299
	正安	しょうあん	1299～1302
	乾元	けんげん	1302～1303
	嘉元	かげん	1303～1306

時代	年号	読み	西暦
鎌倉時代	徳治	とくじ	1306～1308
	延慶	えんぎょう	1308～1311
	応長	おうちょう	1311～1312
	正和	しょうわ	1312～1317
	文保	ぶんぽう	1317～1319
	元応	げんおう	1319～1321
	元亨	げんこう	1321～1324
	正中	しょうちゅう	1324～1326
	嘉暦	かりゃく	1326～1329

時代	北朝		南朝	
鎌倉時代	元徳 げんとく 1329～1332			
	正慶 しょうけい	1332～1333	元弘 げんこう	1331～1334
南北朝時代	建武 けんむ	1334～1338	建武 けんむ	1334～1336
	暦応 りゃくおう	1338～1342	延元 えんげん	1336～1340
	康永 こうえい	1342～1345	興国 こうこく	1340～1346
	貞和 じょうわ	1345～1350	正平 しょうへい	1346～1370
	観応 かんおう	1350～1352		
	文和 ぶんな	1352～1356		
	延文 えんぶん	1356～1361		
	康安 こうあん	1361～1362		
	貞治 じょうじ	1362～1368		
	応安 おうあん	1368～1375	建徳 けんとく	1370～1372
	永和 えいわ	1375～1379	文中 ぶんちゅう	1372～1375
	康暦 こうりゃく	1379～1381	天授 てんじゅ	1375～1381
	永徳 えいとく	1381～1384	弘和 こうわ	1381～1384
	至徳 しとく	1384～1387	元中 げんちゅう	1384～1392
	嘉慶 かきょう	1387～1389		
	康応 こうおう	1389～1390		
	明徳 めいとく	1390～1394		

時代	年号	読み	西暦
室町時代	応永	おうえい	1394～1428
	正長	しょうちょう	1428～1429
	永享	えいきょう	1429～1441
	嘉吉	かきつ	1441～1444
	文安	ぶんあん	1444～1449
	宝徳	ほうとく	1449～1452
	享徳	きょうとく	1452～1455
	康正	こうしょう	1455～1457
	長禄	ちょうろく	1457～1460
	寛正	かんしょう	1460～1466
	文正	ぶんしょう	1466～1467
戦国時代	応仁	おうにん	1467～1469
	文明	ぶんめい	1469～1487
	長享	ちょうきょう	1487～1489
	延徳	えんとく	1489～1492
	明応	めいおう	1492～1501
	文亀	ぶんき	1501～1504
	永正	えいしょう	1504～1521

時代	年号	読み	西暦
室町時代 戦国時代	大永	たいえい	1521～1528
	享禄	きょうろく	1528～1532
	天文	てんぶん	1532～1555
	弘治	こうじ	1555～1558
	永禄	えいろく	1558～1570
	元亀	げんき	1570～1573
安土桃山時代	天正	てんしょう	1573～1592
	文禄	ぶんろく	1592～1596
	慶長	けいちょう	1596～1615
江戸時代	元和	げんな	1615～1624
	寛永	かんえい	1624～1644
	正保	しょうほう	1644～1648
	慶安	けいあん	1648～1652
	承応	じょうおう	1652～1655
	明暦	めいれき	1655～1658
	万治	まんじ	1658～1661
	寛文	かんぶん	1661～1673
	延宝	えんぽう	1673～1681
	天和	てんな	1681～1684
	貞享	じょうきょう	1684～1688
	元禄	げんろく	1688～1704
	宝永	ほうえい	1704～1711
	正徳	しょうとく	1711～1716
	享保	きょうほう	1716～1736
	元文	げんぶん	1736～1741
	寛保	かんぽう	1741～1744
	延享	えんきょう	1744～1748
	寛延	かんえん	1748～1751
	宝暦	ほうれき	1751～1764
	明和	めいわ	1764～1772
	安永	あんえい	1772～1781
	天明	てんめい	1781～1789
	寛政	かんせい	1789～1801
	享和	きょうわ	1801～1804
	文化	ぶんか	1804～1818
	文政	ぶんせい	1818～1830
	天保	てんぽう	1830～1844
	弘化	こうか	1844～1848
	嘉永	かえい	1848～1854
	安政	あんせい	1854～1860
	万延	まんえん	1860～1861
	文久	ぶんきゅう	1861～1864
	元治	げんじ	1864～1865
	慶応	けいおう	1865～1868
近代	明治	めいじ	1868～1912
	大正	たいしょう	1912～1926
現代	昭和	しょうわ	1926～1989
	平成	へいせい	1989～

山岸先生 一押し

MOVIE GUIDE

映画から歴史を学ぶ。フィクションからでもよいので、まずはその時代、人物に興味を持つことが大事である。気になる作品はぜひチェックしてほしい。

『清須会議』

戦国時代

監督	三谷幸喜
出演	役所広司、大泉洋
公開	2013年
配給	東宝

信長の後継者は誰に

横死した織田信長の後継者を決めるため開かれた清須会議を題材にした作品。豊臣秀吉と柴田勝家による主導権争いを軸に、それぞれ登場人物の思惑が絡み合う群像劇。

『関ヶ原』

安土桃山時代

監督	原田眞人
出演	岡田准一、有村架純
公開	2017年
配給	東宝

天下分け目の戦い

司馬遼太郎の同名小説を映像化。誰もが知る、天下分け目の大合戦「関ヶ原の戦い」を描く。小早川秀秋の裏切りを、従来とは別の解釈で描いている。

『禅　ZEN』

鎌倉時代

監督	高橋伴明
出演	中村勘太郎、内田有紀
公開	2009年
配給	角川映画

道元の生涯を描く

曹洞宗の開祖である道元の生涯を描いた作品。宋で修行し、只管打坐の考えに目覚めた道元は、禅の教えを広めるため、身分の分け隔てなく、教えを説いていく。

『空海』

平安時代

監督	佐藤純彌
出演	北大路欣也、加藤剛
公開	1984年
配給	東映

遣唐使を描いた名作

弘法大師空海の生いたちから入定までの61年の生涯を描く。製作費12億円をかけた大作で、中国ロケも行われた。映画のために遣唐使船が原寸大で復元された。

『沈黙-サイレンス-』

江戸時代

監督	マーティン・スコセッシ
出演	アンドリュー・ガーフィールド
公開	2017年
配給	KADOKAWA

キリスト教禁教の実像

遠藤周作の小説『沈黙』をマーティン・スコセッシが映像化したヒューマンドラマ。キリシタン弾圧が行われる17世紀の日本を舞台に、来日した宣教師の体験を描く。

『影武者』

戦国時代

監督	黒澤明
出演	仲代達矢、山崎努
公開	1980年
配給	東宝

武田信玄にされた男

武田信玄の死後、その死を隠すために、影武者に仕立て上げられた男の生涯を描いた作品。美しい映像で綴られた本作は、カンヌ国際映画祭グランプリを受賞している。

『竹取物語』

平安時代

監督	市川崑
出演	沢口靖子、三船敏郎
公開	1987年
配給	東宝

平安SFファンタジー

かぐや姫は宇宙人という設定の、『竹取物語』をベースにしたSFファンタジー。SFX満載で、ラストシーンでは、月から蓮の花形の巨大宇宙船がかぐや姫を迎えに来る。

『日本のいちばん長い日』

昭和時代

監督　岡本喜八
出演　三船敏郎
公開　1967年
配給　東宝

終戦の日のクーデター

終戦に反対し、徹底抗戦を唱える陸軍将校が起こしたクーデター未遂、宮城事件など終戦までの24時間を描く。半藤一利の同名ノンフィクションの映像化。

『春の雪』

大正時代

監督　行定勲
出演　妻夫木聡、竹内結子
公開　2005年
配給　東宝

大正貴族の純愛物語

三島由紀夫原作の「豊穣の海」シリーズ第1部を映像化した恋愛物語。大正初期の貴族社会の中に生きる幼馴染みの悲劇的な運命を描いた作品。

『最後の忠臣蔵』

江戸時代

監督　杉田成道
出演　役所広司、佐藤浩市
公開　2010年
配給　ワーナー・ブラザーズ

赤穂事件の16年後

吉良邸討入り直前に逃亡した瀬尾孫左衛門。討入り後、大石内蔵助に「後世に真実を伝えよ」と密命を受けた寺坂吉右衛門。名誉の死を許されなかった男たちの真実。

『ALWAYS 三丁目の夕日』

昭和時代

監督　山崎貴
出演　吉岡秀隆、堤真一
公開　2005年
配給　東宝

昭和30年代の東京下町

白黒テレビが登場し、東京タワーが建てられた昭和33年を舞台に、人情味溢れる下町の人々の交流を描いた作品。当時の風景を再現した、セット、CGの完成度は見事。

『連合艦隊』

昭和時代

監督　松林宗恵
出演　小林桂樹、永島敏行
公開　1981年
配給　東宝

連合艦隊の興亡を描く

日独伊軍事同盟締結から戦艦大和が撃沈されるまでを背景に、その時代を生きた人々の愛や悲しみ、戦争の無情さを、連合艦隊の活躍と最後を通して描いた傑作。

『八甲田山』

明治時代

監督　森谷司郎
出演　高倉健、北大路欣也
公開　1977年
配給　東宝

極寒訓練の悲劇

日露戦争直前、青森の歩兵連隊が雪中行軍の最中に遭難。210名中199名が死亡した八甲田山雪中行軍遭難事件を映像化。全編冬の八甲田で過酷なロケを敢行した。

『ビルマの竪琴』

昭和時代

監督　市川崑
出演　三国連太郎
公開　1956年
配給　日活

太平洋戦争の秘話

太平洋戦争におけるビルマ戦線の戦没者を弔うため、現地の僧侶となった日本兵の姿を描く。原作は竹山道雄の児童向け作品。同じ監督により2度、映像化されている。

『二百三高地』

明治時代

監督　舛田利雄
出演　仲代達矢、夏目雅子
公開　1980年
配給　東映

戦場の無情を描く

日露戦争最大の激戦地となった203高地の戦いを描く歴史大作。戦争の勝敗に関わらず、兵士たちの死という戦場の現実、無情を描き切った作品。

日本史用語・人名さくいん

主要参考文献

『いっきに学び直す日本史　古代・中世・近世【教養編】』『いっきに学び直す日本史　近代・現代【実用編】』（山岸良二 監修、佐藤優 企画・編集・解説、安藤達朗 著／以上東洋経済新報社）、『ここまで変わった日本史教科書』（高橋秀樹・三谷芳幸・村瀬信一　著／吉川弘文館）、『こんなに変わった歴史教科書』（山本博文ほか著／新潮社）、『詳説日本史改訂版』（笹山晴生、佐藤信、五味文彦、高埜利彦 著）、『詳説日本史図録（第7版）』（詳説日本史図録編集委員会 編）、『もういちど読む山川日本史』（五味文彦、鳥海靖 編）、『もういちど読む山川日本戦後史』（老川慶喜著／以上山川出版社）、『図説日本史通覧』（帝国書院）、『NHKさかのぼり日本史（1）戦後　経済大国の“漂流”』（五百旗頭真 著）、『NHKさかのぼり日本史（2）昭和　とめられなかった戦争』（加藤陽子 著）、『NHKさかのぼり日本史（3）昭和～明治　挫折した政党政治』（御厨貴 著）、『NHKさかのぼり日本史外交編（3）　大正・明治　帝国外交の光と影　なぜ、欧米列強とならぶ「一等国」になりえたか』（北岡伸一 著／以上NHK出版）、『大系日本の歴史（5）　鎌倉と京』（五味文彦 著）、『大系日本の歴史（6）　内乱と民衆の世紀』（永原慶二 著）、『大系日本の歴史（7）　戦国大名』（脇田晴子 著）、『大系日本の歴史（14）　二つの大戦』（江口圭一 著）、『大系日本の歴史（15）　世界の中の日本』（藤原彰 著／以上小学館）、『日本人はなぜ戦争へと向かったのか　外交・陸軍編』、『日本人はなぜ戦争へと向かったのか　メディアと民衆・指導者編』、『日本人はなぜ戦争へと向かったのか　果てしなき戦線拡大編』（以上NHKスペシャル取材班編 著）、『日本の歴史　南北朝の動乱』（伊藤喜良 著）、『日本の歴史　戦国の群像』（池上裕子 著／以上集英社）、『アイヌ近現代史読本』（小笠原信之 著／緑風出版）、『池上彰の世界から見る平成史』（池上彰 著／KADOKAWA）、『日本中世の歴史3　源平の内乱と公武政権』（川合康 著）、『日本中世の歴史6　戦国大名と一揆』（池亨 著／以上吉川弘文館）

写真協力・資料提供

愛知県陶磁美術館／会津若松市教育委員会／青森県教育庁文化財保護課／秋田県立博物館／朝日新聞社／飛鳥園／飛鳥寺／明日の京都　文化遺産プラットフォーム／アドミュージアム東京／一茶記念館／伊能忠敬記念館／茨城県立歴史館／岩宿博物館／岩手県立博物館／大分市歴史資料館／大阪城天守閣／大阪歴史博物館／大田市教育委員会／大山祇神社／沖縄県立博物館・美術館／橿原市／加藤舜陶／岐阜市歴史博物館／木村屋總本店／九州国立博物館／灸まん美術館／共同通信社／櫛引八幡宮／宮内公文書館／宮内庁三の丸尚蔵館／クリプトン・フューチャー・メディア／群馬県／高台寺／豪徳寺／興福寺／神戸市立博物館／国土地理院／国立国会図書館／国立教育政策研究所教育図書館／国立公文書館／国立歴史民俗博物館／小平忠生／金刀比羅宮／埼玉県立さきたま史跡の博物館／埼玉県立歴史と民俗の博物館／堺市／佐賀県教育委員会／佐賀県立名護屋城博物館／桜井市教育委員会／滋賀大学経済学部附属史料館／静岡県立中央図書館／芝山はにわ博物館／島根県立古代出雲歴史博物館／下田了仙寺／首都大学東京図書館／正倉院／神護寺／神宮徴古館／深大寺／諏訪市教育委員会／関ヶ原町歴史民俗資料館／艸藝社／ソニー／ソニー・ピクチャーズエンタテインメント／台東区立朝倉彫塑館／タカラトミー／田原市博物館／談山神社／地下鉄博物館／千葉市美術館／長興寺／中宮寺／ツーリズムおおいた／十日町博物館／天理大学附属天理図書館／東京国立博物館／東京大学史料編纂所／東京大学法学部明治新聞雑誌文庫／東京文化財研究所／東大寺／東宝／尖石縄文考古館／栃木県立博物館／都立中央図書館特別文庫室／トヨタ／長門の造船歴史館／長野原町営浅間園／名古屋城総合事務所／鍋島報效会／奈良県立橿原考古学研究所附属博物館／奈良国立博物館／奈良産業大学／奈良市観光協会／奈良文化財研究所／新潟県長岡市教育委員会／日本近代文学館／日本銀行貨幣博物館／任天堂／野尻湖ナウマンゾウ博物館／野田市立図書館／函館市中央図書館／ハピネット／バップ／バンダイ／東近江市今堀町／美術院／福井県立郷土歴史博物館／福岡県立図書館／福岡市／福岡市博物館／文化庁／法政大学大原社会問題研究所／法傳寺／北海道大学附属図書館／毎日新聞社／松下孝幸／松戸市教育委員会／間宮林蔵記念館／美斉津洋夫／無言館／「明治日本の産業革命遺産」世界遺産協議会／メトロポリタン美術館／元離宮二条城事務所／森村欣司／八重瀬町立具志頭歴史民俗資料館／矢野建彦／山形県立博物館／山口県文書館／山田邦和／郵政博物館／横浜開港資料館／米沢市上杉博物館／ロダン美術館／ワーナー・ブラザース ホームエンターテイメント／KADOKAWA ／ NTT DOCOMO ／ DNPartcom

監　修　山岸良二《やまぎしりょうじ》

東京都出身。専門は日本考古学。現在、昭和女子大学、放送大学、東邦大学付属東邦中高校非常勤講師、習志野市文化財審議会会長。『いっきに学び直す日本史』（東洋経済新報社）が20万部を超えるベストセラーに。著書編著に『科学はこうして古代を解き明かす』（河出新書）『日曜日の考古学』（東京堂出版）など多数。

編　集　かみゆ歴史編集部

歴史関連の書籍や雑誌・デジタル媒体の編集・制作を行う。ジャンルは日本史全般、世界史、美術史、宗教・神話、観光ガイドなど。主な編集制作物に『エリア別だから流れがつながる世界史』（朝日新聞出版）、『なぜ、地形と地理がわかると現代史がこんなに面白くなるのか』（洋泉社）、『超ワイド＆パノラマ　鳥瞰イラストでよみがえる歴史の舞台』、『よくわかる日本の城』（ともに学研プラス）、『教養として知っておきたい地政学』（ナツメ社）、『マンガで一気に読める! 日本史』（西東社）など。

執　筆

中丸満、長谷川敦、藤井勝彦、三城俊一、山本ミカ

イラスト　香川元太郎、黒澤達矢、ニシザカライト
ブックデザイン　AD.渡邊民人、D.小林麻実、清水真理子（TYPEFACE）
DTP　株式会社WADE
校　正　田宮宣保、本郷明子

テーマ別《べつ》だから理解《りかい》が深《ふか》まる　日本史《にほんし》

編　著　朝日新聞出版

発行者　橋田真琴

発行所　朝日新聞出版
〒104-8011 東京都中央区築地5-3-2
電話03-5541-8996（編集）　03-5540-7793（販売）

印刷所　大日本印刷株式会社

本書は2018年5月末時点での情報を掲載しております